国家社科基金项目（项目编号：18FGL
教育部哲学社会科学研究后期资助项目（项目编号
深圳虚拟大学园机构（智库）资助项目（项目编号
江苏高校"青蓝工程"资助

高质量发展视域下
中国本土企业跨国并购的
时机选择与技术链整合

孙自愿　曹磊　丁冲　著

中国矿业大学出版社
·徐州·

图书在版编目(CIP)数据

高质量发展视域下中国本土企业跨国并购的时机选择与技术链整合 / 孙自愿，曹磊，丁冲著. —徐州：中国矿业大学出版社，2023.12
ISBN 978-7-5646-6100-7

Ⅰ. ①高… Ⅱ. ①孙… ②曹… ③丁… Ⅲ. ①企业兼并—跨国兼并—研究—中国 Ⅳ. ①F279.247

中国国家版本馆 CIP 数据核字(2023)第 239132 号

书　　名	高质量发展视域下中国本土企业跨国并购的时机选择与技术链整合
	Gaozhiliang Fazhan Shiyu xia Zhongguo Bentu Qiye Kuaguo Binggou de Shiji Xuanze yu Jishulian Zhenghe
著　　者	孙自愿　曹磊　丁冲
责任编辑	姜　翠
出版发行	中国矿业大学出版社有限责任公司
	（江苏省徐州市解放南路　邮编 221008）
营销热线	（0516）83885370　83884103
出版服务	（0516）83995789　83884920
网　　址	http://www.cumtp.com　E-mail:cumtpvip@cumtp.com
印　　刷	广东虎彩云印刷有限公司
开　　本	710 mm×1000 mm　1/16　印张 25.5　字数 458 千字
版次印次	2023 年 12 月第 1 版　2023 年 12 月第 1 次印刷
定　　价	112.00 元

（图书出现印装质量问题，本社负责调换）

序言 / Preface

随着经济全球化进程加速与国内外市场竞争日益激烈，跨国并购逐渐受到中国本土企业的青睐，现已成为企业快速获取专利技术和提升研发能力的有效途径。党的二十大报告指出，中国坚持对外开放的基本国策，坚定奉行互利共赢的开放战略。要适应经济全球化新形势，推动对内对外开放相互促进、"引进来"和"走出去"更好结合，促进国际国内要素有序自由流动、资源高效配置、市场深度融合，要持续加强经济的高水平对外开放，将跨国并购的双向磋商与深度合作转化为高质量出海的强劲动力。中国本土企业在政策"组合拳"的支撑与保障下，坚定不移地响应"走出去"战略，促使中国本土企业跨国并购在世界经济活动中愈加活跃，基本保持着不可逆转的扩张趋势。当前跨国并购面临着行业周期把握不当、并购模式定位模糊、买卖双方信息不对称等一系列挑战，导致中国本土企业并购的初衷难以真正落地。因此，要想从根本上解决跨国并购的资源劣势与整合低效问题，不仅

要刻画出跨国并购在周期波动中的择时行为,还要深入探究如何通过不同的技术链整合来推动中国本土企业的高质量发展。

为揭开中国本土企业跨国并购的神秘面纱,《高质量发展视域下中国本土企业跨国并购的时机选择与技术链整合》一书构建了高质量发展视域下中国本土企业跨国并购的时机选择与技术链整合的研究框架。该专著突破了市场时机理论的应用边界,将市场择时理论与企业跨国并购行为结合起来,从择时视角分析中国本土锂业公司的跨国并购决策机制及并购效果。同时,从不同技术链整合方式出发,重点探究三种不同类型技术并购整合路径的动态演进过程,利用技术链整合绩效对演进路径的实施效果进行验证。相较于现有文献侧重于不同类型技术并购活动的独立分析,《高质量发展视域下中国本土企业跨国并购的时机选择与技术链整合》关注多模式跨国连续技术并购事件之间的内在关联,尝试根据不同的时机选择,将连续技术并购事件进行阶段性划分。结合资源编排理论展示中国本土企业"资源建构—资源重组—资源撬动"的高质量发展循环演化路径,并总结出中国本土企业通过跨国连续技术并购,从环境、业务、平台等方面撬动资源的利用,从而提升企业的技术链整合绩效。这不仅有助于将传统市场时机理论精髓运用到企业具体并购行为决策的研究中,而且有益于全面认识中国本土企业并购活动全过程中不同技术链整合方式对中国本土企业技术获取与高质量发展的地位和作用。

《高质量发展视域下中国本土企业跨国并购的时机选择与技术链整合》是孙自愿教授等人潜心研究中国本土企业跨国并购主题的代表性作品,研究框架科学创新,逻辑层次分明,综合文献分析、规范分析、案例分析、比较分析、事件研究等多种研究方法,对高质量发展视域下中国本土企业跨国并购的时机选择与不同技术链整合效果进行系统性分析。该专著的理论价值在于拓宽市场时机理论在跨国并购领域的研究思路和视野，尝试从不同技术链整合方式的视角出发深化不同类型技术并购整合路径的研究内涵，为连续技术并购中资源编排理论的运用情景和高质量发展的研究边界提供有益补充。该专著的实践价值在于为中国当前计划实施或正在实施跨国并购的企业提供实践指导：为中国本土企业跨国并购的市场时机选择提供决策参考；为中国本土企业有效选择跨国技术并购模式提供经典案例借鉴；为中国本土企业跨国并购中试行资源建构、资源重组、资源撬动提供对策依据。

综观该专著，所述主题逻辑严谨、勇于创新、资料翔实、观点新颖，充分体现了规范研究与案例研究兼容、理论框架与实践情景呼应的特点。同时，这部专著具有很好的理论指导性与现实应用性，展现了广阔的研究视野、正确的理论指导与科学的分析方法。为此，我欣然为之作序！愿这部著作的出版能为中国本土企业跨国并购的提质增效起到积极的指引作用，助力中国本土企业在经营战略的国际化发展与行业持续转型升级之路上笃行致远，精进臻善。

中国科学院大学公共政策与管理学院特聘教授、博士生导师
中国科学院科技战略咨询研究院研究员
中国科学学与科技政策研究会青工委主任
国家杰出青年科学基金获得者

2023 年 9 月于北京

前言 / Preface

随着社会经济对外开放的迅速发展和创新迭代的不断加速，资本、技术和人才等要素在全球范围内流动，各国之间的互联互通和合作愈发重要。中国政府积极推动"一带一路"倡议的实施，鼓励本土企业加大海外投资力度，加之企业创新正从传统封闭式创新向现代开放式创新转变，使得技术并购成为当前开放式创新的重要形式。技术并购可助力中国本土企业经营战略的国际化与行业持续转型升级，可推动中国的跨国技术并购规模稳健增长。结合"工业4.0"和"中国制造2025"策略的有序推进，中国本土企业大力开展基于科技导向的跨国并购，以抢占关键核心技术，打造国际市场的核心竞争优势。但由于行业发展具有阶段性和波动性，跨国并购整合产业链、扩大产能规模时需要应对行业周期性波动，应正视跨国并购发展中遇到的诸多不确定性。中国本土企业跨国并购中技术链整合受到阻碍、未实现预期商业价值的现象也时有发生，这意味着中国本土企业跨国技术链整合模

式仍有待完善。因此,有必要对跨国并购热潮进行关注,研究如何有效指导择时并购与技术链整合,以应对跨国并购中存在的技术链整合风险。

  本书的主要研究内容包括以下五点。① 市场时机选择与中国本土企业跨国择时并购分析。结合新能源汽车引发的锂行业周期波动,借鉴市场时机理论,验证天齐锂业跨国并购中存在择时并购行为。同时,从并购时间和融资方式两个角度,对天齐锂业两次处于不同行业周期背景下的跨国并购进行对比分析,提炼跨国并购对企业经营决策行为的影响,进而整体评价择时并购对并购效果的影响。② 技术相似性并购路径演进与技术链整合分析。基于3L-3E分析框架,对中联重科技术相似性并购CIFA的三个阶段实施战略及效果进行分析,具体细分为嵌入性互联阶段、平衡性杠杆阶段和内生性学习阶段,通过阐述技术相似性并购整合路径的演进过程,验证技术相似性并购对企业技术链整合绩效的激励作用。③ 技术互补性并购路径演进与技术链整合分析。基于"并购动因—基础资源分析—软硬技术创新整合分析—软硬技术整合效果分析"研究脉络,首先分析海信视像技术互补性并购东芝TVS的动因,并探究并购前双方资源基础的互补性,其次将资源与并购后技术整合措施相关联,系统分析海信视像技术互补性并购的"硬+软"技术链整合过程,最后利用技术链整合绩效对海信视像技术互补性并购整合过程的有效性进行验证。④ 技术跨部性并购路径演进与业绩承诺预防机制分析。以被并方企业高估值带来的高溢价并购为起点,通过美的集团高溢价并购德国库卡的案例分析,深入剖析技术跨部性并购所形成的高额商誉及由此带来的潜在爆雷风险。随后,借鉴浙江富润技术跨部性并购泰一指尚的经验,多角度分析技术跨部性并购引发商誉减值的成因,设计技术跨部性并购中业绩承诺条款的签订内容及防范商誉减值的作用机制,并进一步阐述业绩承诺条款设置对防范商誉减值风险的有效性。⑤ 多模式跨国连续技术并购的时机选择与技术链整合分析。结合JS电子跨国连续技术并购活动,按照不同的行业周期将其并购活动细分为"全球出口战略—全球细分市场战略—跨国竞争战略"三个阶段,以资源编排理论为切入点,论证其"资源建构—资源重组—资源撬动"的高质量发展路径,分析JS电子多模式跨国连续技术并购的技术链整合过程,从定性和定量两个角度分析不同技术链整合方式的发展效果。

研究发现:① 跨国择时并购可通过发挥协同效应实现本土企业高质量发展。中国锂业公司在行业周期波动中表现出明显的择时并购行为,展现了企业对市场时机的敏感度和对外部环境变化的应对能力。不同的并购时机和融资方式对并购成效有着显著影响,两次跨国并购为天齐锂业带来优质协同效应,促进了管理、生产和研发决策的优化。② 跨国技术相似性并购筑牢本土企业竞争优势。在3L-3E分析框架下,中联重科和CIFA在技术相似性并购中均获得了跨越式发展,中联重科在嵌入性学习、平衡性杠杆、内生性学习三个阶段中分别采取不同的战略举措,取得了较佳的实施成果,企业财务绩效整体呈现出持续增长趋势,市场绩效虽有波动,但整体回升趋势明显。③ 跨国技术互补性并购推动本土企业高质量发展。海信视像与东芝TVS存在资源互补性,通过对技术资源、人才资源和市场资源的巧妙整合,有效弥补了海信视像技术基础薄弱等方面的缺陷。通过建立高效的团队协作和知识共享机制,加大推进市场渗透和产品推广,不仅提升了本土企业的研发能力和创新水平,还使企业在竞争激烈的市场中取得了更为可观的财务绩效。④ 业绩承诺可有效规避技术跨部性并购的潜在商誉减值风险。技术跨部性并购存在潜在的商誉爆雷风险,可能会对企业高质量发展产生不利影响。通过分析浙江富润技术跨部性并购活动中运用业绩承诺防范商誉减值的作用机制和经济后果,发现业绩承诺能够减少并购前标的资产溢价率过高所导致的估值风险,同时也能够预防并购中承诺期内被并购方的经营风险和并购后并购方可能出现的商誉减值风险。另外,业绩承诺作为积极信号,对企业的短期股价和市场反应具有正向影响。⑤ 多模式跨国连续技术并购通过资源编排,助力本土企业高质量发展。JS电子在不同技术链整合过程中,多模式连续性并购事件之间存在关联,企业经历了"双向资源建构—纵向资源建构—横向+纵向资源建构"的资源编排过程,技术链整合策略从稳定式转变为丰富式和创新式,扩张了企业经营规模、增强了企业研发创新能力、改善了企业业务结构。本书的研究还验证了连续技术并购能带来企业价值的总体创造和技术链整合绩效的稳固提升,但本土企业连续技术并购过程中价值创造的实现,离不开资源的合理编排,还要合理利用整合策略和掌握价值创造的方法。

本书基于市场时机理论,剖析行业周期波动下中国本土企业跨国并购的行为和效果。本书从技术相似性、技术互补性、技术跨部性三个视角细化了不同类型技术并购整合的路径演进过程,全面分析了不同技术链整合作用于企业高质量发展的传导路径,并结合资源编排理论,综合探讨多模式跨国连续技术并购的时机选择与技术链整合,为中国本土企业有效开展跨国技术并购提供理论和实践参考。

著　者

2023 年 9 月

目录 / Contents

序　言	1
前　言	1
第一章　绪　论	1
第一节　研究背景	3
第二节　问题提出	7
第三节　研究意义	8
第四节　研究内容与技术路线图	10
第五节　研究方法	13
第六节　创新点	14
第二章　理论基础与文献综述	17
第一节　基本概念界定	19

第二节 理论基础 ………………………………………… 21
第三节 文献综述 ………………………………………… 26

第三章 市场时机选择与中国本土企业跨国择时并购
——以天齐锂业为例 ………………………………… 43
第一节 锂行业周期性与择时并购行为分析 ……………… 45
第二节 周期波动影响下天齐锂业择时并购行为分析 …… 61
第三节 周期波动影响下天齐锂业择时并购效果分析 …… 71

第四章 技术相似性并购路径演进与技术链整合
——以中联重科为例 ………………………………… 91
第一节 中联重科技术相似性并购案例概况 ……………… 93
第二节 中联重科技术相似性并购的路径演进分析 ……… 97
第三节 中联重科技术相似性并购的技术链整合绩效分析 … 120

第五章 技术互补性并购路径演进与技术链整合
——以海信视像为例 ………………………………… 153
第一节 海信视像技术互补性并购案例概况 ……………… 155
第二节 海信视像技术互补性并购的路径演进分析 ……… 162
第三节 海信视像技术互补性并购的技术链整合绩效分析 … 174

第六章 技术跨部性并购路径演进与业绩承诺预防机制
——以美的集团和浙江富润为例 …………………… 211
第一节 美的集团技术跨部性并购德国库卡的得与失 …… 213
第二节 浙江富润技术跨部性并购的业绩承诺借鉴分析 … 226
第三节 浙江富润技术跨部性并购的业绩承诺预防效果
借鉴分析 ………………………………………… 256

第七章 多模式跨国连续技术并购的时机选择与技术链整合
——以 JS 电子为例 ·············· 289
第一节 JS 电子跨国连续技术并购案例概况 ·············· 291
第二节 JS 电子跨国连续技术并购的时机选择与技术链整合路径
·············· 296
第三节 行业周期背景下 JS 电子跨国连续技术并购的技术链
整合绩效分析 ·············· 320

第八章 研究结论与政策建议 ·············· 365
第一节 研究结论 ·············· 367
第二节 政策建议 ·············· 371
第三节 研究不足与未来展望 ·············· 378

参考文献 ·············· 381

第一章

绪 论

随着经济全球化的深入发展,以获取技术为目的的跨国并购日益成为中国本土企业实现技术创新并走上全球化之路的重要外部途径。自 2000 年以来,中国本土企业跨国并购浪潮风起云涌,到 2016 年进入高潮,近几年则步入平稳期。在如此大规模的中国本土企业"走出去"的浪潮中,从根本上解决跨国并购的资源劣势与整合低效问题至关重要。高质量发展视域下中国本土企业跨国并购的时机选择与技术链整合的研究框架的构建,不仅可以准确辨析跨国并购在行业周期波动中的择时行为,而且能深刻剖析如何通过不同技术链整合来推动中国本土企业高质量发展这一难题。

第一章 绪 论

第一节 研究背景

一、经济全球化与中国本土企业跨国并购增长趋势的非可逆性

经济全球化是时代潮流之大势。经济全球化促使经济活动不断突破和削弱国家间壁垒,推动全球化持续发展。改革开放40多年来,中国坚持对外开放的基本国策,以更加积极的姿态融入经济全球化进程,实行高水平的贸易和投资自由化、便利化政策,与各国构建利益高度融合、彼此相互依存的命运共同体。2019年11月习近平主席在第二届中国国际进口博览会开幕式上明确指出,经济全球化向前快速发展的趋势是必然的。随着社会经济对外开放的迅速发展和创新迭代不断加速,企业创新正从传统封闭式创新向现代开放式创新转型。技术并购作为开放式创新的重要形式,在企业创新中扮演着越来越重要的角色。

随着各国经济的日趋融合和相互渗透,中国经济呈现快速提升的良好态势,国内企业首先利用内部资源带动自身发展,拉动国内经济增长,由此产生了丰富的社会资源与可观的经济效益,同时也拉开了国内企业向海外扩张的帷幕,使跨国并购成为中国本土企业走向全球的一种重要实现路径(2022年中国跨国并购规模约占对外投资交易金额的1/3)。除此之外,我国政府出台的相关政策"组合拳"为实施跨国并购战略的企业提供了强有力的支撑与保障,促使我国跨国并购在世界经济活动中愈加活跃,基本保持着不可逆转的扩张趋势。

中国本土企业跨国并购,通过汲取发达国家成功企业的成长经验和优质资源,促使全球范围内的人才、技术、知识和物资流入本国,不仅可以帮助企业获取先进技术优势、增加国际市场份额、实现规模快速发展,还能够帮助本土企业在吸收全球先进资源和管理经验的同时,结合本国国情进行改良与创新,提升企业竞争力,加速国际化进程,推动我国经济结构优化升级。同时,中国本土企业跨国并购也面临着一系列的挑战。例如,很多国内本土企业在并购前的战略分析阶段,没有把握住行业周期,部分企业热衷于技术跨部并购,但这些多元化的并购并非与企业的核心能力与战略方向相匹配,未产生真正的协同效应。加上跨国并购的买卖双方存在信息不对称的问

题,导致并购的初衷很难真正实现。

二、行业周期性调整与中国本土企业跨国并购的阶段性和波动性

为了在国际舞台上占据有竞争力的地位,国内企业积极实施国际化战略,在应对海外企业并购本土企业的同时,响应我国"一带一路"倡议,坚定不移地贯彻"走出去"战略,促使中国本土企业整体跨国并购规模保持了一定的韧性。国内学者普遍认为,中国本土企业跨国并购过程主要分为三个阶段,具体跨国并购阶段主要特征见表1-1。当前中国本土企业跨国并购正处于第三阶段,具有明显的"赢在国内,输出海外"的特征。

表1-1 中国本土企业跨国并购阶段主要特征一览表

阶段	第一阶段 (2008—2012年)	第二阶段 (2013—2015年)	第三阶段 (2016年至今)
目的	获取自然资源	引进品牌获取技术	赢在国内,输出海外
代表性行业	化石能源 新能源 公共事业	工业品 消费品 高科技、媒体和电信	新能源 公共事业 消费品 医疗 高科技、媒体和电信
投资目的地	自然资源丰富地区,例如:澳大利亚	以欧洲为主	以欧洲与北美为主 对发展中国家投资增多

资料来源:迪罗基(Dealogic,全球金融数据提供商);贝恩咨询《2018年度中国企业境外并购报告》。

2011—2022年中国本土企业跨国并购交易金额及数量见图1-1。图1-1显示出了我国交易规模的整体趋势,中国跨国并购交易金额及数量在2011—2016年基本维持只增不减的状态,并于2016年达到峰值。在随后的两年中,不论并购数量还是并购交易整体规模都呈现明显的下滑趋势。尤其是2017年全球并购活动受全球政治波动、经济贸易摩擦和海外市场监管力度加大的影响更为明显,导致跨国并购在数量和交易额上均首次出现大幅下降,交易数量同比下降12.39%,交易金额同比下降41.81%。

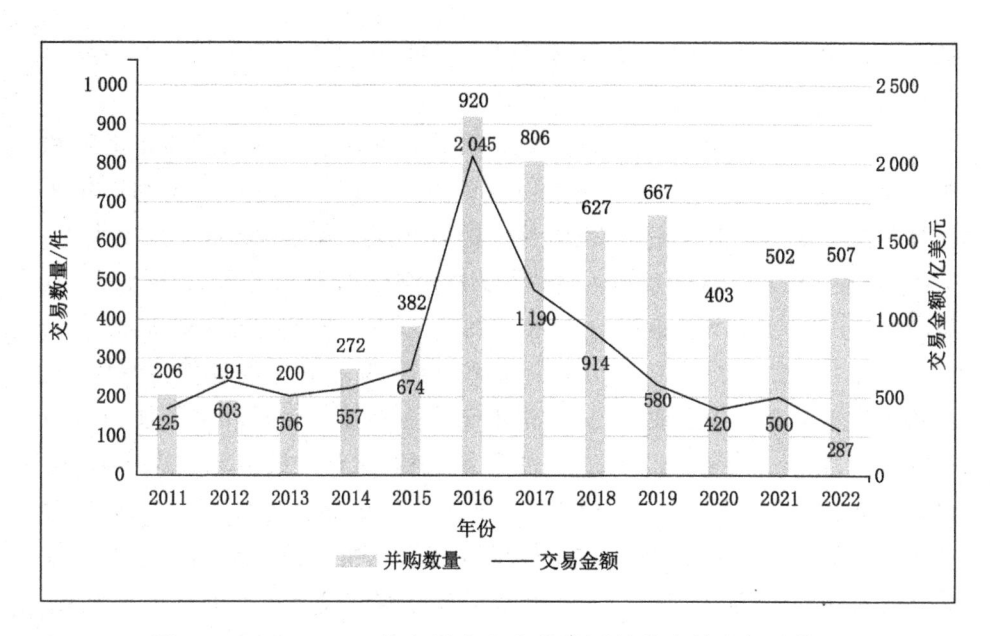

图 1-1 2011—2022 年中国本土企业跨国并购交易金额及数量
（资料来源：《中国对外直接投资统计公报》）

2021 年之后，受益于宽松的货币政策和重大基础设施刺激计划，跨国并购活动开始活跃复苏，规模超过新冠疫情前的水平。2021 年全球跨国并购公开披露的交易金额达到 5.1 万亿美元（1 元人民币≈0.138 9 美元），同比增长 24%。① 2023 年前 3 个季度，中国全行业对外直接投资 1 139.7 亿美元，较 2022 年同期增长 6.7%；其中非金融类对外直接投资 959.6 亿美元，同比增长 11.8%。对"一带一路"共建国家非金融类直接投资 234.8 亿美元，占同期总额约 1/5。② 同期，中国本土企业宣布的跨国并购总额为 245.3 亿美元，同比增长 11.6%，未达到新冠疫情前的规模。③

一方面，国内监管部门对海外投资加强监管和指导，目的地市场对外商直接投资的审批日趋收紧，迫使许多中国本土企业不得不三思而行。另一方面，跨国并购后的整合工作高度复杂，需要解决经营理念差异和文化冲突等深层次障碍，这让众多志在海外的中国本土企业患得患失。当然，国内市

---

① 资料来源：普华永道《2021 年全球并购行业趋势回顾及 2022 年展望》报告。
② 资料来源：中华人民共和国商务部对外投资和经济合作司。
③ 资料来源：安永《2023 年前三季度中国海外投资概览》。

场持续蓬勃发展,投资和增长机遇层出不穷,也让跨国并购在资本回报率上相形见绌。

此外,近几年中国跨国并购的重点区域逐渐从北美和欧洲向东南亚和东北亚转移,我国跨国并购类型整体由资源导向型向技术引进型和市场拓展型转变。根据安永发布的《2022年中国海外投资概览》,从行业角度来看,TMT行业[①]交易数量排名第一,医疗与生命科学行业稳居第二,房地产、酒店与建造交易数量逐节攀升,占总额比例达55%。从区域角度来看,亚洲仍最受欢迎,尽管占比较2022年有所下降,但交易金额与数量仍持续领跑。与欧美发达国家一些企业相比,中国本土企业在技术水平和创新能力方面有待提高,结合当下知识经济时代的背景,企业逐渐开始寻求技术突破,通过自主研发提升内源性技术,但内源性技术提升的路径容易受成本、研发时间等因素的制约。因此,依靠技术转移促进企业生产技术跨越式发展的方式备受青睐,企业通过跨国技术并购获得被并购方优良技术进行技术积累,跨区域增强技术转移的辐射和扩散功能,推动科技成果有序流动、高效配置,引导技术与人才、资本、企业、产业有机融合,加快新技术、新产品、新模式的广泛渗透与应用,进而提高企业核心技术与创新能力,使企业产品、设备等有形资产蕴藏于企业价值之中。

三、协同效应制约与中国本土企业跨国并购整合模式有待优化

中国本土企业跨国并购可以帮助本土企业整合各方资源,减少重复投资,优化企业运营。通过整合产能、技术、市场等资源,中国本土企业可以实现协同效应,提高效率和竞争力。但自2017年以来,中国本土企业跨国并购步伐有明显放缓的迹象,除了受政策变动、监管从严等外部环境影响,企业并购模式带来的内部整合影响更为显著,这一内部因素在技术并购活动中尤为重要。技术并购不同于以获取有形资源为目的的常规并购,并购过程中可能会涉及技术知识的转移、产权主体的变更以及文化差异等问题,失败案例不在少数。

经梳理发现,当前中国跨国技术并购整合模式主要存在三个问题:整合目标制定欠佳、整合路径模式选择不当以及整合阶段划分模糊。整合目标

---

① TMT行业包括科技、媒体、娱乐以及通信业。

主要包括总体目标与阶段性目标。企业首先制定跨国并购的战略决策以实现各个阶段目标,最终与总体目标有效结合,发挥最大效果。如果没有明晰的时间点和阶段划分会导致整合过程的混乱和无序,企业可能会陷入无休止的整合状态,无法及时评估和调整整合的进展。一般来说,企业总体目标为获取被并购方技术知识,经组织学习与整合吸收后提高自主创新能力,如果企业的阶段性目标制定有误,则进一步影响总体目标的有效完成,整合目标的制定失误直接影响整合路径模式的选择。成功的跨国并购案例表明,中国本土企业通过跨国并购可以获得与自身业务相互补充的资产和资源,实现战略协同和财务协同,推动企业的国际化发展。此外,较少有企业会对并购过程进行阶段划分,或者大多数存在阶段划分模糊问题,对于各个整合阶段的时间点确定以及阶段目标的制定不够重视。

第二节 问题提出

以获取技术为目的的跨国并购日益成为中国本土企业实现技术创新的重要外部途径,跨国并购亦凭借其独特的运作优势受到越来越多企业的欢迎。但是,跨国并购并非一蹴而就,如果不能实现有效的市场时机识别与后续技术链整合,则很可能造成巨大的价值损失。因此,要想从根本上解决跨国并购的资源劣势与整合低效问题,不仅要刻画出跨国并购在周期波动中的择时行为,还要深入探究如何通过不同的技术链整合来推动中国本土企业的高质量发展。基于此,为揭开中国本土企业跨国并购的神秘面纱,本书尝试通过典型案例的分解,厘清侧重点和路线图,并主要从以下三个问题入手。

(1) 中国跨国并购是否存在择时选择行为?什么时候中国本土企业跨国并购正当时?

(2) 中国本土企业的跨国技术并购整合路径有哪些关键成功因素?不同类型的跨国技术并购对技术链整合绩效的影响有何差异?

(3) 在风险和挑战倍增之际,不同类型的跨国连续技术并购如何利用市场时机择时并购?从资源编排和优化配置视角来看,中国本土企业如何通过不同技术链并购整合实现高质量发展目标?

第三节 研究意义

中国作为新兴经济体国家,实施跨国并购起步较晚,相关研究成果也是近几年才逐渐涌现,理论知识和实战经验尚处于初级演进阶段。本书通过研究高质量发展视域下中国本土企业跨国并购的时机选择与技术链整合,在一定程度上丰富了现有的理论研究,同时借助实证分析与案例分析相结合的研究方法,为中国当前计划实施或正在实施跨国并购的企业提供实践上的借鉴参考。

一、理论意义

(一)拓宽跨国并购进程中市场择时理论的研究视野

本书以中国本土锂业公司的跨国并购行为为例,将传统市场时机理论运用到企业具体行为决策的研究中,利用行业周期波动考察锂业公司的并购动因,从市场时机的视角剖析中国本土企业的跨国并购行为和效果,弥补了市场时机理论与中国本土企业跨国并购决策研究结合不足的缺陷,对市场时机理论在并购领域的研究思路和视野提供了有益补充与拓展。

(二)深化不同类型的跨国技术链并购整合路径的研究内涵

从现有文献来看,对于跨国技术并购的研究着重于研究技术并购的动因、绩效,较少考虑技术并购后的整合措施。本书将跨国技术并购作为一个整体来考察其作用机理及影响因素,从不同技术链整合方式的视角出发研究不同类型技术并购的有效整合对企业创新能力和运营效率的激励作用,回顾总结企业技术并购后资源整合的实现过程,有助于全面认识企业并购活动全过程中不同技术链整合方式在企业技术获取与高质量发展方面的地位和作用,推动了企业不同类型的跨国技术并购整合路径研究内涵的不断深化和完善。

(三)丰富不同类型的跨国连续技术并购中资源编排理论的研究边界

本书将JS电子连续技术并购过程进行了阶段式划分,着重梳理各个并购阶段之间的关联性,从企业全局层面总结和把握其连续技术并购实现高质量发展的路径。结合资源编排理论,对JS电子各并购阶段的资源结构、资源整合重组、资源利用这一过程进行分析。经深入研究发现,对各阶段内并购后获取的资源和企业已有资源整合和利用有助于增加企业价值,且会进一步影响下一阶段的并购。本书试图把资源编排理论和企业连续技术并购相结合,丰富了连续技术并购中资源编排理论的运用情景和高质量发展的研究边界。

二、实践意义

(一) 为中国本土企业跨国并购的市场时机选择提供决策参考

本书将传统市场时机理论与锂行业的周期波动相结合,研究天齐锂业处于不同行业周期的跨国择时并购行为与效果,有助于企业准确识别行业周期波动中存在的契机,帮助企业在今后的并购中选择合适的时机和融资决策,进而采取合适的措施应对行业周期波动。

(二) 为中国本土企业有效选择跨国技术并购模式提供经典案例借鉴

在全球经济低迷、大国贸易摩擦的背景下,借助技术并购实现高质量发展是企业寻找经济增长点的新方法。本书立足于中联重工并购意大利CIFA(技术相似性并购)、海信视像并购东芝TVS(技术互补性并购)、美的集团并购德国库卡和浙江富润并购泰一指尚(技术跨部性并购)这三大类型案例,辨析不同技术链整合方式下跨国技术并购的资源挖掘与整合利用效果,考察不同类型技术并购对高质量发展绩效的影响,为企业提升创新能力、推进高端产品改革与实现高质量发展提供经验借鉴。

(三) 为中国本土企业跨国并购中试行资源建构、资源重组、资源撬动提供对策依据

本书将资源编排理论应用到跨国连续技术并购的研究之中,探讨技术并购如何实现高质量发展和提升并购效率,细致描述企业在连续技术并购过程中资源获取、整合与利用的过程,评价连续技术并购价值创造效果,归纳企业实现价值创造的途径。这可为中国本土企业试行资源建构、资源重组、资源撬动的资源编排方式,有序计划和开展并购活动,在不断发掘资源

和整合利用资源的过程中形成企业高质量发展路径的良性循环,提供指导意见。

第四节 研究内容与技术路线图

一、研究内容

本书分八章对高质量发展视域下中国本土企业跨国并购的时机选择与技术链整合进行研究,各章节的具体安排如下。

第一章绪论,首先由选题的研究背景引出所要研究的问题,其次归纳出本书的研究意义、研究内容、研究方法及创新点。

第二章理论基础与文献综述,首先对相关的概念进行界定,其次对跨国并购、择时并购动因以及跨国技术并购整合的相关理论进行了阐述,最后回顾梳理了跨国并购动因、市场时机影响投融资的选择、跨国技术并购的整合路径及技术链整合方式、跨国并购目标方的自主性以及技术并购对企业高质量发展绩效的影响等五个方面的文献,总结出现有文献存在的不足。

第三章市场时机选择与中国本土企业跨国择时并购,结合锂行业周期中的市场时机对企业的并购行为进行分析,验证了中国锂业公司存在择时并购行为。同时,本章对行业周期波动中天齐锂业两次择时并购进行分析评价,从行业政策、资本市场表现等方面考察天齐锂业在进行并购和融资决策时是否存在择时性,以详细的数据分析了企业的市场绩效及财务绩效,总结了两次跨国并购对企业经营决策行为的影响,最后整体评价跨国并购的效果。

第四章技术相似性并购路径演进与技术链整合,从3L-3E分析框架出发,以中联重科并购CIFA为经典案例探究了技术相似性并购的路径演进与技术链整合绩效评价。本章具体分析了中联重科整合过程中三个阶段的实施战略及效果,阐述中联重科技术相似性并购CIFA整合路径演进过程,并结合前文对并购整合过程中的长期财务绩效和市场绩效进行合理的综合评价,进而证明中联重科形成了技术并购与高质量发展相互促进的循环机制。

第五章技术互补性并购路径演进与技术链整合,以海信视像技术互补性并购东芝 TVS 为经典案例探究了技术互补性并购的路径演进与技术链整合绩效评价。结合产品、技术、市场等互补性资源研究双方资源互补性特征,从软硬技术创新角度剖析海信视像并购交易完成后的整合措施。同时,本章从并购整合前后的整体财务绩效、创新能力以及软技术整合所带来的营运成本和学习成长方面分析,对企业整体的技术整合效果进行评价。

第六章技术跨部性并购路径演进与业绩承诺预防机制,以美的集团并购德国库卡为例,分析了技术跨部性并购所形成的高额商誉及由此带来的潜在爆雷风险。基于此,以浙江富润并购泰一指尚为经典案例探究了业绩承诺视角下技术跨部性并购的路径演进与业绩承诺预防机制。本章多角度深入分析了技术跨部性并购抑制高质量发展的成因,运用实物期权理论并结合 B-S 模型①对企业价值进行重估,论证浙江富润与泰一指尚所签订的业绩承诺条款对技术跨部性并购提升高质量发展绩效的有效性;采用事件研究法和财务指标法对技术跨部性并购下业绩承诺推动浙江富润高质量发展的经济后果进行分析总结。

第七章多模式跨国连续技术并购的时机选择与技术链整合,立足资源编排理论,按照多模式背景下划分的三个阶段,对不同时机选择下 JS 电子连续技术并购价值创造的过程进行分析,展示 JS 电子"资源建构—资源重组—资源撬动"高质量发展循环演化路径。同时,本章基于定量分析,通过事件研究法剖析了 JS 电子在各个阶段连续技术并购的市场效应,通过财务指标分析、主成分分析法考察了 JS 电子跨国连续技术并购的长期绩效。

第八章是研究结论与政策建议。本章对前文的研究结论进行总结,提出相对应的政策建议,并阐明了研究存在的不足,对未来研究进行了展望。

二、技术路线图

根据研究思路,本书的技术路线见图 1-2。

---

① B-S 模型即 Black-Scholes Model,是一种为期权或权证等金融衍生工具定价的数学模型。

高质量发展视域下中国本土企业跨国并购的时机选择与技术链整合

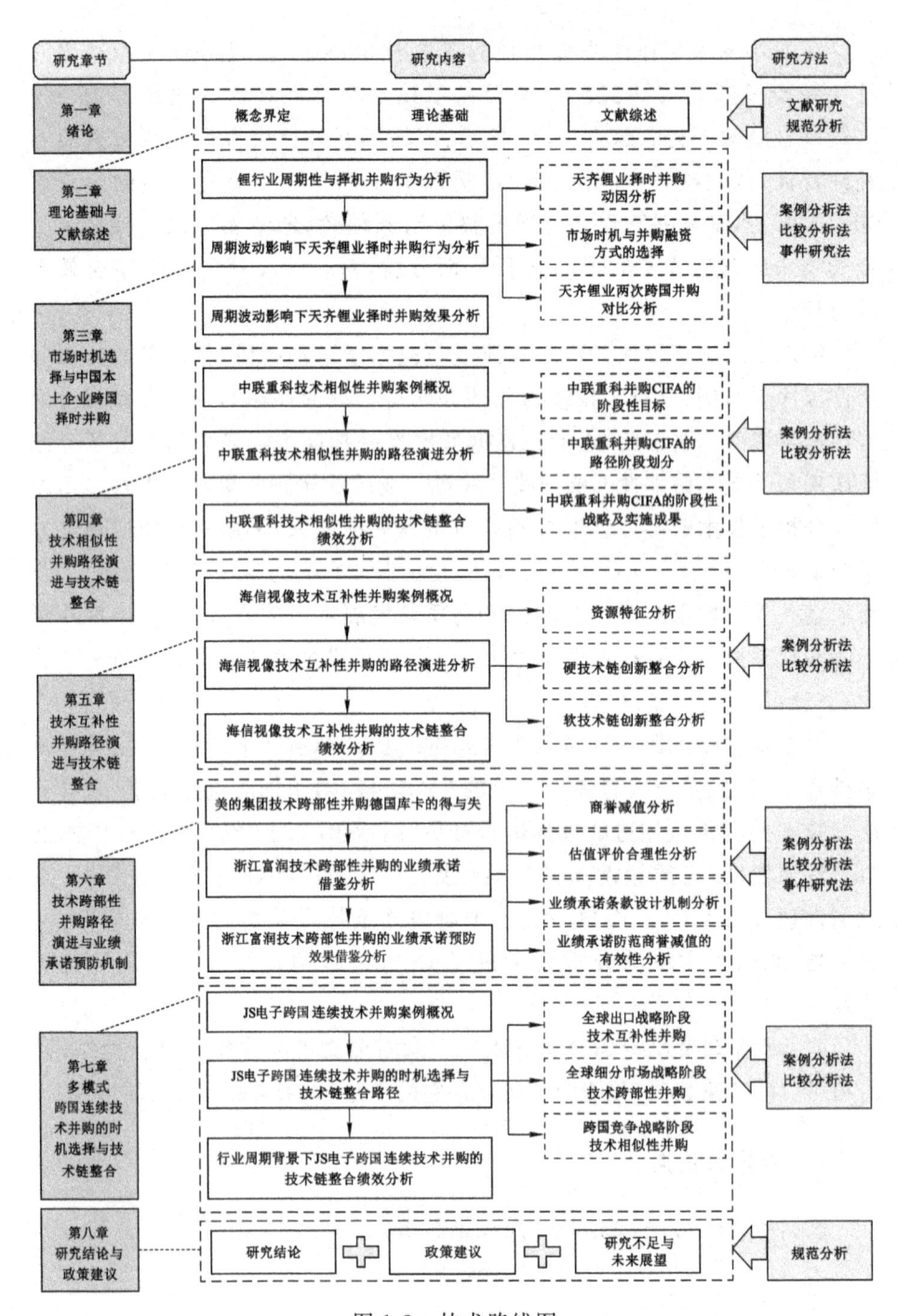

研究章节	研究内容	研究方法
第一章 绪论	概念界定 / 理论基础 / 文献综述	文献研究 规范分析
第二章 理论基础与文献综述	锂行业周期性与择机并购行为分析 → 天齐锂业择时并购动因分析；周期波动影响下天齐锂业择时并购行为分析 → 市场时机与并购融资方式的选择；周期波动影响下天齐锂业择时并购效果分析 → 天齐锂业两次跨国并购对比分析	案例分析法 比较分析法 事件研究法
第三章 市场时机选择与中国本土企业跨国择时并购	中联重科技术相似性并购案例概况 → 中联重科并购CIFA的阶段性目标；中联重科技术相似性并购的路径演进分析 → 中联重科并购CIFA的路径阶段划分；中联重科技术相似性并购的技术链整合绩效分析 → 中联重科并购CIFA的阶段性战略及实施成果	案例分析法 比较分析法
第四章 技术相似性并购路径演进与技术链整合	海信视像技术互补性并购案例概况 → 资源特征分析；海信视像技术互补性并购的路径演进分析 → 硬技术链创新整合分析；海信视像技术互补性并购的技术链整合绩效分析 → 软技术链创新整合分析	案例分析法 比较分析法
第五章 技术互补性并购路径演进与技术链整合	美的集团技术跨部性并购德国库卡的得与失 → 商誉减值分析；浙江富润技术跨部性并购的业绩承诺借鉴分析 → 估值评价合理性分析；→ 业绩承诺条款设计机制分析；浙江富润技术跨部性并购的业绩承诺预防效果借鉴分析 → 业绩承诺防范商誉减值的有效性分析	案例分析法 比较分析法 事件研究法
第六章 技术跨部性并购路径演进与业绩承诺预防机制	JS电子跨国连续技术并购案例概况 → 全球出口战略阶段技术互补性并购；JS电子跨国连续技术并购的时机选择与技术链整合路径 → 全球细分市场战略阶段技术跨部性并购；行业周期背景下JS电子跨国连续技术并购的技术链整合绩效分析 → 跨国竞争战略阶段技术相似性并购	案例分析法 比较分析法
第七章 多模式跨国连续技术并购的时机选择与技术链整合		
第八章 研究结论与政策建议	研究结论 + 政策建议 + 研究不足与未来展望	规范分析

图 1-2 技术路线图

第五节 研究方法

在明确主要研究问题的基础上,本书采用文献分析法、规范分析法、案例分析法、比较分析法、事件研究法等方法研究高质量发展视域下中国本土企业跨国并购的时机选择与不同技术链整合效果。

一、文献分析法

文献分析法是指通过收集、鉴别、整理相关文献,对现有研究成果进行深度分析和归纳,以获取所需信息与数据的方法。本书依托 CNKI、Elsevier、EBSCO 等数据库,对跨国并购动因、市场时机决策的选择、跨国技术并购的整合路径及技术链整合方式等领域的文献进行梳理分析,了解和掌握学者们最新的研究动态,并在此基础上发现研究的薄弱环节与研究切入点,明晰本书的研究思路与研究重点。

二、规范分析法

本书采用规范分析法对跨国并购时机选择与技术链整合的相关理论基础进行阐述,重点对跨国并购相关理论、择时并购动因理论、跨国技术并购整合相关理论等理论基础进行归纳阐述。同时构建了收益法估值模型、对赌协议内在价值和补偿条款的对赌协议分析框架,对收益法模型固有的局限性、对赌协议中业绩补偿相关承诺指标的完成情况以及中国现行准则下主并方企业商誉减值情况进行定性分析。

三、案例分析法

本书首先选取天齐锂业为例研究行业周期波动中择时并购的动因与绩效,其次重点围绕中联重科技术并购CIFA、海信视像技术并购东芝TVS、浙江富润技术并购泰一指尚分别展开分析,探究不同类型技术并购整合路径及并购后高质量发展绩效的内容,最后选取JS电子为研究对象,深入剖析JS电子在多周期背景下基于资源编排理论实现跨国连续技术并购高质量发展并归纳其高质量发展演化路径。

四、比较分析法

本书通过对比分析法对天齐锂业、中联重科、海信视像等主并方企业并购整合后的绩效进行评价,主要将企业并购前后数年间的财务绩效、市场绩效、创新绩效进行纵向和横向对比,从而更直观地从高质量发展绩效角度反映不同技术链整合方式下并购整合路径的实施效果。

五、事件研究法

事件研究法主要用来研究事件发生前后,资本市场对企业所披露信息的反应和态度。本书利用累计超额收益率法,通过计算天齐锂业并购事件公告日前后的超额收益率和累计超额收益率评价企业择时并购的市场绩效。同时,本书运用事件研究法分析浙江富润并购泰一指尚在不同业绩承诺阶段的市场反应。

第六节 创 新 点

本书综合多种研究方法,对高质量发展视域下中国本土企业跨国并购的时机选择与不同技术链整合效果进行系统性分析,主要具有三个方面的创新。

一、研究理论创新

突破市场时机理论的应用边界,剖析行业周期波动中企业择时并购行为和效果。本书拓展了市场择时理论的应用范围,从政府政策、资本市场、产品市场、行业形势等四个角度判定锂行业周期性波动中可能存在的市场时机。将市场择时理论与跨国并购行为结合起来,从择时视角分析中国本土锂业公司的跨国并购决策机制及并购效果。

二、研究视角创新

基于不同技术链整合视角,重点刻画跨国技术并购整合路径演进与价值创造的过程。本书从不同技术链整合方式出发,重点探究三种不同类型技术并购整合路径的动态演进过程,利用技术链整合绩效对演进路径的实施效果进行验证。以中联重科技术相似性并购 CIFA 为例,引入 3L-3E 理论模型细化技术相似性并购整合路径演进过程;以海信视像技术互补性并购东芝 TVS 为例,以软硬技术创新整合为切入点,建立整合效果衡量体系评价技术互补性并购整合效果;以美的集团并购德国库卡和浙江富润并购泰一指尚为例,从业绩承诺视角揭示防范技术跨部性并购商誉减值的作用机制及经济后果。

三、学术思想创新

结合资源编排理论探讨跨国连续技术并购的时机选择与技术链整合绩效。相较于现有文献侧重于各种并购活动的独立性,本书以 JS 电子跨国并购为典型案例,关注多模式跨国连续技术并购事件之间的内在关联,尝试根据不同的时机选择将连续技术并购事件进行阶段性划分。结合资源编排理论对 JS 电子的高质量发展过程进行分析,展示 JS 电子"资源建构—资源重组—资源撬动"的高质量发展循环演化路径,并总结出企业通过跨国连续技术并购,从环境、业务、平台等方面撬动资源的利用,从而提升企业的技术链整合绩效。

Chapter 2

第二章

理论基础与文献综述

　　成功跨国并购经典案例的理论分析和文献梳理,不应仅局限于被并购目标是否实现资产升值和达到特定财务运营指标,更应在整个动态过程中考虑行业发展的周期波动,通过不同的技术链整合满足高质量发展的远景战略目标,同时为中国本土企业跨国并购中试行资源建构、资源重组、资源撬动提供理论依据和文献资料支撑。

第一节 基本概念界定

一、择时并购

因为资本市场具有波动性,所以传统的择时行为指的是投资者选择不同的时机买入或卖出股票,并试图从中获利。对于个人投资者来说,如果可以准确预测资本市场未来的走势,那么可通过在低点买入、高点卖出获得收益。对于企业来说,如果能准确预测行业以及资本市场未来的走势,那么在不同的时机选择合适的经营决策,不仅会给企业带来短期绩效,而且对企业的长远发展也有积极影响。无论是个人投资者的买卖股票行为,还是企业的具体经营行为,择时行为的效果都主要由主体的判断所决定。如果主体预测正确,在合适的时机作出了恰当的行为,可能收获良好的效果;但如果主体预测错误,在不合适的时机作出了不恰当的行为,可能收获不佳的效果。

行业的发展具有周期波动性,因此和资本市场一样存在市场时机。行业的市场时机可以是相关政策等宏观环境变动造成的,可以是上游原材料价格和下游需求变动造成的,还可以是股票市场变动造成的。为了应对行业的周期波动,企业将行业上行周期当作企业发展的好时机,更多地开展跨国并购活动扩大企业规模,稳定企业发展;反之,在行业下行周期会把更多的精力放在维持企业现有经营上,减少并购活动。同时,企业也会根据市场时机的不同,选择不同的融资方式。无论是并购的数量,还是融资方式的选择,都可以作为判断企业在行业周期波动下存在择时并购行为的依据。

本书认为择时并购要求管理层在作出具体的并购行为决策前,首先,对行业大环境和企业本身情况进行综合分析,参考以往行业波动规律,尽可能准确地预测未来的发展趋势以便判断当前是否存在进行并购的市场时机,并选择恰当的并购方式;其次,根据不同的市场时机,合理选择融资方式,制定全面的并购流程,提高企业绩效,助力企业发展。

二、技术并购与技术链整合

技术并购这一概念最初由美国经济学家 Williamson(1975)提出,在并购行为中，创新能力是衡量企业是否值得并购的因素之一。尤其是对于小型企业来说，其内部所储备的技术知识和创新能力能够吸引大型企业对其实施并购，这种具有特殊目的的并购行为可以称之为技术并购。国内学者刘开勇(2004)提出了相似看法并进行了补充，进一步构建了比较完善的技术并购理论框架。他认为大企业通过技术并购中小企业，能够实现技术多样化、提升自身创新能力等目标。

本书将技术并购界定为以获取目标方技术资源为目标的并购活动。技术并购后，主并方企业获得了目标方的控制权，可以根据企业发展战略对目标方的技术资源重新整合，将主并方企业外部的技术资源转化为组织内部的技术资源。技术层面的知识获取和技术转移是中国本土企业跨国并购的重要目的，其成功与否关系着并购的成败。本书根据技术链整合方式的不同，将技术并购划分为技术相似性并购、技术互补性并购和技术跨部性并购三种模式。

三、技术相似性并购

技术相似性并购是指一种企业通过并购获得技术能力相似或相近的企业的行为。具体来说，技术相似性并购具有以下五点特征。① 并购目标是技术能力与并购方相似或相近的企业。这种相似性可以体现在产品、技术平台、研发方向等多个层面。② 并购的目的是整合双方在相关技术领域的能力和资源，实现协同效应。通过并购可以加速相关技术的发展，减少重复研发投入。③ 并购强调的是技术能力的整合，而非直接获取目标企业的产品线或市场。④ 并购后，目标企业的技术团队和资产会被整合到并购方的现有业务中，发挥协同作用。目标企业原有的品牌和产品线不一定会继续保留。⑤ 典型案例包括大企业并购技术方向类似的创业型企业，以加快技术迭代速度；或竞争对手之间的技术型并购，以整合双方优势。综上所述，技术相似性并购主要基于技术协同的考量，通过并购实现技术能力的整合与提升，这在高科技行业较为常见。

四、技术互补性并购

技术互补性并购是指企业进行并购的主要原因是并购目标方拥有能够补充或增强并购方现有技术能力的技术或产品。这种类型的并购行为基于的是两家企业之间技术能力的互补性,而不是相似性。并购目标是通过结合两家企业的不同技术优势,创造出更强大、更全面的产品或服务,从而提高企业的竞争力和市场份额。赵黎明等(2019)指出,在技术互补型跨国并购活动中,并购方与目标企业通常处于同一技术领域中,具备功能互补性或者上下游产业互补性特征。并购方依托原有的知识基础、专利能力和前期研发投入,在对目标企业的技术创新元素吸收融合的基础上,逐步实现从局部渐进式创新到全局网络式创新的发展转变,进而获得预期的跨国并购技术创新协同效应。

五、技术跨部性并购

技术跨部性并购是指并购方并购另一家在不同行业或领域运营的且拥有可横向应用的技术或产品的企业。这种并购的关键动机是获得对方的技术能力,期望通过将该技术应用到自身业务中,实现技术的跨领域转移和整合创新。技术跨部性并购的核心价值在于利用他方技术实现自身创新突破,进而产生新的增长机会。由于不同行业背景技术整合难度较高以及组织文化的差异性,这种并购也存在一定的风险。

第二节 理 论 基 础

一、市场时机理论

市场时机理论起源于 Taggart et al.(1977)对于上市公司股价与公司融资行为关系的研究。他认为投资者的非理性行为可能会造成资本市场出现与传统经济理论相悖的异常现象。Stein(1996)首次将市场时机与企业的行为相结合进行研究,认为企业会在股价被高估的时候发行股票,在被低估的时候回购股票。Baker et al.(2000)首次将市场时机理论用于美国企业的融资行为,认为企业的资本结构是不断利用市场时机积累的结果。Clarkson et al.(2018)利用市场时机理论对亚洲上市公司的融资行为进行了研究,认为上市公司存在利用市场时机买卖股票的行为。市场时机理论将股票市场分为基于股票错误定价时机模型和基于信息动态不对称时机模型,为研究企业的融资行为提供了新的视角。

市场时机理论过去主要用于研究企业的融资行为,认为企业管理者如果是理性的,他们会通过资本市场的波动根据时机选择不同的融资方式,使得资本市场可以为企业经营带来正向效益。随着经济的发展,融资方式日益丰富,企业的融资需求也日益增大,如何合理运用市场时机选择合适的融资方式对于企业的经营愈加重要。因此,企业利用市场时机进行融资选择的行为愈加频繁。

二、资源基础理论

资源基础理论认为,企业在掌握稀缺性资源时能构成企业的核心竞争力。Barney(1991)发现,企业实施并购的目的是吸收被并购企业的核心资源,而这些核心资源往往是难以被模仿和超越的。Park et al.(2018)发现,跨国并购有助于企业快速获取被并购企业的先进技术,通过吸收整合实现技术知识的传递,进而增强企业技术创新能力。在资源基础理论视野下,企业通过并购,能够获取各种互补资源,继而增强市场竞争力。学者们也发现,影响企业竞争力的因素有很多,比如企业的信誉、企业的产品质量、企业品牌的知名度等。在此基础上,企业要吸收的资源不仅仅包括有形资源,也包括无形资源。有形资源包括产品、设备等具有实物形态的资源,无形资源包括技术、管理经验、创新能力等。对于发达国家的很多企业来说,进行并购的目的是拓展海外市场,让企业的蓝图更大,实现规模经济。对于发展中国家的很多企业来说,例如中国大多数企业,核心技术以及创新能力缺乏,仅通过企业自主研发很难在短时间内有成效,还有可能由于缺乏经验,走很多弯路。因此,许多企业利用跨国技术并购,吸收被并购企业的核心技术研发资源。在此过程中,由于技术本身是一种稀缺的资源,所以技术并购成了获取这种稀缺资源的重要手段。通过技术并购,获取所需的技术稀缺资源,以及整合被并购企业资源为自己企业所用,达到"1+1>2"的效果。

三、动态能力理论

依据企业能力理论,企业竞争优势来自配置资源的能力。动态能力以战略资源为基础,是一种高阶能力,能够适应商业环境变化。目前主要有两种主流解释方向来解释该理论:一是动态,指的是外部环境是持续变化的,企业需要进行内部调整,从而能够适应外部环境;二是能力,企业能够应对不断变化的环境。现有研究将动态能力分为获取能力、释放能力、整合能力、重构能力等四种。学者们对动态能力的分支再进行细化,认为吸收能力也是动态能力的一种表现形式。因为,外部技术的快速变化、市场竞争激烈,即便是技术能力好的企业也很难只靠自身内部研发前进。在不断变化的外部环境中,种种重组挑战随之而来,吸收能力对企业而言变得非常重要。因此,不断提高吸收能力,可以在市场竞争中保持主动性,提高企业竞争力,从而提升企业绩效。董保宝(2012)将动态能力划分得更为细致,分为学习能力、适应能力、创新能力、整合能力、再配置能力。吸收能力包含对知识的识别获取等,比较关注外部资源如何转化为企业内部资源;适应能力指的是通过企业的探索和学习,使企业的内部资源与外部需求保持一致;创新能力是指企业开发新的产品或者服务能够对不同的环境作出不同的反应,满足不同的环境需求。有很多学者认为创新能力是动态能力的另一个视角,企业的创新能力是随着市场环境变化不断变化的一种能力。企业创新能力的提高,在相当程度上取决于对外部技术的吸收。从这一层次看,企业的动态变化已成为影响其创新能力的因素。综合来看,动态能力所强调的是企业应随着环境的变化而适时进行能力调整,进而增加企业效益。在当前大时代背景下,科技的变化速度如此之快,只有积极地适应周围的环境,才能及时调整企业的技术体系,有效地对企业的资源进行配置,促进企业的发展。

四、组织学习理论

组织学习是政治学、产业经济学、心理学以及管理学关注的焦点。组织学习理论认为学习虽然是个体行为,但是组织可以全面学习;强调个人在学习时,企业会被个体影响,通常具有积极的作用,但也会存在消极影响,例如企业通过犯错来学习。March(1991)认为组织学习有两种形式,即探索性学习和开发性学习,前者是对新技术的试验,具有不确定性,后者是对已掌握技术的拓展,回报一般是积极且可预测的。企业的学习、模仿和技术变革等活动都涉及探索与开发的微妙平衡,这两种学习过程在企业中的均衡状态受到企业资源分配的影响。此外,March还认为相互学习会降低组织学习的效率,因为这会使组织和个人的信念趋于一致。Stewart(2009)通过研究指出,组织学习既包括技术资源的获取过程,也包括技术资源的整合过程。

组织学习可以使组织的效率获得显著提升,因为组织学习是一个学习新技术、新资源的过程,同时也是新技术、新资源的整合过程。在这些过程中,不仅要学习经验,还要对已经掌握的技术进行创新。并购后一般有四个阶段,分别是获取阶段、吸收阶段、转化阶段、利用阶段。根据组织学习理论,企业现有的技术能够促进技术的吸收和学习能力的提升,强化企业本身的技术能力。创新是企业对技术和资源进行整合再利用的过程,因此,组织保持创新的途径是经常更新自身的知识体系。技术并购被认为是企业获取外部资源的途径,能够帮助组织提高创新能力。

在组织学习理论的视角下,企业希望通过技术并购来取得外部知识储备进而增强自身创新能力,主要步骤是确定外部资源。企业自身的研发水平可以帮助企业更好地识别外部的技术知识,识别哪些资源是短缺的,迅速判断外部的技术知识是否符合企业的发展需求,进而更准确地识别标的方。如果企业不具备充足的技术知识,那么在识别过程中必然会受到一定的阻碍。如果企业恰当地鉴定外部的技术知识,双方技术资源将达到完全融合,对于大家都有的技术资源,就会放弃,避免重复利用资源,这一进程还将得到所缺乏的资源。所有的这一切,都有助于企业更好地实现技术整合,从而提高自身技术水平,增强企业创新能力。企业的核心竞争力是其所拥有的各种技术能力和组织管理能力的总和,又可以被称为企业的核心技术。企业的核心技术越强,越能够结合自身情况将外部技术知识融合进自己的企业。

五、跳板理论

跳板的概念,原意是指员工越级汇报的行为。跳板理论认为这种越级行为能提高企业效率。许多新兴市场的海外企业进行扩张的行为是为了获取技术、品牌等资源。Luo et al. (2018) 对 TCL 和联想进行案例研究,发现企业倾向于进行跨国并购来获得发达国家先进的技术、专业理论知识等核心技术资源,以达到提升自身优势的目标,进而提出跳板理论。越来越多的学者认为,许多海外企业正在进行跳板行为和寻求外国直接投资。这些海外企业一方面努力寻求资产,包括技术、专业知识以及一些天然资源;另一方面积极寻求机遇,例如资金的支持。海外企业通过一系列的跳板行为能够在发达国家寻求关键性资源,获得技术知识,实现技术的飞跃以实现提高企业竞争力的目标。

从跳板理论来看,发展较为缓慢的企业因自身的水平限制难以有核心技术,因此它们积极采用跳板行为来寻求发达国家企业的知识资源。企业进行跨国并购的目的是寻求技术、品牌、专业理论知识。为了获取这些资源,企业会形成一个紧密的网络,积极寻求学习的渠道,吸收并将先进技术进行创新。决定跳板方式是否成功还需要看企业能否整合双方的资源,将自身的资源优势与先进的技术融合到一起,从而提升自身的发展。中国本土企业技术研发知识积累较弱,通过跨国技术并购整合,可以取得目标企业的核心技术,进而通过吸收转化,把目标企业的先进技术和企业本身所拥有的技术进行整合,形成一种创新。知识作为企业的核心竞争力,其整合也至关重要。因此,对于并购而来的技术知识需要进一步整合来实现协同效益,以达到更高的效益。

六、协同效应理论

经济学中的"协同"概念起源于 Ansoff(1965)的著作《公司战略》。该著作指出,并购方与被并购方资源配置达到最优时,双方的整体绩效应当出现"1+1>2"的经济效果。刘燕武等(2002)认为,企业并购是一种组织进化过程,并且该过程会使组织结构更加复杂,其主要驱动因素是组织人员之间的联系与影响。协同效应正是产生于组织人员中的整体联系。协同效应通常划分为财务协同效应、经营协同效应和管理协同效应。

财务协同效应并购双方在财务上取得的效益、绝大多数企业在追求降本增效的协同基础上,也会追求财务上的协同效应(Rabier,2017)。财务协同效应主要表现为:第一,资本成本降低。并购完成后,企业业务不断拓展,信用等级不断提升,议价及融资能力不断增强,有效降低筹资成本。第二,合理避税。企业通过并购增加亏损企业的收益,同时根据其中一方的税收优惠项目适用不同纳税政策协助企业实现减少税负的目的。

经营协同效应建立在双方存在差异、可产生优势互补的基础上,是促使并购效率提高的显著影响因素。王宏利等(2003)认为经营协同效应的存在一般意味着合并后企业将获得更多收益或者说将以更快的速度发展。经营上的协同包括实现规模经济的横向并购、降低交易成本的纵向并购。主并方企业在并购完成后,能够分享双方的优势资源及组织结构,销售渠道得到拓展,销售规模进一步增加,销售成本下降。并购后,企业规模得到扩充和调整以达到最佳规模，降低企业成本，提高企业收益水平，实现经营协同效应。

管理协同效应源于效率差别理论，指的是并购双方管理资源的有效配置。并购行为发生前，双方在管理能力和体系上存在差距，以并购整合、管理资源配置为手段，实现高效率管理企业向低效率管理企业转移过剩的专属资源，实现管理资源的充分利用以及管理效率的提高，最终呈现出大于两个企业单独管理能力总和的效果。管理效应主要表现在：在更大范围内分摊管理费用，通过以强带弱的方式，提高并购双方的管理能力，最终使得企业价值得到提升。

协同效应理论表达了企业并购的最终目的，科学合理的并购能够实现并购双方资源的有效整合，融合双方生产与管理优势，最终产生的协同效应能够体现在财务层面、市场反应上。此外，技术并购实现的协同效应还能够体现在创新能力上，尤其是并购技术领先型企业，协同效应会更加明显。技术落后型企业能够增加专利产品数量、扩大科研人员规模和降低研发成本等，以此保持持续的竞争优势。

第三节　文献综述

一、跨国并购动因

近年来，伴随着如火如荼的跨国并购热潮，国内外学者对企业开展跨国并购的动因进行了大量探索。这些动因归纳起来主要包括提升企业运营效率、弥补自身技术资源不足、提升自身核心竞争力以及推动企业战略转型等。

（一）提升企业运营效率

Seth et al.(2000)认为并购的主要驱动因素是企业试图利用价值链之间的协同作用，达到更高的运营效率和更大的市场支配力。黎平海等(2009)认为企业实施跨国并购的主要原因是获得被并购方的战略性资产。除此之外，企业也希望通过并购实现经营协同等目标。Lee(2017)认为跨国并购是对外直接投资(FDI)的最主要形式，通过构建寻求技术型跨国并购和扩张市场型跨国并购的一般均衡模型,探究企业跨国并购的动因。模型验证的结果显示,企业从事跨国并购的主要动机有两个,一是获得技术水平的提高,提高生产率,达到技术协同效应;二是获得被并购方具有的适合当地市场的特定技术知识,从而进入被并购方所处地区。Rabier(2017)研究了并购动机与并购后绩效分配的关系发现,追求运营协同效应的并购方,比追求财务协同效应的并购方更有可能获得积极或者消极的长期回报。此外,如果出现消极影响,并购方丰富的并购经验和近距离的地理位置能够缓解这一现象。

（二）弥补自身技术资源不足

Wagner(2011)以三个高科技产业为研究对象,讨论了并购方研发特征与被并购方创新活动之间的相互关联性。研究表明,当被并购方的研发产出不足时,往往会选择在自身专利薄弱的领域拥有大量研究专利的企业进行技术并购,从而弥补自身研发产出的不足,技术并购实际上是自身研发活动的替代手段。Cefis et al.(2015)指出,并购是突破创新门槛的主要策略,企业在寻求创新时需要的资源和能力,往往很难在企业内部进行开发,技术并购是弥补现有不足的有效手段。宋林等(2016)基于多项Logit模型的实证分析,提出了中国企业的并购动因受到国家收入和相距距离的影响,认为收入高、距离近国家的并购动因主要是获取技术资源。屈晶(2019)在研究企业技术并购与创新绩效的关系时,运用了跨层面分析方法来为企业依据技术并购类型整合资源提供依据,指出企业在技术并购中获取了技术资源,这是提升其自主创新能力的有效途径。宋林等(2016)发现对于债务压力较小的企业来说,进行跨国并购主要是为了取得资源和技术。郭凌威等(2018)称中国企业跨国并购技术追求逆向技术溢出效应,当企业内部缺乏创新时,中国企业可以利用并购获得外来知识资源,推动企业加速创新。张文菲等(2020)提出,随着经济的发展和新兴经济体中企业对高新技术追求的要求,企业跨国并购已从过去的市场寻求型、战略资源寻求型,逐渐向技术寻求型过渡。

（三）提升自身核心竞争力

何伟军等(2022)认为,企业实施跨国并购动因涉及完善战略布局、提升竞争力、分散风险、顺应发展等诸多要素。张乃平等(2005)指出,构建核心竞争力是促使企业并购的根本动因,在跨国并购行为结束后,企业是否实现国际化目标,往往能够取决于其核心竞争力是否得到提升。孟凡臣等(2007)在研究中国企业跨国并购存在的问题时提出,并购已成为当前多数企业快速获得市场竞争优势、提升核心竞争力的重要手段。唐晓华等(2019)提出,驱动中国企业进行跨国并购的主要动因是寻求创新力和参与全球竞争。杜群阳等(2004)提出,企业跨国并购首先要做到积极地"走出去",提前了解投资国的基本情况等,其次要寻求多方合作并且要充分考虑所获取技术与目标市场的关联性,最后要注意在投资后留住优秀的科研人员。唐晓华等(2019)基于全球价值链升级的视角,以改革开放以来实施跨国并购的中国制造业企业为研究对象,指出跨国并购的动因有国际化市场扩张、多元化发展等。

(四)推动企业战略转型

吴先明等(2014)在整合后发企业技术追赶理论和后发企业国际化理论的主要观点的基础上指出,后发企业如果是为了获取技术进行跨国并购,那么其本质上是一个能力更新的过程,后发企业通过跨国并购不仅可以实现技术追赶,而且可以推动企业自身的战略转型。张文佳(2015)提出,推动战略转型等原因有力地推动了中国企业跨国并购。中国企业实施跨国并购的具体动因会受到并购时期和所选对象的影响,并非是一种静态选择。魏涛(2016)基于无形资源海外整合视角提出,中国企业跨国并购的主要战略目的是汲取发达国家先进企业的技术、研发能力等方面的先进经验。这种技术知识逆向的转移和扩散,能够促进自身发展战略转型升级。孟凡臣等(2021)发现,企业进行跨国并购主要是受企业转型升级、直接获得先进管理思路等因素的驱使。然而,单纯完成并购的交割并不代表实现了并购方的战略目标(Stahl et al. ,2013;King et al. ,2004;Ahammad et al. ,2016),后续还需要关注并购整合这一复杂的过程。

除这些观点以外,一些学者认为企业寻求跨国技术并购还存在其他动因。Alimov et al. (2017)提出了一种不同的观点,即国家一级的知识产权改革是跨国并购的决定性因素之一,加强知识产权法律保护能够吸引更多的海外投资者,尤其是对于知识产权保护性强的国家和知识产权密集型的行业。蒋冠宏(2020)指出,国内企业在实施跨国并购时虽然可以获得潜在的协同效应,但也会面临不可避免的并购成本,国内企业应当稳步和谨慎地实施跨国并购,在获得更好的要素、资产的同时主动认识潜在的并购成本和制度风险。邵新建等(2012)研究认为,企业的并购行为可能会和管理者的性格有关,若管理者过于自信,则企业更容易产生非理性的并购行为。付晶华(2007)认为,如果管理者对企业现金的支配权越来越大,在缺少监管的情况下企业的并购行为可能越来越多。杜兴强等(2007)认为,对于国内的民营企业来讲,如果管理者过于自信,企业进行并购时会支付更高的溢价,导致企业背负巨额债务,影响企业的正常经营。

二、跨国并购的市场时机决策

White(1974)认为,企业倾向于在市场实际利率比较低的时候进行债权融资。Hovakimian(2004)认为,企业倾向于在股票收益率比较高的时候进行股票发行。Huang et al.(2009)认为,美国上市公司选择融资方式时会首要考虑市场时机。刘澜飚等(2005)研究发现,国内企业和美国企业一样,都会根据不同的市场时机选择股权融资或债权融资。刘端等(2005)研究发现,当企业的盈利能力较好时,更容易选择股权融资;同样当企业股票价值被高估时,也会更多地选择股权融资。刘星等(2007)认为,在企业股票价值比较高的时候,企业倾向于选择股权融资优化资本结构。陆正飞(2008)研究发现,企业会综合考虑融资成本和股票价值,若股票价值被高估,企业倾向于选择股权融资。唐蓓等(2011)研究发现,在较短的时期内,国内企业的融资决策会根据市净率的变化选择不同的融资方式。王衍行等(2012)研究发现,在存在市场时机的情况下,国内企业会根据时机的不同选择不同的融资决策,并在短期内对企业的资本结构造成影响。

除了对融资方式的影响,市场时机可能也会影响企业对融资时点的选择。Ritter(2002)认为,企业在准备上市时会考虑市场时机,更倾向于在投资者积极性较高的时候选择上市。顾勇等(2002)研究发现,中国上市公司的并购行为会受到股价变动的影响,当二级市场被炒得比较厉害的时候,企业会选择增发股票。Loughran(2004)认为,在资本市场上市活动频繁的时候,企业更容易选择进行上市融资,这样会让企业筹集到更多的资金。Alti(2006)通过研究资本市场的首次公开发行频率发现,美国企业更倾向于在公开发行频率高的时候选择进行上市融资。李小平等(2007)研究发现,企业会选择在股票交易活动频繁的时候进行股票融资。王正位等(2007)认为,在资本市场交易频繁的时候,国内上市公司会选择发行股票进行再融资,并且当股价被高估时,企业会选择发行股票以筹集更多的资金。束景虹(2010)对国内上市公司的融资偏好进行了研究,认为某些企业会在股价被高估的时候选择股权融资。汤胜等(2012)认为,资本市场的波动会影响国内上市公司的再融资决策,但对于企业资本结果的影响是短期的。邓路等(2013)认为,因为大股东对于企业的经营情况和实际价值有更多的了解,所以当大股东选择购买企业增发的股票时,企业的股价可能是被高估的。

三、技术链整合方式与整合路径

(一) 技术链整合方式

1. 技术相似性并购对并购绩效的影响

近年来,学者们开始研究并购双方的关联效应,特别是在技术并购领域。Lane(1998)的研究发现,基础知识储备的相似性、研究集中化与后续的学习能力、创新水平之间存在正相关关系。也就是说,如果并购双方的基础知识储备相似并且研究集中,那么双方在并购后的学习能力和创新水平均会提高。Bena et al.(2014)通过对1984—2004年的专利数据进行实证检验,发现企业创新活动是产生协同效应的一个具体来源,它能够推动企业参与技术并购,并对并购结果产生积极影响。他还发现,企业并购更倾向于寻求技术重叠而非产品重叠市场,且并购行为能够对创新绩效产生正向影响。然而,Miozzo et al.(2016)和Colombo et al.(2014)的研究结果却与此相反。他们发现,如果两家企业在技术和能力上存在高度相似,那么管理者需要及时应对并购过程中的固有偏见,否则可能会对并购绩效产生负面效应。Colombo指出,技术相似性与并购后的创新绩效呈负相关,而且无法通过研发业务重组进行稀释,但是更换研发人员中高层经理能够改善这种负向效应。Clood et al.(2006)的研究认为,技术相似性对并购绩效的影响并非线性。非技术并购可能会对创新绩效产生负向影响,而在技术并购领域,双方的知识相关性对并购后的创新绩效产生曲线影响。因此,需要选择技术关联度适中的企业作为并购目标。国内的一些学者也进行了相关研究。例如,王宛秋等(2020)发现,企业处于生命周期的不同阶段,技术相似性对创新绩效的影响不同。宁烨(2020)的研究发现,技术相似性可以正向调节开发型创新绩效,但可能会对探索型创新绩效产生负面影响。严焰(2020)认为,技术相似性可以帮助企业扩大生产规模,实现规模效应,但如果重叠知识过多,可能会减少企业的探索机会,对创新绩效的贡献微乎其微。苏屹等(2023)以中国沪深 A 股上市公司跨国并购事件为研究样本,验证了技术相似性对主并方企业探索式创新绩效无显著影响,而对利用式创新绩效具有倒 U 形影响。

2. 技术互补性并购对并购绩效的影响

对于技术互补性并购对并购绩效的影响,学者们同样有着丰富的研究。例如,Makri et al.(2010)强调了除技术能力外,科学知识的影响也应被考虑。他的研究结果表明,相似的知识结构有助于渐进式更新,而互补性知识对不连续的战略转型的影响更为显著。江子萱等(2023)认为,技术并购可以促进企业竞争力的增长,但技术互补性并购对其影响更显著。此外,互补性技术可以积极激励创新绩效。陈菲琼(2015)的研究显示,相似性技术可能会减少企业的学习机会,从而对创新表现产生负面影响,而互补性技术则可以带来不同的资源,创造新的价值,从而正向推动并购绩效。从创新协同的角度来看,Harrigan et al.(2017)发现,创新协同效应在熟悉的技术领域的作用效果并不明显,而在不熟悉的技术领域,创新协同效应可以激励企业通过与外界交流,有效实现协同效应,产生学习成果,提升企业的研发回报率。林发勤等(2022)基于 2004—2018 年中国上市公司数据,实证检验了跨国并购对创新的影响效应,同时验证了技术互补性能够显著提升跨国并购技术创新效应。黄苹等(2020)认为,并购双方技术互补性能够通过提高创新效率与补充技术知识,显著提升海外主并方企业的创新质量。类似的,Ahuja et al.(2001)的研究发现,企业在创新过程中可能会遇到三种形式的陷阱,通过尝试企业缺乏经验的新领域、新兴科技,甚至是开创性领域,可以有效地克服创新过程中的陷阱模式,而获取互补性技术可以有效实现这一策略。然而,也有一些学者的观点与上述观点不同。例如,曹兴等(2022)在研究跨界并购时发现,双方技术储备的互补程度与创新绩效之间呈正 U 形关系。异质性资源能够为企业生产带来新的思维方式,互补程度越高越能促进企业并购后的财务绩效。刘刚等(2020)同样认为,主并方企业与目标企业技术资源的异质性与企业并购绩效之间呈倒 U 形关系,适中的异质性技术资源能更好地促进企业并购绩效。

3. 技术跨部性并购对并购绩效的影响

学者们对技术跨部性并购的相关研究相对较少。技术跨部性并购在为企业带来技术资源与创新机会的同时，也会存在基于技术路径依赖的不确定性风险（王宛秋等，2022）。杨青等（2019）认为，技术巩固型并购相比于技术进入型并购的技术创新效应更强。刘小刚（2023）采用案例研究的方式，基于业绩承诺角度阐述了跨界并购对象选择不当会造成整合失败，导致长期业绩不佳。张光宇等（2023）持相反观点，指出后发企业可以通过跨部性技术并购分担潜在风险，显著提升自身的颠覆性创新能力，保持领先竞争力。王宛秋等（2019）的研究结果显示，主并方企业的技术多元化能够促进跨部性技术并购后的创新绩效，且研发投入会强化技术多元化与并购后创新绩效之间的关系。时代等（2023）基于开放式创新理论与知识基础观，发现跨界性行为有助于企业获得全新技术资源，极大提升企业的新产品开发绩效。

（二）技术链整合路径

1. 技术链整合路径规划

何春丽（2018）指出，并购计划应该从全过程视角去指定。王维等（2021）指出，企业并购活动所产生的效应具有持续性，而企业吸收能力是一个动态过程，不同的能力在企业创新活动中发挥的作用也不一样。韩蕾（2019）提出，并购整合计划应尽量留住被并购方原有队伍，便于在技术与操作之间实行渠道整合。彭文凯（2018）认为，并购整合的程度也应该充分结合并购双方的资源关联性。黄嫚丽等（2019）指出，交易双方自主性和依赖性的不同程度使整合模式分为三种模式，即，吸收模式、保护模式和共生模式。中国企业大部分处于低成本经营模式，龚品机（2019）认为并购后的整合阶段，企业要充分激发海外企业创新意识，发挥技术领先优势。Birkinshaw et al.（1999）表示，有效的整合过程对整合阶段起着决定性作用，因此也影响着并购是否成功。张玉缺（2019）在前辈专家学者关于财务协同效应理论研究的基础上指出，财务协同效应从本质上讲，是企业对财务能力的反映。企业并购之后，可以通过相应的资源整合措施，为整个企业开辟一条资源流通渠道，以达到增加利润、降低成本的目的，实现增强现金流量和减少风险的目标。

2. 技术链整合路径的重要性

Kuemmerle(1999)提出,发展中国家企业进行跨国技术并购有其特殊性。随着技术不断变化进步,复杂性也在不断增加,考虑到时间成本,很多企业放弃内部技术研发转向外部技术获取。李培馨等(2011)梳理了国内外研究成果,认为并购整合能力是提升技术并购绩效的三大关键因素之一,其他两个关键因素分别是被并购方特征、并购前后企业的策略。Bauer et al.(2014)对106家机械电子行业的中小型企业进行实证研究,认为整合程度越高,并购企业往后的发展趋势就越好。Federico et al.(2017)认为,并购后并购双方的创新力都将下降,并购降低了双方创新的动力,继而使得整个企业创新减少,因此需要提出整合理念。崔永梅等(2018)通过对并购决策阶段技术甄选、并购实施阶段技术转移和并购整合阶段技术重构进行分析发现,并购方借助技术整合路径,实现对目标方技术能力的获得、转移、融合与内化,最终形成以消化吸收为主的自主研发创新能力。王宛秋等(2019)从企业特征的视角出发,认为在跨国技术并购中,并购方并购前自身技术多样化程度越高,获益能力越强,原因是企业内部技术优势和外部资源的融合,在并购整合中能够发挥更明显的正向效应。韩贺洋(2019)发现,技术并购可以快速获取目标企业的技术资源,但由于技术知识具有路径依赖性和难以模仿性,需要对技术知识整合管理,才能真正实现知识吸收与利用,提高企业竞争力。在有关技术并购整合存在的问题研究方面,王宛秋等(2009)基于动态能力观引入具体案例,认为中国技术并购整合过程中存在成本预估过低、速度控制失效以及人力资源不够重视等问题。整合过程中问题的解决过程就是协同机制的形成过程。王宛秋(2011)在分析问卷调查所得数据的基础上,采用 SD(System Dynamics,系统动力学)方法探究技术并购协同形成机制,讨论并购方与被并购方如何从并购前不同经营环境中跳出,面对共同的客户、组织与竞争环境,如何在并购后的"新企业"中实现技术、人才等资源要素的整合,真正发挥优势互补作用。根据模型输出结果发现:技术本身的先进性与实用性在并购整合中发挥了较为明显的作用;整合协同受到多种因素共同影响,整合过程中决策的制定应当考虑整体风险水平。此外,多个影响因素协调作用,一定程度上可以弥补其他影响因素产生的整合风险。

3. 技术链整合路径中的影响因素

(1) 技术关联度

Cassiman(2005)在探究技术并购在研发过程中的影响时提出,合并双方如果在技术上具有互补性,企业的研发部门在并购整合中会更加活跃;如果被并购方在技术上具有替代性,并购方在并购整合中的研发水平会大大降低。Homburg et al.(2006)对232起横向并购交易的调查结果表明,并购后整合速度利弊兼存,这取决于并购企业内外部关联的大小,当企业外部关联度低、内部关联性高,整合速度是最有利的;反之,在外部关联度高、内部关联度低时,整合速度过快是非常不利的。严焰等(2020)指出,企业通过技术并购的方式,不但能在短时间内降低企业本身技术研发费用,而且能通过获得满足自身要求的技术资源来提升自身现有技术体系。

(2) 文化差异程度

Slangen(2006)考察了跨国并购中双方的文化距离在整合过程中的影响程度,通过对30家荷兰企业的102起跨国并购事件进行实证分析指出,文化距离带来的不全是负面影响,当并购后整合水平较低时,并购方在企业决策上往往会给被并购方提供一定的选择权,文化距离此时能够产生积极影响;当并购后整合水平较高时,文化距离会产生一定的消极影响。Dikova(2013)基于文化距离影响的结论进行了拓展研究,分析了文化差异在企业跨国并购中的影响:具有丰富跨国技术并购经验的企业更善于规避并购活动中的文化整合风险,使并购方不会过多受到文化差异的负面影响,最终产生更高的并购绩效,这在一定程度上论证补充了Slangen的研究结论。Bauer et al.(2016)进一步分析了文化差异在跨境整合中产生的影响,发现并购后的人为整合与任务整合对创新成果产生了不同的影响。人为整合,即两个组织的员工创建共同身份并达成一致意见,这对并购整合具有负面影响;以资源转移共享为目标的任务整合能够促进创新能力的提升。

(3) 技术创新体系

侯汉坡等(2009)以企业技术创新体系为切入点,将技术并购划分为三种类型:进入新领域型、技术完善型以及技术互补型,并对每种形式的整合路径进行归纳总结,认为企业应当根据自身并购动机采取不同的整合模式。除此之外,注重再创新能力、培育学习型文化和留住核心人才是整合顺利进行的重要保障。于成永等(2012)进一步将技术创新分为创新投入与创新产出两部分,探讨技术并购在整合过程中如何分别影响创新投入与创新产出。首先,在技术并购影响创新投入的过程中,并购行为能够与内部研发之间形成互补关系、与非技术并购行为形成替代关系。其次,知识关联程度是否在技术创新产出中产生积极影响,尚未得到验证。但经过学者们多年研究,知识相关性的影响机制研究也取得了相应成果。韩俊华等(2018)通过对技术追赶理论、国际化理论和动态能力理论进行归纳总结,分析了并购整合对技术创新的影响,认为战略整合主要包括人力资源整合、文化整合等,通过有效整合能够提升企业技术创新能力的积累能力。程新生等(2023)基于中国上市公司技术并购事件研究发现,技术并购会占用企业资源,带来整合动荡,从而影响技术研发进程,阻碍企业的再创新。

(4) 知识转移与吸收

于培友等(2006)认为,技术并购整合的本质是并购双方技术知识的转移,企业建立合适的技术知识转移情境,应当从组织结构、战略和文化三个方面展开。谢学军(2010)在对并购活动中的知识转移与知识整合进行研究时发现,知识传送能力、接收方吸收能力具有促进作用。此外,随着整合程度的加深,双方知识冲突容易出现。韩贺洋等(2018)从技术知识转移的角度研究企业创新路径与整合路径。研究结论表明,企业技术并购后的创新路径主要为拷贝技术→模仿改进→跟随研发→技术领先;由于技术知识的转移具有路径依赖性和隐含性,整合过程需要为技术知识转移创造适宜的环境、对知识进行合理分类并寻求适宜的媒介,吸收目标企业隐性技术知识,转变为自身再创新能力。许长新等(2019)在技术知识特性的视角上,分别研究了知识相似性和互补性在并购整合中所发挥的作用。研究表明,技术知识互补程度越高,整合效果越好;相似性越高,越会导致企业过早显现整合协同的疲软性。

此外,学者们在其他方面也对技术并购整合路径展开了广泛的研究。王玉等(2007)以价值链整合为切入点,详细研究了上海电气并购日本秋山的案例,认为二者是"中式低价"与"日式高质"的价值链结合方式,技术价值链的整合能够为双方带来更多的技术利益。连敏超等(2016)认为,良好的外部环境能够提高整合效率及并购绩效。蒋瑜洁(2017)对吉利集团跨国并购沃尔沃的案例展开研究并发现,并购双方保持独立性是一种有效的整合方式。这种独立性具体包括企业文化的独立性、运营模式的独立性和内部管理体系的独立性,这种方式在一定程度上缓解了并购冲突,融合了技术创新能力。

四、技术并购与技术链整合绩效

(一)技术链整合绩效的测度

1. 财务绩效测度

不同学者往往根据不同的研究需求选取不同指标来衡量并购后的财务绩效。胥朝阳等(2011)选取了主营业务利润率这一财务指标衡量财务绩效,认为其能直接反映企业核心竞争能力。朱华桂等(2016)选取企业年末总资产和全年营业总收入来表示企业规模和财务状况。但单一的指标往往不能全面反映财务绩效。刘志杰(2015)认为,综合分析法更全面、更系统,选取企业成长能力、运营能力、盈利能力等多种财务分析指标构建指标体系的综合分析法在现有研究中被广泛应用。

2. 市场绩效测度

一部分学者认为企业的财务绩效能够在一定程度上反映企业市场绩效。赵旭(2003)在研究中国保险公司市场绩效时,采取的是将利润总额作为评价指标,但随着研究的深入,财务指标由于具有被主观操纵的可能,逐渐独立于市场绩效,托宾Q值成为衡量市场绩效的又一评价指标。蒋天旭(2019)在已有学者研究的基础上,选用托宾Q值衡量市场绩效,探究了外部社会责任对企业财务绩效与市场绩效的影响。同样,张于(2023)通过托宾Q值和企业净利率衡量市场绩效。如今,越来越多的学者倾向于采用事件研究法对市场绩效进行测度。池昭梅等(2019)对旗滨集团并购马来西亚旗滨公司进行案例分析时,采用事件研究法计算旗滨集团超额收益率与累计超额收益率,以此反映并购的市场绩效。但事件研究法仅能衡量企业短期市场绩效,对于长期市场绩效的测度,应当选用更为合适的方法。例如,计算企业的经济增加值在现有研究中被广泛运用。程金凤(2019)认为,经济增加值与传统财务指标相比,更能客观体现企业长期的市场价值增量。刘斐然等(2023)使用营业收入增长率衡量企业市场绩效,测度企业在产品市场进行规模扩张的表现。

3. 创新绩效测度

关于并购后创新绩效的度量学术界并未形成一致的测量体系,学者们往往根据企业特征或者产业特征进行指标选取。韦影(2006)认为,多项测量指标体系比单一测量指标体系更具有度量意义,结合中国企业的技术创新情况将创新绩效分为创新效益与创新效率两个模块多项指标。也有学者认为,多项指标测量体系不够准确,指标之间存在重叠性,影响测量结果。温成玉等(2011)认为,市场指标和财务指标容易受市场因素和管理因素影响,但专利数量具有独创性和排他性,是衡量创新绩效的最佳选择。李梅等(2019)在研究研发国际化对创新绩效的作用机制时,选取的是专利申请数量这一单一指标来评估创新绩效。近年来,又有研究者转换角度,通过考虑创新投入与产出,对创新绩效进行测度(唐书林 等,2016;杨博旭 等,2019)。

(1) 基于创新投入角度

杨宗翰等(2019)发现,企业研发支出关系到研发绩效,企业对研究和开发的投资额与其创新绩效紧密相关。王晓燕等(2023)采用企业当年研发投入占总资产的比重来衡量企业创新投入的强度。在人力投入方面,王维等(2019)表示,企业所组织的技术人员体现出企业在研发创新方面的投入,可用于对企业研发能力进行评价。黄璐等(2017)关注并购企业在研发中的投入,利用研发人员数量反映企业技术活动的创新过程绩效。韩俊华等(2018)认为企业要想创新,必须投入部分固定资产,可通过企业实际生产投入,以固定资产净值为指标进行计量。刘雯等(2018)认为,企业从开始缴纳研发费用至取得最终产品或者专利,相关的设备在利润表上没有体现,因此,对企业所投资的此类固定资产,也要进行完整核算,可用作创新的一个标志。

(2) 基于创新产出角度

尽管已有研究多采用研发投资作为企业创新测度,但是仅以研发作为创新的量度是有局限性的。因此,国内很多学者从专利的角度对创新绩效进行度量。例如,蔡俊亚等(2015)使用开发的新产品数量、营收情况、研发成功情况、形成新产品速度情况、专利申请情况对创新绩效进行了测度。马忠民(2017)利用专利授予数量来衡量创新绩效。胡珺等(2020)使用企业专利申请数量来表征创新绩效,反映创新数量和经济价值的双重特征。

（3）基于创新效率角度

学者对于 DEA 的研究也在持续改善，并开发出多种模型。王义新等（2019）以 DEA-Tobit 两阶段模型为基础，从价值链视角研究规模企业创新效率问题，结果发现企业之间创新效率存在较大差异，纯技术效率较低是造成总体效率较低的主要因素。揭晓蒙等（2020）同样利用该模型对海外企业展开研究，结果发现外部因素对创新效率有较大影响，且在国有企业中表现得更为明显。王海花等（2022）将科技创新过程分为不同阶段，基于共享投入的三阶段网络 DEA 模型进行分析。

（二）技术并购对高质量发展绩效的影响研究

1. 技术并购对财务绩效的影响

Ciobanu（2011）通过研究多家欧洲企业的绩效发现，并购完成后，被并购方企业在时间期内的超额收益率比并购方企业高。叶璋礼（2013）运用综合分析法建立综合财务评价指标体系，对并购事件进行分类，采用经营业绩研究法实证研究了并购对财务绩效的影响，发现横向并购在初期对财务绩效的积极影响较为显著，而纵向并购则在后期的影响较为显著，这一结论可以运用到技术并购等不同并购事件中。Abdel-Khalik（2010）通过研究美国上市公司的并购案例发现，在并购完成后，资本市场对于企业的行为是认可的，明显增加了企业的累计超额收益率。Ahammad（2016）对并购绩效的评估基于以下9个指标：销售回报率、销售增长、股价、市场份额增长、现金流量、资产利用率、每股收益、投资回报率和盈利能力，认为这些指标能全面反映企业财务状况与市场绩效。胡海青等（2016）通过研究国内汽车行业跨国并购的财务数据发现，并购有助于企业提升自身竞争力，通过整合协同给企业带来长期绩效。Kale et al.（2017）以印度企业为例，探究发展中国家企业跨国并购后的绩效表现，发现这类企业能够利用被并购企业的现有能力进入外国市场，最终不仅能够获得利润提升，还能够获得超额收益。蓝发钦等（2017）通过研究国外科技企业并购的财务数据发现，并购有助于提升企业的盈利能力、偿债能力和发展能力，但对企业的营运能力没有明显影响。任云龙（2017）通过研究国内房地产企业并购行为的财务数据，发现并购可以提高企业的短期盈利能力和发展能力，但对于企业长期的发展没有明显的积极影响。

2. 技术并购对市场绩效的影响

以往学者普遍认为技术并购总体上对市场绩效产生积极影响,而对于具体影响因素的观点不尽相同。张弛等(2017)从并购类型的角度出发,将总资产收益率作为绩效衡量指标。研究发现,纵向技术并购的正向提升效应更加明显,横向技术并购可能会使绩效出现下降趋势,混合技术并购不具备显著的正向或负向影响效果。中国企业在横向技术并购前应当做好充足的资金和人员储备,在混合技术并购前熟练掌握技术知识,并购后避免人才流失。Basuil(2017)对美国431起大型跨国并购进行研究,采用事件研究法探究外部董事的人力及社会资源如何影响股东的价值创造,调查结果表明,外部董事的人力及社会资源能够对跨国并购的市场绩效产生积极影响。季华等(2019)采用事件研究法衡量市场绩效,回归分析了跨国并购溢价度和企业国际化程度对市场绩效的影响。研究结果表明,并购溢价度越高,市场绩效表现越好,同时,企业国际化程度在二者之间能够发挥促进作用。Boateng et al.(2019)采用事件研究法对209家中国样本企业跨国并购中文化距离对市场绩效的影响展开研究,结果表明,文化距离在短期和长期内都会对市场绩效产生负面影响。除此之外,并购方规模越大、经验越丰富,其托宾Q值越高,积极地调节了文化距离与市场绩效之间的联系。

3. 技术并购对创新绩效的影响

大部分学者认为技术并购对创新绩效有正向影响。Granstran et al.(1990)提出,通过对小型技术企业的并购,可以有效地提高被并购企业的自主创新能力。在进行技术并购之后,并购企业的知识储备得到扩展(Ahuja,2001),并购双方之间的知识互补性得到增强(Rhodes-Kropf et al.,2008),同时也使并购企业的已有知识得到更新,从而避免了因重复使用已有知识而造成的惯性和简单性(Vermeulen et al.,2001),提升了研发的规模和范围经济(Cassiman et al.,2005),推动了企业创新。Entezarkheir et al.(2018)经研究指出,1980—2003年美国上市制造企业并购与企业创新具有显著的正向影响。市场份额越高,企业并购越有利于创新,并购后出现研发替代现象,企业的长期创新比短期创新多。Denicolò et al.(2018)相信横向并购整合能够通过预防研发工作的重复来激发企业创新。杨青等(2019)以中国高科技上市公司为研究对象,认为技术创新产出明显受到技术并购活动的正向影响,且如果被并购方属于"潜力股",这种促进效应会更加突出。在实证方面,很多学者针对某个特定行业进行了研究,张永冀等(2020)以医药上市公司为研究对象,验证了并购企业会在短期内有良好的市场反应,长期来看也会有利于改善财务绩效,从而促进企业创新绩效的提升。还有一部分学者根据不同视角的观察分析结果证明技术并购对企业创新绩效有正向影响。同样,姚颐等(2022)也从这一角度出发,指出除了技术相关性包含的相似性与互补性外,开拓性地提出了跨部性这一类型,实证验证了技术并购中需要平衡好技术关联度,从而获得更多的创新产出。另一些学者却持不同的观点,Cloodt(2006)考察了航空航天和国防、计算机和办公机械、制药以及电子通信等四个主要领域的高科技企业技术并购后的创新绩效,发现技术并购的积极影响要取决于企业的整合能力,技术并购并非对创新绩效毫无贡献。Desyllas(2010)利用组织管理和财务理论,探讨了高科技企业的技术并购是否具有创新性以及知识库的影响力度。研究结果表明,首先,高科技企业的技术并购在第一年和第二年内对创新绩效影响并不显著甚至是负面的,从第三年开始逐渐转向积极。其次,在技术并购中,并购方具有庞大的知识库能够提高创新绩效,同时能增强吸收能力。白俊等(2022)指出,知识基础理论与成长压力理论下产生的并购依赖对企业技术并购的创新绩效存在替代与叠加作用。

对于技术并购如何提升创新绩效,目前也仍然存在不同的研究观点。王宛秋等(2016)运用回归分析法探究并购主体特征的影响程度。研究结果表明,并购主体特征中的并购方各方面能力越成熟、财务资源越丰富,在创新绩效提升方面的正面影响越显著。Cheng等(2017)在研究新兴国家的企业跨国并购事件中发现,并购方并购双方之间的业务联系能够有效促进并购绩效的提升,技术创新能力在其中起到了正向调节作用。此外,环境动荡可能会使并购方利用其业务联系中的资源来增强技术创新能力,进一步提高并购中的创新绩效。应瑛等(2018)认为,企业通过技术并购,从标的企业取得市场,在产品资源和研发技术之后,能较好地弥补其技术上的不足,推动技术与服务的创新。茅迪等(2019)探讨了双方知识相关性是否影响并购方的创新绩效,研究结果表明,知识相关性与创新绩效之间都呈倒U形关系。此外,如果双方知识是互补的,那么这种互补性在对创新绩效产生影响的过程中,较高知识相似性在二者关系中具有正向调节作用。王疆等

(2019)基于跨国并购动因和吸收能力的视角,探究了二者对创新绩效的影响,认为技术寻求动因对创新绩效具有显著正向作用,而较强的吸收能力在其中能够起到明显的正向调节作用。

五、文献述评

国内外学者们围绕跨国并购动因、并购时机、技术链整合方式与整合路径、技术并购与技术链整合绩效等方面开展了大量的研究,从不同的视角得出了具有差异化的结论,这为本书的研究奠定了基础。但这些研究仍然存在一些不足,主要表现在以下五个方面。

(一)对周期波动中并购决策的时机选择关注不足

在现有的文献中,市场时机理论基本都用于研究资本市场的投融资行为,市场时机的变化同时受到资本市场整体波动性和企业自身价值的影响,市场时机既可以影响企业投融资的方式,也可以影响企业投融资的时点。现有文献缺少对市场时机影响企业具体决策行为的研究。因此,本书将市场时机理论应用于跨国并购活动,通过案例研究阐明周期波动中跨国并购决策的时机选择,进而对现有的相关理论进行完善。

(二)技术并购后资源整合的实现过程评价有待完善

现有研究着重将技术并购作为一个整体来考察其作用机理及影响因素,对技术链整合方式的研究目前还相对较少。因此,本书试图从技术链整合方式出发,通过技术相似性、技术互补性、技术跨部性三个方面分别回顾总结企业技术并购后资源整合的实现过程,对创新产出和财务绩效以及非财务指标建立整合效果衡量体系,深入剖析不同技术链整合前后的创新能力、财务绩效以及营运效率,充分揭示不同技术链并购整合的效果。

(三)技术链整合路径演进的研究有待拓展

当前学者们普遍关注的是决策的制定合理性与整合过程的影响因素,对于并购整合路径在时间的角度上如何演进的研究仍然有待拓展。技术并购活动并非只是并购企业和目标企业的买卖关系,技术并购的整合也并非只是简单的投资决策,每一项决策对时间、人员的要求都不容小觑。本书在探讨跨国技术并购整合路径演进模式时引入 3L-3E 理论模型,将并购整合路径在时间上划分阶段,弥补了现有研究的不足。

(四)高质量发展绩效的衡量指标划分模糊

已有文献对高质量发展绩效的衡量指标划分较为模糊,尤其对财务绩效与市场绩效的衡量指标存在一定的重叠。高质量发展绩效是反映并购决策执行效果的有效标准,国内外学者普遍采用创新绩效来代表高质量发展绩效,实际上,高质量发展绩效同样会映射到财务状况与市场反应上。本书在进行案例分析时综合采用财务指标法、主成分分析法和经济增加值分析法等方法,系统测算主并方企业财务绩效、市场绩效和创新绩效,从而对并购后的高质量发展绩效进行科学评价。

(五)跨国技术并购、资源编排与高质量发展绩效的内在关联尚不明晰

目前对于技术并购与高质量发展绩效中的单一研究以及两两关系之间的研究已经较为充实,而将技术并购、资源编排与高质量发展绩效纳入统一分析框架的研究文献还相对有限。事实上三者之间存在一定的关联,这也解释了不同技术链整合方式下并购效果存在差异的根本原因,即资源编排扮演着举足轻重的角色。本书采用探索性案例研究法,从资源编排的角度出发,与行业市场时机相结合,将JS电子接连发生的10起跨国技术并购事件进行阶段划分,尝试研究不同类型技术并购的各个并购事件之间的时机选择及并购后经整合实现高质量发展的过程。

Chapter 3

第三章

市场时机选择与中国本土企业跨国择时并购

——以天齐锂业为例

2008年金融危机发生时,许多中国本土企业出于"贪便宜"的心态以低价抄底境外企业或资产,跨国并购自此进入高速增长期,很多企业往往需要支付较高的溢价来提高并购的成功率。然而,基于未深入了解行业发展周期、缺乏明确的并购动机和匹配的整合能力等原因,企业并购完成后的绩效不尽如人意,自身也深陷投资陷阱。一桩桩貌似"便宜"的交易或"高溢价"的并购带来的却是无效的投入与无穷的后患,最终导致有的中国本土企业不仅未占到跨国并购的便宜,而且可能付出惨痛的代价。

第一节　锂行业周期性与择时并购行为分析

一、锂行业周期性分析

(一) 产业链划分

中国锂行业的产业链主要分为上游原材料开采、中游工业产品提炼和下游锂产品应用。其中,上游原材料主要来源于盐湖提锂、矿石提锂以及含锂废料;中游核心产品包括碳酸锂、氢氧化锂和氯化锂;下游产品主要用于传统化工材料和新能源汽车电池等新兴产业。锂行业产业链划分见图3-1。

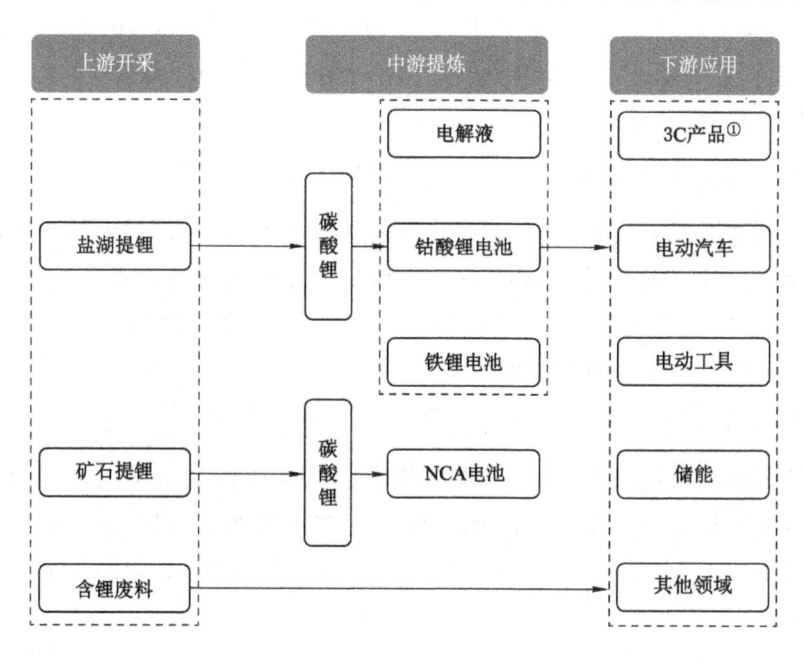

图 3-1　锂行业产业链划分

(二) 周期性特点

锂行业是一个典型的周期性产业,它的原材料成本和产品的生产价格

---

① 3C产品:计算机类、通信类和消费类电子产品三者的统称。

(需求)均受到宏观经济环境的影响,市场环境的变化则是通过社会需求的变化来传递的。

行业周期的特点包括:① 在需求端发生变化时,供给端需要一定的反应时间进行调整;② 上游企业的资产以锂矿资源为主,资金需求量大,企业致力于提高生产效率、扩大生产规模、加大产品供给以增加现金流。

受到行业周期性波动的影响,锂业公司的生产经营具有以下三个特点。

1. 盈利情况或现金流量波动

企业盈利情况或现金流量在总体上升或下降的趋势中波动。锂行业作为周期性行业,其周期跨度各有不同,周期长的可能会历经数十年。在这些长周期中,存在多个跨度较小的上行周期或下行周期。当整个产业的发展势头上升时,总会有一个短暂的下跌。整个产业也是一样,因为不同的企业,其运作方式和资本结构的差异,在面对不同的市场环境时,会表现出不同的变化趋势,有好有坏。

2. 资源依赖程度高

随着新能源时代的来临,锂行业将会逐渐走上资源为王、强者为尊的时代,盐湖锂、硬岩锂等锂资源丰富的企业,或者是锂资源自给率高的企业,都会从中获益。在遭受周期性产业冲击的情况下,具有较高资源自给能力的企业在抵御风险上具有较大的优势。

3. 债务存量高、风险较大

锂行业的负债总量很大,其债务期限结构中以流动负债为主。流动负债的迅速增长导致了企业的整体负债水平在持续增长,因此锂行业的短期偿债压力很大。同时,基于信用错配、产业低迷等原因,企业的负债拖欠率不断上升。

(三)周期性原因分析

首先,中国作为世界锂盐第一生产大国,仅 2020 年锂盐产量就高达 29 万吨,但 2021 年新能源汽车产销两旺,对上游锂资源有着巨大需求。虽然近年来国内通过不断开发盐湖、锂云母等资源提高锂矿产量,但是由于受国内锂矿石的品位和开采技术的限制,国内的锂矿石价格远远高于进口。因此,中国的锂矿资源依赖进口,容易受到国际市场的周期性波动影响,从而形成了中国锂行业的周期性特点。

其次,锂行业的需求主要来自下游产品的应用,新能源汽车、储能设备等生产企业的发展依赖于宏观调控,故整体的外部环境变化会对下游企业造成一定的冲击,从而影响到整个锂行业。

在过去对行业周期的研究中发现,之所以主要以产品的需求为研究对象,是因为产品价格主要受到需求量的影响,并且需求端对于市场环境变化的反应速度快于供给端。当需求增加时,产品价格将有所提高,为生产企业带来更多的收入和利润,进而加大生产规模,增加供给;当需求减少时,因为供大于求导致产品价格下降,企业生产的产品无处销售,影响正常经营。

(四) 行业周期划分

因为价格能够反映市场供需的错配程度,价格变化可以直观地反映行业繁荣与衰退的周期波动,所以本章以产业链中游产品碳酸锂的价格为参考对锂行业的周期进行划分。2010—2021年碳酸锂价格波动情况见图3-2。

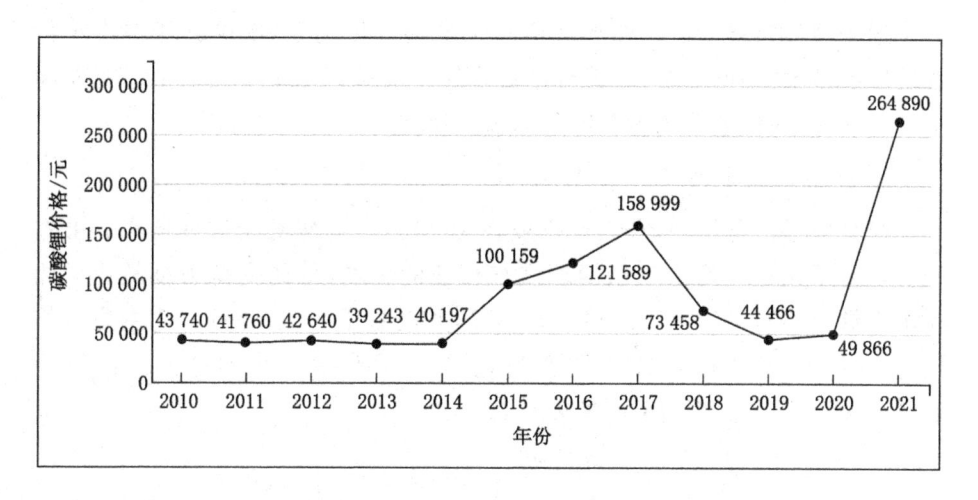

图 3-2 2010—2021 年碳酸锂价格波动情况

通过梳理2010年以来碳酸锂的历史价格变动规律,可以发现近年来中国锂行业经历了多次行业周期波动。

(1) 2010—2013 年:全球遭遇了经济危机,供给端和需求端都处于低迷状态,碳酸锂价格有所跌落,后来保持平稳发展。

(2) 2014—2017年:锂电池的需求量随着新能源汽车行业的快速发展而迅速增多,一时间锂产品供不应求,造成碳酸锂的价格迅猛上涨。

(3) 2018—2021年:中国相关政策对于新能源汽车的补贴力度有所减弱,消费者购买新能源汽车的热情不及之前,但上游供给端反应迟滞,一时间供大于求,造成碳酸锂价格大幅下降。

(4) 2021年年底至今:"双碳"目标推动下的全球碳资产扩张将带动储能领域锂需求爆发,合力新能源汽车,推动锂行业进入新一轮需求增长的超级周期。

二、中国锂行业并购历程回顾

(一)中国锂行业并购浪潮重述

受到市场环境和行业政策等宏观因素的影响,在不同的行业周期中,中国锂业公司的并购策略也不尽相同,其中主要包括是否进行并购以及选择何种融资方式。

近10年来,作为锂行业下游产品主要的应用场景,中国新能源汽车行业的发展可谓"一波三折"。锂行业整体的发展呈现出了不同的上行周期和下行周期,国内锂业公司的并购行为也有所变化。

1. 平淡发展期:2010—2013年

受全球经济危机的影响,锂行业在2010—2013年处于周期低点。虽然国家出台了相关政策推动新能源汽车行业的发展,但是支持力度较小。此时国内锂业公司进行并购的热情并不高,并购总量较少,并且并购主力多是国有企业,而天齐锂业在这期间发起了当时唯一的跨国并购。锂行业2010—2013年主要并购事件见表3-1。

2. 爆发增长期:2014—2017年

"十三五"时期以来,国家出台大量政策支持新能源汽车等绿色产业的发展,作为动力电池原材料供应的锂行业开始迅猛发展。相较于平淡发展期,2014—2017年的行业并购总量和跨国并购数量都有着明显的增多,并且越来越多的民营企业通过并购推动自身发展。锂行业2014—2017年主要并购事件见表3-2。

表 3-1　锂行业 2010—2013 年主要并购事件

并购方	并购标的	并购性质
西部资源	晶泰锂业	国内并购
路翔股份	融达锂业	
西藏城投	阿里圣拓矿业	
西藏矿业	碳酸型扎布耶盐湖资源	
中信国安	吉乃尔盐湖资源	
江特电机	宜春钽铌矿资源	
众和股份	厦门帛石	
天齐锂业	泰利森	跨国并购

表 3-2　锂行业 2014—2017 年主要并购事件

并购方	并购标的	并购性质
长园集团	深圳星源材质	国内并购
浩宁达	河南义腾	
新宙邦	海斯福化工	
东源电器	国轩高科	
西部资源	深圳五洲龙、重庆恒通	
众和股份	优派新能源	
赣锋锂业	美拜电子	
天赐材料	凯欣电池材料	
欣旺达	锂威能源	
斯特兰	伊博瑞尔	
天际股份	新泰材料	
中国宝安	友诚科技	
富临精工	升华科技	
山东江泉	瑞福锂业	
坚瑞消防	沃特玛	
海螺型材	奇瑞新能源汽车公司	
格力	珠海银隆	

表 3-2(续)

并购方	并购标的	并购性质
比亚迪	蓝科锂业	国内并购
京威股份	长春新能源	
赢合科技	东莞雅康	
科恒股份	浩能科技	
澳洋顺昌	绿伟锂能	
猛狮科技	达喀尔汽车	
金马股份	众泰汽车	
吉利	东风南充汽车	
多氟多	宇航汽车	
国能电动汽车瑞典公司	新龙马	
长信科技	比克电池	
东方精工	普莱德	
成飞集成	中航锂电	
西部矿业	大梁矿业	
新纶科技	株工会社 T&T Enertechno	跨国并购
赣锋锂业	美洲锂业	
长城	澳大利亚皮尔巴拉矿业	
雪人股份	加拿大水吉能公司	
江特电机	塔瓦纳资源	
洛阳钼业	安布拉斯控股有限公司	
赣锋锂业	澳大利亚里德工业矿产私人有限公司	
洛阳钼业	刚果铜钴矿	
骆驼股份	吉扎克蓄电池	
吉恩镍业	魁北克锂业	
万向钱潮	菲斯科	
赣锋锂业	波士顿电池	
天齐锂业	智利矿业化工公司	
赣锋锂业	阿根廷锂矿业公司	

3. 冷静调整期:2018—2021年

同样是受到新能源汽车行业的影响,因为国家对新能源汽车的补贴有所下降,消费者对于新能源汽车的消费热情有所降低,所以锂行业发展进入下行阶段,并购总量明显减少。相较于爆发增长期,2018—2021年的跨国并购数量虽然没有明显减少,但基本都发生在2021年年底行业复苏阶段,并且并购主体主要是赣锋锂业和盛新锂能两家行业巨头,天齐锂业在2018年抓住行业景气期的尾巴发起了第二次引起整个行业关注的跨国并购。锂行业2018—2021年主要并购事件见表3-3。

表3-3 锂行业2018—2021年主要并购事件

并购方	并购标的	并购性质
盛新锂能	盛屯锂业	国内并购
长虹能源	长虹三杰	
威唐工业	德凌迅	
山东威达	武汉蔚能	
金圆股份	锂源矿业	
亿纬锂能	兴华锂盐	
藏格控股	麻米措矿业	
富临精工	恒信融	
鞍重股份	金辉再生	
赣锋锂业	伊犁鸿大基业	
天齐锂业	智利矿业化工公司	跨国并购
赣锋锂业	巴卡诺拉锂业	
力拓集团	林康矿业公司	
华友钴业	津巴布韦前景锂矿	

通过梳理近年来中国锂行业的并购浪潮规律可以发现,国内锂业公司会选择在行业上行周期频繁进行并购。其中,进行跨国并购主要是为了并购上游企业,延伸自身产业链,保障原材料供应,提高产业规模与核心竞争力。在行业下行周期企业则会减少并购,保证资金流动性,维持自身稳定发展。

（二）中国锂业公司跨国并购融资方式总结

融资方式方面，2010—2013年，锂行业唯一一起跨国并购的融资方式是股权融资；2014—2017年，锂行业的跨国并购融资方式主要是股权融资；2018—2021年，锂行业的跨国并购融资方式主要是债权融资。锂行业2010—2021年主要跨国并购事件见表3-4。

表3-4　锂行业2010—2021年主要跨国并购事件

时间	并购方	并购标的	主要融资方式	股市行情
2010—2013年	天齐锂业	泰利森	股权融资	股价有上涨趋势
2014—2017年	赣锋锂业	阿根廷锂矿业公司	自有资金	股价持续上涨
	赣锋锂业	美洲锂业	债权融资	
	长城	澳大利亚皮尔巴拉矿业	股权融资	
	雪人股份	加拿大水吉能公司	并购基金	
	江特电机	塔瓦纳资源	股权融资	
	赣锋锂业	澳大利亚里德工业矿产私人有限公司	股权融资	
	骆驼股份	吉扎克蓄电池	股权融资	
	吉恩镍业	魁北克锂业	股权融资	
	万向钱潮	菲斯科	股权融资	
	赣锋锂业	波士顿电池	自有资金	
2018—2021年	天齐锂业	智利矿业化工公司	债权融资	股价持续下跌
	赣锋锂业	巴卡诺拉锂业	自有资金	
	力拓集团	林康矿业公司	债权融资	
	华友钴业	津巴布韦前景锂矿	股权融资	

三、中国锂业公司的择时并购行为分析

通过前面的分析可以看出，中国锂行业的跨国并购与行业的发展周期有很大的关系。因此，可从市场时机的视角入手，对此进行详细研究。

在本章中将利用具体的数据分析中国锂业公司是否存在择时并购行为,首先对锂行业的市场时机进行划分。

本章对于市场时机的划分主要包含四个角度。

(1) 政策角度。政策角度的市场时机主要由政策方向、政策力度和政策数量三个方面决定。

(2) 资本市场角度。资本市场角度的市场时机主要由行业整体在资本市场的表现决定。

(3) 产品市场角度。产品市场角度的市场时机主要由锂行业上游原材料和中下游主要产品的价格变动决定。

(4) 行业形势角度。除了政策、资本市场及产品市场等因素的影响,原材料供应垄断等行业形势也会影响企业的并购行为。

对于企业是否存在择时并购行为的判定有以下两点。

(1) 以企业跨国并购的数量判定企业是否会根据市场时机的不同选择不同的并购决策。

(2) 以企业跨国并购的资金来源判定企业是否会根据市场时机的不同选择不同的融资决策。

(一) 锂行业周期中的市场时机

1. 政策时机

中国锂行业的发展,在很大程度上受到国家政策变化的影响。本章收集了近年来和锂行业相关的政策规定,从政策角度分析中国锂行业周期波动中的市场时机。2010—2021年关于中国锂行业发展的相关政策见表3-5。

表 3-5　2010—2021 年关于中国锂行业发展的相关政策

发布时间	发布部门	政策名称	政策性质
2010 年 10 月	国务院	《国务院关于加快培育和发展战略性新兴产业的决定》	支持类
2011 年 2 月	发改委	《产业结构调整指导目录(2011 年修正本)》	支持类
2012 年 6 月	国务院	《节能与新能源汽车产业发展规划(2012—2020 年)》	支持类

表 3-5(续)

发布时间	发布部门	政策名称	政策性质
2015 年 4 月	财政部、科技部、工信部、发改委	《关于 2016—2020 年新能源汽车推广应用财政支持政策的通知》	支持类（退坡）
2015 年 5 月	国务院	《中国制造 2025》	支持类
2015 年 11 月	交通运输部、财政部、工信部	《新能源公交车推广应用考核办法（试行）》	支持类
2016 年 8 月	国务院	《"十三五"国家科技创新规划》	支持类
2016 年 10 月	工信部	《有色金属工业发展规划（2016—2020 年）》	支持类
2016 年 12 月	国务院	《"十三五"国家战略性新兴产业发展规划》	支持类
2016 年 12 月	工信部、发改委、科技部、财政部	《新材料产业发展指南》	支持类
2016 年 12 月	财政部、科技部、工信部、发改委	《关于调整新能源汽车推广应用财政补贴政策的通知》	支持类
2017 年 1 月	国务院	《"十三五"节能减排综合工作方案》	支持类
2017 年 1 月	发改委	《战略性新兴产业重点产品和服务指导目录（2016 版）》	支持类
2017 年 2 月	工信部、发改委、科技部、财政部	《促进汽车动力电池产业发展行动方案》	支持类
2017 年 3 月	国务院	《政府工作报告》（2017 年）	支持类
2017 年 4 月	工信部、发改委、科技部	《汽车产业中长期发展规划》	支持类
2017 年 9 月	发改委、财政部、科技部、工信部、国家能源局	《关于促进储能技术和产业发展的指导意见》	支持类
2017 年 12 月	财政部、税务总局、工信部、科技部	《关于免征新能源汽车车辆购置税的公告》	支持类
2018 年 1 月	国家制造强国建设战略咨询委员会	《〈中国制造 2025〉重点领域技术创新绿皮书——技术路线图（2017 年版）》	支持类

表 3-5（续）

发布时间	发布部门	政策名称	政策性质
2018年2月	财政部、工信部、科技部、发改委	《关于调整完善新能源汽车推广应用财政补贴政策的通知》	支持类
2018年6月	国务院	《打赢蓝天保卫战三年行动计划》	支持类
2018年7月	财政部、税务总局、工信部、交通运输部	《关于节能 新能源车船享受车船税优惠政策的通知》	支持类
2018年11月	国家统计局	《战略性新兴产业分类(2018)》	支持类
2018年12月	发改委	《汽车产业投资管理规定》	支持类
2019年1月	工信部	《锂离子电池行业规范条件》	规范类
2019年1月	发改委、工信部、民政部、财政部、住建部、交通运输部、农业农村部、商务部、卫健委、市场监督总局	《进一步优化供给推动消费平稳增长 促进形成强大国内市场的实施方案(2019年)》	支持类
2019年3月	财政部、工信部、科技部、发改委	《关于进一步完善新能源汽车推广应用财政补贴政策的通知》	支持类（退坡）
2019年5月	交通运输部、中宣部、发改委、工信部、公安部、财政部、生态环境部、住建部、市场监督总局、国管局、中华全国总工会、中国铁路总公司	《绿色出行行动计划(2019—2022年)》	支持类
2019年6月	发改委、生态环境部、商务部	《推动重点消费品更新升级 畅通资源循环利用实施方案(2019—2020年)》	支持类
2019年8月	国务院办公厅	《国务院办公厅关于加快发展流通促进商业消费的意见》	支持类

表 3-5(续)

发布时间	发布部门	政策名称	政策性质
2019 年 9 月	中共中央、国务院	《交通强国建设纲要》	支持类
2019 年 12 月	工信部	《新能源汽车废旧动力蓄电池综合利用行业规范条件(2019 年版)》	支持类
2020 年 4 月	财政部、工信部、科技部、发改委	《关于完善新能源汽车推广应用财政补贴政策的通知》	支持类
2020 年 4 月	财政部、税务总局、工信部	《关于新能源汽车免征车辆购置税有关政策的公告》	支持类
2020 年 6 月	工信部、财政部、商务部、海关总署、市场监督总局	《关于修改〈乘用车企业平均燃料消耗量与新能源汽车积分并行管理办法〉的决定》	规范类
2020 年 7 月	工信部	《工业和信息化部关于修改〈新能源汽车生产企业及产品准入管理规定〉的决定》	支持类
2020 年 9 月	发改委、科技部、工信部、财政部	《关于扩大战略性新兴产业投资 培育壮大新增长点增长极的指导意见》	支持类
2020 年 10 月	中国汽车工程学会	《节能与新能源汽车技术路线图(2.0 版)》	支持类
2020 年 11 月	国务院办公厅	《新能源汽车产业发展规划(2021—2035 年)》	支持类
2020 年 12 月	发改委、商务部	《鼓励外商投资产业目录(2020 年版)》	支持类
2020 年 12 月	财政部、工信部、科技部、发改委	《关于进一步完善新能源汽车推广应用财政补贴政策的通知》	支持类
2021 年 3 月	国务院	《中华人民共和国国民经济和社会发展第十四个五年规划和2035 年远景目标纲要》	支持类
2021 年 7 月	发改委、能源局	《关于加快推动新型储能发展的指导意见》	支持类
2021 年 7 月	工信部	《新型数据中心发展三年行动计划(2021—2023 年)》	支持类

本章通过对国内外有关锂电产业链的重要政策进行总结与整理,发现其主要内容与核心理念基本相同,即要大力发展新能源,推动产业向绿色、低碳方向发展。虽然由于"骗保"等问题的产生,相关补贴政策的力度有所退坡,但从整体来看,国家大力支持锂行业产业链发展的态度始终不变,在今后的一段时间内,这种趋势也不会发生改变。

2. 资本市场时机

因为锂行业还没有成熟的行业指数,同时为了避免并购事件对股价的影响,所以本章选用锂行业另一巨头融捷股份的股价波动,更加客观地反映整个行业的资本市场表现。2010—2020年融捷股份股价波动情况见图3-3。

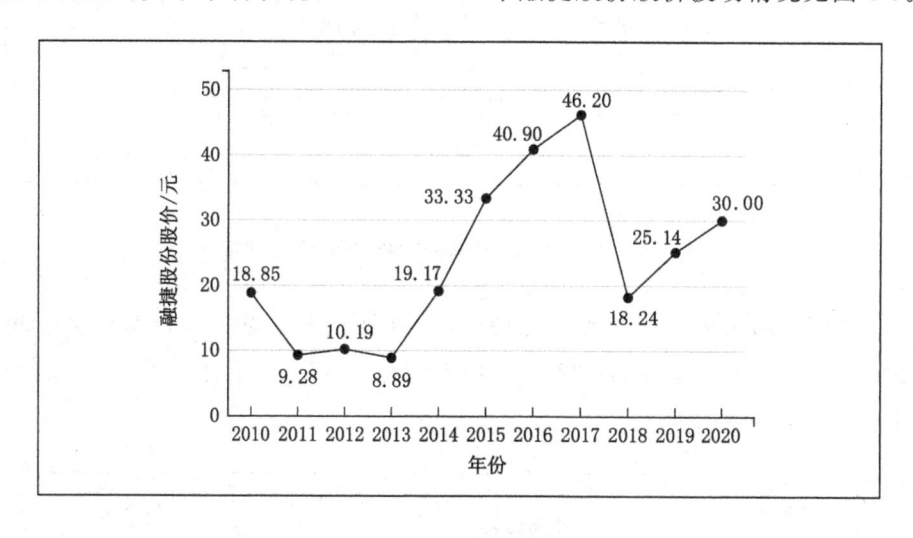

图3-3 2010—2020年融捷股份股价波动情况

通过2010—2020年融捷股份的股价变动情况发现,资本市场的波动情况和行业的波动情况基本保持一致,在2014年之前股价平平无奇,在2014—2017年股价持续上涨至最高点,紧接着就是2018年的急速下跌。

3. 产品市场时机

本章通过锂行业产业链中游主要产品碳酸锂的价格衡量产品市场表现,进而预测分析企业的未来盈利状况。

从图3-3能看到,伴随着新能源汽车需求的增加,在2014—2017年这一时期内,相关产品的价格始终处于行业周期高点,虽然2017年因为锂矿产储量增加导致原材料供大于求以及相关补贴政策支持力度的退坡，价格有所波动，但整体来说这一时期的价格始终要远高于其他时期，可谓是锂行业发展的"高光时期"。2014—2021年碳酸锂价格波动情况见图3-4。

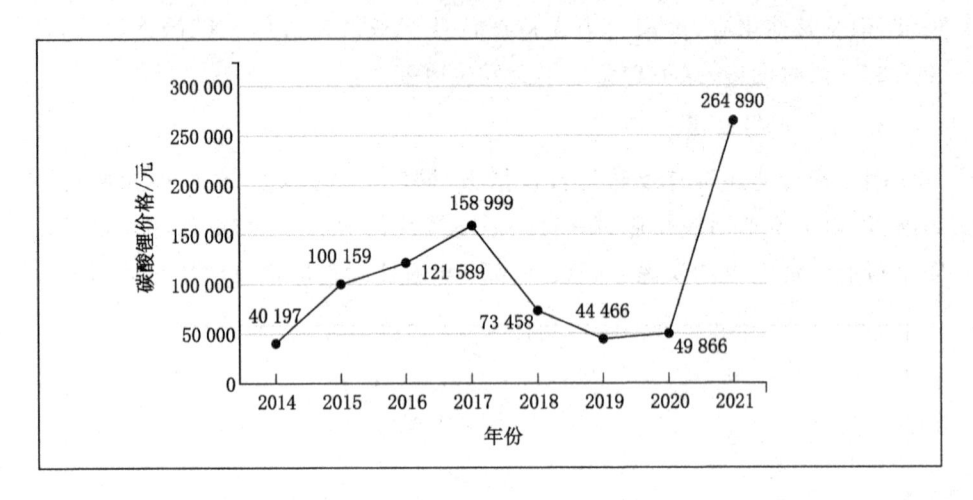

图 3-4 2014—2021年碳酸锂价格波动情况

中国锂离子电池产业规模见图3-5。从锂行业下游主要产品锂离子电池的产业规模发展来看，在2014—2017年这一时期内，产业规模迅速增加，增速远高于其他时期。

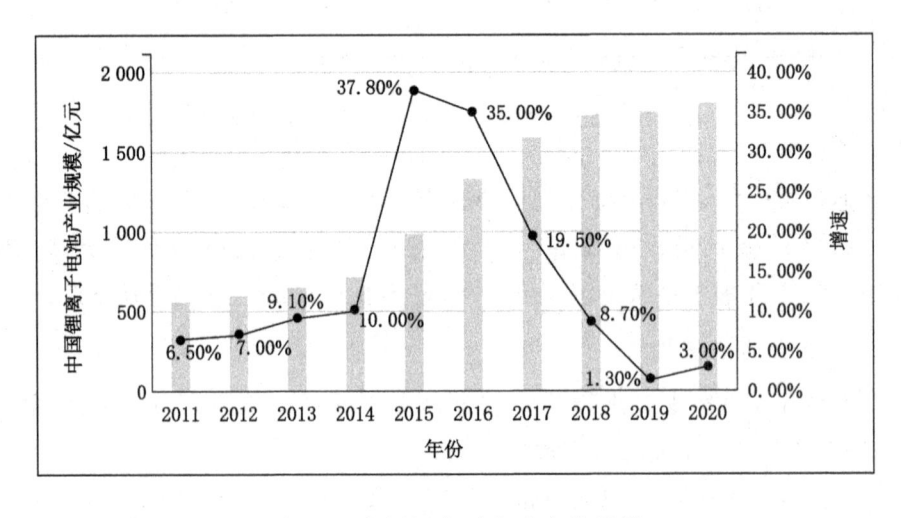

图 3-5 中国锂离子电池产业规模

综合碳酸锂价格波动及锂离子电池产业规模两个方面的分析可以确定,2014—2017年这个时期正是锂行业近年来的繁荣发展期。2014年以前该行业一直处于缓慢增长的状态,2018年行业迎来拐点,之后一段时间内处于持续下行状态。

(二)企业择时并购行为判定

1. 市场时机影响企业并购时点的选择

通过政策、资本市场、产品市场三个角度的分析发现,在中国锂行业的周期波动中确实存在着不同的市场时机。如果中国锂业公司确实存在择时并购行为,那么发生在2014—2017年的并购行为应该更频繁。锂行业并购事件数量见图3-6。

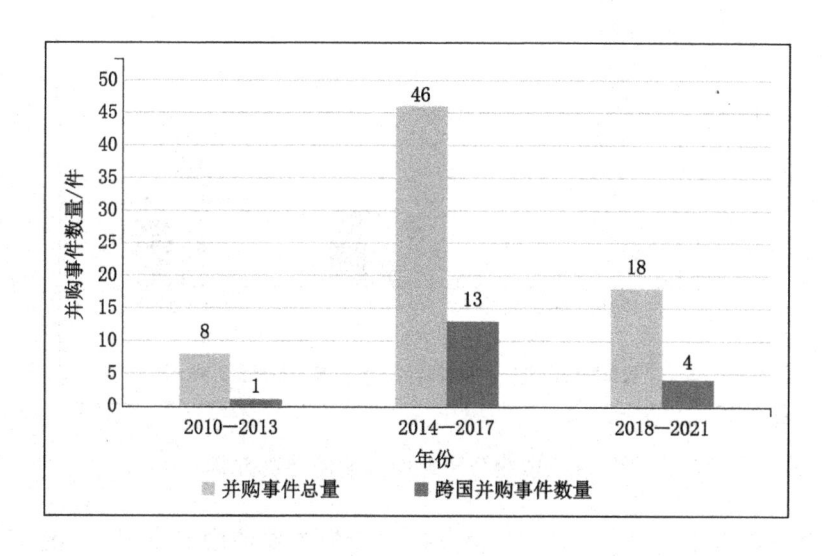

图 3-6　锂行业并购事件数量

从图3-6可以看到,无论是并购事件总量还是跨国并购事件数量,锂行业在2014—2017年较2010—2013年都有明显的增加;当2018年锂行业进入下行周期后,企业的并购热情明显下降,并购事件总量和跨国并购事件数量都大幅减少。天齐锂业却恰好在2018—2021年进行了第二次大体量的跨国并购。可以看到锂业公司会选择在行业发展利好的时候大举并购,也会在行业不景气的时候减少并购非主营活动,这与上文分析的市场利好时机是相一致的,可以认为中国锂业公司存在择时并购的行为。

2. 市场时机影响企业并购融资方式

根据资本市场的市场时机理论,在股票市场表现好的时候,企业应该更多通过股权融资筹集资金,反之应该更多通过债权融资筹集资金。通过对2010—2021年锂行业资本市场的表现来看,2014—2017年是锂行业整体快速发展的时期,2018—2021年先经历了一波急速下跌后有所复苏。如果中国锂业公司在跨国并购融资方式中存在择时行为,那么在2014—2017年使用股权融资方式的占比会比较高。锂业公司跨国并购的融资方式见图3-7。

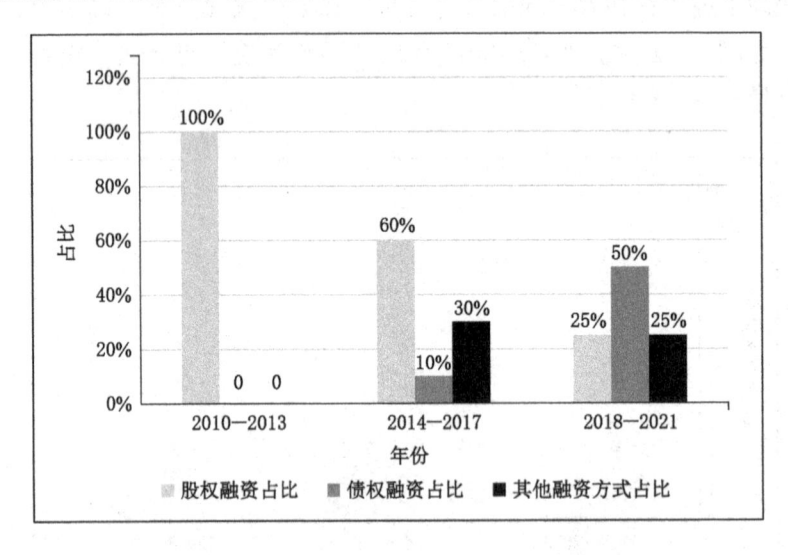

图 3-7 锂业公司跨国并购的融资方式

由图 3-7 可知,2014—2017 年股权融资为主要的融资方式,占比 60%;2018—2021 年债权融资为主要的融资方式,占比 50%,其中,天齐锂业的债权融资规模是最大的。虽然不能否定除资本市场表现以外的因素对企业的融资决策有所影响,但根据以往的经验,资本市场的表现是主导因素。因此,本章认为中国锂业公司跨国并购的融资方式选择基本符合市场时机理论,在融资决策方面,锂业公司存在择时行为。

第二节 周期波动影响下天齐锂业择时并购行为分析

一、并购双方简介

（一）天齐锂业简介

天齐锂业股份有限公司（简称天齐锂业）成立于1992年，于2010年在深交所中小板上市（SZ.002466），企业的主营业务为锂矿资源开采和锂产品的加工制造和销售。多年来，天齐锂业大举并购国内外优质锂矿资源，扩大企业规模，实现多元化发展。天齐锂业发展历程见图3-8。

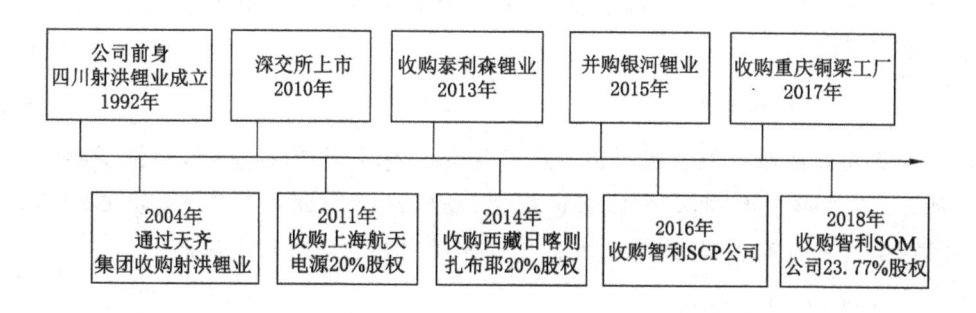

图3-8 天齐锂业发展历程

天齐锂业的营业收入由2010年的2.9亿元增长至2018年的62.4亿元，不仅成了国内锂行业的巨头，在全球锂业公司的排行榜中也名列前茅。2010—2021年天齐锂业综合财务数据见表3-6。

表3-6 2010—2021年天齐锂业综合财务数据表

财务数据/亿元	年份											
	2010	2011	2012	2013	2014	2015	2016	2017	2018	2019	2020	2021
营业收入	2.9	4.0	3.9	10.6	14.2	18.5	39.0	54.7	62.4	48.4	32.3	76.6
营业利润	0.4	0.4	0.4	−2.9	2.9	5.1	22.0	34.2	35.8	−45.3	−10.2	39.8
净利润	0.3	0.4	0.4	−2.9	2.8	4.2	17.8	26.1	28.0	−54.8	−11.2	25.9
总资产	10.5	11.2	15.7	66.7	61.2	75.1	112.0	178.4	446.3	466.0	420.3	441.6

表 3-6(续)

财务数据/亿元	年份											
	2010	2011	2012	2013	2014	2015	2016	2017	2018	2019	2020	2021
总负债	1.0	1.4	5.6	15.6	13.8	34.4	54.1	72.1	326.9	376.9	346.0	260.1
所有者权益	9.5	9.8	10.1	51.1	47.4	40.7	57.9	106.3	119.4	89.1	74.3	181.5
经营净现金流	−0.2	0.0	−0.4	2.2	3.0	6.6	17.7	30.9	36.2	23.5	6.9	20.9
年末现金余额	5.2	3.4	4.9	6.7	4.3	5.4	14.6	52.7	13.0	43.4	9.8	17.6

天齐锂业的快速发展离不开企业的投资决策。天齐锂业通过并购甘孜州甲基卡矿山、西藏日喀则扎布耶锂业等国内优质锂矿资源,提升企业实力,扩大国内市场份额;又通过并购国外泰利森、SQM等优质锂矿资源,开拓全球市场。

(二)泰利森简介

泰利森锂业有限公司(Talison Lithium Pty Ltd. 简称泰利森)位于澳大利亚,2010年上市,拥有全球储量最大、品质最优的锂辉石矿产,全球29%的锂矿石来自泰利森,同时它也是天齐锂业主要的原材料供应商。

(三)SQM 简介

智利化工矿业公司(Sociedad Quimicay Minera de Chile S. A. 简称SQM),成立于1968年,拥有全球储量最大、含锂浓度最高、开采条件最为成熟的锂盐湖资源。SQM和泰利森一样,属于全球锂业公司原材料的主要供应商。

二、天齐锂业跨国并购案例回顾

(一)并购泰利森过程概况

为了保证自身原材料供给、扩大企业规模、提升核心竞争力,天齐锂业决定对泰利森进行并购。和国内并购不同,跨国并购面临的国际环境更加复杂,不确定因素更多,因此天齐锂业设计了一套合理的并购计划,大致过程如下所述。

首先,在境外设立全资控股子公司,通过二级市场并购及场外交易等方式对持有泰利森19.99%的股份实施拦截并购。

其次,联手中投国际等外部投资者,通过股权质押的方式从瑞士银行等相关金融机构取得3.75亿美元的贷款完成并购。

最后,外部投资者退出,天齐锂业通过非公开发行普通股,募集资金31亿元人民币受让文菲尔德51%的股权,泰利森注入天齐锂业。

(二)并购SQM过程概况

成功并购泰利森之后,天齐锂业决定对SQM进行并购,进一步巩固企业的行业地位。在这次并购中,天齐锂业先后两次购得SQM 23.77%和2.1%的股权,总计花费约43亿美元,自此成为SQM的第一大股东。除了小部分自有资金外,天齐锂业并购SQM的资金主要来自债权融资。其中,天齐锂业通过签署融资承诺函,获得中信国际提供的10亿美元资金,后来又通过签署贷款承诺函获得中信银行提供的25亿美元贷款。

三、天齐锂业择时并购动因分析

(一)并购泰利森的市场时机和动因

1. 并购泰利森的市场时机分析

(1)政策时机

2010年10月,国务院发布《国务院关于加快培育和发展战略性新兴产业的决定》,大力支持企业重点研发动力电池等核心技术,推动中国新能源汽车的应用。作为第一部主要针对新能源汽车和动力电池的国家层面的政策,这意味着中国的新能源汽车行业以及锂行业即将迎来快速发展时期。

2012年7月,国务院发布《节能与新能源汽车产业发展规划(2012—2020年)》,大力推动相关企业进行动力电池技术创新,计划到2020年纯电动汽车和插电式混合动力汽车累计产销量超过500万辆。

因此,天齐锂业选择在政府支持行业发展的时机下进行跨国并购,提前布局国外优质矿产资源,提升企业锂资源控制度和自给率,为企业今后的发展做好准备。

(2)资本市场时机

天齐锂业2012年股价下跌的次数要多于股价上涨的次数,这与公开市场股价表现平平有关。天齐锂业在并购泰利森的时候并没有选择公开发行股票,而是通过非公开定向增发来进行股权融资。2012年天齐锂业股价波动趋势见图3-9。

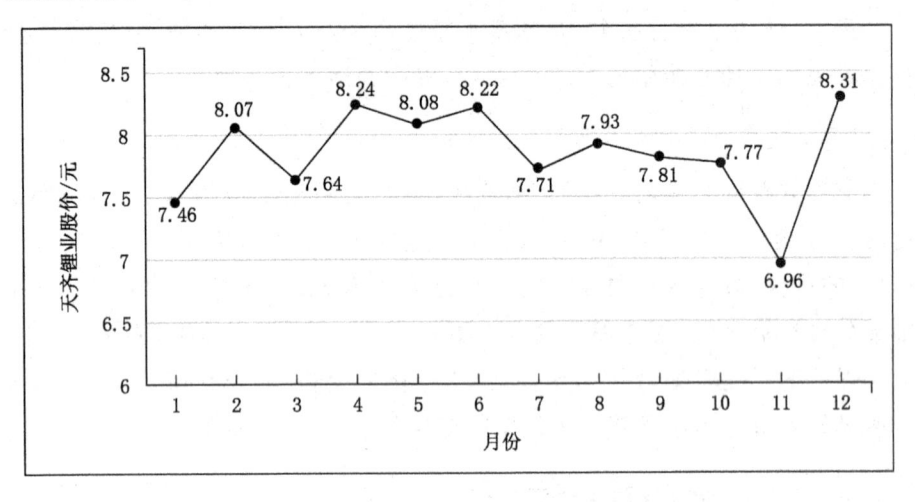

图 3-9 2012年天齐锂业股价波动趋势

(3) 产品市场时机

2012年及以前,碳酸锂的价格一直稳定在低位,随着国家将新能源汽车列为新兴产业准备大力发展后,其价格保持上涨趋势直至2017年的最高点。2012—2021年碳酸锂价格波动趋势见图3-10。

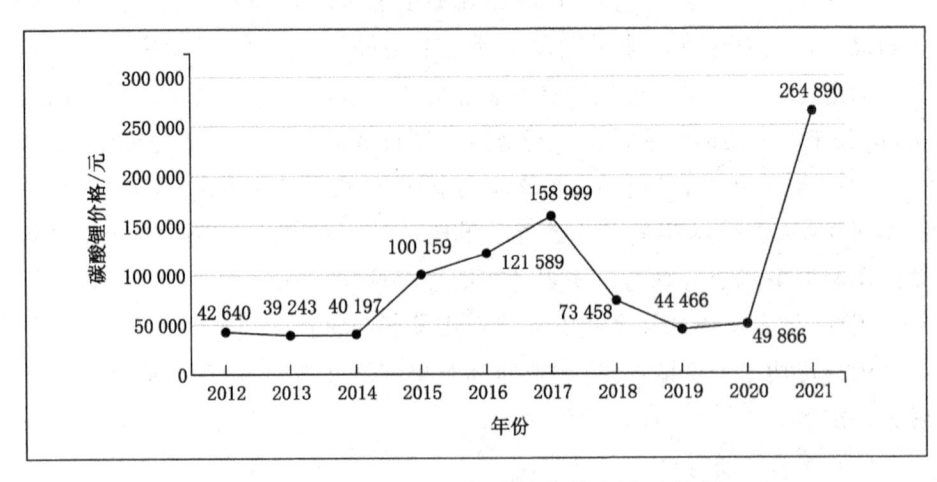

图 3-10 2012—2021年碳酸锂价格波动趋势

在2012年碳酸锂等产品价格处于低位的时机下,被并购企业的估值也相对较低,天齐锂业此时选择跨国并购可以支付较少的并购资金,同时并购之后延伸了自身掌握的产业链,正好准备迎接即将到来的行业繁荣期。

(4) 行业形势

在并购泰利森之前,虽然天齐锂业早已是全国最大的锂加工企业,但是其锂原料依赖国外进口。其中,泰利森是天齐锂业的重要原材料供应商之一。天齐锂业长期处于毛利率低下、"费力不赚钱"的处境。

2012年,美国锂业巨头洛克伍德有意并购泰利森,如果并购成功,则天齐锂业原材料的获得将会面临限量或者提价的风险,因此并购泰利森对天齐锂业意义重大。另外,全球锂资源寡头格局加剧,未来价格将步入上升通道;国内盐湖开采进展缓慢,难以短期缓解资源匮乏现状,国内无资源的加工企业将日益受制于人,因此该并购对于国内锂行业更具战略价值。

2. 并购泰利森的动因分析

(1) 响应国家政策号召,助力国家战略发展

锂行业被国家列为战略规划项目。锂产品广泛的应用场景不仅涉及新能源汽车等居民日常生活,还涉及飞机和军工产品制造等国家战略领域,因此锂行业的发展对中国具有重大战略意义。天齐锂业虽然是一家民营企业,但具有强烈的民族和爱国意识,跨国并购泰利森对于当时的天齐锂业来说绝对是"蛇吞象"的行为,稍有不慎就可能影响自身的正常发展,但天齐锂业仍积极响应国家政策号召,采取措施积极并购,助力国家战略发展。

(2) 掌控原材料开采,提高经营稳定性

因为中国优质锂矿产储量较小且开采技术较为落后,所以过去中国锂业公司的生产所用原材料大部分由国外锂矿公司供应。其中,天齐锂业的原材料大多采购于泰利森,企业经营容易受到锂矿价格波动的影响。随着锂矿逐渐成为世界各国争相开采的战略资源,锂矿资源的控制权直接决定着锂业公司的生存。在并购泰利森之前,天齐锂业的营业成本中原材料采购占比高达80%,这就导致企业的盈利能力较低。通过并购泰利森,天齐锂业将掌控全球品质最好、储量最大的锂矿资源,实现原材料自给自足,降低全球锂矿价格波动对企业发展的影响,提高自身经营稳定性。

(3) 扩大企业规模,提升市场占有率

并购泰利森之前,作为民营企业的天齐锂业体量较小,无论是生产性资产等硬件,还是组织管理决策等软件都不足以支撑企业在竞争日益激烈的经济全球化进程中有大的作为。泰利森作为国外老牌企业,不仅有着完备的生产设施及充裕的锂矿资源,还有着先进的开采技术和管理模式。因此,并购泰利森不仅可以使天齐锂业迅速扩大企业规模、提高市场占有率,还可以改善生产技术及组织管理方式,促进企业更好发展。

(4) 改善企业资本市场的表现,助推高质量发展

并购泰利森之前,基于锂行业整体情况和自身发展情况,天齐锂业在资本市场的表现一直平平无奇,2012 年全年股价下跌的次数甚至多于股价上涨的次数。但回顾泰利森过去的股市表现可以发现,2012 年泰利森的股价处于多年来的低点,此时并购泰利森这一优质资产,天齐锂业不仅可以支付较少的成本,还可以向资本市场传达利好的信号,推升企业股价上涨。

(二) 并购 SQM 的市场时机和动因

1. 并购 SQM 的市场时机分析

(1) 政策时机

2015 年 5 月,国务院发布《中国制造 2025》支持新能源汽车、新型储能设备等新兴产业的发展,进一步加大对电动汽车产业的补贴力度。

2016 年 8 月,国务院发布《"十三五"国家科技创新规划》,重点推动锂行业等国家战略性新兴产业的发展,同时为了实现各类汽车的电动化,推行纯电动汽车技术改造战略,建立完整的电动车动力系统及产业链。

2016 年 10 月,工信部发布《有色金属工业发展规划(2016—2020 年)》大力推动电池级碳酸锂、氟化锂等大容量、长寿命的能量存储材料的发展以满足新能源汽车和新型储能设备等产业的需求。

2016 年 12 月,国务院发布《"十三五"国家战略性新兴产业发展规划》加大对电动汽车和新型储能设备等新兴产业的支持力度,大力推进动力电池材料的规模化应用,打造具有国际竞争力的动力电池产业链。

2016 年 12 月,财政部联合多部委调整新能源汽车推广应用财政补贴政策,对车型的分类和补贴金额实施动态调整,设定补助限额。

2017 年 1 月,国务院发布《"十三五"节能减排综合工作方案》推动政府

部门和事业单位采购新能源汽车。

除了专门针对行业出台的相关政策,国家在2015年修订了《商业银行并购贷款风险管理指引》,放宽贷款适用范围、贷款期限等,鼓励商业银行进行并购贷款业务。

综上,天齐锂业在2018年再次选择开展跨国并购,从政策时机角度来看是没有问题的。

(2) 资本市场时机

在行业波动的影响下,天齐锂业的股票从2018年的上半年开始下滑,从3月的最高点47.03元跌至10月的最低点23.61元,跌幅高达近50%,总市值也大幅缩水,此时选择股权融资筹集并购资金,显然是不太合理的。2018年天齐锂业股价波动趋势见图3-11。

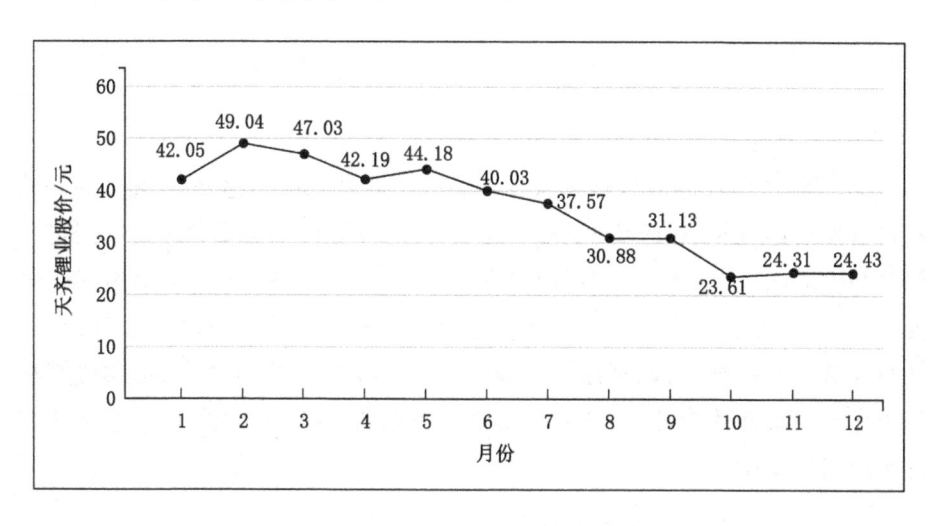

图3-11 2018年天齐锂业股价波动趋势

(3) 产品市场时机

在这一波上涨周期中,碳酸锂的价格在2017年涨至最高点(见图3-10),行业中各家企业的售价也是近年来最高的,接着碳酸锂价格就开始进入下行阶段。碳酸锂价格同比增长率波动情况见图3-12。

在这个时机下,天齐锂业选择跨国并购,则要承担高昂的并购成本,若并购后没有发挥应有的协同效应,面对即将到来的行业衰退周期,企业或将面临严重的经营危机。

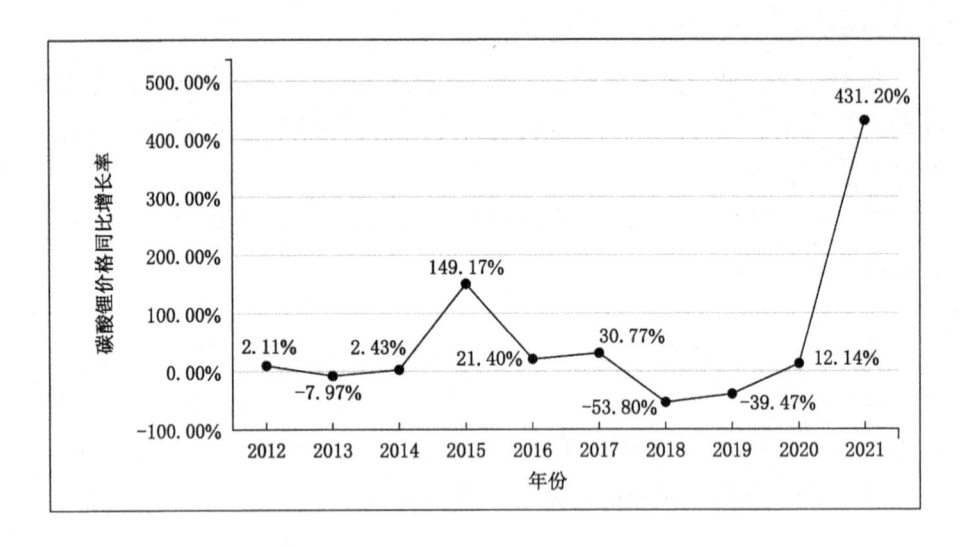

图 3-12　碳酸锂价格同比增长率波动情况

(4) 行业形势

2018年,SQM的股权被其大股东摆上"挂牌出售",这对于通过并购泰利森而发展迅猛的天齐锂业来说,无疑是进一步扩大企业规模的好机会。如果并购成功,天齐锂业与SQM将拥有37%的市场占有率,成为世界上最大的企业,天齐锂业在市场上的地位和市场占有率将进一步提升。SQM开发的阿塔卡玛盐湖,可以利用太阳能蒸发和沉积技术进行生产,成本优势极其明显。如果并购成功,天齐锂业将降低碳酸锂的生产成本,增强企业应对行业周期波动的能力。

2. 并购SQM的动因分析

(1) 拓展原材料供应渠道,进一步降低生产成本

与利用锂矿石开采原材料的泰利森不同,SQM拥有全球最大的锂盐湖和精湛的开采工艺,其开采成本更低。并购SQM,天齐锂业将同时拥有全球最大的锂矿石资产和锂盐湖,保证原材料供应渠道多元化的同时,可进一步降低生产成本,增强其抵御行业周期波动的能力。

(2) 进一步提升市场份额,巩固行业地位

并购SQM,天齐锂业的市场份额将提升至37%,位居世界第一,这不仅可以巩固天齐锂业在国内市场的行业龙头地位,而且在全球市场上,天齐锂业也

将拥有更大的话语权,这对于作为民营企业的天齐锂业来说,诱惑力很大。

(3) 收益来源多元化,增强企业抗风险能力

SQM 不仅有着非常强的盈利能力,现金分红比例也一直很高,其中 2016 年、2017 年的现金分红率甚至高达 100%。天齐锂业若能成功并购 SQM,将给企业带来长期、稳定、良好的投资回报,同时推动企业的多元化发展,提高企业核心竞争力和风险应对能力。

四、市场时机与并购融资方式的选择

根据市场时机理论,在并购过程中,当并购方的企业价值被高估时,更多选择股权融资筹集资金;反之,企业更多选择债权融资筹集资金。

(一) 股权融资的市场时机分析

其实在天齐锂业并购泰利森的时候,企业的股价并不高,按照传统的市场时机理论,这本不应该首选股权融资,但对于当时年净利润不足 1 亿元、总资产不足 12 亿元的天齐锂业来说,仅通过债权融资去筹集高达 50 亿元的并购资金是不切实际的。但恰巧当时碰上国家计划将锂行业列为战略项目大力发展的时机,并购泰利森可以将全球储量最大、品质最优的锂矿石资源掌控在中国手中,所以政府多部门都大力支持天齐锂业并购泰利森。有了国家的支持,投资者们当然看好这项投资,这才使得天齐锂业可以通过定向增发这一股权融资方式迅速筹集到巨额并购资金。

(二) 债权融资的市场时机分析

在天齐锂业并购 SQM 的时候,企业的股价已经开始下跌,但 SQM 的股价依然处于近年来的高点,此时并购 SQM 必定需要付出更加高昂的并购成本。如果采用股权融资,那将会严重稀释原有股东的股权,所以此时股权融资并不是天齐锂业的首选。恰巧当时天齐锂业并购泰利森后又赶上行业繁荣期,企业利润和总资产都有大幅上涨,同时国家发布政策支持完全放开并购贷款,此时天齐锂业选择债权融资筹集巨额并购资金也是可以理解的。

五、天齐锂业两次跨国并购对比分析

天齐锂业的两次跨国并购,相同点在于都是典型的"蛇吞象"并购,杠杆并购、高溢价都可能给企业带来流动性和债务风险;不同点在于并购泰利森

事件发生在行业景气周期的初段,并购价格相对合理,并且动力电源市场的爆发、需求端的刺激以及后续比较乐观的融资环境在一定程度上抵销了因并购带来的财务风险。然而,对于SQM的并购发生在锂行业最繁荣的时期,此时SQM的股票也是近年来较高的,天齐锂业为完成并购支付了巨额资金。当并购完成后,行业就进入了衰退期,SQM的股价也开始持续下跌,最后跌幅高达60%。同时国家也开始减小对新能源汽车的补贴力度,锂产品的需求随着消费者对新能源汽车需求的减少而减少,氢氧化锂、碳酸锂价格大跌,此时的市场环境和经营环境已不足以应对并购SQM带来的巨额债务。锂行业自身的波动叠加资本市场的波动,使得天齐锂业两次跨国并购的效果大相径庭(见表3-7)。

表3-7 案例对比分析

项目	泰利森并购案例	SQM并购案例
并购完成时间	2014年	2018年
支付方式	现金	现金
融资方式	非公开定向增发	并购贷款
锂矿价位	随着需求量的日益增加,锂矿石的销售价格水涨船高	2019年锂行业供给增加,需求不及预期,供需格局恶化,锂矿石价格不断下跌
锂产品价位	2014年以来,中国锂矿产品产量持续增长,价格保持高位	2019年锂行业的阶段性过剩加剧,锂产品价格继续下跌,锂精矿价格逼近锂矿企业成本线,部分锂矿企业开始减产或停产
所处行业周期	2014—2015年全球锂行业需求和供给基本保持一致,形成良好的供需价格平衡。预期锂业将会出现"需求增速加快,供给有序释放"的正面态势,从而步入景气循环。从2018年第4季度开始,中国锂业进入了一个周期的调整阶段	2018年第4季度以来,锂行业进入周期性调整期。2019年,国内外锂离子电池生产规模迅速扩大,下游需求不足,导致市场价格大幅下滑,大量原材料企业纷纷亏损,2019年第4季度,大量企业停产
产业政策	2014年以来,国家有关新能源和锂行业发展方面的支持政策持续出台	新能源汽车补贴政策在一定程度上表现为补贴额度收紧,补贴门槛逐渐加大

表 3-7(续)

项目	泰利森并购案例	SQM 并购案例
宏观环境	消费电子、铅酸电池替代、储能电池等方面的利好因素持续累积，新能源汽车的前景仍然是光明的	中美贸易摩擦及新冠疫情的冲击，叠加宏观经济的下行、产品需求萎缩、经济动荡、市场恐慌等因素导致大宗商品的价格波动。另外，石油价格的大幅下降也会对新能源汽车行业产生负面影响

第三节 周期波动影响下天齐锂业择时并购效果分析

一、跨国择时并购前后市场绩效分析

事件研究法可用于研究企业发生重大事件时资本市场波动的大小，通过将并购前后个股表现与股指表现进行对比，计算累计超额收益率。跨国并购会增加天齐锂业的股东财富，但是能否给企业带来超额收益还有待考究。本章将选取适当的窗口期，利用股票市场的表现分别计算天齐锂业的预期收益率、超额收益率和累计超额收益率，进而分析并购事件对企业市场绩效的影响。

窗口期包括事件发生前的估计窗口期、公告日前后的事件窗口期和事件后窗口期。窗口期定义示意图见图 3-13。

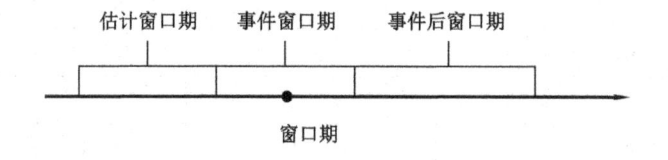

图 3-13 窗口期定义示意图

本章使用资本资产定价模型计算事件期内天齐锂业的预期正常收益率，以此提高其股票收益率和市场收益率的相关性。在 CAPM 定价模型中，股票的预期正常收益率 R_t 与市场无风险收益率 R_{ft}、系统性风险系数 β、

市场风险溢价 R_{mt} 之间存在关联关系。构建方程如下：

$$R_t = R_{ft} + \beta_t R_{mt} (t=1,2,3\cdots\cdots,n)$$

其中，R_{ft}、β_t 和 R_{mt} 分别为第 t 日的无风险收益率、系统性风险和市场风险溢价。

首先根据各个日期对应的中小板 R_{ft}、β_t 和 R_{mt}，得出预期正常收益率 R_t，其次利用事件期内并购企业每日的实际收益率（R_i）减去预期正常收益率（R_t）得到该并购交易的超额收益率（AR_{it}），即：

$$AR_{it} = R_i - R_t$$

在股票超额收益率的基础上，再计算天齐锂业股票在时期（t_1，t_2）内的累计超额收益率 $CAR_{it}(t_1,t_2)$，即：

$$CAR_{it}(t_1,t_2) = \sum_{t=t_1}^{t_2} AR_{it}$$

（一）并购泰利森的市场绩效分析

天齐锂业并购泰利森的时候，中国资本市场发展不够成熟，投资者受限于自身专业能力的不足，难以迅速对企业的披露事项等作出准确的判断，市场需要一定的反应时间。因此，本章以天齐锂业正式发布跨国并购公告后的交易日为第 0 天，将事件窗口期设置为事件日前 30 日到后 30 日的对称区间，记为[－30,30]，以充足的市场表现数据对天齐锂业并购泰利森事件进行研究。并购泰利森的预期正常收益率见表 3-8，并购泰利森的超额收益率与累计超额收益率见表 3-9。

表 3-8　并购泰利森的预期正常收益率

序号	日期	R_{ft}	β	R_{mt}	R_t
－30	2013 年 12 月 16 日	0.014 6%	1.162 7	－1.18%	－1.357 4%
－25	2013 年 12 月 23 日	0.015 1%	1.150 1	0.01%	0.026 6%
－20	2013 年 12 月 30 日	0.015 2%	1.135 0	0.45%	0.526 0%
－15	2014 年 1 月 7 日	0.015 3%	1.096 2	0.71%	0.793 6%
－10	2014 年 1 月 14 日	0.015 3%	1.091 6	1.89%	2.078 4%
－5	2014 年 1 月 21 日	0.015 3%	1.050 5	1.54%	1.633 1%
0	2014 年 1 月 28 日	0.015 3%	1.050 9	－0.48%	－0.489 1%

表 3-8(续)

序号	日期	R_{ft}	β	R_{mt}	R_t
5	2014年2月11日	0.015 3%	1.104 5	−0.17%	−0.172 5%
10	2014年2月18日	0.015 3%	1.098 9	−0.05%	−0.039 6%
15	2014年2月25日	0.015 2%	1.149 3	−4.22%	−4.834 8%
20	2014年3月4日	0.015 1%	1.183 8	−0.34%	−0.387 4%
25	2014年3月11日	0.015 1%	1.192 6	−0.11%	−0.116 1%
30	2014年3月18日	0.015 1%	1.253 6	0.50%	0.641 9%

表 3-9 并购泰利森的超额收益率与累计超额收益率

序号	日期	R_i	R_t	AR_{it}	$CAR_{it}(t_1,t_2)$
−30	2013年12月16日	−5.07%	−1.357 4%	−3.712 6%	−3.712 6%
−25	2013年12月23日	0.21%	0.026 6%	0.183 4%	−8.063 5%
−20	2013年12月30日	1.16%	0.526 0%	0.634 0%	−6.602 3%
−15	2014年1月7日	−0.20%	0.793 6%	−0.993 6%	−6.688 9%
−10	2014年1月14日	0.62%	2.078 4%	−1.458 4%	−9.474 3%
−5	2014年1月21日	0.07%	1.633 1%	−1.563 1%	−6.214 5%
0	2014年1月28日	−0.65%	−0.489 1%	−0.160 9%	−1.439 9%
5	2014年2月11日	10.00%	−0.172 5%	10.172 5%	22.131 8%
10	2014年2月18日	−1.94%	−0.039 6%	−1.900 4%	18.575 3%
15	2014年2月25日	−7.58%	−4.834 8%	−2.745 2%	12.270 5%
20	2014年3月4日	4.41%	−0.387 4%	4.797 4%	37.496 8%
25	2014年3月11日	−6.61%	−0.116 1%	−6.493 9%	28.827 6%
30	2014年3月18日	1.74%	0.641 9%	1.098 1%	36.663 8%

受到股票市场整体的影响,超额收益率呈现出左低右高、波动上升的趋势。虽然天齐锂业在 2014 年 5 月才彻底完成对于泰利森的并购,但《四川天齐锂业股份有限公司关于非公开发行股票获得中国证监会①核准批文的

---

① "中国证监会"全称为中国证券监督管理委员会。

公告》的披露日期却是在2014年1月,从实质来看,此时天齐锂业已经并购成功。在2014年,中国股票市场还不够成熟,投资者的专业水平相对较低,大多数投资者并没有意识到该核准公告的发布就意味着并购的成功,所以在公告披露当天,天齐锂业的超额收益率仍为负数。当投资者们反应过来之后,天齐锂业并购泰利森对于股票市场的影响就体现出来了。在2014年2月7日,天齐锂业的超额收益率由负转正,并于2月11日达到窗口期的最高点。在接下来的交易日中,天齐锂业的超额收益率虽然有升也有降,但整体始终处于波动上升的趋势。并购泰利森的超额收益率波动趋势见图3-14。

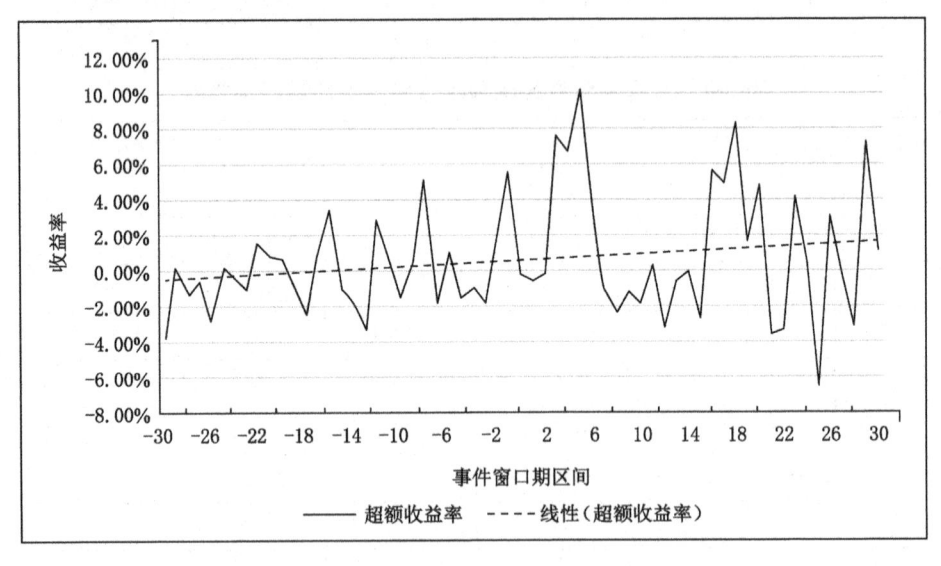

图3-14 并购泰利森的超额收益率波动趋势

观察天齐锂业并购泰利森的累计超额收益率折线图可以发现,累计超额收益率和超额收益率的变化趋势基本一致。在投资者意识到天齐锂业已经成功并购泰利森之后,累计超额收益率由负转正,之后的变化幅度虽然不尽相同,但整体始终处于上升状态,直至2014年3月4日达到峰值37.4968%。并购泰利森的累计超额收益率波动趋势见图3-15。

综合超额收益率和累计超额收益率的变化可以发现,投资者认可天齐锂业跨国并购泰利森的行为,企业的市场收益率有明显的提高。

(二)并购SQM的市场绩效分析

天齐锂业并购SQM的时候,中国资本市场发展更加成熟,有了成功并

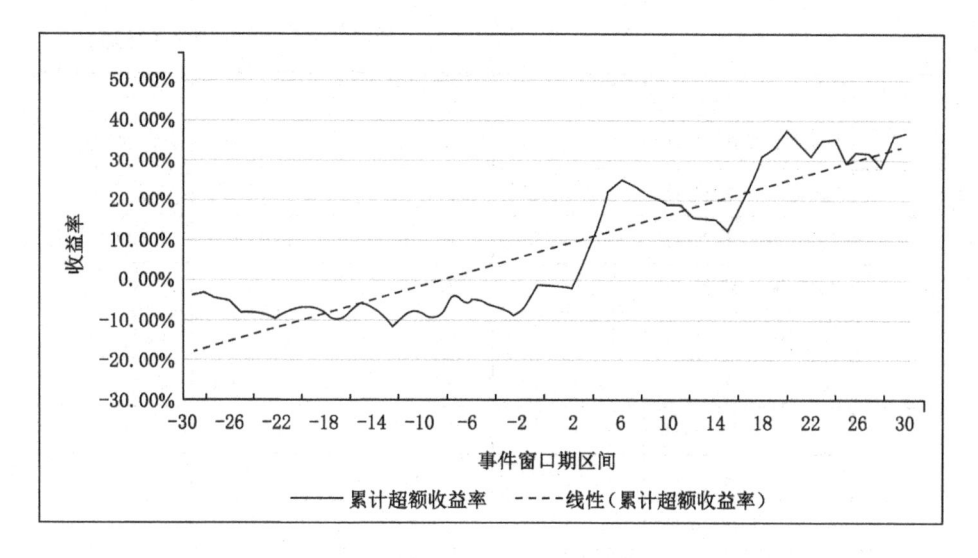

图 3-15 并购泰利森的累计超额收益率波动趋势

购泰利森的先例,投资者对于天齐锂业的跨国并购也有所了解,因此市场反应会更加迅速。因此,本章将天齐锂业并购 SQM 的事件窗口期设置为事件日前 10 日到后 10 日的对称区间,记为[-10,10]。并购 SQM 的超额收益率与累计超额收益率见表 3-10。

表 3-10 并购 SQM 的超额收益率与累计超额收益率

序号	日期	R_i	R_t	AR_{it}	$CAR_{it}(t_1,t_2)$
-10	2018年5月4日	1.8120%	0.4244%	1.3876%	1.3876%
-9	2018年5月7日	6.5678%	2.1659%	4.4020%	5.7896%
-8	2018年5月8日	-0.8032%	0.7483%	-1.5515%	4.2381%
-7	2018年5月9日	1.5666%	-0.0158%	1.5825%	5.8206%
-6	2018年5月10日	0.5199%	0.5851%	-0.0651%	5.7555%
-5	2018年5月11日	3.5862%	-0.8057%	4.3919%	10.1474%
-4	2018年5月14日	1.1318%	1.2883%	-0.1565%	9.9909%
-3	2018年5月15日	-0.3127%	0.6889%	-1.0016%	8.9892%
-2	2018年5月16日	3.0213%	-0.2465%	3.2678%	12.2570%
-1	2018年5月17日	-2.2596%	-0.7825%	-1.4771%	10.7799%

表 3-10(续)

序号	日期	R_i	R_t	AR_{it}	$CAR_{it}(t_1,t_2)$
0	2018年5月18日	0.311 5%	-0.113 4%	0.425 0%	11.204 9%
1	2018年5月21日	-1.896 0%	1.451 8%	-3.347 8%	7.857 1%
2	2018年5月22日	-0.383 2%	-0.086 7%	-0.296 6%	7.560 5%
3	2018年5月23日	-3.161 1%	-1.487 1%	-1.673 9%	5.886 6%
4	2018年5月24日	1.278 1%	-0.931 9%	2.210 0%	8.096 6%
5	2018年5月25日	-2.967 3%	-1.522 1%	-1.445 1%	6.651 5%
6	2018年5月28日	0.281 2%	0.367 2%	-0.086 0%	6.565 4%
7	2018年5月29日	0.192 8%	-1.492 6%	1.685 3%	8.250 8%
8	2018年5月30日	-3.813 2%	-2.940 2%	-0.873 0%	7.377 8%
9	2018年6月20日	-9.729 0%	1.334 7%	-11.063 7%	-3.685 9%
10	2018年6月21日	-7.352 9%	-2.636 2%	-4.716 8%	-8.402 7%

在天齐锂业并购 SQM 的事件窗口期内,天齐锂业的超额收益率在公告公布当天由负转正,整体呈现出波动下降的趋势,由于超额收益率在最后 3 天都为负值,所以累计超额收益率最后两天由正转负。整体来看并购 SQM 的累计超额收益率保持下降的趋势,这说明此次并购并未获得投资者的认可,严重损害了天齐锂业的正常经营,进而阻碍了企业价值的提升。

二、跨国择时并购前后财务绩效分析

除了市场绩效,财务绩效也是分析企业跨国并购效果的重要内容,其常用的评价指标有盈利能力、营运能力及偿债能力等。同样都是跨国并购,同样都是对于产业链上游锂矿公司的并购,并购时间、融资方式等的不同会对天齐锂业两次并购效果造成什么差异?接下来,本章将用财务绩效分析的方法对这一问题进行解答。

评判一家企业的财务绩效,常用的就是将企业自身财务数据与行业平均水平进行比较。但中国锂业公司的发展水平参差不齐,两极分化严重,天齐锂业的大部分财务指标都要优于行业平均水平,因此为了更好地体现两次跨国并购对天齐锂业财务绩效的影响,本章在各类有色金属行业中选取了8家行业龙头企业,其所处产业链环节、市场价值、上市时间等都与天齐锂业有可比性,以此为基础计算出有色金属行业整体的平均值与天齐锂业进行比较,使得财务绩效分析更加客观有效。除了和行业平均水平比较外,本章还将天齐锂业的财务绩效与竞争对手赣锋锂业的财务绩效进行横向对比分析。两家企业都是行业龙头,都经历了同样的行业周期波动,它们之间的对比也有助于发现两次跨国并购对天齐锂业财务绩效的影响。有色金属行业可作对比的8家上市公司见表3-11。

表3-11 有色金属行业可作对比的8家上市公司

上市公司	上市时间	总市值/亿元
铜陵有色	1996年	406.32
北方稀土	1997年	1 705.72
南山铝业	1999年	579.60
锡业股份	2000年	411.35
江西铜业	2002年	752.45
厦门钨业	2002年	305.96
中国铝业	2007年	1 067.32
赣锋锂业	2010年	2 137.53
天齐锂业	2010年	1 443.13

(一)盈利能力分析

1. 毛利率分析

在两次跨国并购之前,天齐锂业的原材料依赖于国外进口,每年要花费大量资金用于原材料采购,这也是天齐锂业虽早已成为行业巨头,但营业利润却表现一般的主要原因。本章将毛利率作为指标,通过并购前后营业成本和营业收入的变化,更加直观有效地分析两次跨国并购对企业盈利能力的影响。毛利率一览表见表3-12,毛利率波动趋势折线图见图3-16。

表 3-12 毛利率一览表

年份	2010	2011	2012	2013	2014	2015	2016	2017	2018	2019	2020
天齐锂业	21.87%	16.52%	21.41%	14.86%	32.23%	46.94%	71.25%	70.14%	67.60%	56.56%	41.49%
行业平均	20.97%	17.26%	15.04%	14.32%	14.31%	10.84%	15.05%	16.39%	29.82%	24.96%	20.99%
赣锋锂业	22.77%	21.11%	21.74%	23.23%	21.36%	21.78%	34.57%	40.47%	36.10%	23.50%	21.38%

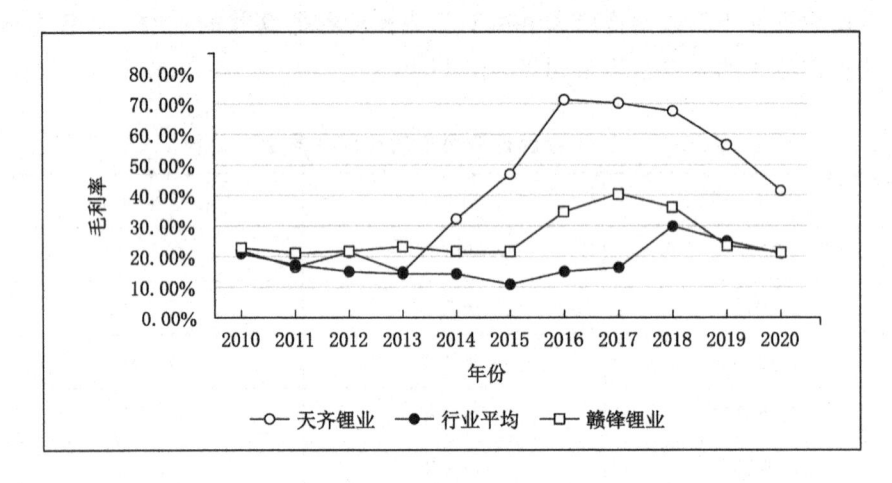

图 3-16 毛利率波动趋势折线图

与行业平均水平相比,在并购泰利森之前,天齐锂业的毛利率保持行业平均水平甚至更低,但成功并购泰利森之后,天齐锂业的毛利率从2013年的14.86%上升至2014年的32.23%,并一路保持上涨直至2016年达到近年来的最高值71.25%。分析其原因,泰利森是天齐锂业原材料的主要供应商,并购成功意味着天齐锂业将原材料供应掌控在自己手中,降低了国外锂矿价格变动的影响,因此企业的原材料采购成本大幅下降,营业成本随之下降,毛利率迅速增大。

与赣锋锂业相比,因为赣锋锂业早在2010年就对上游原材料供应商进行过并购行为,所以2012—2013年赣锋锂业的毛利率要高于天齐锂业和行业平均水平。但2014年天齐锂业成功并购泰利森之后,更优质的锂矿资源、更低廉的原材料价格使得天齐锂业的营业成本更低,毛利率随之反超赣锋锂业。

综上所述,无论是和行业平均水平相比,还是和赣锋锂业相比,跨国并购泰利森给天齐锂业带来的盈利能力提升效益都是非常明显的。

2. 净资产收益率分析

为了更加全面反映企业盈利能力的变化,除了侧重于产品生产加工方面的毛利率外,本章还将从投资者角度入手,分析两次跨国并购对企业日常经营管理能力和投资者收益的影响。净资产收益率(ROE)是反映企业股东权益收益水平的指标。ROE越高,说明同样的投入能让投资者收获更多的回报。

天齐锂业、行业平均及赣锋锂业的净资产收益率具体数据和波动趋势见表3-13和图3-17。

表3-13 净资产收益率一览表

年份	2010	2011	2012	2013	2014	2015	2016	2017	2018	2019	2020
天齐锂业	8.06%	4.13%	4.19%	-14.11%	3.73%	8.24%	39.41%	35.71%	22.97%	-84.38%	-30.14%
行业平均	6.82%	3.24%	0.14%	-3.68%	-4.00%	1.30%	12.91%	18.07%	9.56%	-22.65%	-3.36%
赣锋锂业	11.45%	7.58%	9.26%	8.93%	6.37%	7.86%	21.67%	46.37%	26.93%	4.38%	11.07%

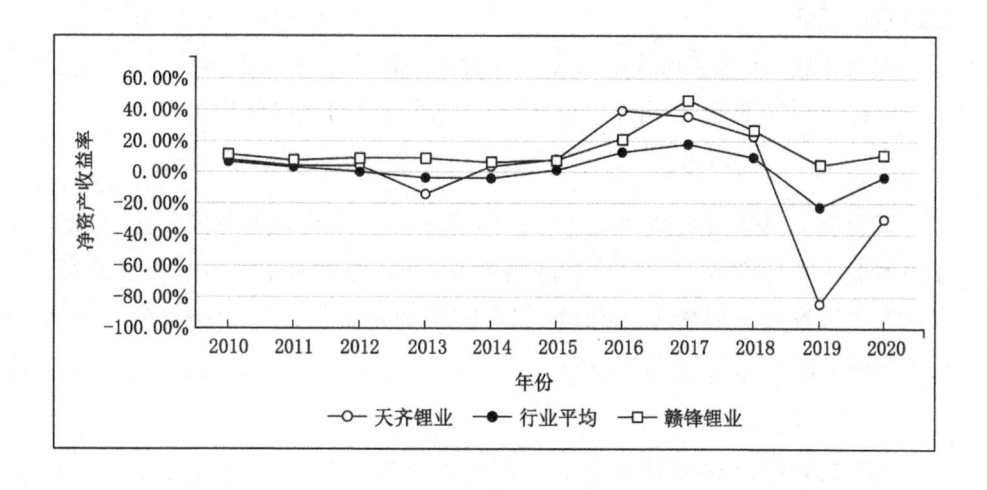

图3-17 净资产收益率波动趋势折线图

和行业平均水平相比,2010—2012年天齐锂业的净资产收益率一直处于行业平均水平。由于市场供需关系日益紧张,行业竞争愈加激烈,天齐锂业原材料采购成本增大,同时企业为了进行跨国并购而大量预提股权并购费用和印花税，所以在2013年，天齐锂业的净资产收益率由正转负并远低于行业平均水平。成功并购泰利森后，天齐锂业的净资产收益率由2013年的－14.1%上涨至2014年的3.73%，而此时的行业平均水平由于全球有色金属市场的低迷仍然处于负值。所以对于泰利森的并购，有助于天齐锂业应对行业萧条期，在竞争对手经营困难甚至破产的情况下自身却能逆势增长。

2018年后，天齐锂业迎来行业周期大波动。一方面，越来越多竞争者的进入加剧了锂行业的竞争，天齐锂业的市场占有率有所下降；另一方面，国内对于新能源汽车的补贴力度有所下降，导致消费者需求减少。这两方面原因导致天齐锂业的净资产收益率在2019年降至近年来的最低值－84.38%，再次远低于行业平均水平。很明显，在2018年并购SQM并没有像在2014年并购泰利森那样帮助天齐锂业扭转行业颓势。

得益于早年对上游原材料供应商的并购，在2010—2014年赣锋锂业的净资产收益率一直高于天齐锂业。成功并购泰利森，不仅使得天齐锂业的净资产收益率由负转正，而且在并购后的第二年天齐锂业的净资产收益率反超赣锋锂业。

综上所述，并购泰利森给天齐锂业的盈利能力带来了积极影响，助力企业应对行业周期波动，但并购SQM却没发挥同样的正向作用。

（二）营运能力分析

营运能力可以反映企业对于资产的管理水平以及利用既定资产创造的经济效益。天齐锂业作为生产制造类企业，盈利能力对企业发展至关重要，因此本章选取存货周转率、应收账款周转率和营业周期3个指标分析两次跨国并购对企业营运能力的影响。

1. 存货周转率

存货周转率反映的是在企业生产经营过程中存货对于资金的占用情况，帮助企业判断存货是否存在积压和回收风险。

和行业平均水平相比，两次跨国并购前后天齐锂业的存货周转率都远低于行业平均水平，但这并不意味着天齐锂业的存货周转能力就很差。通过查阅天齐锂业的财务报告可以发现，在2012年和2013年，该企业的产销比接近100%，说明库存商品不存在大量积压的情况，所以存货周转率较低的原因是原材料占用资金过多,但这对于主营业务是有色金属加工的天齐锂业来说也是正常的。在2014年成功并购泰利森之后,天齐锂业自己掌控了原材料供应,这使得企业在产品销售中的议价能力和话语权更大。所以天齐锂业改变销售策略,为了控制销售风险,企业只针对资金充足的客户供应产品,这在短期内减少了销售量,造成原材料和库存商品的积压。另外,与锂行业其他产品不同,电池级碳酸锂作为天齐锂业的主营产品,其技术要求更高、生产周期更长、周转速度更慢。存货周转率一览表见表3-14,存货周转率波动趋势折线图见图3-18。

表3-14 存货周转率一览表

年份	2010	2011	2012	2013	2014	2015	2016	2017	2018	2019	2020
天齐锂业	2.04%	2.05%	1.50%	1.27%	2.31%	2.17%	2.58%	3.45%	3.90%	2.85%	2.14%
行业平均	5.99%	5.53%	5.12%	4.53%	5.02%	5.52%	6.16%	5.77%	5.32%	4.52%	3.98%
赣锋锂业	4.30%	3.68%	3.21%	2.60%	2.49%	3.30%	4.39%	3.60%	2.27%	1.93%	1.91%

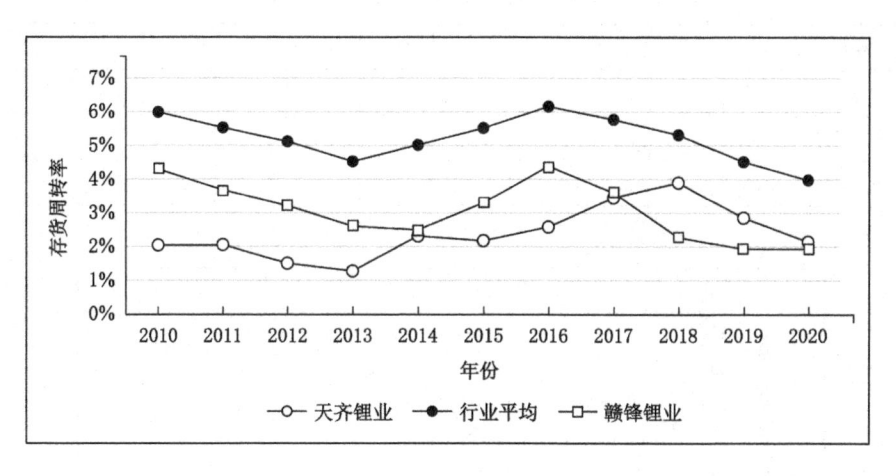

图3-18 存货周转率波动趋势折线图

与赣锋锂业相比,工业级碳酸锂作为赣锋锂业的主营产品,其比电池级碳酸锂的技术要求更低、制造周期更短、下游需求更多,因此周转速度更快。另外,和天齐锂业专注并购上游原材料供应企业的策略不同,赣锋锂业在2010年还大力并购下游企业,产品的多元化使得赣锋锂业的销售范围更广,进一步提高了赣锋锂业的存货周转率。

综上所述，无论是和行业平均水平相比，还是和赣锋锂业相比，天齐锂业的存货周转率较低主要是企业的产品结构和销售政策导致的。

那么，跨国并购对于天齐锂业的存货周转能力毫无影响吗？当然不是，两次跨国并购完成后，生产制造所需的原材料供应日益充足，企业的生产能力均有所提高。2014年并购泰利森遇上国家开始大力发展新能源汽车和新型储能设备，锂产品下游应用场景增多，天齐锂业的产品销售量急剧增长，存货周转率增大；但2018年并购SQM遇上国家降低新能源汽车补贴力度，下游需求减少，天齐锂业的销售量减少，存货周转率下降。因此，对于天齐锂业的存货周转能力而言，并购泰利森产生了积极影响，并购SQM反而产生了消极影响。

2. 应收账款周转率

天齐锂业、行业平均及赣锋锂业的应收账款周转率具体数据和波动趋势见表3-15和图3-19。

表3-15 应收账款周转率一览表　　　　　　　　　单位：次

年份	2010	2011	2012	2013	2014	2015	2016	2017	2018	2019	2020
天齐锂业	4.21	3.99	3.93	3.76	4.92	4.06	3.85	3.60	4.49	6.36	6.30
行业平均	21.68	24.27	26.44	23.32	21.02	31.73	28.55	33.35	35.50	37.33	33.64
赣锋锂业	4.13	4.15	3.82	2.93	2.96	3.40	5.39	5.76	5.14	5.57	4.86

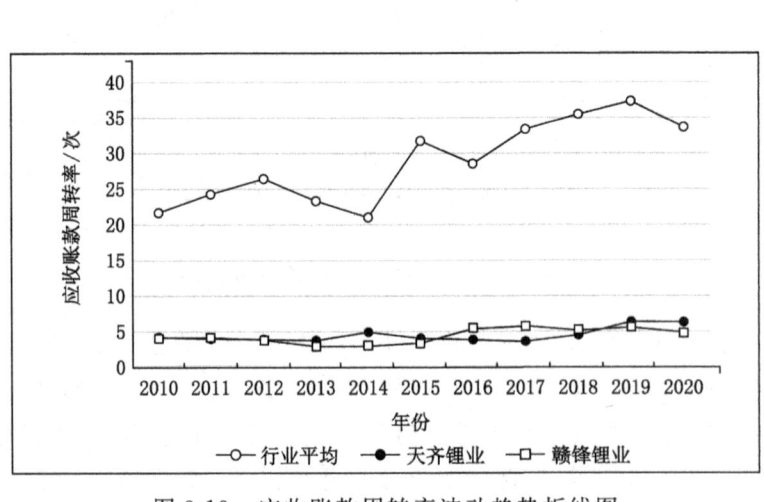

图3-19 应收账款周转率波动趋势折线图

和行业平均水平相比,并购泰利森之前,天齐锂业的应收账款周转率与行业平均水平类似呈现下降态势。同时因为整个有色金属行业和下游产业处于行业低迷期,天齐锂业产品的购买方经营惨淡,导致天齐锂业的销售款回收困难、回收时间长,所以天齐锂业的应收账款周转率处于下降趋势。但成功并购泰利森后,天齐锂业自己掌控了原材料的供给,议价能力和话语权增大,有选择性地针对下游资金充足的采购方销售产品,所以在2014年整个锂行业平均应收账款周转率仍处于下降的时候,天齐锂业逆势而上。

和赣锋锂业相比,并购泰利森前,天齐锂业的产品更具竞争力,市场份额更大,所以天齐锂业更多地选择信用风险小的采购方进行产品销售,这就使得天齐锂业的应收账款周转率更大。2014年并购泰利森后,天齐锂业的产业规模进一步扩大,同时掌控了上游原材料的供应,所以其应收账款周转率呈波动上升趋势。

综上所述,并购泰利森使得天齐锂业重新制定销售策略,有权利选择下游客户。因此,无论是和行业平均水平相比,还是和赣锋锂业相比,天齐锂业的应收账款周转率都有更好的表现。

3. 营业周期

2014年并购泰利森后,天齐锂业的存货周转率与应收账款周转率均低于行业平均水平。本章利用存货周转天数和应收账款周转天数之和计算出营业周期,以此评价天齐锂业的营运能力。营业周期一览表见表3-16,营业周期波动趋势折线图见图3-20。

表3-16 营业周期一览表　　　　　　　　　　单位:天

年份	2010	2011	2012	2013	2014	2015	2016	2017	2018	2019	2020
天齐锂业	189	194	264	310	180	184	150	122	118	161	200
行业平均	179	187	183	182	202	167	160	126	153	174	225
赣锋锂业	140	159	178	219	222	184	132	139	213	251	262

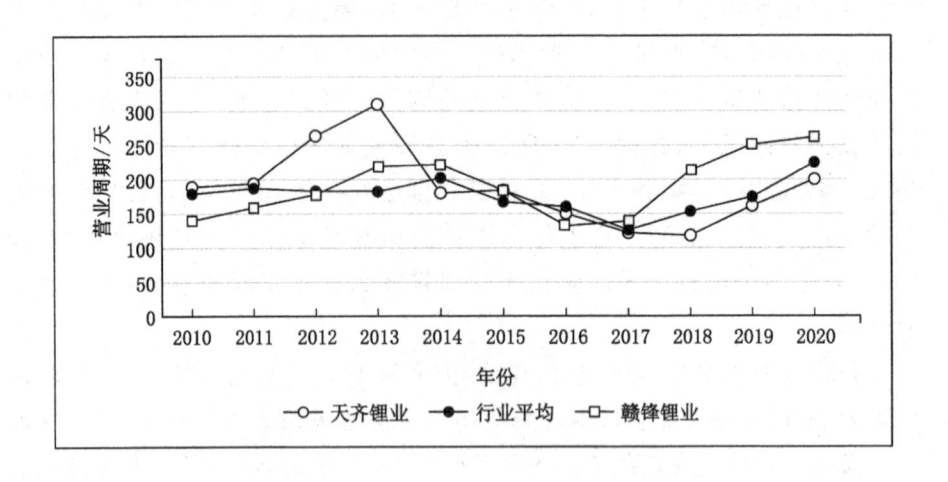

图 3-20 营业周期波动趋势折线图

和行业平均水平相比,并购泰利森前,天齐锂业生产所用的原材料基本依赖于国外进口,原材料供应不及时导致生产效率低,同时因为行业整体处于低迷期,收回销售款项较慢,所以天齐锂业的营业周期长于行业平均水平。2014年并购泰利森后,天齐锂业的营业周期急剧下降甚至低于行业平均水平,这正是此次并购带来的积极效应。

和赣锋锂业相比,并购泰利森给营业周期带来的积极效应更加明显,在2014年赣锋锂业营业周期增加的时候天齐锂业的营业周期反而下降,这和并购之前的表现是截然相反的。

综上所述,跨国并购泰利森有助于天齐锂业提高资产管理和转换的效率,使得企业在营运能力的表现整体好于行业平均水平和赣锋锂业。

(三)偿债能力分析

按照偿还短期债务和长期债务的区别,偿债能力分为短期偿债能力和长期偿债能力。偿债能力是决定企业是否能维持发展的重要指标。

1. 从短期偿债能力角度分析

本章利用流动比率、速动比率对天齐锂业的短期偿债能力进行分析。流动比率的变化见表 3-17 和图 3-21,速动比率的变化见表 3-18 和图 3-22。

表 3-17　流动比率一览表

年份	2010	2011	2012	2013	2014	2015	2016	2017	2018	2019	2020
天齐锂业	13.85%	6.19%	2.79%	0.88%	1.25%	1.04%	1.32%	3.11%	0.88%	0.29%	0.11%
行业平均	5.52%	3.97%	2.32%	1.80%	1.61%	1.36%	1.34%	1.76%	1.61%	1.21%	1.21%
赣锋锂业	10.07%	5.91%	2.35%	2.39%	2.36%	2.08%	1.24%	1.62%	2.07%	1.75%	2.15%

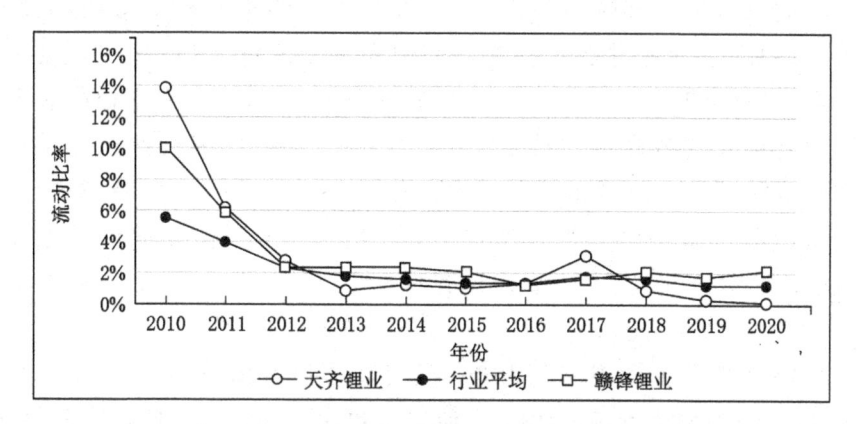

图 3-21　流动比率波动趋势折线图

表 3-18　速动比率一览表

年份	2010	2011	2012	2013	2014	2015	2016	2017	2018	2019	2020
天齐锂业	11.14%	4.38%	1.99%	0.30%	0.69%	0.73%	1.01%	2.85%	0.72%	0.24%	0.07%
行业平均	4.19%	2.77%	1.64%	1.19%	1.03%	1.67%	1.99%	1.87%	1.57%	1.54%	1.38%
赣锋锂业	8.13%	3.79%	1.22%	1.83%	1.43%	1.38%	0.67%	1.21%	1.45%	0.88%	1.00%

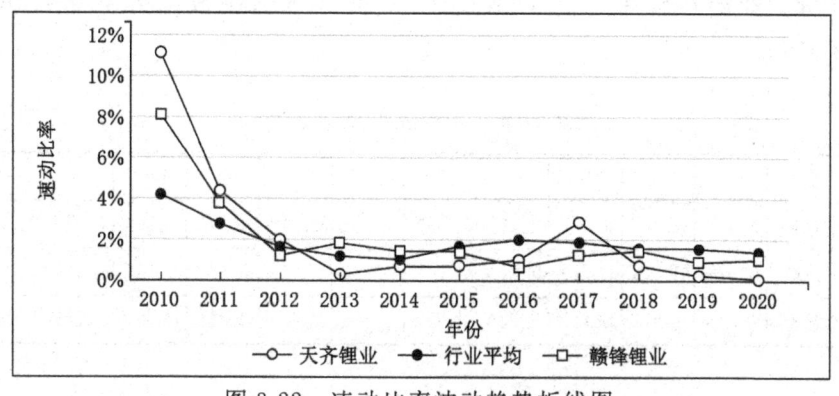

图 3-22　速动比率波动趋势折线图

并购泰利森前后，天齐锂业的流动比率和速动比率都呈现先急速下降后缓慢上升的趋势。一方面，由于行业整体不景气影响了企业的发展，为了并购泰利森，企业通过短期借款筹得部分资金用于支付并购价款，企业的流动负债由3亿元急速增长至6亿元，涨幅高达100%，这些都导致天齐锂业的流动比率和速动比率持续下降并跌至近年来的最低点；另一方面，成功并购泰利森，当年天齐锂业的资产有所增加，此后随着行业回暖，泰利森对于天齐锂业的利润承诺逐渐实现，很大程度上改善了天齐锂业的资金状况，因此企业的流动比率和速动比率由降转升直至涨到近年来的最高点。在2014—2017年，得益于锂行业产业结构的调整和新能源汽车发展的推动作用，锂行业一改此前的颓势，整个行业的流动比率和速动比率都有所增长，但很显然天齐锂业的增长速度更快，这说明成功并购泰利森对天齐锂业的短期偿债能力是有积极影响的。

2018年为了并购SQM，天齐锂业背负了巨额债务，企业的流动比率由3.11%急速降低至0.88%，速动比率也由2.85%急速降至0.72%，此后也一直保持下降趋势。虽然这与行业进入下行周期有关系，但很明显天齐锂业流动比率和速动比率的下降幅度要高于行业平均水平和赣锋锂业，这说明并购SQM给天齐锂业的短期偿债能力带来了消极影响。

2. 从长期偿债能力角度分析

本章利用资产负债率和利息保障倍数对天齐锂业的长期偿债能力进行分析。资产负债率一览表见表3-19，资产负债率波动趋势折线图见图3-23。

表3-19 资产负债率一览表

年份	2010	2011	2012	2013	2014	2015	2016	2017	2018	2019	2020
天齐锂业	9.13%	12.34%	35.53%	48.45%	22.58%	45.82%	48.29%	40.39%	73.26%	80.88%	82.32%
行业平均	32.93%	31.79%	39.34%	40.61%	36.50%	29.32%	29.85%	31.32%	38.26%	41.72%	40.67%
赣锋锂业	7.46%	10.88%	22.64%	25.34%	28.99%	25.49%	34.61%	49.45%	41.00%	40.83%	39.06%

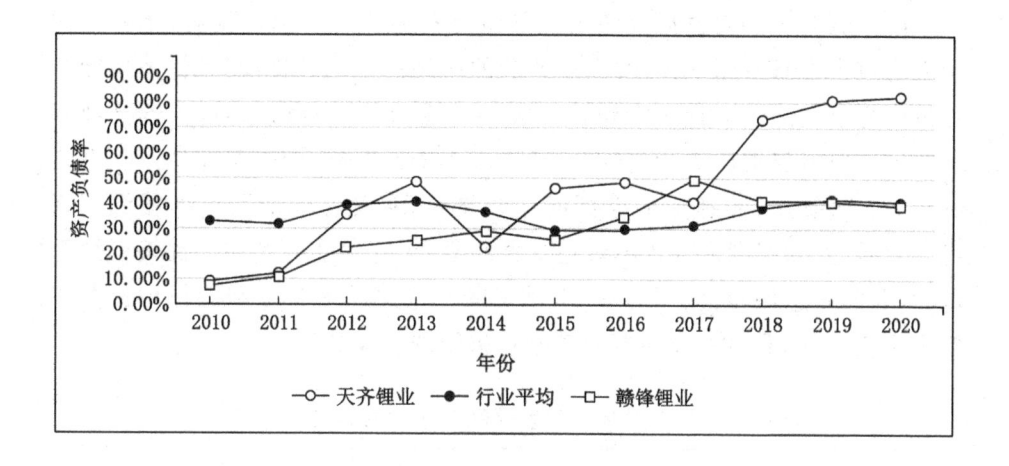

图 3-23 资产负债率波动趋势折线图

并购泰利森之前,天齐锂业的资产负债率一直低于行业平均水平,这是因为天齐锂业本身属于行业龙头,发展要比行业内的大多数企业要好。后来天齐锂业为了并购泰利森大笔举债,负债金额急速增加,导致资产负债率由此前的 35.53% 上涨至 48.45%,这确实使企业的长期偿债能力有所下降,但并购泰利森完成后,天齐锂业的资产总量增长的更多,这就导致资产负债率又急剧下降。之后,天齐锂业的资产负债率虽然又有所上涨,但这并不是并购泰利森带来的消极作用,而是企业为了扩大生产规模并合理利用债权融资的"税盾"减轻税务负担而增加债务的结果。整体来看,并购泰利森没有给天齐锂业的长期偿债能力带来过多的消极影响。

反观对 SQM 的并购,由于并购资金超过 80% 都来自债务融资,金额超过 200 亿元,一时间天齐锂业的资产负债率从 2017 年的 40.39% 飙升至 73.26%,后来更是突破 80%。如此大的债务负担使天齐锂业承担了较大的还本付息压力,增加了财务风险。若通过整合协同使这次并购发挥良好效应,并购 SQM 可能会像并购泰利森那样不给企业造成太大的偿债压力。但不幸的是,此次并购没有赶上好的时机,并购完成后行业就进入了下行周期,天齐锂业没有足够的收入来偿还巨额债务的本息,同时过高的资产负债率使得企业很难再获得融资,后果就是进入了债务越来越多的恶性循环。这不仅对天齐锂业的长期偿债能力造成了消极影响,还严重影响了企业的正常经营,甚至面临破产的风险。

由于行业上游原材料价格上涨导致毛利润有所下降,同时为了并购泰利森支付了大量费用,这导致天齐锂业的净利润由正转负,利息保障倍数自然也由之前的 32.97 直接降到了 -3.90。成功并购泰利森后,天齐锂业自己掌控了原材料的供应,原材料的采购成本急剧下降,同时企业生产规模进一步扩大,使得天齐锂业的净利润急剧增长,利息保障倍数也恢复到了正值。此后,并购泰利森的正向效益日益凸显,天齐锂业的净利润保持上涨趋势,企业的利息保障倍数也随之上涨远超行业平均水平。利息保障倍数一览表见表 3-20,利息保障倍数波动趋势折线图见图 3-24。

表 3-20 利息保障倍数一览表

年份	2012	2013	2014	2015	2016	2017
天齐锂业	32.97	-3.90	17.89	6.24	23.58	63.38
行业平均	8.96	11.07	6.03	3.16	8.42	8.69
赣锋锂业	41.53	18.21	15.96	8.96	32.12	34.57

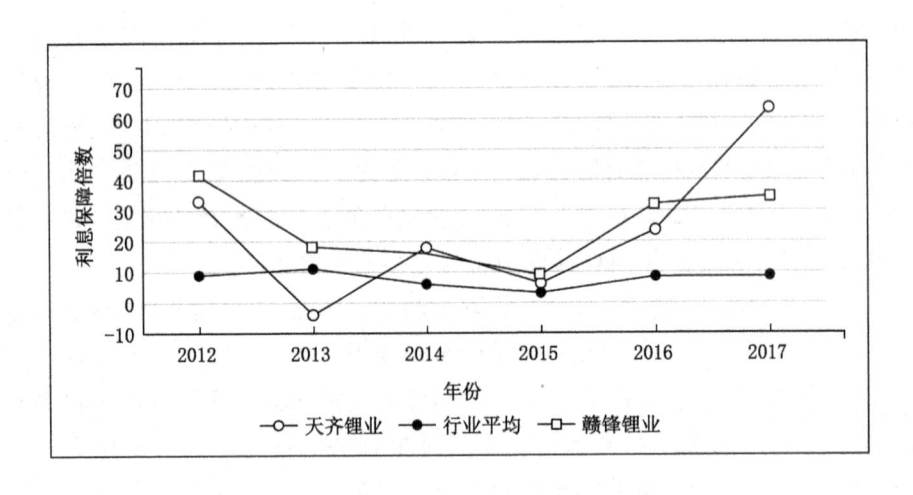

图 3-24 利息保障倍数波动趋势折线图

综合以上分析,虽然两次跨国并购当年都对天齐锂业的长期偿债能力带来了消极影响,但并购泰利森赶上了好时机,经过后期的整合协同,并购泰利森的积极效应立马就显现出来了;但并购 SQM 却碰上了行业周期下行,企业经营进入恶性循环,长期偿债能力越来越差,不仅没有给企业带来积极影响,反而严重危害了企业的发展。

(四)发展能力分析

本章将从收入增长率、净利润增长率和净利润等方面分析天齐锂业的发展能力。天齐锂业发展能力分析见表3-21。

表3-21 天齐锂业发展能力分析

年份	2012	2013	2014	2015	2016	2017	2018	2019	2020	2021
收入增长率	−1.47%	4.57%	242.76%	31.25%	109.15%	40.09%	14.16%	−22.48%	−33.08%	136.56%
净利润增长率	6.05%	−60.35%	651.45%	161.35%	532.44%	22.45%	−12.23%	−430.64%	79.19%	203.03%
净利润/亿元	0.42	−1.91	1.31	2.48	15.12	21.45	22.00	−59.83	−18.33	20.78

并购泰利森前,天齐锂业的发展能力表现一般,2012年企业的净利润只有0.42亿元,2013年更是亏损约2亿元。但转折点出现在了对泰利森的并购,在2014年并购完成时,天齐锂业的收入增长率和净利润增长率分别高达242.76%和651.45%,企业也由前一年的亏损转为盈利。随着对泰利森资产的整合,天齐锂业的发展能力指标保持大幅增长,这说明对泰利森的并购给天齐锂业的发展带来了积极影响。但从2017年开始,天齐锂业的发展能力明显减弱,因为此时的锂行业已经达到了这波周期变动的高点,增长乏力。并购SQM对天齐锂业发展能力的影响在2019年充分显现,企业的净利润由21.45亿元急剧减少至−59.83亿元,同比降低373%,企业遭受巨额亏损。虽然有行业整体波动的影响,但并购SQM是造成天齐锂业发展能力大幅下降的主要原因,对企业的发展具有消极影响,在后两年发展中,企业才逐步扭亏为盈。

三、跨国择时并购前后协同效应分析

跨国并购不仅对天齐锂业的市场绩效和财务绩效这些量化指标造成了影响,也为企业在接下来的生产经营带来了协同效应。

(一)加速整合,优化资源配置

天齐锂业两次跨国并购的主要目的都是延伸自身产业链、扩大企业规模,这两次并购分别让企业获得了全球最优质的锂矿石资源和锂盐湖资源,但要想让这两次并购发挥最大的效益,后续的整合至关重要。因此,在并购完成后,天齐锂业一方面加速对被并购方的资产整合,优化资源配置;另一方面采取新的管理模式,不仅通过统筹管理提升资金利用效率,还加大组织管理和内部控制规范力度。

(二)加速签单,防范短期流动性压力

天齐锂业两次跨国并购都让企业背负了不小的债务,影响企业的资金流动性,给企业带来财务风险。因此天齐锂业需要加大生产规模,提高销售收入应对债务偿还压力。例如,并购泰利森后,天齐锂业投资建设奎纳纳氢氧化锂项目以提高企业的生产能力,累计投入资金28亿元;并购SQM后,天齐锂业与多家优质客户签订长期供货协议,以此保证未来企业的销售收入,降低企业未来现金流量的波动性。虽然这些投资、销售决策的结果可能不尽如人意,但最起码说明并购行为会影响企业的决策。

(三)建立人才激励机制

除了优质的矿产资源,泰利森和SQM作为国外老牌企业,其多年来积累的人力资源、企业文化、管理手段等对于天齐锂业今后的发展来说,同样具有重要意义。因此,两次跨国并购后,天齐锂业都采取多种新型人才激励方式,优化绩效激励模式,在提高本土员工工作积极性的同时,也尽量留住国外被并购方企业的老员工。同时,天齐锂业集中国内外双方的优秀研发人员,合作推进相关生产技术的改进和新型产品的开发。

第四章

技术相似性并购路径演进与技术链整合
——以中联重科为例

随着经济全球化进程加速与国内外市场竞争日益激烈,跨国技术并购越来越受到中国本土企业的青睐,现已成为企业快速获取专利技术和建立研发能力的有效途径。但相较于传统国内并购,跨国并购易受地缘政治、法律制度与文化等不确定因素的影响,管理难度增加,并购整合风险加大。因此,中国本土企业倾向于并购具有相似技术和知识基础的海外技术型企业,以达到降低技术壁垒、化解核心员工离职、解决研发进度迟缓难题的目的,避免陷入高溢价、低回报带来的"赢者诅咒"陷阱。

第一节　中联重科技术相似性并购案例概况

2008年6月,中联重科并购意大利CIFA,这一全球性瞩目的混凝土机械领域技术并购事件,使中国工程机械行业迈入了国际市场的领先地位。

本章首先对中联重科和CIFA两家企业进行简要介绍,包括成立时间、主营产品和发展历程等;其次对此次并购过程进行全面的回顾,包括并购过程的时间线整理,并构建了并购交易结构图;最后结合双方企业简介和并购背景分析中联重科技术相似性并购CIFA的主要动因。

一、并购双方简介

(一)中联重科简介

并购方中联重科股份有限公司(简称中联重科)成立于1992年,是一家高端装备制造商,业务板块涵盖工程机械、农业机械和金融服务等领域。中联重科经过多年的技术沉淀,在全球超过一百个国家开展了业务布局,除了国际化销售市场的广泛覆盖,中联重科同时也进行供应链和制造基地的建设,在国内外已经形成了涵盖数十个工业园区的生产网络布局。

中联重科自1992年由建设部长沙建设机械研究院改制而来,通过推进科研所企业制改革,中联重科建立了一套完整的"科研支持产业、产业反哺科研"的发展机制。作为上市公司,中联重科多年来实施了多次并购重组计划,不断吸收外部优质技术,学习先进管理经验,获得了社会和经济的双重效益。2008年,中联重科为获取优质技术、拓展海外市场,并购了意大利混凝土机械领域的第一品牌CIFA,这一全球瞩目的并购活动成了中国工程机械领域跨国并购的开创性事件,中联重科作为行业内国际化并购的先行者,也因此开始了整合全球范围内优质资产的并购之路,例如并购德国M-TEC公司、荷兰Raxtar公司等。中联重科和CIFA良好而系统的整合,已经成为全球技术并购史中的经典案例之一。

(二)CIFA简介

被并购方Compagnia Italiana Forme Acciaio S. p. A股份公司(简称

CIFA),1928年成立于意大利米兰,与德国普茨迈斯特公司和施维英公司实力相当,在全球混凝土市场,CIFA排名第三。CIFA主营业务主要包括金属结构物、混凝土搅拌车、泵车、拖拉机,也包括隧道建设系统的工业设计、生产、贸易、组装和混凝土运输业务。在产品性能方面,CIFA具有良好的业界口碑;在销售价格方面,CIFA的产品定价要低于另外两家企业。这种价格优势使CIFA在东欧等地区的销售市场上掌握了主导权,总体市场占有率也具有突出优势。除此之外,与同行业竞争对手相比,CIFA除了在品牌、销售、产品工艺和性能上领先于其他企业外,它还是全球唯一一家能够全面提供各类混凝土机械设备的供应商。

二、中联重科并购CIFA并购过程回顾

(一)并购背景

随着"走出去"战略持续发展,中国融入全球体系的步伐不断加快,政府通过实施多种鼓励措施推进国内企业对外投资,日趋积极地拓展海外市场。众多跨国并购活动中,中联重科于金融危机前技术并购CIFA这一事件在业界轰动一时。

在技术并购CIFA之前,作为中国工程机械产业的领军企业,中联重科就已经先后并购了陕西新黄工、华泰重工等国内企业,但其对意大利CIFA的并购可以说是一场危机下的并购,因为当时国内企业跨国并购本身发展并不完善,中国在全球机械工业领域技术也有所欠缺。2008年9月,中联重科迎难而上,联手共同投资方并购了CIFA 100%的股权,并在几年间取得了有目共睹的成绩。

CIFA从成立之初至21世纪初,一直凭借其明显的价格优势、技术优势和独树一帜的产品优势,占据着意大利同行业约80%的市场份额。在意大利人眼中,CIFA可谓一颗工业明珠。并购之前,CIFA的第一大股东Magenta持股比例为50.72%。2007年下半年,Magenta公开表示欲出售其持有股份。2008年,受金融危机影响,意大利人口面临大范围失业的艰难处境,引起消费市场的萎靡。CIFA因此深陷危机,订单仿佛一夜之间蒸发,CIFA面临的重重危机加速了其被中联重科并购的进程。

（二）并购过程回顾

在探究中联重科技术相似性并购 CIFA 整合路径的演进模式前，首先对其并购过程进行全面的回顾。

2008 年，中联重科联手弘毅基金、高盛基金以及曼达林基金三大金融投资机构与 CIFA 签署了 100％股权转让协议。在本次并购中，中联重科采取了国际并购活动中通用的设立特殊目的公司的方式。中联重科先在我国香港特别行政区设立全资子公司时引入共同投资方，进而在卢森堡成立另一家全资子公司，随后，卢森堡公司在意大利全资设立特殊目的公司，并由该公司并购 CIFA100％的股权。中联重科技术并购 CIFA 交易结构图见图 4-1。

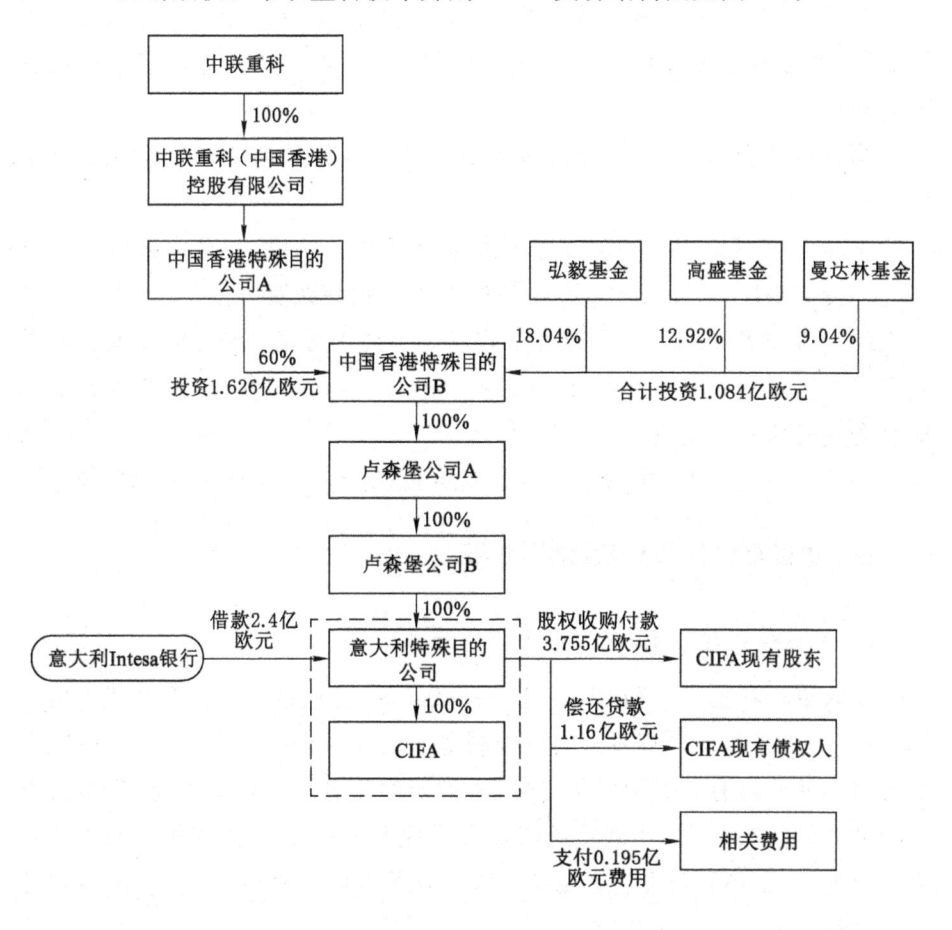

图 4-1　中联重科技术并购 CIFA 交易结构图

中联重科技术并购 CIFA 的具体并购过程简述如下。

2003年,中联重科首次对 CIFA 提出并购意图,但双方最终并未达成一致协议。

2007年10月,意大利媒体公布了 CIFA 第一大股东 Magenta 出售其持有的 CIFA 股权的计划,中联重科再次出手。

2008年1月,中联重科在召开股东大会后,首次递交了相关投标文件,在20多个竞标者中,中联重科以5.38亿欧元(1元人民币≈0.128欧元)的报价并不具有中标优势。投标阶段,中联重科对 CIFA 提供的相关资料进行了为期数月的尽职调查。

2008年3月,中联重科递交了具有决定性作用的第二轮有约束力的投标文件,尽管不是最高报价,但中联重科与 CIFA 的融洽谈判奠定了此次并购的基础。

2008年6月3日,中联重科获得商务部批准在香港特别行政区成立全资控股公司。

2008年6月20日,并购双方正式签署了买卖协议、与共同投资方签署了共同投资协议、与意大利 Intesa 银行签署了相关融资协议。

2008年9月28日,并购双方正式签署了交割协议。按照同年6月与共同投资方签署的共同投资协议,在并购完成的3年后,中联重科能够购回共同投资方所持有的股权。

2013年9月9日,中联重科收回剩余股权,完成对 CIFA100%的控股。

三、中联重科并购 CIFA 动因分析

(一) 获得优质技术,巩固国内市场地位

中联重科在技术并购 CIFA 之前的数年间,已经进行了一系列成功的并购,一步一步强化了自身在国内机械制造业的龙头地位。尽管如此,中联重科在国内并非具有完全的竞争优势,与行业领先者三一重工相比,仍然具有一定的差异。2007年,中联重科营业收入仅与三一重工营业收入的1/2持平。此外,与欧洲同行业优秀企业相比,中联重科在制造工艺、产品稳定性提升的道路上仍然有所落后。

与此同时,CIFA 作为全球混凝土机械市场排名第三的知名企业,具有

产品价格低、产品性能高的双重优势,尤其在东欧和俄罗斯地区竞争优势突出。在生产方面,CIFA 混凝土输送泵、混凝土泵车和混凝土搅拌运输车制造技术在意大利排名第一。在采购方面,CIFA 采用先进的 MRP 系统完成订单管理,其研发团队相对完备成熟。因此,中联重科期待在 2008 年对 CIFA 并购后,获得其优质技术与经营管理能力,巩固并提升企业在国内混凝土机械领域的市场地位。

(二) 寻求海外市场,提升品牌知名度

寻求海外市场是企业进行跨国并购的主要动因之一,截至并购 CIFA 前,中联重科已经将销售网络扩大至南美、北美、东南亚、欧洲、非洲等地区。尽管中联重科在技术、安全和环保等方面都积极地按照海外市场标准进行研发产品,但中国混凝土机械制造企业进入海外市场起步较晚,"中国制造"的产品对于海外用户来说,还不具备良好的口碑。国内企业实现进入海外市场销售成熟期、建立品牌知名度的目标仍然存在困难,中联重科的品牌始终无法形成大的跨越和被国际用户认可。

在销售和服务网点方面,CIFA 在欧洲市场已经具有较高的市场占有率和稳定的客户流。对于新兴市场,CIFA 正在逐步布局其销售和服务网络且已初具规模。在产品性能方面,CIFA 的产品具有优秀的口碑,其深厚的品牌影响力能够帮助中联重科在海外市场建立品牌知名度。

因此,CIFA 是中联重科寻求海外市场、加速全球销售网络建设的优质并购对象。中联重科借助 CIFA 的品牌影响力能够减少其拓展海外市场的时间成本和资源成本,快速提升其在全球市场上的品牌知名度,向全球产业链的中高端方向转型。

第二节 中联重科技术相似性并购的路径演进分析

本章对中联重科技术相似性并购 CIFA 后的整合路径演进模式进行分析时引入了 3L-3E 分析框架,探讨其基于 3L-3E 分析框架下各个阶段的整合战略及实施效果,以此对中联重科多年来的国际化拓展经验进行提炼。为了更全面地分析不同阶段的整合绩效,除纵向对比外,本章将选取国内同行业中,与中联重科主营业务相似、具有竞争优势的企业作为横向比较对象。2021 年,英国 KHL 集团发布的《ICM 20》(全球起重机械制造商 20 强排行榜)中,中国有 4 家企业上榜,分别是徐工机械、中联重科、振华重工和三一重工,这 4 家企业分别位列第 1 名、第 2 名、第 5 名和第 6 名。本章进一步结合《中国专用设备行业 A 股上市公司归属母公司净利润排行榜单 TOP 100》,选取了徐工机械、振华重工、三一重工 3 家企业作为横向比较对象。

一、中联重科并购 CIFA 的阶段性目标

(一)嵌入性互联阶段目标

"互联",意味着企业加强与外部渠道的关联,同时强化内部网络建设,将从外部获取的资源在整个企业集团内部实现共享、消化和吸收,与目标企业实现内部互联。一般来说,目标企业的资源既包括自身的核心技术、研发团队等内部知识库,也包括所在区域的研究机构、高等院校等外部知识库。并购企业为实现互联这一目标,在计划并购前,首先,需要充分了解海外市场中的主导者或领先者的内外部知识库信息,考虑与其建立联系;其次,需要不断提升自身产品的性能与品牌口碑,消除海外企业在合作中可能存在的对产品质量的质疑,加强本企业产品与对方产品的互补性,避免出现合作的不确定性。

"嵌入",是指并购企业通过与目标企业的内外部知识库形成互联,获得能够丰富自身资源、强化研发技术的战略性资产,进而将自身嵌入全球价值链环节中。这一目标的实现要求并购方首先要熟悉全球产业价值链各个环节的基本特征,掌握自身产品的需求和销售情况,以明确自身是否已嵌入全球产业价值链、如果已嵌入又处于什么地位、了解自身实现跨越式长远发展需要获得的资源;其次,充分利用互联阶段所获得的战略性资产让自己嵌入全球价值链或者在全球价值链中实现中高端地位跨越。

(二)平衡性杠杆阶段目标

"平衡",是指并购企业和目标企业通过并购前的谈判、并购后的有效整合来规避整合失败的风险,实现双方在合作意愿、资源整合、战略整合、生产管理模式上达成长期的稳定——平衡性。平衡包括合作意愿的平衡、资源整合的平衡、管理方式的平衡和利益分配的平衡。合作意愿的平衡首先建立在并购前双方的相互了解和友好谈判的基础上,随后在并购整合的过程

中,双方的项目合作一般都能在信任的基础上快速达成。资源整合的平衡涉及技术知识、人力资源和企业文化的整合。需要特别注意的是,整合并非简单的加减法,而是在信用控制下,双方能够化解信息不对称的风险,目标企业愿意共享的资源能够满足并购企业的需要。管理方式的平衡是双方合作平衡性的关键点。跨国并购中,并购双方由于文化差异在经营思想中往往会产生冲突,并购企业需要建立合理的管理层结构以维持管理方式的平衡。利益,既包括财务利益,也包括知识资本,利益分配的平衡往往需要借助契约控制来实现。

"杠杆",是指双方在并购整合成功后,能够实现双方资源的互相流动和持续转移,并且借助整合资源获得更高的价值增加值,达到资源效用最大化。杠杆化意味着并购双方已经打破了合作壁垒,能够有效整合双方具备的各项资源,并将其作用发挥极致,实现并购协同效应。

(三) 内生性学习阶段目标

内生性学习阶段的"学习"并不是简单的模仿。一方面,并购企业应当通过不断重复的学习过程,提高生产效率,改进生产流程并扩大生产规模,进一步使技术水平大幅提升,产品质量得到保障。另一方面,并购企业应当利用在平衡性杠杆阶段建立的战略合作、资源交流、组织管理机制,进一步提高并购企业原有的人员素质和技术水平。"学习"过程的最终成果应当是企业获得内生性优势。具体来说,内生性优势包括生产制造能力、技术创新能力、品牌价值的提升以及借助品牌效应拓展国际化市场。

综上所示,3L-3E分析框架下的三个阶段呈现一种逐步推进的关系,三种阶段性目标独立且不同,但三种阶段性目标又是相辅相成的。企业整合路径经过三个阶段的逐步演进,最终从依赖外部资源升级到具备核心竞争能力。3L-3E分析框架下并购整合路径的阶段演进见图4-2。

二、中联重科并购CIFA路径阶段的划分

(一) 中联重科技术相似性并购CIFA路径阶段的划分依据

1. 嵌入性互联阶段

根据对嵌入性互联阶段目标的理论分析,并购企业在实践中实现这一

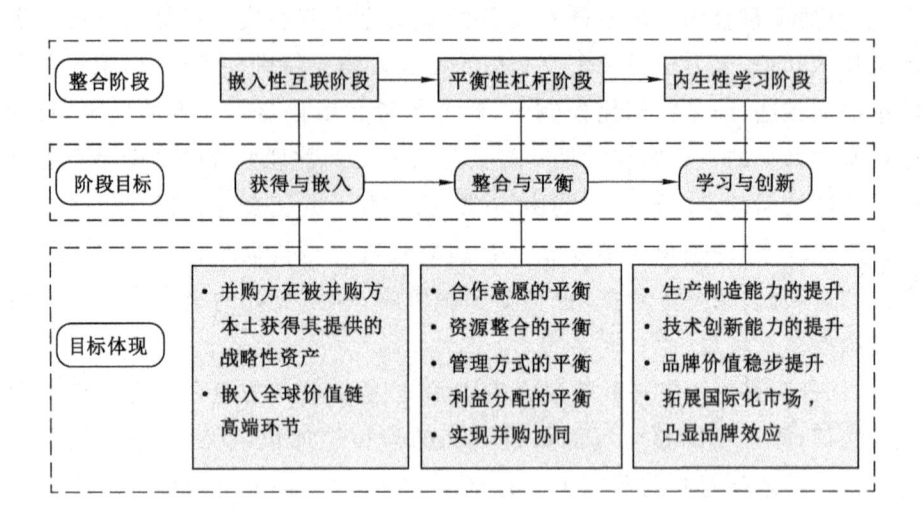

图 4-2　3L-3E 分析框架下并购整合路径的阶段演进图

阶段目标的体现应当是并购后的一定期限内获得了对方的品牌、渠道资源和专利技术等。例如，目标企业将其研发团队注入并购企业的人才储备库、在并购企业所在区域建设制造基地、并购企业借助目标企业的国际渠道和品牌影响力在海外市场获得了产品订单等。

CIFA 供应链中国基地于 2009 年 12 月在长沙麓谷工业园正式建成，随即进入投产阶段，此举在混凝土机械行业引起轰动。制造基地引进了 CIFA 在海外的全套生产工艺，中联重科将在关键零部件的试验、生产和安全检测等方面完全执行 CIFA 的质量标准。基地的建成，一方面意味着中联重科实现了 CIFA 先进制造技术的引进，另一方面中联重科解决了关键零部件技术落后的问题，将自身嵌入全球供应链体系，是中联重科国际化进程的一个里程碑。因此，CIFA 供应链中国基地的建成是嵌入性互联阶段结束、平衡性杠杆阶段开始的标志性事件。

2. 平衡性杠杆阶段

根据对平衡性杠杆阶段目标的理论分析，在实践中，并购企业获取了目标企业的资源后也需要将自身优势资源转嫁给目标企业。例如，并购企业拥有了目标企业的品牌和销售渠道，向目标企业提供了其本土的采购渠道，达到互利共赢。最终杠杆化的体现应当是双方合作突破障碍，研发出具有代表性的产品。

2012年2月25日,中联重科在其全球产品巡展的北京站,正式推出了双品牌二代复合技术新品。该产品是当下创新性最高、最具前景和应用价值的前沿技术产品,与之相匹配的是中联重科"客户至上"的服务品牌——"蓝色关爱"服务产品。这一系列产品的发布标志着并购双方完成了有效的资源整合,突破了合作壁垒,真正实现了杠杆化。因此,中联重科-CIFA二代复合技术新品及配套服务品牌的正式发布标志着平衡性杠杆阶段告一段落,正式进入内生性学习阶段。

3. 内生性学习阶段

根据对内生性学习阶段目标的理论分析,在实践中,生产制造能力的提升可以体现在生产规模的扩大、人均产出的提升等方面;技术创新能力的提升,可以体现在研发投入的增加、研发人员规模的扩大以及产品专利数量的上升等;企业的品牌价值是其品牌公信度和社会影响力的间接反映,除表明企业广泛的知名度外,还代表着消费者对品牌的信任度和追随持久度等。最终,企业能够凭借以上优势拓展其国际化市场,凸显自身品牌效应。

对中联重科来说,不论是生产制造、技术创新,还是保持品牌活力,内生性学习阶段应当是一个持续的学习和创新的过程,因此中联重科在实现技术突破性创新后,随之而来的是一系列的战略举措和市场反应。例如,并购德国M-TEC公司(2013年)、并购意大利Ladurner公司(2015年)、进入人工智能板块(2018年)等,中联重科通过与CIFA的高度融合,打开了其跃入世界领先地位的局面,也因此产生了多项成就。因此,中联重科经历过平衡性杠杆阶段后,长期处于内生性学习阶段。

(二)中联重科技术相似性并购CIFA路径阶段的划分结果

根据前文对3L-3E整合路径中各个阶段目标以及中联重科整合过程中各项标志性事件的理论性描述,本章将整合路径阶段的划分呈现在图4-3中。需要特别注意的是,每个阶段之间的标志性事件仅仅是作为一个参考性标志事件,在各个阶段的具体划分中,并非需要精确到某个事件的时间节点,以具体标志性事件划分整合路径的三个阶段,能够更加清晰连贯地分析中联重科技术并购CIFA整合路径中的各项战略举措及成果。

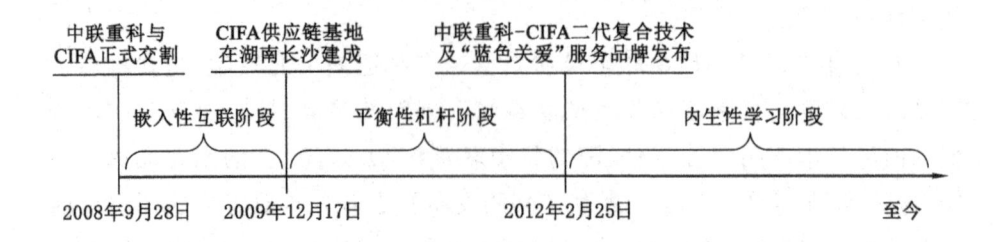

图 4-3 3L-3E 分析框架下中联重科技术并购 CIFA 整合路径的阶段划分结果

三、中联重科并购 CIFA 的阶段性战略及实施成果

（一）嵌入性互联阶段实施战略及成果

1. 实施战略

（1）建设 CIFA 供应链中国基地

CIFA 在工程机械领域是全球的一流品牌，实力仅次于德国普茨迈斯特公司和施维英公司。为获取 CIFA 业界领先的技术水平和制造工艺，中联重科开展了 CIFA 供应链中国基地的建设，其建设目标是将 CIFA 先进的技术水平、制造工艺以及管理经验等系统完整地植入中联重科企业内部，实现高端技术与低制造成本的完美融合。企业在建设过程中安排客户代表赴 CIFA 意大利米兰公司，深入接触研发技术及制造工艺流程，制订了 CIFA 供应链中国基地生产计划：一是协助中联重科进行零部件生产，二是在本土生产 CIFA 的自主产品。在基地的投产过程中，产品制造工艺完全参照 CIFA 在欧洲制定的一套标准，并严格按照 CIFA 自身的质量标准来执行试验和检测。

（2）组建中联重科 CIFA 混凝土机械国际管理公司

国际管理公司的成立对中联重科来说意义重大，它是一个实现双方资源高度融合的平台，其主要目的有：① 建立融合双方技术的统一国际化的研发平台；② 实施中联重科-CIFA 双品牌战略，推动中联重科进军国际销售市场；③ 共享双方生产资源，降低制造成本；④ 推动双方员工文化整合；⑤ 成立双方共同管理的混凝土机械国际化事业部，中联重科将海外销售市场分为多个区域。双方企业并购前的主要销售区域不存在重叠情况，因此在嵌入性互联阶段，中联重科先布局进入新兴市场，例如俄罗斯、东欧等，同时以低成本开拓欧洲市场。

2. 实施成果

经过并购交割后一年的努力,CIFA 供应链中国基地正式建设完成,随后基地迅速开始投产。这不仅是 CIFA 的先进技术与管理经验向中国市场输出的第一步,也意味着中联重科在国际混凝土市场中实现跨越式提升。

(1) 实现双方生产资源的互联

在生产制造方面,中联重科引进 CIFA 的技术手段和项目流程管理经验,同时开展数十个项目的研发,既计划推出满足国内市场需求的混凝土泵车,也推进 CIFA 自主产品的零部件制造。通过资源互联,CIFA 降低了零部件和组装程序的制造成本,使得 CIFA 整体产品成本下降超过 15%。在 2009 年全球经济低迷的市场环境下,CIFA 在 2009 年 4—5 月实现业绩增长,第 2 季度业绩表现较第 1 季度增长了 50%,第 4 季度扭亏为盈,取得了相当可观的业绩。

(2) 中联重科嵌入全球价值链高端环节

CIFA 登陆中国市场后,带来了混凝土泵车、混凝土喷射机等多项成熟技术,其产品的高端性融合中联重科本土制造的低成本性,使中联重科"嵌入"混凝土机械价值链高端环节。基地的建成投产也为中国工程机械市场的发展带来了良好契机。据统计,自 2009 年基地建成投产以来,中国工程机械的全球市场份额已超过 35%,产能所占份额超过全球 25%,关键零部件制造水平也向国际高端方向迈进。①

(二) 平衡性杠杆阶段实施战略及成果

尽管前述文字对中联重科整合路径进行了明确划分,但实际上,为实现平衡性杠杆阶段的目标,中联重科在并购时和嵌入性互联阶段便开始采取了相应的政策措施。

1. 实施战略

(1) 把握并购时机,组建专业团队

中联重科为达到合作意愿的平衡,早在 2001 年就计划实施设备引进计

---

① 莫宇. 中联重科的大方向:记 CIFA 供应链中国基地建成投产[EB/OL]. (2010-01-20)[2023-01-04]. https://news.d1cm.com/2010/01/20/01201011004851.shtml.

划。直到2003年,中联重科才尝试性地提出了进一步并购CIFA的计划,但当时CIFA在行业中具备充分的竞争优势,这一并购计划也因此无法获得CIFA全体股东的一致同意。2008年受金融危机影响,CIFA急需改善经营状况,中联重科再次抛出橄榄枝,据中联重科董事长兼CEO詹纯新表示,双方在商榷并购交易的初始阶段也有过误会,意大利方担心中国企业以利益为主,难以保证双方友好合作,对中国产生信任危机。但经过双方友好沟通,迅速调整了合作方案,中联重科对CIFA作出维持其原有组织结构等承诺,消除了意大利员工的并购担忧。此外,中联重科在实施并购中联合了弘毅、高盛、曼达林等基金,其中,弘毅基金和高盛基金对海外投资形势颇为了解,曼达林基金本身就是中意合作的金融公司。詹纯新表示基金公司给中联重科提供了许多投资策略与项目分析,三家公司为双方合作加深了信任与理解。

(2) 全面资源整合,稳中实现统一

在资源整合方面,中联重科主要是与CIFA进行文化、人员、制度和技术资源的整合。① 在文化整合方面,中联重科先是让了解中意文化的共同投资人掌握40%的股权,建立文化缓冲过程,通过共同投资人进行长达3年的文化融合。随后,中联重科多次举办与CIFA的跨文化交流活动,将其海外事业部个别部门分设两地,员工工作地点在意大利和中国不定期切换,实现文化的交流与融合。② 在人员整合方面,为避免由于员工主观因素带来的工作效率低下、重要岗位离职率高的情况,中联重科在并购初期十分注重维持员工原有规模,并购后并未对CIFA意大利员工进行裁员,而是完整保留。在人才考核上,也不断吸纳和培养熟悉国际惯例的复合型管理人才。③ 在制度整合方面,中联重科推出了"123"策略,即1个家庭,2个品牌,3个基本原则。1个家庭意味着双方的密切关系;2个品牌即中联重科完成并购后,维持两个品牌共存策略,并创立新的品牌,即中联重科-CIFA,打造"一个集团,两个品牌",既获得了CIFA品牌的海外影响力,也保留了自主品牌的国内影响力;3个基本原则一是保持CIFA员工组织结构的稳定性,二是保证CIFA的独立自主经营权,三是承诺双方积极共享资源。"123"策略不同于以往并购中主并方企业在并购后的"大调整"做法,而是充分创新整合机制,实现了资源整合的平衡性。④ 在技术资源整合方面,中联重科与CIFA共同拥有一个研发平台和生产协调体系,双方技术人员充分交流对接,共建了统一研发平台,在开发流程、质量控制标准等方面进行统一,加快了中联重科的技术资源整合。

(3) 保留管理模式,创新品牌策略

为达到管理方式的平衡,中联重科的具体做法是保留CIFA原有管理团队不变,CIFA原董事长兼任双方共同管理的混凝土国际事业部首席执行官(CEO)和中联重科副总裁两大职务;CIFA原首席财务官担任CIFA的新CEO及混凝土机械海外事业部副总经理;董事会成员由4名中联重科董事与共同投资方3名董事组成。此外,中联重科采取了不同的品牌策略以得到良好的市场效果,对于高端产品,使用CIFA品牌与国际优势企业竞争,对于不同市场采用不同品牌,例如在区域性市场中使用联合品牌,在中国地区主要使用中联重科。

(4) 有效管理资金,协调外部资源

利益分配的平衡性是中联重科是否能够实现杠杆化的重要衡量因素。利益分配平衡既要求双方在财务利益分配、财务风险规避中达成一致意见,也要求双方知识资本的公平分配。首先,中联重科在并购CIFA后注入充足稳定的现金流,保证了双方生产运营的持续性,并且剥离了不良资产,对资金进行有效管理。其次,中联重科在并购后实行统一的财务预算制度、财务人员考核制度,合理地实现利益分配。此外,中联重科在并购过程中在我国香港特别行政区设立了特殊目的公司,利用内地与香港之间的税收优惠政策降低税费;又借助卢森堡和意大利之间的税后互免政策,巧妙地从税收角度规避了高昂的预提所得税费用,降低了并购成本;通过相对宽松的海外资金监管环境,一定程度上规避了跨国并购审查周期长的问题。这一系列的契约控制,加快了中联重科与CIFA早日实现财务资源整合统一的目标。

2. 实施成果

通过一系列的契约控制,中联重科不仅克服了并购整合的常见风险,达到了合作意愿、资源整合、管理方式以及利益分配的平衡性,还在短短几年内顺利完成了重组整合,最大化利用了现有资源,真正延续了中联重科"核聚变"发展战略。

(1) 研发协同

2011年中联重科发布极具创新性的中联-CIFA复合技术,在当时代表了行业顶尖水平,2012年发布的中联-CIFA二代复合技术,在业界被称为最具有实用价值的创新技术,具有"稳定、高效、经济、智能"四大亮点,具体技术涵盖内容见图 4-4。其中,长臂架泵车 6 节臂技术是 CIFA 早在 10 年前就开始研究的课题,中联重科将其植入企业研发过程中,不仅是对 CIFA 技术的复制,也在其技术基础上开发出了更成熟可靠的 6 节臂技术,成为当时最具行业代表性的前沿技术。与中联-CIFA 二代复合技术相匹配的是中联重科的升级版"蓝色关爱"服务品牌,具体表现在产品质保期由一年延伸至两年、一站式整体服务解决方案、遍布全球的数百家服务网点、配件物流中心以及营销保障中心等方面。

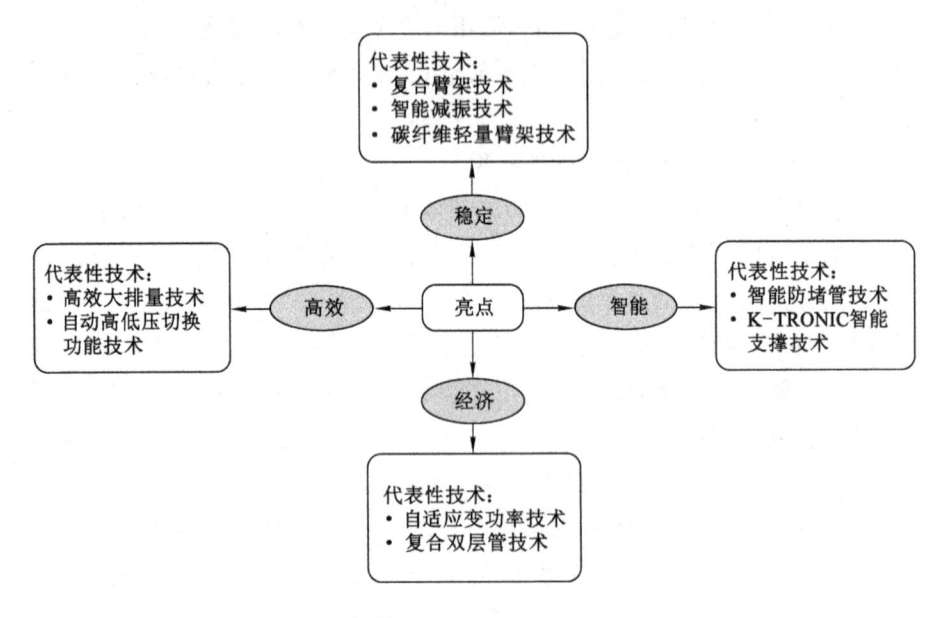

```
                    代表性技术:
                    • 复合臂架技术
                    • 智能减振技术
                    • 碳纤维轻量臂架技术
                          │
                        (稳定)
                          │
代表性技术:              │              代表性技术:
• 高效大排量技术   (高效)─(亮点)─(智能)   • 智能防堵管技术
• 自动高低压切换                          • K-TRONIC 智能
  功能技术                                  支撑技术
                          │
                        (经济)
                          │
                    代表性技术:
                    • 自适应变功率技术
                    • 复合双层管技术
```

图 4-4　中联-CIFA 二代复合技术

(2) 销售协同

由于 CIFA 的主要业务集中在混凝土机械行业,因此中联重科技术并购 CIFA 的销售协同体现在混凝土机械板块销售收入与销售市场融合管理两个方面。由于徐工机械与振华重工并未披露混凝土机械板块销售收入,因此,本章在分析销售协同效应时,选取混凝土机械板块另一巨头企业——三一重工作为比较对象,两家企业的混凝土机械板块销售收入情况见表 4-1。

表 4-1 中联重科和三一重工混凝土机械板块销售收入情况表

项目	企业名称	年份						
		2006	2007	2008	2009	2010	2011	2012
销售收入/万元	中联重科	1 569	3 510	4 682	7 157	14 084	21 213	23 596
	三一重工	3 217	5 415	6 876	9 475	17 827	27 196	26 509
销售收入增长率	中联重科	64.70%	123.61%	33.42%	52.84%	96.8%	50.61%	11.24%
	三一重工	59.79%	66.91%	26.98%	37.79%	88.15%	52.55%	-2.53%

资料来源：企业年报。

从表 4-1 可以看出，在 2008 年并购前两年，中联重科混凝土机械销售收入与三一重工相比具有不小的差距，并购前三年表现最差时还不及三一重工的 49%，但自并购 CIFA 后，混凝土机械销售收入增长速度明显高于三一重工。尤其在全球经济走弱的 2012 年，中国工程机械行业遇冷，三一重工等企业混凝土机械销售收入下降，然而中联重科销售表现突出，仍然实现了 11.24% 的混凝土机械板块收入增长率，其中混凝土搅拌车销售市场占有率全国第一。这是中联重科混凝土机械产品发展壮大的一个里程碑，使其成为中国混凝土机械市场占有率第一的企业。从这一板块销售表现看，中联重科在平衡性杠杆阶段实现了一定的销售协同效应。

销售市场方面，中联重科已经将销售团队与 CIFA 原团队进行融合，并实行统一管理，双方的销售网络也遵循统一的管理标准。CIFA 方面，销售管理的重点是利用自身优势将中联重科的创新性产品推向海外的多元市场。

中联重科保留了 CIFA 原有的管理架构，使得 CIFA 的产品品质、客户群并未发生重大调整，加之中联重科此前一直面向较低端市场，双方的目标客户与销售渠道并不重叠，形成互补，建立了销售战略上的协同配合机制。在国内，中联重科实现了低成本制造与 CIFA 高质量技术的高度融合，销售地区遍布全国。在海外，中联重科 CIFA 混凝土机械国际化事业部负责海外市场销售，并且形成了泛太平洋大区、中东非大区和欧美大区的分区域销售渠道，3 个区域的销售管理由总经理直接管理负责，职能部门辅助管理。中联重科国际化事业部组织结构图见图 4-5。

（3）管理协同

管理协同效应一般能够体现在企业管理费用率的降低上，反映了企业

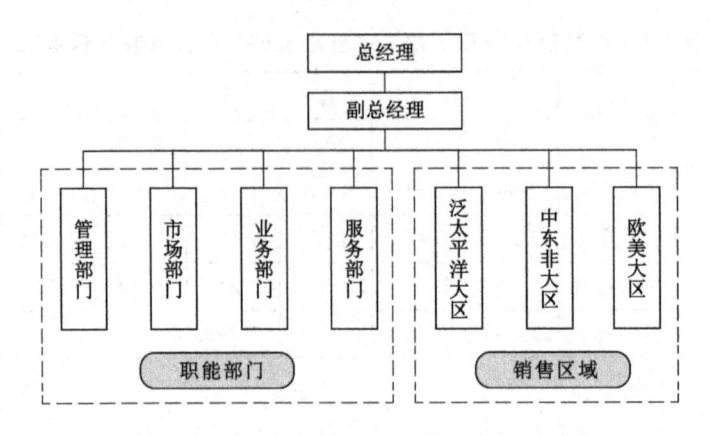

图 4-5 中联重科国际化事业部组织结构图

是否保持了管理模式的平衡。本章依据中联重科和对比公司 2006—2012 年财务报告中列示的相关数据计算出管理费用率。计算公式如下：

$$管理费用率 = \frac{管理费用}{营业收入}$$

中联重科管理费用率情况见表 4-2。表 4-2 汇总了中联重科及三家对比公司管理费用率的具体数值，本章进一步绘制了波动趋势对比图，见图 4-6。中联重科在实施并购后，嵌入性互联阶段管理费用率出现了下降，并且在平衡性杠杆阶段趋于稳定。在与对比公司的横向对比中可以发现，并购后的中联重科管理费用率明显低于对比公司均值，尤其在平衡性杠杆阶段，整体上对比公司呈现小幅度的上升趋势，而中联重科始终保持平稳状态，与对比公司也拉开了一定的差距。因此，中联重科在平衡性杠杆阶段实现了一定的管理协同效应。

表 4-2 中联重科管理费用率情况

年份	2006	2007	2008	2009	2010	2011	2012
徐工机械	6.87%	3.12%	5.48%	5.72%	4.25%	3.99%	5.53%
三一重工	7.84%	5.51%	5.61%	4.67%	5.66%	6.03%	7.19%
振华重工	2.07%	2.28%	5.18%	5.81%	5.27%	5.91%	6.17%
对比公司均值	5.60%	3.64%	5.42%	5.40%	5.06%	5.31%	6.30%
中联重科	5.73%	4.10%	4.71%	4.02%	4.16%	3.79%	4.03%

资料来源：企业年报。

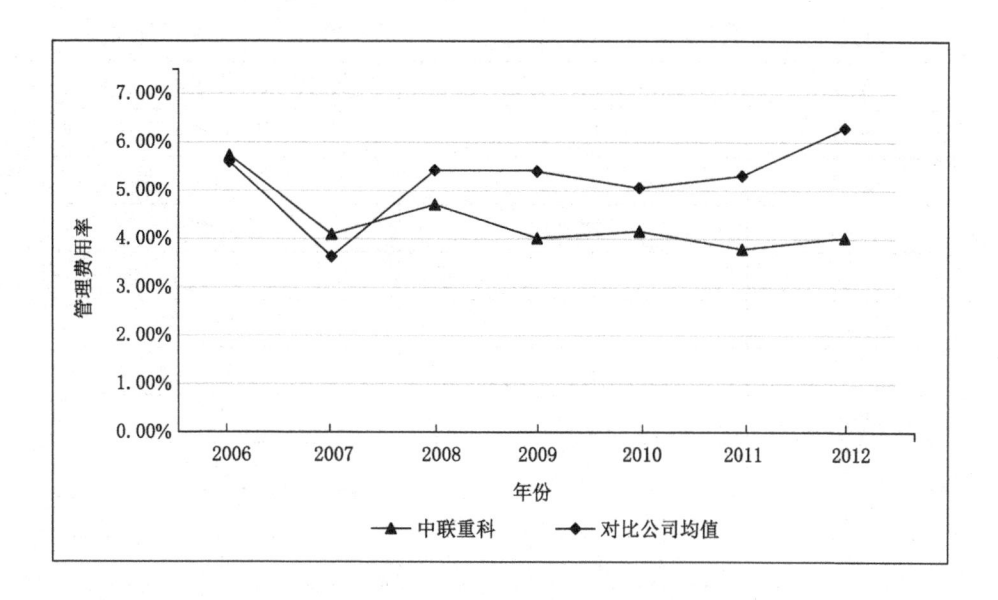

图 4-6　中联重科管理费用率波动趋势对比图

(三) 内生性学习阶段实施战略及成果

1. 实施战略

中联重科在实现平衡性杠杆阶段目标后,利用先前积累的存量优势,十分注重保持学习状态,主要包括提升技术创新能力、提升品牌形象、展开一系列并购活动以拓展国际化市场及业务板块。

(1) 保持研发投入与研发人员的充足性

在技术创新能力提升方面,中联重科保持稳定的研发投入,保证技术人员数量上的充足性,从物力和人力两个方面注重技术创新能力提升(见表 4-3 及图 4-7)。

表 4-3　中联重科研发投入及占比情况

年份	研发投入/亿元	研发投入占营业收入比例
2008	4.80	3.58%
2009	7.40	3.63%
2010	12.06	3.77%

表 4-3(续)

年份	研发投入/亿元	研发投入占营业收入比例
2011	16.16	3.52%
2012	17.19	3.58%
2013	18.22	4.73%
2014	12.04	4.66%
2015	10.53	5.07%
2016	8.99	4.49%
2017	8.74	3.75%
2018	10.80	3.76%
2019	20.92	4.83%
2020	35.01	5.38%
2021	42.30	6.30%

资料来源:企业年报。

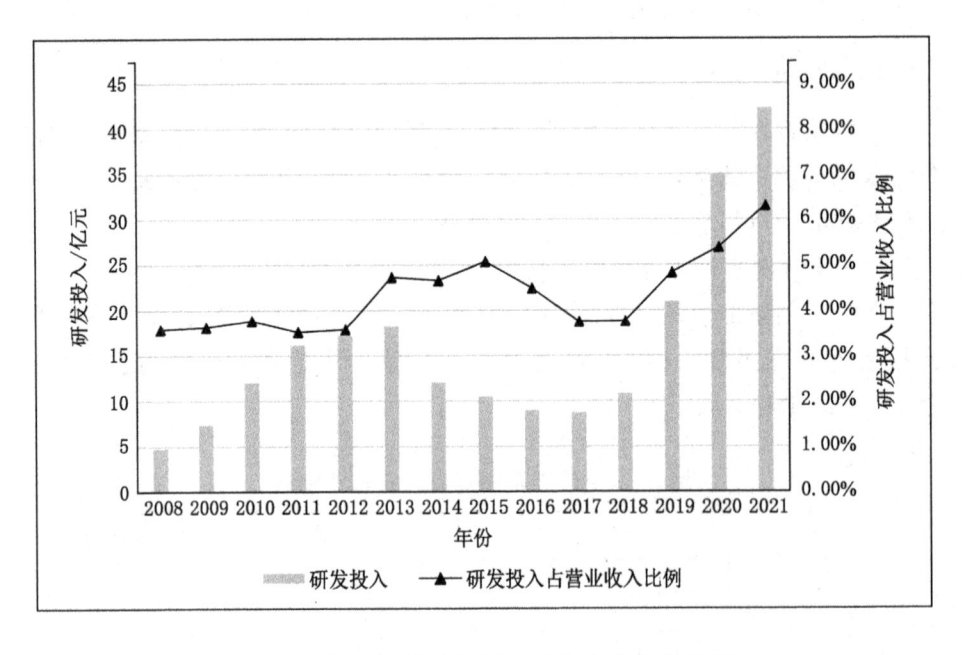

图 4-7 中联重科研发投入及占比变化趋势图

研发投入包括企业在研究和开发阶段的费用化支出和资本化支出,是企业提升创新能力的举措之一。从图4-7可以看出,中联重科自2008年并购后持续加大研发投入直至2013年。2008—2013年,研发投入金额年均增长率高达279.36%。2014—2017年,处于内生性学习阶段初期的中联重科研发投入和营业收入均有所下降,主要原因有三个:一是随着生产规模的扩大,成本管理能力出现了一定的失调,并未产生预期良好的规模经济效益;二是全球混凝土机械市场,中国已经占据了80%以上的份额,中联重科在国际市场上的开拓有限,一时间技术创新并未得以体现;三是中联重科彼时的品牌知名度在国际市场并未建立起来。但从研发投入占比变化趋势中可以看出,中联重科在嵌入性互联阶段和平衡性杠杆阶段,研发投入占比并未发生较大变化,但从2013年开始,研发投入占比增长率达到32.12%。尽管2015—2017年,该比例由5.07%下降到3.75%,但从2018年开始研发投入强度逐渐回升,从整体上看,研发投入占比是呈现一定上升趋势的。

技术人员数量的绝对值和变化趋势体现了企业技术创新的基础现状,也凸显了企业对于技术人才培养的重视。中联重科技术人员数量及占比情况见表4-4,中联重科技术人员数量及占比变化趋势见图4-8。2012年以前,即内生性学习阶段前,技术人员占比就已经呈现了稳定的状态;2012—2013年,进入内生性学习阶段后,尽管员工总数和技术人员数量有所下降,但技术人员占比却呈现上升趋势;2014—2017年,技术人员占比出现了短暂的下降趋势,主要是受宏观经济形势影响,工程机械制造领域的企业均出现了业绩下滑,中联重科还未在并购CIFA的交易活动中形成稳定的发展模式,受到影响较大,企业营收出现较明显的亏损,引起大幅裁员。但中联重科仍在努力维持技术人员的比例,以保证企业技术开发的持续性,2019年出现了技术人员数量的大幅回升。

表4-4 中联重科技术人员数量及占比情况

年份	技术人员数量/人	技术人员数量占比
2008	2 861	15.32%
2009	3 015	16.29%
2010	4 393	19.64%

表 4-4(续)

年份	技术人员数量/人	技术人员数量占比
2011	6 676	23.15%
2012	8 133	25.65%
2013	7 383	27.32%
2014	5 533	27.24%
2015	4 183	21.85%
2016	3 170	20.92%
2017	2 672	19.85%
2018	3 119	20.63%
2019	4 390	23.09%
2020	5 992	25.47%
2021	7 242	27.82%

资料来源:企业年报。

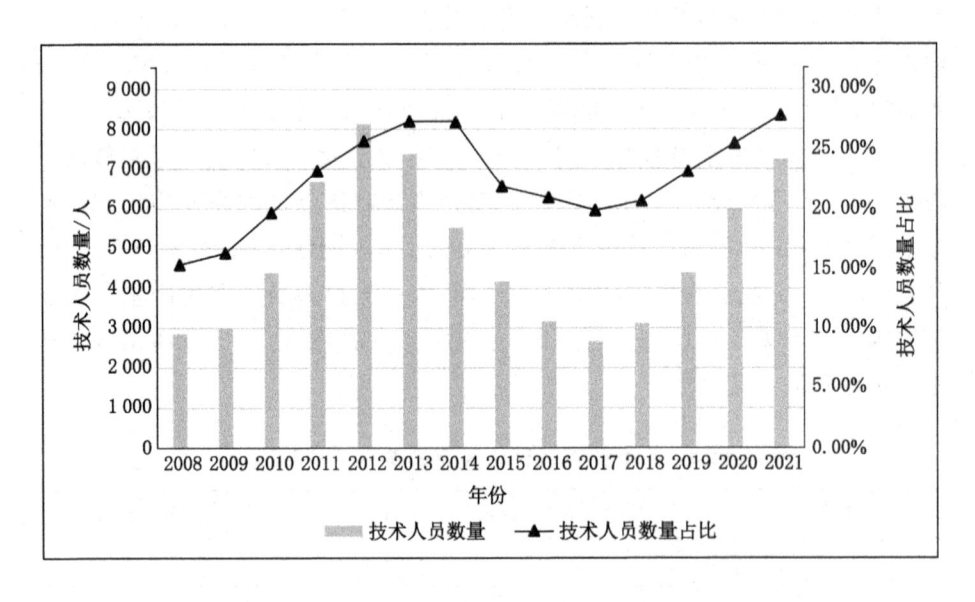

图 4-8 中联重科技术人员数量及占比变化趋势图

因此,在内生性学习阶段初期,中联重科受到了宏观环境的影响,在技术创新方面显得有些"吃力",但仍然注重保证人力和物力方面的投入,以促进技术创新能力的提升。

(2) 注重产品品质与服务质量,参与修订国际标准

在内生性学习阶段,中联重科对产品与服务质量高度重视。2001年,中联重科已经获得了多项售后服务和产品品质等方面的企业荣誉,在完成对 CIFA 的并购后,更加注重产品质量检验的数项标准,在国际标准化组织起重机技术委员会历届年会中参与国际标准的修订工作;对于售后服务,中联重科推出的"蓝色关爱"服务品牌完善了其服务体系,直至2021年,中联重科已经建立起一站式的整体服务,可提供全方位的售前、售中和售后服务(见图4-9)。

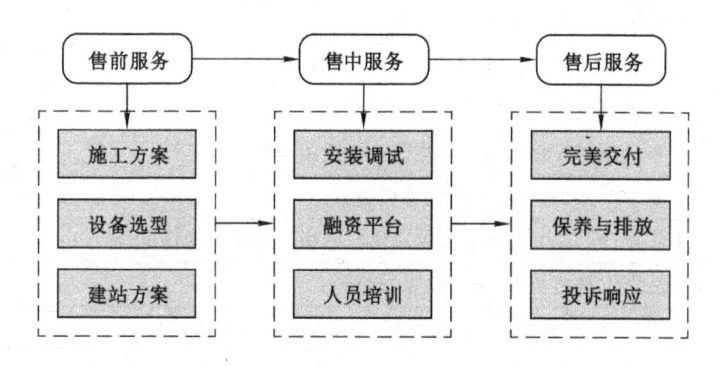

图 4-9 中联重科一站式整体服务项目一览图

(3) 采取多元化品牌宣传战略,打造一流企业品牌形象

中联重科注重与大众传播媒介的合作,通过与央视、凤凰卫视、新浪网站等平台合作以及赞助《钢铁侠3》和《变形金刚4》等电影,在大众媒体中进行品牌的广泛传播。近年来,借助微博、微电影等形式创新了品牌传播方式。2020年新冠疫情期间,中联重科通过线上直播推广、援建火神山医院凸显了"在感恩中成就发展,在发展中不忘家国"的企业精神。

此外,中联重科定期举办巡展以推出企业创新型产品,参展国际展览会以拓展全球市场,开展公益捐赠活动以发扬企业精神、提升企业形象(见表4-5),从表4-5可以看出,中联重科主要品牌活动涵盖了产品巡展、参与国际标准制定和公益项目资助等多个领域,全面提升了其品牌形象和知名度。

表 4-5 中联重科 2015—2021 年主要品牌建设活动

年份	主要品牌建设活动
2015	中联重科整套环境解决方案参与澳门特别行政区中国国际环保展
	"叉车产品"亮相上海新国际博览中心年度展览会
	联合马来西亚毅力集团举办客户答谢晚宴
	中联重科重机公司携农业机械亮相中国进出口商品交易会
	举办"中联重科杯"首届全国新型职业农民技能竞赛活动
2016	中联重科亮相 2016 年德国宝马展
	明星产品参加德国汉诺威国际物流展
	举办"绿色智造,匠心中国"品牌巡展
	助力湖南举重队挺进里约奥运会
2017	启动"联动世界·智创未来"4.0 产品全国巡展
	在南美秘鲁策划"服务万里行活动"
	在香港特别行政区举办大吨位全地面起重机推广会
	参展 2017 中国国际农业机械展览会
2018	中联重科-CIFA 参展十一届法国巴黎国际工程机械博览会
	新品叉车亮相 2018 美国国际物流展
	工程机械、农业机械产品亮相第六届中国—亚欧博览会
2019	参展外交部湖南全球推介活动
	参与西北工业大学湖南省"爱心直通车"活动
	开展龙山县职业教育扶贫项目
	参与国际标准化组织起重机技术委员会第 28 届年会
	举办"中联杯"全国工程建设行业吊装职业技能竞赛
2020	参展第三届中国国际进口博览会
	举办第三届中国粮食交易大会
	打造"小绿奇迹军团"品牌 IP
	举办"湖南举重健儿备战东京奥运会捐赠仪式"
2021	举办"中联大数据驱动智慧农场 2025"发布活动
	参与央视新闻频道"十四五"特别专题的直播报道
	参展 2021 中国国际农业机械展览会

资料来源:企业官网公开信息整理。

2. 实施成果

在内生性学习阶段,中联重科继续在生产制造能力、技术创新能力和品牌价值等方面获得提升并保持稳定,即产生内生性优势。

(1) 生产制造能力的提升

在生产规模方面,2008年技术并购CIFA后,中联重科的生产规模呈现稳健的扩张趋势,在国内不断开展工业园区建设,形成广泛分布的生产基地布局。此外,自2012年在印度成立首个海外生产基地后,中联重科持续完善海外生产基地建设。2017年,中联重科紧随"一带一路"倡议,在共建国家和地区建设了10个备件中心库和20个海外贸易平台。2021年,中联重科生产制造基地分布,在国内建设形成14大工业园区,在海外拥有9个生产基地。

生产制造能力的评估可从企业人均产出这一角度着手。相关计算公式如下:

$$人均产出 = \frac{营业收入}{在职员工总数}$$

本章整理汇总了中联重科及对比公司财务报告中的相关数据,进而计算出中联重科及对比公司的人均产出,具体数值见表4-6,人均产出变化趋势见图4-10。从计算结果的纵向对比可以看出,中联重科人均产出在嵌入性互联阶段和平衡性杠杆阶段也有所上涨,但增长幅度最大的阶段是内生性学习阶段。2015—2021年,中联重科人均产出呈现出持续上涨的态势。与对比公司均值比较分析发现,中联重科人均产出具有以下特点:① 中联重科始终与对比公司均值有所差距;② 总体上看,中联重科波动幅度小于对比公司均值的波动幅度;③ 2016年,中联重科在行业寒冬中率先实现人均产出的增长;④ 2021年相比较并购年份,中联重科实现了人均产出255.49%的大幅增长,远高于行业对比公司均值83.34%的增长率。综上所述,从人均产出这个角度来看,中联重科一定程度上产生了生产制造能力方面的内生性优势。

表4-6 中联重科及对比公司人均产出情况表　　　　单位:万元

年份	徐工机械	三一重工	振华重工	对比公司均值	中联重科
2006	62.45	82.41	714.74	286.54	58.64
2007	66.88	99.07	638.27	268.07	72.95

表 4-6(续)

年份	徐工机械	三一重工	振华重工	对比公司均值	中联重科
2008	70.82	82.52	559.73	237.69	72.53
2009	171.46	76.38	556.06	267.97	112.16
2010	193.08	80.14	357.93	210.38	144.00
2011	198.56	97.97	382.20	226.24	160.66
2012	211.31	134.23	328.09	224.54	151.61
2013	324.26	131.37	370.75	275.46	142.60
2014	308.04	132.67	367.21	269.31	127.26
2015	114.42	144.96	307.31	188.90	108.42
2016	125.48	169.19	274.78	189.82	132.13
2017	213.88	270.94	248.88	244.57	172.89
2018	310.17	321.13	247.98	293.09	189.78
2019	409.55	410.11	282.68	367.45	227.74
2020	487.31	404.06	260.34	383.90	276.73
2021	544.65	447.83	314.88	435.79	257.84

资料来源：根据企业年报计算。

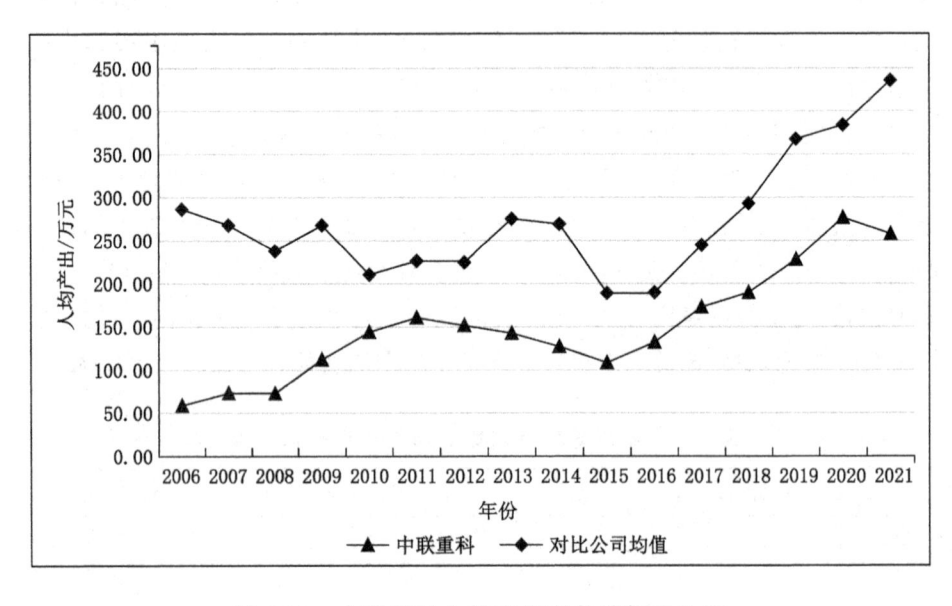

图 4-10 中联重科人均产出变化趋势对比图

(2) 技术创新能力的提升

中联重科并购 CIFA 获取了 CIFA 在混凝土机械领域的专利技术。因此,在平衡性杠杆阶段和内生性学习阶段,中联重科相继推出了一定的混凝土机械创新技术产品。例如,2010 年中联重科推出了与 CIFA 合作研发的碳纤维材料臂架的混凝土泵车,2011 年推出了 80 米全球最长碳纤维臂架泵车。但中联重科并未保持较长的技术领先期,2012 年,竞争对手三一重工研发出了 86 米混凝土臂架泵车。真正凸显中联重科吸取了 CIFA 优势技术、使其自身保持长期技术领先的是 2012 年中联重科-CIFA 二代复合技术的发布。同年,中联重科研制推出 101.18 米的全球最长臂架泵车,再次创吉尼斯纪录,并且专利申请数量居全国第五。2014 年,全国唯一的混凝土机械国家工程技术研究中心落户中联重科。

专利申请方面,徐工机械与振华重工的国内专利申请数量并不具备优势,因此,本章仅对比中联重科与三一重工两家企业的国内专利申请情况。表 4-7 和图 4-11 直观地展示了 2006—2021 年两家企业国内专利申请数量的具体数值及变化趋势,中联重科在 2006—2007 年专利申请数量并未有增长趋势,2008 年实施并购后仍然是小幅增长,直至 2011 年出现猛增态势。与三一重工对比发现,并购之前的两年直至平衡性杠杆阶段前期,中联重科仍然与三一重工具有不小差距,尽管在平衡性杠杆阶段的 2011 年,中联重科专利申请数量首次反超三一重工,达到三一重工专利申请数量的约 4.2 倍。此后,中联重科在专利申请方面始终远远领先于三一重工,二者差距最大的年份是内生性学习阶段初期的 2021 年,中联重科专利申请数量是三一重工的约 27 倍。特别需要注意的是,2012 年 1 月,三一重工并购德国普茨迈斯特公司,这是三一重工并购史上发展混凝土制造技术的重要举措之一,但在技术创新方面,仅仅在并购当年出现专利申请的猛增并达到峰值,此后数年间并未出现技术创新优势。

表 4-7 中联重科与三一重工国内专利申请数量 单位:个

年份	2006	2007	2008	2009	2010	2011	2012	2013	2014	2015	2016	2017	2018	2019	2020	2021
中联重科	65	53	92	146	298	2 195	2 454	2 346	1 327	471	198	279	428	555	1 062	1 566
三一重工	49	93	139	187	315	527	1 034	899	248	275	104	28	29	3	66	59

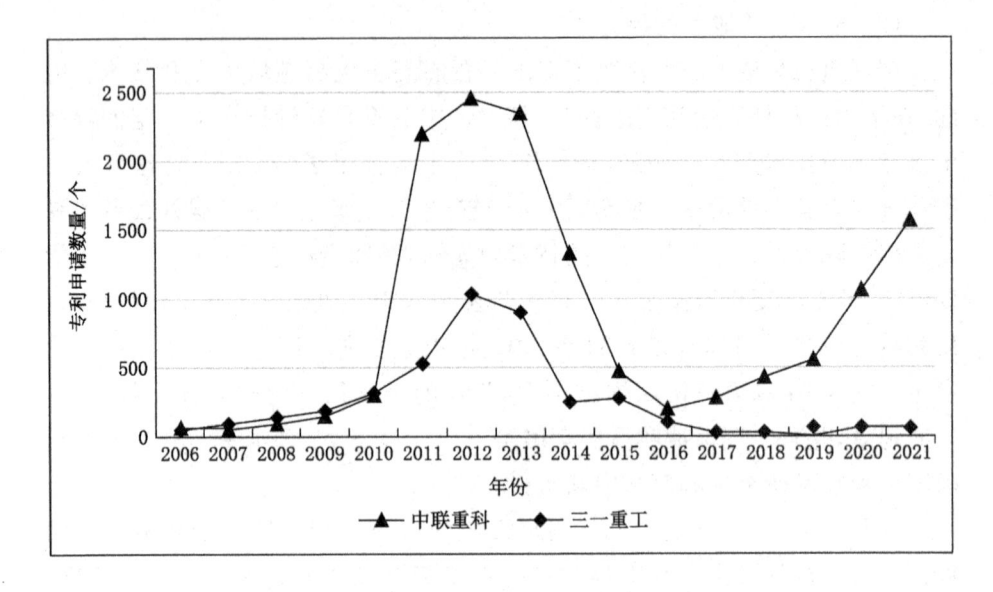

图 4-11　中联重科与三一重工国内专利申请数量变化趋势对比图

(资料来源:壹专利数据库)

中联重科作为工程机械行业中国际标准的主导制定者,依托企业雄厚的科研实力和与 CIFA 的技术融合,不断研制的技术创新成果多次创造了世界级纪录。例如,3 200 吨级履带式起重机、2 000 吨全地面起重机等代表世界领先技术的产品。直至 2021 年,中联重科年均产生的新技术、新产品超过 300 多项,在企业销售收入的年均贡献率中占比超过一半。因此,本章认为中联重科技术并购 CIFA 后,在内生性学习阶段产生了稳定的技术创新竞争优势。

(3) 品牌价值的提升

对企业进行品牌价值评估,不仅可以反映市场营销效果,也能够提升企业的品牌影响力。中联重科品牌价值及排名情况见表 4-8。从表 4-8 可以看出,在并购 CIFA 后,中联重科品牌价值连续 13 年增长,品牌价值排名也呈增长趋势。在 2007—2009 年,中联重科品牌价值排名始终未进入前 100 强。2007—2009 年,中联重科品牌价值上升幅度并不明显。2010 年,刚刚进入平衡性杠杆阶段的中联重科品牌影响力出现了跳跃式的上升,品牌价值排名从 142 位上升至 81 位,首次进入榜单 100 强,品牌价值增长率达到历史最高约 72.74%。2011—2021 年,中联重科凭借其丰富的并购经验和市场贡献,品牌价值稳步上升。2020年,中联重科的品牌价值增长率相较2019年有所下降,但品牌价值排名仍在上升。能够保持品牌价值的稳步上升,意味着中联重科赢得了稳定的市场份额及消费者对其产品的信任,获得了内生性学习阶段的品牌优势。

表4-8 中联重科品牌价值及排名情况表

年份	品牌价值/亿元	品牌价值增长率	排名
2007	42.19	—	148
2008	50.12	18.80%	143
2009	58.19	16.10%	142
2010	100.52	72.74%	81
2011	123.69	23.05%	79
2012	172.58	39.53%	74
2013	232.68	34.82%	74
2014	265.72	14.20%	73
2015	335.71	26.34%	74
2016	406.34	21.04%	73
2017	507.63	24.93%	72
2018	585.73	15.39%	70
2019	701.98	19.85%	69
2020	768.06	9.41%	68
2021	865.75	12.72%	68

资料来源:世界品牌实验室各年度《中国500最具价值品牌》排行榜。

(4)拓展国际化市场及业务板块,凸显品牌效应

在拓展国际化销售渠道方面,中联重科将视野放眼全球市场,在并购CIFA前,中联重科主要进行企业整体改制,并购CIFA后的几年间,中联重科着重进行并购整合和实现H股在我国香港特别行政区成功上市。中联重科真正开始拓展全球化市场的战略布局是从2012年开始的,中联重科凭借其先进的生产制造技术和企业管理模式,获得了国际市场的认可,随即在全球展开了一系列合作项目与并购活动,进军其他国家工程机械领域,实现业

务板块的多元化扩张。

2012年,中联重科进军印度市场,与印度电子机械公司(Electromech)签署合资建厂协议,建设企业首个海外直接投资工厂。同年,中联重科宣布与梅赛德斯-奔驰公司签署战略合作协议。此次联合,将树立起双品牌战略下复合型技术产品的高端品牌形象。

2013年,中联重科计划实施多元化板块扩张。在计划实行之前,中联重科主营业务板块只涉及工程机械领域,为实现多板块协同发展,其将战略蓝图规划到环境产业和农业机械板块。同年,并购德国干混砂浆设备第一品牌——摩泰克(M-TEC)机械设备公司。

2014年,中联重科进军升降机市场,并购了荷兰瑞科斯达(Raxtar);同年进军农业机械板块,进一步并购了奇瑞重工60%的股份。

2015年,中联重科进军环境产业领域,并购意大利纳都勒(Ladurner)57%的股份。

2016年,中联重科在缅甸成立首个海外全系列产品维修中心;与白俄罗斯MAZ集团开展战略合作,正式成立中联重科-MAZ合资公司。

2018年,中联重科与吴恩达教授的人工智能公司Landing.AI签署战略合作协议;并购全球塔机领先制造商德国威尔伯特(WILBERT)100%的股权,以较高起点踏入欧洲高端塔机市场。

2019年,中联重科并购国宇欧洲控股有限公司(Guoyu Europe Holding GmbH Investion),并参与印度尼西亚雅万高铁和孟加拉国帕德玛大桥等项目。

2020年,中联重科并购德国百年农机具品牌——拉贝(RABE),积极推进农业机械结构性改革。截至2023年,中联重科已经覆盖全球一百多个国家和地区,与全球知名供应商、国际及国内科研院所、各大高校、行业机构等均有紧密合作,构建了全球化生产和物流网络。

第三节 中联重科技术相似性并购的技术链整合绩效分析

中联重科技术相似性并购CIFA已经长达15年之久,在3L-3E分析框架下的各阶段采取了不同的战略举措,其整合绩效在不同阶段的表现也有所差异。本章进一步借助3L-3E理论模型,分析不同绩效在不同整合阶段的表现情况,并结合行业及企业自身原因,分析绩效产生不同表现结果的具体原因。

一、主成分分析法下并购前后的财务绩效分析

(一) 主成分分析法概述

本章采用主成分分析法分析中联重科技术相似性并购 CIFA 整合过程中的财务绩效,借助 SPSS 数据分析软件,建立财务指标的综合得分模型,以此客观系统地反映中联重科的财务绩效。

第一,构建评价对象的评价指标体系。根据评价对象的具体特征,例如所在行业、发展阶段等,确定评价对象的评价指标体系。

第二,对原始数据进行标准化处理。一般来说,评价指标体系中个别指标可能会涉及计量单位不一致、指标指向性不同等问题。为避免评价结果不合理现象的发生,需要将逆指标正向化处理,并且进行相应的标准化处理。

第三,对原始指标进行适宜性检验。在提取主成分前,原始指标需要通过 KMO 和巴特利特(Bartlett)球形检验,以此作为判断原始指标是否适合主成分分析。当各个变量之间存在相关关系,原始指标通过主成分分析的适宜性检验。

第四,主成分的提取。根据相关系数矩阵的特征值、累计方差贡献率等数值确定主成分的个数;根据各主成分的载荷绝对值,确定各主成分所涵盖的指标。一般来说,各主成分特征值应大于 1,累计方差贡献率应大于 80%。

第五,主成分得分的分析计算。根据成分得分系数矩阵计算每个主成分得分,基于各主成分的方差贡献率计算综合得分。

(二) 中联重科财务绩效的主成分分析

1. 构建财务指标评价体系

结合中联重科所在行业特征及其并购行为的特点,本章将从 4 个维度选取 8 项财务指标建立中联重科财务指标评价体系(见表 4-9)。① 中联重科短期债务占比较高,近年来长期债务和应付债券占比也逐渐提高,因此,

选取流动比率和资产负债率衡量偿债能力。②中联重科属于大型制造型企业，以销售工程机械、农业机械等高端设备为主业，因此，选取营业收入增长率和固定资产增长率衡量发展能力。③总资产净利润率能够体现企业投入产出能力，成本费用利润率能够体现企业成本管控能力，因此，选取这两项指标衡量盈利能力。④中联重科固定资产与存货在总资产中属于重要部分，因此，选取固定资产周转率和存货周转率衡量营运能力。其中，固定资产周转率和存货周转率的计量单位是次；资产负债率是逆向指标，在进行主成分分析前，需要采用倒数变换法将逆指标正向化，对原始数据进行标准化处理。

表4-9 中联重科财务指标评价体系

指标类型	指标名称	变量名称
偿债能力	流动比率	X_1
	资产负债率	X_2
发展能力	营业收入增长率	X_3
	固定资产增长率	X_4
盈利能力	总资产净利润率	X_5
	成本费用利润率	X_6
营运能力	固定资产周转率	X_7
	存货周转率	X_8

2. 原始数据的标准化处理

本章对中联重科2006—2021年的原始数据进行了收集和整理汇总，原始数据标准化结果见表4-10。

表4-10 中联重科财务指标标准化数据

年份	流动比率	资产负债率	营业收入增长率	固定资产增长率	总资产净利润率	成本费用利润率	固定资产周转率/次	存货周转率/次
2006	−1.16%	0.29%	0.44%	−0.49%	0.70%	−0.08%	−0.83	0.14
2007	−0.84%	0.29%	1.96%	−0.17%	2.41%	0.65%	0.55	0.60
2008	−1.47%	−2.36%	0.73%	3.19%	0.70%	0.29%	0.31	−0.12

表 4-10(续)

年份	流动比率	资产负债率	营业收入增长率	固定资产增长率	总资产净利润率	成本费用利润率	固定资产周转率/次	存货周转率/次
2009	−1.52%	−2.51%	0.79%	1.02%	0.32%	0.41%	0.14	0.10
2010	−0.31%	0.29%	0.84%	0.01%	0.51%	1.01%	0.68	0.48
2011	−0.07%	1.04%	0.53%	−0.13%	1.08%	1.62%	1.49	1.00
2012	0.10%	0.54%	−0.62%	−0.17%	0.51%	1.25%	1.21	0.53
2013	0.43%	0.65%	−1.30%	0.08%	−0.44%	0.17%	0.12	0.06
2014	1.94%	0.29%	−1.67%	−0.10%	−1.01%	−1.04%	−0.93	−0.84
2015	1.09%	0.15%	−1.30%	0.48%	−1.20%	−1.53%	−1.43	−1.72
2016	1.26%	0.01%	−0.84%	−0.71%	−1.39%	−2.13%	−1.54	−1.85
2017	1.22%	0.54%	−0.27%	−1.33%	−1.01%	−0.92%	−1.26	−1.16
2018	−0.18%	−0.10%	−0.07%	−0.82%	−0.82%	−0.32%	−0.75	−0.44
2019	−0.09%	0.15%	0.73%	−0.31%	−0.25%	0.17%	0.11	0.28
2020	−0.27%	−0.10%	0.70%	−0.39%	0.13%	0.41%	1.15	1.66
2021	−0.14%	0.79%	−0.64%	−0.17%	−0.25%	0.05%	0.99	1.28

3. 原始指标适宜性检验

本章以 KMO 和 Bartlett 球形检验结果作为适宜性检验依据,判断各指标间相关性强弱,进而判断是否可以继续进行主成分分析,KMO 和 Bartlett 球形检验结果见表 4-11。

表 4-11 KMO 和 Bartlett 球形检验结果

KMO 取样适切性量数		0.653
Bartlett 球形检验	近似卡方	108.855
	自由度	28
	显著性	0.000

由表 4-11 可知,原始指标适宜性检验的 KMO 值为 0.653,说明变量间相关性较强,显著性为 0.000,说明相关矩阵并非单位矩阵。因此,本章所选

取的中联重科相关财务指标适合进行主成分分析。

4. 主成分的提取

本章对中联重科8项财务指标进行了公因子的提取,得到相关系数矩阵的特征值、方差贡献率等数值,具体结果见表4-12。在确定有效主成分个数时,遵守特征值大于1、累计方差贡献率大于80%的原则。

表4-12 解释的总方差

成分	初始特征值			提取载荷平方和			旋转载荷平方和		
	总计	方差百分比	累积	总计	方差百分比	累积	总计	方差百分比	累积
1	4.592	57.401%	57.401%	4.592	57.401%	57.401%	4.273	53.407%	53.407%
2	1.942	24.273%	81.674%	1.942	24.273%	81.674%	2.261	28.268%	81.674%
3	0.767	9.584%	91.258%	—	—	—	—	—	—
4	0.323	4.041%	95.300%	—	—	—	—	—	—
5	0.155	1.940%	97.240%	—	—	—	—	—	—
6	0.128	1.603%	98.843%	—	—	—	—	—	—
7	0.066	0.823%	99.666%	—	—	—	—	—	—
8	0.027	0.334%	100.000%	—	—	—	—	—	—

由表4-12可知,共有两项主成分的特征值大于1,且累计方差贡献率达到81.674%,输出结果表明这两项主成分基本能够涵盖中联重科8项财务指标的具体信息。

进一步根据旋转后的成分载荷矩阵,确定各个主成分在各项指标上的载荷。旋转后的主成分载荷矩阵见表4-13。

表4-13 旋转后的主成分载荷矩阵

财务指标	主成分1	主成分2
流动比率(X_1)	−0.671	0.636
资产负债率(X_2)	0.072	0.954
营业收入增长率(X_3)	0.704	−0.391

表 4-13(续)

财务指标	主成分 1	主成分 2
固定资产增长率(X_4)	0.104	−0.850
总资产净利润率(X_5)	0.858	−0.247
成本费用利润率(X_6)	0.941	−0.043
固定资产周转率(X_7)	0.912	0.033
存货周转率(X_8)	0.926	0.087

根据表 4-13 具体载荷数值,可以发现:主成分 1 主要在营业收入增长率、总资产净利润率、成本费用利润率、固定资产周转率和存货周转率等 5 项上载荷较大,综合反映了中联重科市场占有能力、盈利能力和营运能力;主成分 2 在流动比率、资产负债率、固定资产周转率和存货周转率等 4 项指标上载荷较大,综合反映了中联重科的偿债能力和产能扩张能力。

5. 主成分得分的分析计算

确定主成分个数以及各项主成分所包含的指标后,还需进一步计算主成分 1 和主成分 2 的得分以及综合得分,表 4-14 为主成分得分系数矩阵。

表 4-14 主成分得分系数矩阵

财务指标	主成分 1	主成分 2
流动比率(X_1)	−0.109	0.240
资产负债率(X_2)	0.111	0.464
营业收入增长率(X_3)	0.141	−0.119
固定资产增长率(X_4)	−0.056	−0.397
总资产净利润率(X_5)	0.194	−0.035
成本费用利润率(X_6)	0.234	0.070
固定资产周转率(X_7)	0.235	0.104
存货周转率(X_8)	0.243	0.132

根据表 4-14 可列出两项主成分（F_1 和 F_2）的表达式：

$F_1 = -0.109 \times X_1 + 0.111 \times X_2 + 0.141 \times X_3 - 0.056 \times X_4 + 0.194 \times X_5 + 0.234 \times X_6 + 0.235 \times X_7 + 0.243 \times X_8$

$F_2 = 0.240 \times X_1 + 0.464 \times X_2 - 0.119 \times X_3 - 0.397 \times X_4 - 0.035 \times X_5 + 0.070 \times X_6 + 0.104 \times X_7 + 0.132 \times X_8$

根据各项主成分的方差贡献率，可进一步得出财务绩效综合得分（F）的表达式：

$$F = 0.574\,01 \times F_1 + 0.242\,73 \times F_2$$

将中联重科 2006—2021 年的 8 项财务指标数值代入各主成分表达式和综合表达式，得出各主成分得分和综合得分，见表 4-15。

表 4-15　中联重科 2006—2021 年主成分得分和综合得分评价表

年份	F_1	F_2	F
2006	1.85	1.48	1.42
2007	3.02	1.91	2.20
2008	2.52	1.01	1.69
2009	2.48	1.19	1.71
2010	2.99	2.04	2.21
2011	3.69	2.51	2.73
2012	3.30	2.38	2.47
2013	2.34	2.04	1.84
2014	1.26	1.79	1.16
2015	0.77	1.32	0.77
2016	0.68	1.39	0.73
2017	1.10	1.66	1.03
2018	1.69	1.58	1.35
2019	2.50	1.88	1.89
2020	3.53	2.31	2.59
2021	3.27	2.39	2.46

（三）3L-3E 分析框架下财务绩效对比分析

1. 财务绩效纵向对比分析

本章通过主成分分析法对中联重科财务绩效进行了测算，并得出各主成分得分和综合得分（见表 4-15），基于四个维度财务指标的主成分分析结果，可绘制出各主成分得分和综合得分的变化趋势图，见图 4-12。

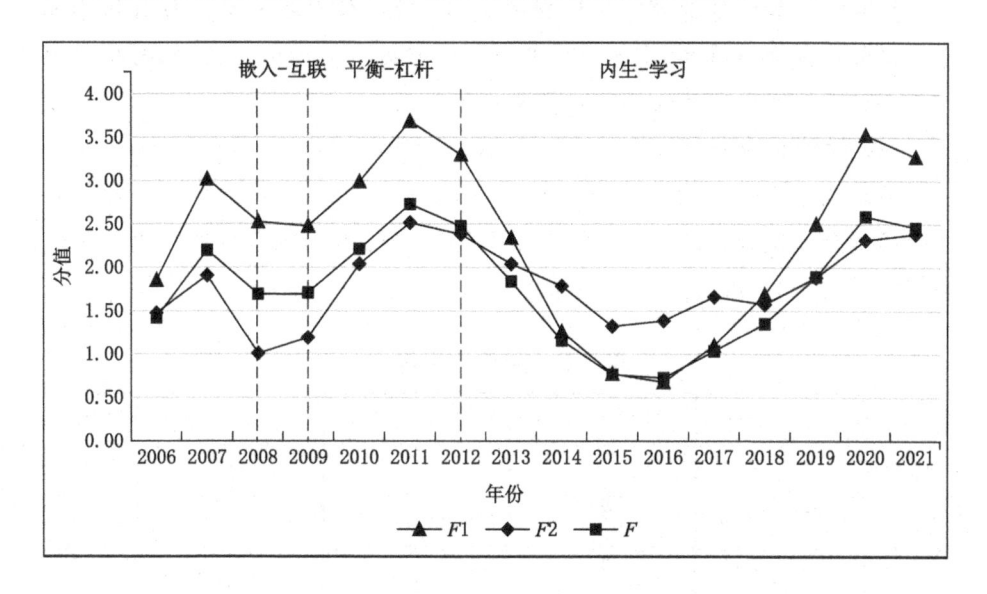

图 4-12 中联重科主成分得分和综合得分变化趋势图

由图 4-12 可知，2006—2008 年，各主成分得分和综合得分都是先上升后下降，并未出现明显的上升趋势；嵌入性互联阶段（2008—2009 年），各主成分得分和综合得分处于平稳状态；平衡性杠杆阶段（2009—2012 年），各主成分得分和综合得分出现了快速增长，2011 年达到最高值，并且主成分 2 得分的增速要高于主成分 1；内生性学习阶段（2012—2021 年）初期直至 2016 年，得分出现了明显下降，但主成分 2 得分波动幅度更小，2016—2020 年各主成分得分和综合得分均有了明显的回升但主成分 1 的波动幅度较大，总体而言，主成分 2 的得分表现要优于主成分 1 的得分表现。

综上所述，3L-3E 分析框架下中联重科技术并购 CIFA 后的纵向财务绩效主要呈现以下特点：① 整体财务绩效在嵌入性互联阶段表现平稳，平衡性杠杆阶段并购产生的财务优势充分体现,内生性学习阶段财务绩效处于先下降后上升的趋势;② 工程机械领域寒冬期,在各项能力纵向发展的稳定性方面,主成分 2 反映的偿债能力和产能扩张能力要优于主成分 1 反映的市场占有能力、盈利能力和营运能力。

2. 财务绩效横向对比分析

为更加直观清晰地反映中联重科财务绩效,本章基于主成分分析中构建的财务指标评价体系,将 4 个维度的 8 项财务指标与徐工机械、振华重工和三一重工 3 家公司相应指标均值进行横向对比。

(1) 偿债能力分析

流动比率是短期偿债能力的衡量指标,资产负债率通过衡量企业借款状况衡量企业偿债风险。本章计算了对比公司的流动比率均值和资产负债率均值见表 4-16 和表 4-17,两项指标的变化趋势对比见图 4-13 和图 4-14。

表 4-16　流动比率对比

年份	2006	2007	2008	2009	2010	2011	2012	2013
中联重科	1.25%	1.42%	1.08%	1.05%	1.71%	1.84%	1.93%	2.11%
对比公司均值	1.35%	1.60%	1.46%	1.35%	1.29%	1.49%	1.52%	1.69%
年份	2014	2015	2016	2017	2018	2019	2020	2021
中联重科	2.93%	2.47%	2.56%	2.54%	1.78%	1.83%	1.73%	1.80%
对比公司均值	1.49%	1.25%	1.31%	1.39%	1.41%	1.36%	1.27%	1.37%

表 4-17　资产负债率对比

年份	2006	2007	2008	2009	2010	2011	2012	2013
中联重科	0.56%	0.56%	0.77%	0.78%	0.56%	0.50%	0.54%	0.53%
对比公司均值	0.63%	0.59%	0.63%	0.62%	0.60%	0.60%	0.64%	0.64%
年份	2014	2015	2016	2017	2018	2019	2020	2021
中联重科	0.56%	0.57%	0.58%	0.54%	0.59%	0.57%	0.59%	0.52%
对比公司均值	0.64%	0.62%	0.63%	0.60%	0.60%	0.60%	0.65%	0.65%

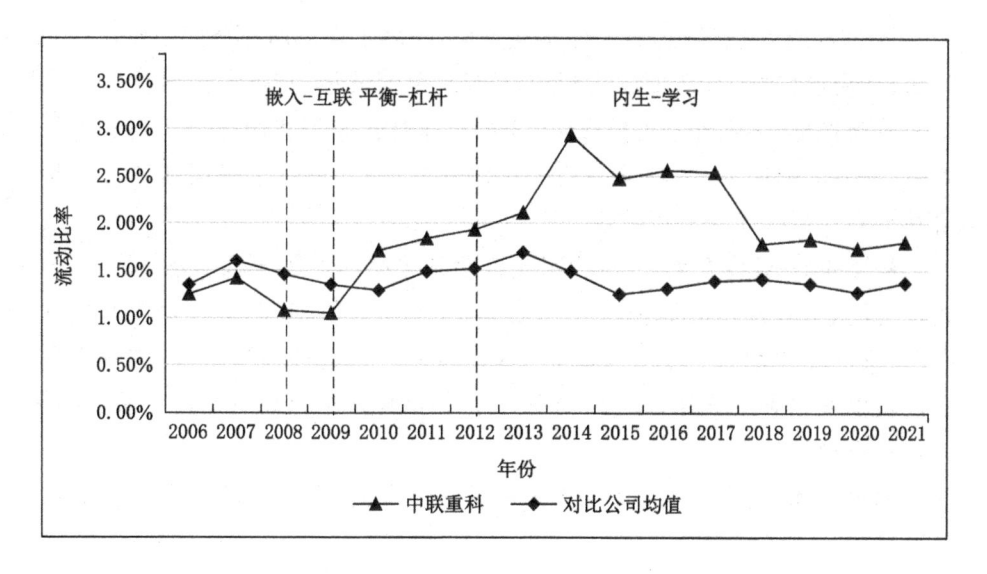

图 4-13 流动比率变化趋势对比图

（资料来源：根据企业年报计算）

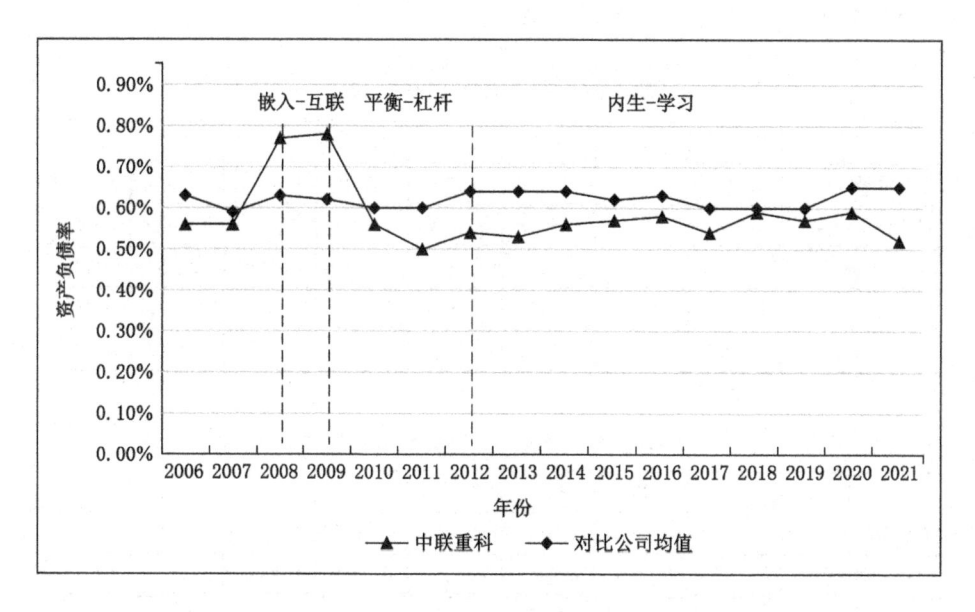

图 4-14 资产负债率变化趋势对比图

（资料来源：根据企业年报计算）

从图 4-13 可以看出,嵌入性互联阶段,中联重科流动比率低于对比公司均值;平衡性杠杆阶段,中联重科流动比率大幅增长,开始高于对比公司均值且较为稳定;内生性学习阶段,中联重科流动比率增速明显高于对比公司均值,但波动幅度较大,不够平稳。总体来看,中联重科短期偿债能力的提升在平衡性杠杆阶段得以体现。

从图 4-14 可以看出,中联重科资产负债率整体上低于对比公司均值,但也较为稳定,嵌入性互联阶段资产负债率有所上升,主要是因为技术并购 CIFA 使中联重科进行了大量的债券融资,但在平衡性杠杆阶段,中联重科资产负债率也有所下降。因此,中联重科偿债风险未出现明显的下降,保持着比较平稳的状态。

综上所述,技术并购 CIFA 为中联重科带来了一定程度上的偿债能力的提升。

(2) 发展能力分析

营业收入增长率体现了企业市场占有能力,固定资产增长率体现了企业产能扩张能力,这两项发展能力指标的横向对比见表 4-18 和表 4-19,相应的变化趋势对比见图 4-15 和图 4-16。

表 4-18 营业收入增长率对比

年份	2006	2007	2008	2009	2010	2011	2012	2013
中联重科	0.41%	0.94%	0.51%	0.53%	0.55%	0.44%	0.04%	−0.20%
对比公司均值	0.34%	0.50%	0.28%	1.79%	0.30%	0.31%	−0.05%	−0.03%
年份	2014	2015	2016	2017	2018	2019	2020	2021
中联重科	−0.33%	−0.20%	−0.04%	0.16%	0.23%	0.51%	0.50%	0.03%
对比公司均值	−0.08%	−0.20%	0.02%	0.42%	0.33%	0.27%	0.16%	0.12%

表 4-19 固定资产增长率对比

年份	2006	2007	2008	2009	2010	2011	2012	2013
中联重科	0.02%	0.11%	1.04%	0.44%	0.16%	0.12%	0.11%	0.18%
对比公司均值	0.18%	0.20%	0.64%	0.63%	0.38%	0.26%	0.56%	0.04%
年份	2014	2015	2016	2017	2018	2019	2020	2021
中联重科	0.13%	0.29%	−0.04%	−0.21%	−0.07%	0.07%	0.05%	0.11%
对比公司均值	0.13%	−0.09%	0.04%	0.01%	0.00%	0.03%	0.00%	0.11%

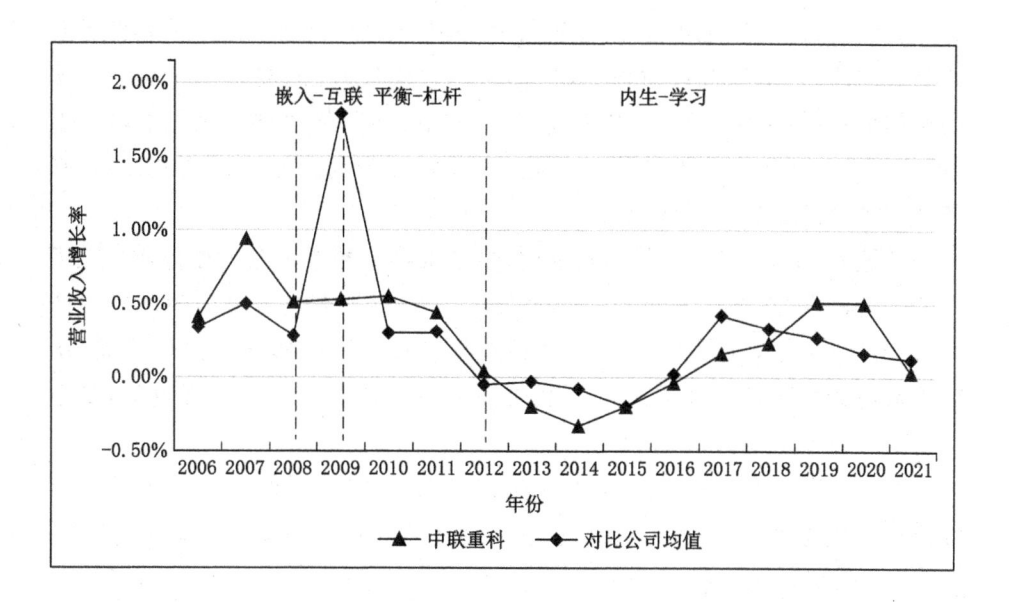

图 4-15 营业收入增长率变化趋势对比图

（资料来源：根据企业年报计算）

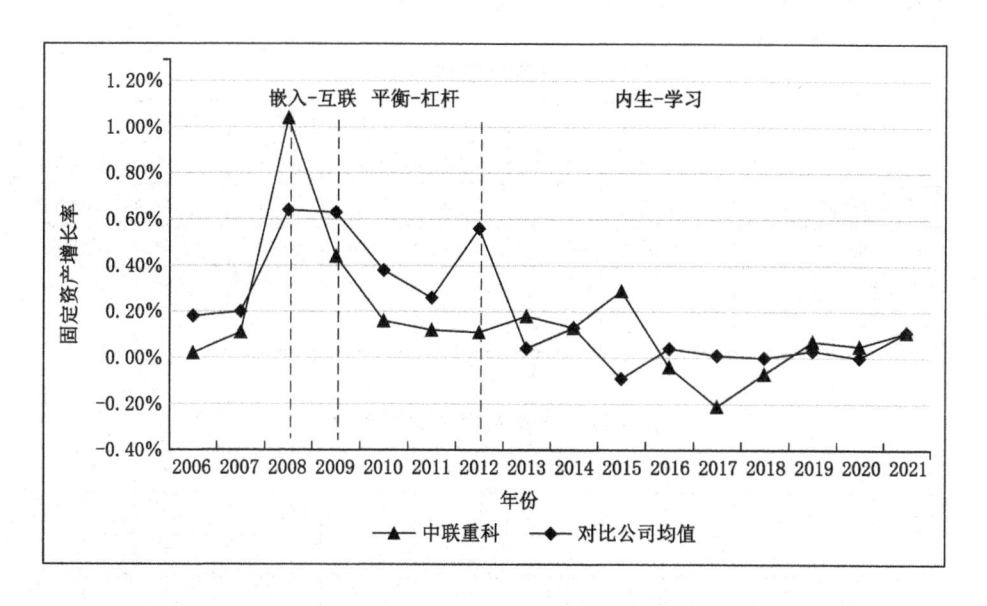

图 4-16 固定资产增长率变化趋势对比图

（资料来源：根据企业年报计算）

从图 4-15 可以看出，嵌入性互联阶段，中联重科营业收入增长率低于对比公司均值，平衡性杠杆阶段，该指标虽未大幅提升，但连续 3 年高于对比公司均值；内生性学习阶段，中联重科和对比公司整体表现都是先下降后上升又下降，波动幅度基本持平。因此，在市场占有能力方面，中联重科在平衡性杠杆阶段更加具有优势。

从图 4-16 可以看出，并购实施前，中联重科产能扩张能力在行业中处于弱势，在嵌入性互联阶段呈现强劲的发展势头，但平衡性杠杆阶段固定资产增长率并不突出，进入内生性学习阶段，该指标进一步提升。总体来看，中联重科产能扩张能力在嵌入性互联阶段和内生性学习阶段表现更佳，稳定性也优于对比公司。

通过中联重科与对比公司横向比较发现，中联重科的发展能力并非持续保持着领先地位，但不可否认的是，在每个阶段都具备不同的突出优势。

（3）盈利能力分析

总资产净利润率能够衡量企业的资产利用效率，成本费用利润率一定程度上反映了成本费用管控水平，这两项盈利能力指标横向对比见表 4-20 和表 4-21，相应的变化趋势对比见图 4-17 和图 4-18。

表 4-20　总资产净利润率对比

年份	2006	2007	2008	2009	2010	2011	2012	2013
中联重科	0.10	0.19	0.10	0.08	0.09	0.12	0.09	0.04
对比公司均值	0.07	0.10	0.07	0.10	0.12	0.11	0.05	0.03
年份	2014	2015	2016	2017	2018	2019	2020	2021
中联重科	0.01	0.00	−0.01	0.01	0.02	0.05	0.07	0.05
对比公司均值	0.01	0.00	0.00	0.02	0.05	0.07	0.06	0.05

表 4-21　成本费用利润率对比

年份	2006	2007	2008	2009	2010	2011	2012	2013
中联重科	0.12	0.18	0.15	0.16	0.21	0.26	0.23	0.14
对比公司均值	0.10	0.14	0.09	0.11	0.12	0.14	0.07	0.06
年份	2014	2015	2016	2017	2018	2019	2020	2021
中联重科	0.04	0.00	−0.05	0.05	0.10	0.14	0.16	0.13
对比公司均值	0.02	0.01	0.01	0.05	0.08	0.11	0.11	0.09

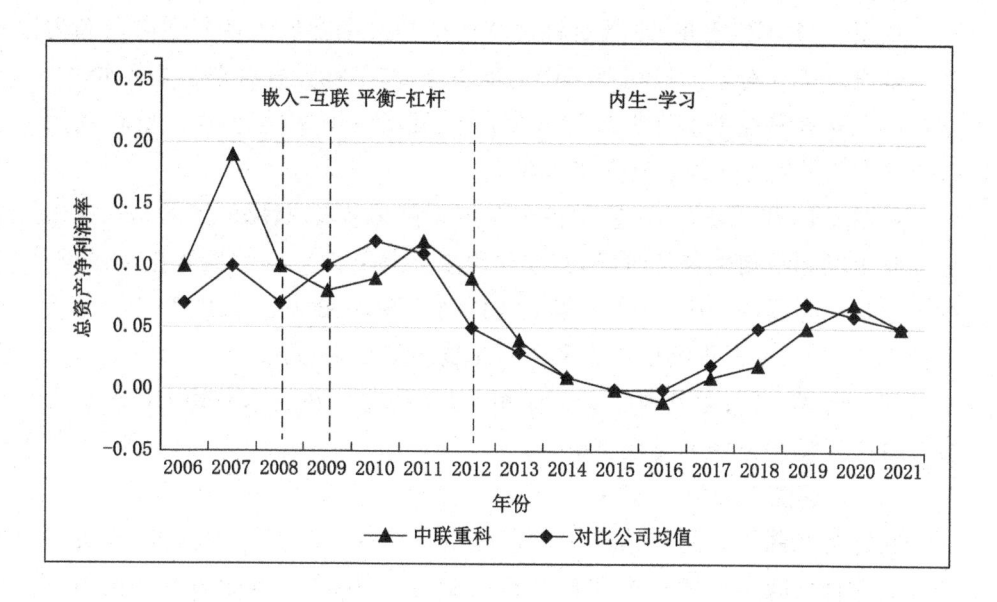

图 4-17 总资产净利润率变化趋势对比图

（资料来源：根据企业年报计算）

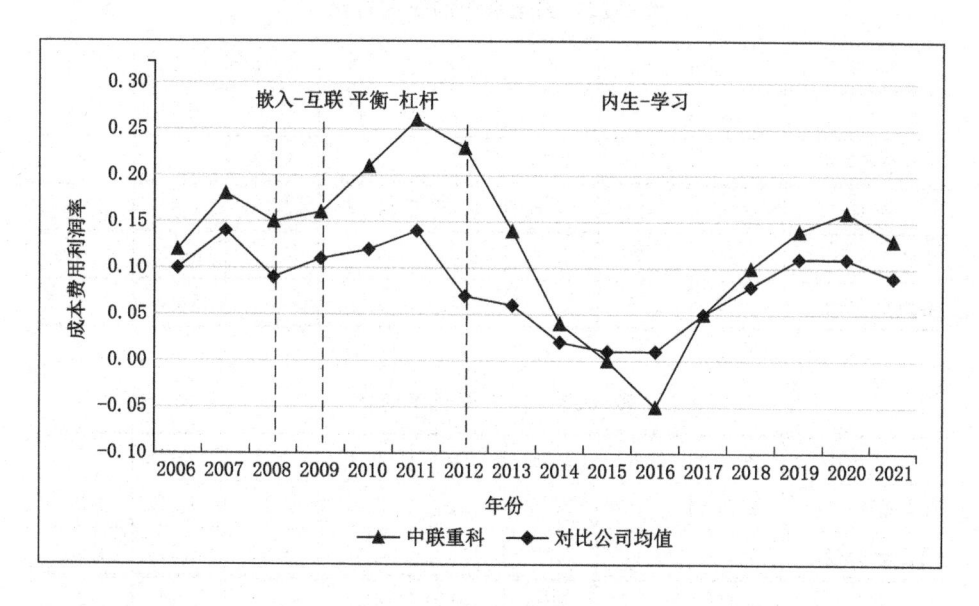

图 4-18 成本费用利润率变化趋势对比图

（资料来源：根据企业年报计算）

从图4-17可以看出,中联重科总资产净利润率在嵌入性互联阶段和内生性学习阶段与对比公司均值相比处于弱势,在平衡性杠杆阶段有所增加。这说明中联重科在平衡性杠杆阶段资产利用效率较高,但整体上资产利用效率没有因并购CIFA出现显著改善。

从图4-18可以看出,中联重科成本费用利润率表现良好,尤其是在嵌入性互联阶段和平衡性杠杆阶段,其成本费用控制能力具备明显优势,尽管在内生性学习阶段的2013—2016年出现急剧下降,但随后又继续保持了猛增态势。总体上,中联重科的成本费用控制能力有了显著提升。

综上所述,与行业其他巨头企业相比,中联重科在技术并购CIFA后为自身带来了盈利方面的发展契机。

(4)营运能力分析

固定资产周转率能够体现企业在使用固定资产时的效率高低,存货周转率能综合反映企业的投产和存货管理能力,这两项营运能力指标横向对比见表4-22和表4-23,相应的变化趋势对比见图4-19和图4-20。

表4-22　固定资产周转率对比　　　　　　　　　　单位:次

年份	2006	2007	2008	2009	2010	2011	2012	2013
中联重科	4.83	9.06	8.32	7.79	9.47	11.94	11.09	7.75
对比公司均值	4.08	5.20	4.70	6.06	6.12	6.82	4.20	2.85
年份	2014	2015	2016	2017	2018	2019	2020	2021
中联重科	4.52	2.99	2.63	3.49	5.07	7.71	10.90	10.40
对比公司均值	2.28	1.77	1.87	2.72	3.97	5.32	6.62	6.75

表4-23　存货周转率对比　　　　　　　　　　单位:次

年份	2006	2007	2008	2009	2010	2011	2012	2013
中联重科	2.73	3.10	2.52	2.70	3.00	3.42	3.04	2.67
对比公司均值	5.09	6.11	3.87	3.87	3.65	3.84	3.25	3.03
年份	2014	2015	2016	2017	2018	2019	2020	2021
中联重科	1.95	1.24	1.14	1.69	2.27	2.84	3.95	3.64
对比公司均值	3.07	2.85	2.75	3.14	3.36	3.68	3.55	3.32

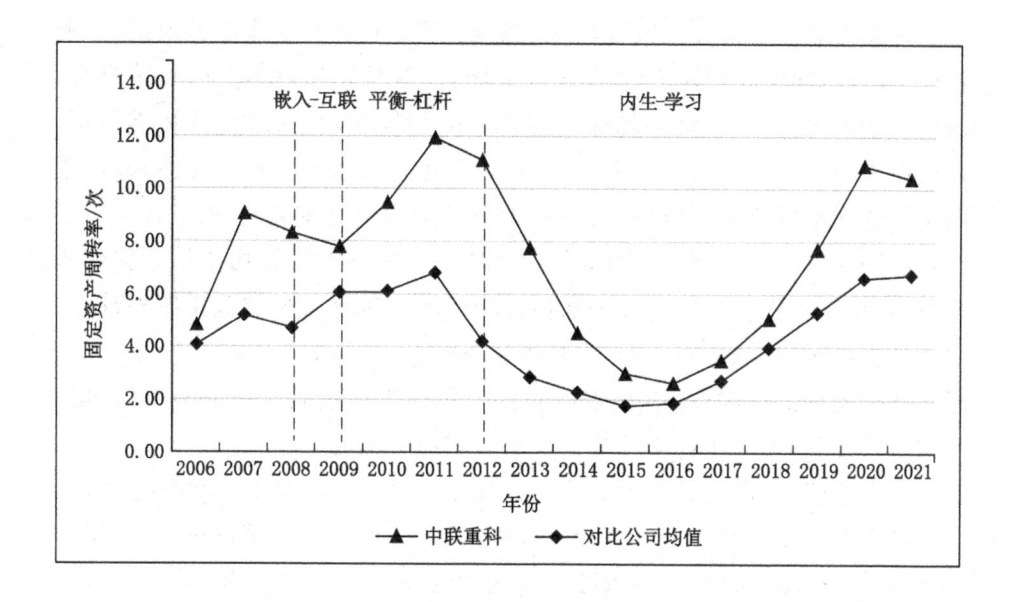

图 4-19 固定资产周转率变化趋势对比图

（资料来源：根据企业年报计算）

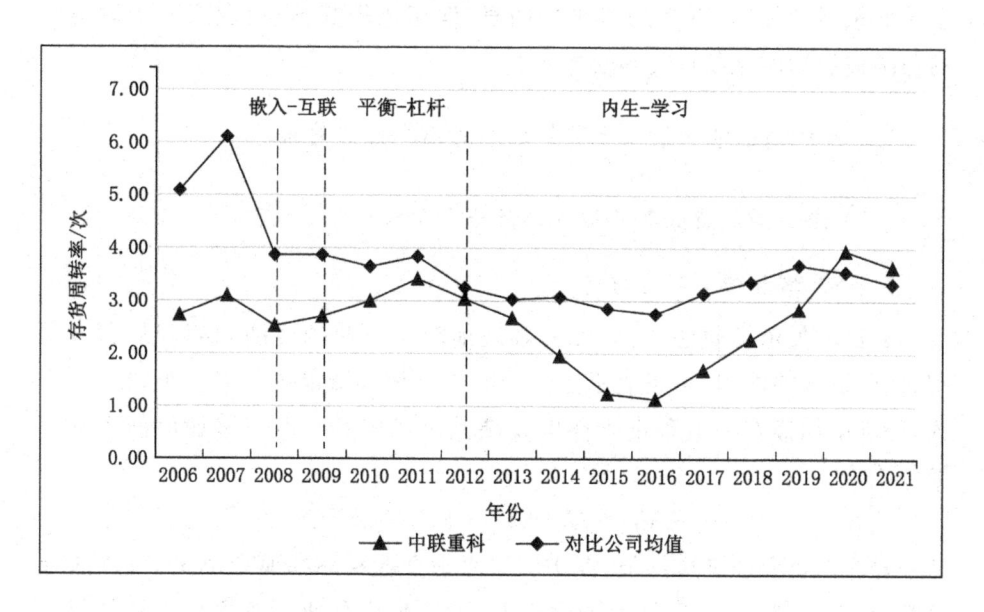

图 4-20 存货周转率变化趋势对比图

（资料来源：根据企业年报计算）

从图 4-19 可以看出,嵌入性互联阶段,固定资产增长率不升反降;平衡性杠杆阶段,固定资产增长率出现显著增长,与对比公司均值的差距最大;内生性学习阶段,固定资产增长率指标下降得较快,受宏观经济影响较深,但后期中联重科的固定资产利用效率也恢复至高水平状态。总体来看,中联重科的固定资产利用效率在并购 CIFA 中获得了正向效应。

从图 4-20 可以看出,中联重科的存货周转率在对比公司中处于较低水平,但其在嵌入性互联阶段和平衡性杠杆阶段与对比公司的差距明显缩小,内生性学习阶段,该指标同样受宏观经济的影响较深,但 2020—2021 年超过对比公司均值。因此,中联重科的投产和存货管理能力在前两个阶段因并购有所提升,但内生性学习阶段发展后期趋于稳定。

综上所述,中联重科在营运能力方面充分发挥了营运能力方面的优势。

基于对中联重科 4 个维度的财务指标横向对比分析,可得出以下结论:① 总体上看,偿债能力、盈利能力和营运能力 3 个方面的并购正向效应得以彰显,发展能力表现相对平稳,没有凸显优势;② 3 个阶段中,在嵌入性互联阶段和平衡性杠杆阶段,财务绩效表现更加优越;③ 在内生性学习阶段,财务绩效敏感性较高,下降趋势更加明显,但相比较其他对比公司,中联重科财务绩效后期的恢复能力也更加出色。

二、经济增加值分析法下并购前后的市场绩效分析

(一) 经济增加值分析法概述及其会计调整

1. 经济增加值分析法概述

经济增加值分析法,可以如实客观地反映企业的经济利润和经营者管理、使用资本的能力,可以表示企业的股东价值创造能力。对于上市公司来说,经济增加值在一定程度上能够反映其市场绩效。经济增加值的标准计算公式为:

$$EVA = NOPAT - TC \times WACC$$

其中,EVA 表示经济增加值;$NOPAT$ 表示企业税后净营业利润,反映企业日常经营盈利状况;TC 表示企业资本总额,是指企业所有者权益和债权人投入资本的总额;$WACC$ 表示加权平均资本成本,能够体现企业应对风险的能力。

2. 经济增加值分析法的会计调整

在实际计算中,经济增加值分析法的数据来源于企业财务报告,企业财务报告编制的过程中避免不了主观性行为的存在。为避免这方面的影响,在运用经济增加值分析法时,往往需要对相关科目进行调整。但如果不具有针对性地进行全盘调整,不仅工作量大、计算方法复杂,且可能会对实际结果的真实性产生影响。因此,本章遵守调整项目选取的可操作性原则和重要性原则,对中联重科财务报告中所披露的相关科目进行了一定的调整,主要涉及的调整项目有7项。

(1) 财务费用的调整

财务费用包括汇兑损益和利息支出等项目,在计算税后净营业利润时需要将财务费用转回,进行相应调整。在中联重科财务报表中,财务费用主要由利息支出构成,因此,本章在计算税后净营业利润时,主要按照利息支出科目金额进行调整。

(2) 资本化费用的调整

在企业传统核算体系中,不符合企业资本化条件的研发费用作为企业当期支出,往往被归集到期间费用并一次性扣除,对企业短期利润产生影响。但实际上,像中联重科这样的高新技术企业,其研发费用应当是企业的一项投资性支出,不仅仅是对企业当期利润产生影响,也是影响企业未来发展的重要因素。因此,在计算中联重科税后净营业利润和资本总额时,将其费用化的研发费用进行资本化处理,并采用直线法按5年进行摊销。

(3) 递延所得税项目的调整

递延所得税项目包括递延所得资产和递延所得税负债两个部分。递延所得税项目并未能表示企业真正的资产或负债,因此,在计算税后净营业利润时,需要将递延所得税贷方发生额转回,将借方发生额扣除,在计算资本总额时,需要将期末递延所得税资产余额扣除,将期末递延所得税负债余额转回。

(4) 资产减值准备的调整

根据中国会计准则规定,企业在正常经营的会计年度中,如果预计资产在未来年度可能发生减值损耗,则需计提减值准备,以此提醒企业应对资产减值的风险。但资产减值准备的计提并不意味着资产在当期发生了损失,会计上的净利润将这一部分损失扣除显然具有一定的主观性,低估了企业的实际净利润。因此,在计算税后净营业利润和资本总额时,将计提的资产减值损失转回能够更合理地反映企业的真实收益。

（5）营业外收支的调整

营业外收支与日常经营活动关联性不强，其相关事项的发生具有偶然性，一般不能反映企业当期利润，也不会影响企业的长期发展。因此，在修正税后净营业利润及资本总额时，需要将其扣除。

（6）在建工程的调整

在建工程是处于建设中但并未竣工投入使用的一项资产，往往占有企业当期较大比例的现有资金，如果在建工程建设周期超过一个年度，就不能够为企业带来当期收益。因此，在计算资本总额时，应当将其余额予以扣除。

（7）货币资金的调整

在企业的日常经营中，货币资金属于现金剩余项目，但是理论上，其并不会为企业带来当期的价值创造。因此，在计算资本总额时，货币资金同在建工程一样，需要予以扣除。

（二）中联重科经济增加值的计算

1. 税后净营业利润的计算

结合上文，本章在计算中联重科 2006—2021 年税后净营业利润（NOPAT）时做了相应项目的调整，调整后的计算公式如下：

$$税后净营业利润 = (净利润 + 所得税费用 + 利息支出) \times (1-T) + \\ 资本化费用 - 本期摊销 + 递延所得税负债本期增加额 - \\ 递延所得税资产本期增加额 + 资产减值损失 + \\ (营业外支出 - 营业外收入) \times (1-T)$$

其中，T 为所得税税率。根据调整后的计算公式，可得出中联重科 2006—2021 年税后净营业利润计算结果，具体数据见表 4-24。

表 4-24　中联重科税后净营业利润计算表　　单位：亿元

年份	净利润	所得税费用	利息支出	资本化费用调整	递延所得税调整	资产减值损失	营业外收支调整	税率	税后净营业利润
2006	4.84	0.02	0.54	0.29	−0.20	0.21	0.13	33%	5.82
2007	13.34	0.33	0.65	0.57	−0.34	0.70	−0.04	33%	10.48

表 4-24(续)

年份	净利润	所得税费用	利息支出	资本化费用调整	递延所得税调整	资产减值损失	营业外收支调整	税率	税后净营业利润
2008	15.94	1.92	3.34	0.73	5.02	0.90	−0.94	25%	21.60
2009	24.19	4.09	3.37	10.78	−0.47	0.79	−0.73	25%	24.40
2010	45.88	8.28	4.03	1.26	−2.04	3.16	−0.37	25%	45.70
2011	81.73	14.29	5.13	1.86	−0.97	2.57	−0.66	25%	78.67
2012	75.29	13.29	7.56	2.72	−1.18	7.39	0.43	15%	91.09
2013	39.52	5.70	9.70	1.68	−1.60	10.33	0.10	15%	57.20
2014	6.28	2.35	12.61	−0.08	0.34	6.07	−1.50	25%	20.75
2015	0.91	−0.58	17.06	−1.43	−2.74	7.11	−5.43	15%	12.30
2016	−9.05	−1.10	16.18	−1.46	−1.84	12.72	−6.70	15%	7.85
2017	12.48	−0.07	14.88	−0.81	−2.73	87.93	−0.20	15%	107.38
2018	19.57	6.82	14.51	1.92	0.27	0.87	−0.32	15%	37.49
2019	42.75	7.59	16.73	9.12	0.31	−2.18	−0.17	15%	64.09
2020	73.55	12.97	9.41	21.36	0.65	−0.95	−0.79	15%	101.81
2021	63.86	9.38	9.23	19.43	−1.46	−0.04	−0.98	15%	87.05

资料来源:企业年报。

2. 资本总额的计算

基于中联重科 2006—2021 年财务报告,结合上文关于资本总额调整事项的描述,可对资本总额进行相应项目的调整。调整后的计算公式如下:

资本总额(TC)=债务资本(D)+权益资本(S)−在建工程−货币资金

债务资本(D)=短期借款+长期借款+一年内到期非流动负债+
　　　　　　　　应付债券

权益资本(S)=普通股股东权益+少数股东权益+资产减值损失+
　　　　　　　　资本化费用+递延所得税负债期末余额−
　　　　　　　　递延所得税资产期末余额+(营业外支出−
　　　　　　　　营业外收入)×(1−T)

根据调整后的计算公式,得出中联重科 2006—2021 年债务资本、权益资本和资本总额的计算结果,具体数据见表4-25、表4-26和表4-27。

表 4-25 中联重科债务资本相关项目表   单位:亿元

年份	短期借款	长期借款	一年内到期非流动负债	应付债券	债务资本
2006	3.21	0.09	0.00	0.00	3.29
2007	8.47	3.24	0.00	0.00	11.71
2008	46.18	25.67	2.12	10.89	84.87
2009	62.57	23.01	0.12	10.90	96.60
2010	42.31	48.13	17.63	10.91	118.98
2011	45.24	59.57	7.91	10.93	123.65
2012	42.05	38.70	51.03	61.85	193.62
2013	52.08	56.41	24.73	71.09	204.31
2014	38.64	97.87	18.81	161.38	316.71
2015	78.19	64.53	54.63	154.28	351.63
2016	49.12	101.00	32.28	129.85	312.24
2017	54.17	65.35	38.03	127.60	285.16
2018	83.26	55.39	136.88	81.06	356.58
2019	50.43	28.42	24.42	116.73	219.99
2020	29.58	29.27	2.70	134.10	195.65
2021	33.13	49.02	78.93	29.92	191.00

资料来源:企业年报。

表 4-26 中联重科权益资本相关项目表   单位:亿元

年份	普通股股东权益	少数股东权益	资产减值损失	资本化费用	递延所得税调整	营业外收入	权益资本
2006	22.98	0.40	0.21	0.37	0.00	0.13	24.08
2007	36.29	1.22	0.70	0.80	−0.54	−0.04	38.43
2008	51.12	1.40	0.90	1.20	4.48	−0.94	58.16
2009	74.68	1.24	0.79	1.94	4.01	−0.73	81.92

表 4-26(续)

年份	普通股股东权益	少数股东权益	资产减值损失	资本化费用	递延所得税调整	营业外收入	权益资本
2010	274.15	0.59	3.16	2.65	1.98	−0.32	282.21
2011	354.46	1.88	2.57	3.98	1.01	−0.66	363.24
2012	408.02	3.87	7.39	5.84	−0.17	0.43	425.38
2013	416.19	4.32	10.33	5.70	−1.76	0.10	434.89
2014	408.31	4.17	6.07	4.43	−1.42	−1.50	420.06
2015	399.37	6.73	7.11	3.20	−4.16	−5.43	406.81
2016	368.14	9.81	12.72	2.97	−6.00	−6.70	380.94
2017	375.78	6.49	87.93	3.06	−8.73	−0.20	464.33
2018	382.01	5.67	0.87	5.81	−8.46	−0.32	385.58
2019	388.63	6.70	−2.18	15.16	−8.16	−0.17	399.98
2020	467.44	11.43	−0.95	33.45	−9.62	−0.79	500.96
2021	568.68	14.29	−0.04	38.65	−7.43	−0.97	613.18

资料来源：企业年报。

表 4-27 中联重科资本总额计算表　　　　单位：亿元

年份	债务资本	权益资本	在建工程调整	货币资金调整	资本总额
2006	3.29	24.08	−2.09	−9.90	15.38
2007	11.71	38.43	−3.12	−10.50	36.51
2008	84.87	58.16	−8.22	−33.67	101.14
2009	96.59	81.92	−5.40	−44.28	128.84
2010	118.98	282.21	−4.78	−205.20	191.21
2011	123.65	363.24	−7.84	−177.45	301.60
2012	193.62	425.38	−15.43	−232.06	371.52
2013	204.31	434.89	−14.70	−200.72	423.77
2014	316.71	420.06	−7.14	−168.94	560.68
2015	351.63	406.81	−7.20	−135.35	615.88

表 4-27(续)

年份	债务资本	权益资本	在建工程调整	货币资金调整	资本总额
2016	312.24	380.94	−6.18	−81.94	605.06
2017	285.16	464.33	−4.03	−82.56	662.90
2018	356.58	385.58	−6.38	−100.68	635.11
2019	219.99	399.98	−9.33	−65.72	544.93
2020	195.65	500.96	−12.33	−124.83	559.44
2021	191.00	613.18	−25.23	−151.67	627.28

3. 加权平均资本成本的计算

企业的资本成本主要来源于债务资本成本和权益资本成本,在计算加权平均资本成本(WACC)时,需要分别计算债务资本和权益资本在总资本中的比重等,最后加总计算得出结果。具体计算公式如下:

$$加权平均资本成本 = 税后债务资本成本 \times 债务资本比重 + 权益资本成本 \times 权益资本比重$$

(1) 税后债务资本成本的计算

税后债务资本成本是指企业长短期借款和发行债券的成本,在计算过程中还需要考虑所得税的影响。其计算公式如下:

$$税后债务资本成本 = (短期借款占比 \times R_1 + 长期借款占比 \times R_2 + 一年内到期非流动负债占比 \times R_3 + 应付债券占比 \times R_4) \times (1-T)$$

其中,R_1 和 R_3 选取 6 个月～1 年(含 1 年)期银行贷款利率,R_2 选取 1～3 年(含 3 年)期银行贷款利率,R_4 选取 3～5 年(含 5 年)期贷款利率。具体利率数值见表 4-28。

表 4-28 不同期限银行贷款利率一览表

年份	6 个月～1 年(含 1 年)期银行贷款利率	1～3 年(含 3 年)期银行贷款利率	3～5 年(含 5 年)期银行贷款利率
2006	6.12%	6.30%	6.48%
2007	7.47%	7.56%	7.74%

表 4-28(续)

年份	6个月~1年(含1年)期银行贷款利率	1~3年(含3年)期银行贷款利率	3~5年(含5年)期银行贷款利率
2008	5.31%	5.40%	5.76%
2009	5.31%	5.40%	5.76%
2010	5.81%	5.85%	6.22%
2011	6.56%	6.65%	6.90%
2012	6.00%	6.15%	6.40%
2013	6.00%	6.15%	6.40%
2014	5.60%	6.00%	6.00%
2015	4.35%	4.75%	4.75%
2016	4.35%	4.75%	4.75%
2017	4.35%	4.75%	4.75%
2018	4.35%	4.75%	4.75%
2019	4.15%	4.15%	4.15%
2020	3.85%	3.85%	3.85%
2021	3.85%	3.85%	3.85%

资料来源：中国人民银行官方网站。

根据表 4-25 中对中联重科 2006—2021 年各项有息负债的统计，计算其中各项借款及债券的占比，得出表 4-29，进一步通过计算得出税后债务资本成本，具体数值见表 4-30。

表 4-29　中联重科各项借款及债券占比情况

年份	短期借款占比	一年内到期非流动负债占比	长期借款占比	应付债券占比
2006	97.38%	0.00%	2.62%	0.00%
2007	72.34%	0.00%	27.66%	0.00%
2008	54.42%	2.50%	30.25%	12.83%
2009	64.77%	0.12%	23.82%	11.28%
2010	35.56%	14.82%	40.45%	9.17%

表 4-29(续)

年份	短期借款占比	一年内到期非流动负债占比	长期借款占比	应付债券占比
2011	36.59%	6.40%	48.17%	8.84%
2012	21.72%	26.35%	19.99%	31.95%
2013	25.49%	12.10%	27.61%	34.79%
2014	12.20%	5.94%	30.90%	50.95%
2015	22.24%	15.54%	18.35%	43.88%
2016	15.73%	10.34%	32.35%	41.59%
2017	19.00%	13.34%	22.92%	44.75%
2018	23.35%	38.39%	15.53%	22.73%
2019	22.92%	11.10%	12.92%	53.06%
2020	15.12%	1.38%	14.96%	68.54%
2021	17.34%	41.32%	25.67%	15.66%

资料来源:企业年报。

表 4-30 中联重科税后债务资本成本计算表

年份	2006	2007	2008	2009	2010	2011	2012	2013
税后债务资本成本	4.10%	5.02%	4.05%	4.04%	4.40%	4.98%	5.23%	5.25%
年份	2014	2015	2016	2017	2018	2019	2020	2021
税后债务资本成本	4.45%	3.91%	3.95%	3.93%	3.83%	3.53%	3.27%	3.27%

(2) 权益资本成本的计算

权益资本成本是指企业通过发行股票筹集资金所付出的代价。基于资本资产定价模型(CAPM 模型)的计算原理可测算中联重科 2006—2021 年权益资本成本具体数值。计算公式如下:

$$R_e = R_f + \beta \times (R_m - R_f)$$

其中,R_e 表示权益资本成本,R_f 表示无风险报酬率,R_m 表示期望收益率,$R_m - R_f$ 表示市场风险溢价,β 表示系统性风险指标。本章参照先前学者的指标选取原则:选取中国人民银行发布的五年期国债收益率并计算其各年度

算术平均值来作为 R_f；选取 GDP（国内生产总值）实际增长率作为 R_m-R_f；查询国泰安数据库中的数据并汇总得到 β 系数具体数值。

结合上文对该模型的概念解释及指标选取方式，本章将各个指标进行汇总统计得出表 4-31。

表 4-31　中联重科权益资本成本计算表

年份	β 系数	无风险报酬率(R_f)	市场风险溢价(R_m-R_f)	权益资本成本(R_e)
2006	1.34	2.56%	12.72%	19.66%
2007	0.55	3.53%	14.25%	11.31%
2008	0.93	3.59%	9.65%	12.61%
2009	1.10	2.67%	9.40%	12.97%
2010	1.42	2.89%	10.56%	17.86%
2011	1.34	3.55%	9.50%	16.26%
2012	1.47	3.09%	7.90%	14.69%
2013	1.26	3.62%	7.80%	13.46%
2014	1.11	3.94%	7.30%	12.05%
2015	1.14	3.17%	6.90%	11.03%
2016	0.85	2.65%	6.85%	8.51%
2017	1.11	3.48%	6.95%	11.19%
2018	0.76	3.44%	6.75%	8.57%
2019	0.95	3.02%	6.11%	8.83%
2020	1.45	2.70%	2.74%	6.67%
2021	0.90	2.87%	12.84%	14.43%

资料来源：国泰安数据库、Wind 数据库。

(3) 资本比例的计算

根据表 4-25、表 4-26 可计算出中联重科债务资本和权益资本的比重结果（见表 4-32）。计算公式如下：

$$债务资本比重 = \frac{债务资本(D)}{债务资本(D)+权益资本(S)}$$

$$权益资本比重 = \frac{债务资本(S)}{债务资本(D)+权益资本(S)}$$

表 4-32　中联重科资本比例计算表

年份	债务资本/亿元	权益资本/亿元	债务资本比重	权益资本比重
2006	3.29	24.08	12.03%	87.97%
2007	11.71	38.43	23.35%	76.65%
2008	84.87	58.16	59.33%	40.67%
2009	96.60	81.92	54.11%	45.89%
2010	118.98	282.21	29.66%	70.34%
2011	123.65	363.24	25.40%	74.60%
2012	193.62	425.38	31.28%	68.72%
2013	204.31	434.89	31.96%	68.04%
2014	316.71	420.06	42.99%	57.01%
2015	351.63	406.81	46.36%	53.64%
2016	312.24	380.94	45.05%	54.95%
2017	285.16	464.33	38.05%	61.95%
2018	356.58	385.58	48.05%	51.95%
2019	219.99	399.98	35.48%	64.52%
2020	195.65	500.96	28.09%	71.91%
2021	191.00	613.18	23.75%	76.25%

(4) 加权平均资本成本的计算

根据加权平均资本成本的计算公式,本章计算得出中联重科2006—2021年加权平均资本成本具体数值,见表4-33。

表 4-33　中联重科加权平均资本成本计算表

年份	2006	2007	2008	2009	2010	2011	2012	2013
加权平均资本成本	17.78%	9.84%	7.53%	8.14%	13.87%	13.40%	11.73%	10.84%

年份	2014	2015	2016	2017	2018	2019	2020	2021
加权平均资本成本	8.78%	7.73%	6.46%	8.42%	6.29%	6.95%	5.72%	11.78%

4. 中联重科经济增加值的计算

结合经济增加值的计算公式,以中联重科历史财务数据为计算基础,可进一步计算得出中联重科2006—2021年经济增加值的具体数值,见表4-34。

表4-34 中联重科经济增加值计算表　　　　单位:亿元

年份	税后净营业利润	企业资本总额	加权平均资本成本	经济增加值
2006	5.82	15.38	17.78%	3.09
2007	10.48	36.51	9.84%	6.89
2008	21.60	101.14	7.53%	13.98
2009	24.40	128.84	8.14%	13.91
2010	45.70	191.21	13.87%	19.18
2011	78.67	301.60	13.40%	38.25
2012	91.09	371.52	11.73%	47.51
2013	57.20	423.77	10.84%	11.27
2014	20.75	560.68	8.78%	−28.48
2015	12.30	615.88	7.73%	−35.31
2016	7.85	605.06	6.46%	−31.24
2017	107.38	662.90	8.42%	51.57
2018	37.49	635.11	6.29%	−2.46
2019	64.09	544.93	6.95%	26.22
2020	101.81	559.44	5.72%	69.81
2021	87.05	627.28	11.78%	13.15

(三)3L-3E分析框架下市场绩效对比分析

1. 市场绩效纵向对比分析

本章采用经济增加值分析法计算出中联重科并购前后的相关指标,通过对中联重科历史财务数据的调整和计算,更加合理地用经济增加值指标来分析其技术并购CIFA前后的长期市场绩效。中联重科经济增加值的变化趋势见图4-21。

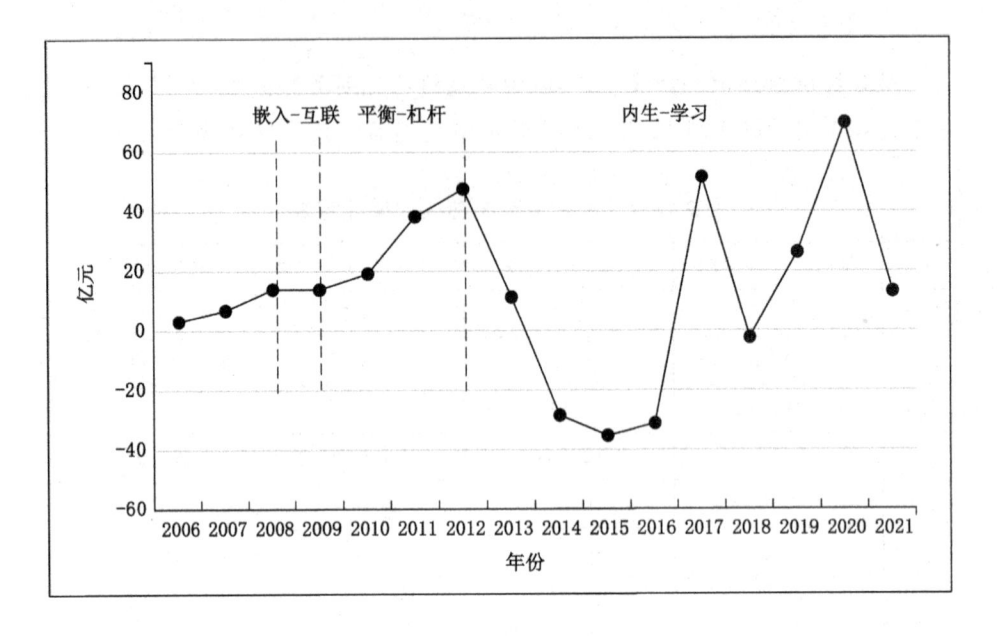

图 4-21 中联重科经济增加值变化趋势图

从图 4-21 可以看出,并购前(2006—2008 年),中联重科的经济增加值平稳增长;嵌入性互联阶段(2008—2009 年),中联重科经济增加值并未出现增长,2009 年与 2008 年的经济增加值持平,市场绩效短期内并未因并购产生大幅上升。平衡性杠杆阶段(2009—2012 年)前期,经济增加值出现大幅增长,2010 年经济增加值增长率为 37.89%,2011 年经济增加值增长率达到 99.43%,也达到了该阶段的最高值。内生性学习阶段(2012—2021 年),国内正值工程机械领域的寒潮,中联重科的经济增加值表现不佳。尤其是 2012—2015 年该数值出现了急剧的下降,尽管 2016 年 EVA 值有所上升,但仍然处于负值情况,2017 年中联重科经济增加值大幅回升,然而 2018 年又大幅下降,在 2020 年达到了近年来的最高值。从总体上看 2017—2021 年中联重科经济增加值处于波动状态。

因此,从 2006—2021 年整个发展阶段看中联重科的市场绩效,可得出以下结论:① 嵌入性互联阶段市场绩效在行业中表现较好且平稳,但并未出现明显增长;② 平衡性杠杆阶段经济增加值大幅增长,市场绩效在该阶段表现最优;③ 内生性学习阶段,市场绩效波动幅度较大,2017—2021 年经济增加值虽然有波动,但是也出现了好转迹象,2017年、2019年与2020年经济增加值均高于其自身并购前水平。

2. 市场绩效横向对比分析

基于前文对经济增加值分析法的描述,本章采用同样的方法对徐工机械、振华重工和三一重工3家对比公司2006—2021年的经济增加值做了测算,并计算出3家对比公司的均值作为横向对比指标,最终计算结果见表4-35。根据表4-35,进一步绘制了中联重科经济增加值与3家对比公司均值的变化趋势对比图,见图4-22。

表4-35 对比公司经济增加值及其均值一览表　　　　单位:亿元

年份	徐工机械	振华重工	三一重工	对比公司均值	中联重科
2006	−1.05	4.55	1.14	1.55	3.09
2007	−1.30	4.48	12.92	5.36	6.89
2008	0.72	3.77	7.32	3.94	13.98
2009	15.24	−15.99	16.61	5.29	13.91
2010	20.99	−29.48	46.62	12.71	19.18
2011	20.37	−24.36	67.15	21.06	38.25
2012	4.04	−23.91	31.98	4.04	47.51
2013	−2.53	−12.31	−7.36	−7.40	11.27
2014	−12.04	−9.51	−15.48	−12.35	−28.48
2015	−8.84	−5.35	−22.19	−12.13	−35.31
2016	−10.81	1.71	−2.81	−3.97	−31.24
2017	−11.46	−9.11	6.46	−4.70	51.57
2018	2.98	−8.46	50.51	15.01	−2.46
2019	11.11	−7.41	70.21	24.63	26.22
2020	35.70	−2.78	211.10	81.33	69.81
2021	57.43	−30.48	138.21	55.05	13.15

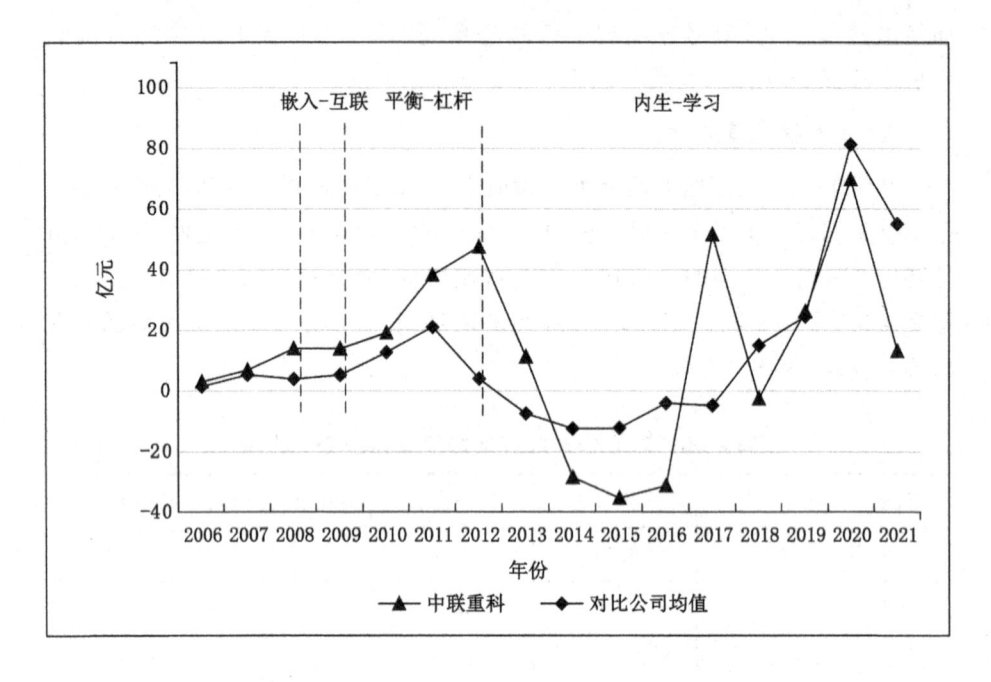

图 4-22　中联重科经济增加值与 3 家对比公司均值变化趋势对比图

从图 4-22 可以看出,2006—2008 年,实施并购前中联重科经济增加值与对比公司均值并无太大差距;嵌入性互联阶段(2008—2009 年),中联重科与对比公司拉开了一定的差距,说明在该阶段中,中联重科市场绩效在行业中实现了实质性突破;平衡性杠杆阶段(2009—2012 年),中联重科经济增加值远远高于对比公司均值,尤其是 2012 年中联重科经济增加值不降反升;内生性学习阶段(2012—2021 年)初期,3 家对比公司的均值也出现下降,但下降幅度远远小于中联重科,2017—2021 年,中联重科经济增加值也出现过远超对比公司均值的情况,但仍然不够稳定。

通过对中联重科与其他企业的横向对比,可得出以下结论:① 嵌入性互联阶段和平衡性杠杆阶段,中联重科市场绩效优于对比公司,并且发展势头强劲;② 内生性学习阶段,中联重科的市场绩效波动幅度较大,市场敏感性相比较对比公司要更强,易受到市场发展的影响且受影响程度较深。

三、相似性技术链整合绩效的影响成因分析

通过对中联重科 2006—2021 年财务绩效和市场绩效的纵向对比分析,

可得出以下结论：① 中联重科在嵌入性互联阶段两种绩效都有小幅提升；② 在平衡性杠杆阶段两种绩效都具有显著提升；③ 在内生性学习阶段初期，受到市场环境的影响都出现了幅度较大的下降。在横向对比中可发现：① 中联重科技术并购 CIFA 使其提升了竞争优势，并且在平衡性杠杆阶段更为明显；② 后期的恢复能力上，财务绩效的提升更加快速稳定，而市场绩效的波动性却较为明显。

结合前文介绍的中联重科在不同阶段实施的战略举措，以及对国家政策变动、市场发展态势的描述，本章进一步分析中联重科整合绩效在不同阶段呈现不同表现的原因。

第一，嵌入性互联阶段，中联重科正在引进战略投资者 CIFA，发展重心主要集中在双方战略基地的建设和研发平台的建立上。为了维持企业短期内的高效运营，中联重科通过短期借款等方式增加了企业的营运资金，短期内固定资产还未正式大量投产，也未推出双方合作研发的新产品，再加上此前通过大量的债务融资并购 CIFA，导致中联重科在这一阶段其财务绩效和市场绩效并未出现明显增长，但整体上在行业中仍处于领先位置。

第二，平衡性杠杆阶段，双方在前一阶段实现了战略资产的互联，中联重科也逐渐嵌入全球价值链高端环节，由此实现了多方位的融合并带来了"1+1＞2"的协同效应，逐步实现了研发协同、销售协同和管理协同，中联重科-CIFA 双品牌战略管理下的创新产品获得了良好的市场反应。除了并购双方的有效融合外，国家实施的"四万亿"投资计划加速了中联重科基础设施建设，带动了其平衡性杠杆阶段的财务绩效和市场绩效的提升。

第三，内生性学习阶段，中联重科财务绩效和市场绩效在 2017 年以前表现不佳，在宏观市场经济萎靡的情况下受负面影响较深，主要原因有以下几点：① 2012 年后的几年间，全国工程机械行业遇冷，中联重科在快速发展的过程中过度依赖于国内贸易，企业效益缩水；② 中联重科为实现规模扩张和迈进国际资本行列，发行了 4 亿美元债券进行债务融资，导致其投入资本增加，经济增加值大幅降低；③ 中联重科在 2013—2015 年进军农业机械、环境产业等板块，并大力推进海外项目合作和并购活动。在这期间企业快速整合品牌、拓展市场，导致巨额投资无法在行业寒冬中获得收益，反而比对比公司更易受"寒潮"影响。

2017 年开始，中联重科财务绩效有所回升，市场绩效大幅提升，主要原因有以下几点:① 2016 年,中国再次实施"十万亿"基础设施建设投资计划,中联重科借机迅速抢占市场;② 2017 年 5 月,中联重科出售了其环境产业,核心业务再次聚焦,企业专心经营混凝土机械业务和农业机械业务,企业内部有限资源在中联重科擅长的领域合理有效配置;③ 中联重科在内生性学习阶段前期注重技术创新、品牌建设,逐渐取得了效益回报,在国外市场占据了优势高地后,进一步取得了可观的财务绩效和市场绩效;④ 中联重科的农业机械板块进入稳定增长阶段,前期研发投入取得了技术创新成果,农业机械板块创新产品面向市场,一定程度上协助了中联重科在 2017 年以后重整旗鼓。

Chapter 5 第五章

技术互补性并购路径演进与技术链整合

——以海信视像为例

近年来,在"走出去"战略的指引下中国本土企业跨国并购发展迅猛。尤其是2008年金融危机以后,中国本土企业持续推进以获取先进技术为导向的跨国并购,加速破解"卡脖子"技术难题。由于不同国家在资源、资本和劳动禀赋等方面存在差异,跨国并购双方在细分领域也具有知识基础的差异互补性。中国主并方企业获取互补性技术的机会增加,内外部资源被激活,容易产生技术知识溢出效应,发挥"1+1>2"的爆发性协同效能,助推中国本土企业提升创新能力、增强核心竞争优势、实现全球经济版图地位攀升。

第一节 海信视像技术互补性并购案例概况

一、并购双方简介

（一）海信视像

海信视像,全称海信视像科技股份有限公司。1969年,青岛无线电二厂成立,这是海信视像的前身。1970年,青岛无线电二厂制造出青岛第一台电视机,由此走进了电视行业;1976年,9英寸全塑机壳晶体管黑白电视机问世,填补了国内空白;1978年,首台CJD18型彩色电视机产出;1979年,成立青岛电视机总厂,成为国家定点生产电视机的企业;1994年,更名为海信视像;1997年,正式在上交所挂牌上市,以显示技术及相关产品开发与销售为主,企业员工超过2万人,产地以中国为主,日本次之。海信视像一直秉持着卓越产品生产者的信念。2005年,海信视像研发的视频处理芯片,成功打破了国外的技术垄断。

海信视像自成立历经50载的努力发展,但随着改革开放和市场环境的持续变动,有更多企业也在科研方面投入研发,更新产品,所以海信视像依旧面临竞争日趋激烈等不利因素。支撑海信视像领跑家电行业的动力是海信视像的服务宗旨——站在客户的角度想问题。因此,为了满足客户的需求,海信视像不断进行技术研发,更迭新的产品。正是因为如此,才使得海信视像能够有能力适应瞬息万变的市场。海信视像作为曾经国家的电视机定点生产厂家,不仅致力于企业自身的发展,也将国家的发展视为己任,一直肩负着社会责任,也正是这样的信念感,使得海信视像成为家电行业的领军企业。

海信视像一直将技术立企作为自己的战略目标,每年会将大量的资金致力于技术研发,使得海信视像抢先研发出ULED(多分区布光独立控制发光二极管),4K激光等高科技产品,并推动了电视行业的升级。在并购前,海信视像正处于液晶电视不断更新换代的环境中,海信视像把握了转型机遇,不断更新升级产品技术,使得其产品备受消费者热捧,企业产品占有率始终位居电视行业第一。

海信视像不仅聚焦技术研发,还致力于国际市场的开拓,获取先进国家的技术资源,在全球拥有25所研发机构、34个工业园区(生产基地),与此同时在许多国家建立起各自的分销渠道。当然海信视像也十分注重营销,搭乘体育项目的便车,2016年成为欧洲杯赞助商,2018年成为国际足联(FIFA)世界杯赞助商。这些活动抓住了国外消费者的眼球,在国际上提升了其产品的知名度。

(二)东芝TVS

东芝集团成立至今已有140多年,是日本最大的半导体制造商。20世纪80年代,东芝集团的主营业务逐渐从家电领域转化为通信和电子设备领域;在20世纪90年代实现了质的飞跃,在互联网设备和数字技术上获得一席之地,并成为IT企业的领军企业。东芝集团在日本建立大规模的研发基地,其在家电、存储、电脑和显示屏等方面的技术处于世界领先地位。东芝集团通过不断进行技术研发使人们的生活方式得到改善。曾经的东芝集团作为显示器领域的领军企业,在发展过程中不断地进行企业改革创新,曾多次作为日本本土企业治理改革典范。

曾经的风光无限,朝夕间破灭。2008年开始,东芝集团身陷丑闻风波,例如裁员、财务造假等,而这些负面新闻对东芝集团的经营造成极大的冲击,使其由原来的世界500强的第32名,跌落至157名。同时,东芝集团在并购前没有做好充足的准备,又遭遇金融危机,使得东芝集团在2017年年底,不仅存在着高达6 197.67亿元的净负债,还面临经营频频告急的局面。种种原因加在一起,母公司东芝集团不得不将旗下的资产进行出售。东芝集团的发展历程见图5-1。

东芝映像解决方案公司,简称东芝TVS。东芝TVS是2016年东芝集团分出去的显示产品事业部,被并购前的东芝TVS甚至不能称作一个企业。因为东芝TVS的销售和服务业务是外包出去的,也就是说东芝TVS并没有销售渠道,也没有维修人员,所有的销售和服务都是依靠别人,机密的销售数据和财务数据也是通过东芝集团进行导入、导出。东芝TVS的经营范围是电视机及配套设备。在日本科技发展迅速的大背景下,东芝TVS大量引进高精尖人才,创建出一流的研发团队,使得东芝TVS的电视画质、核心芯片等都在行业中处于领先地位。然而,随着日本的家电产业逐渐进

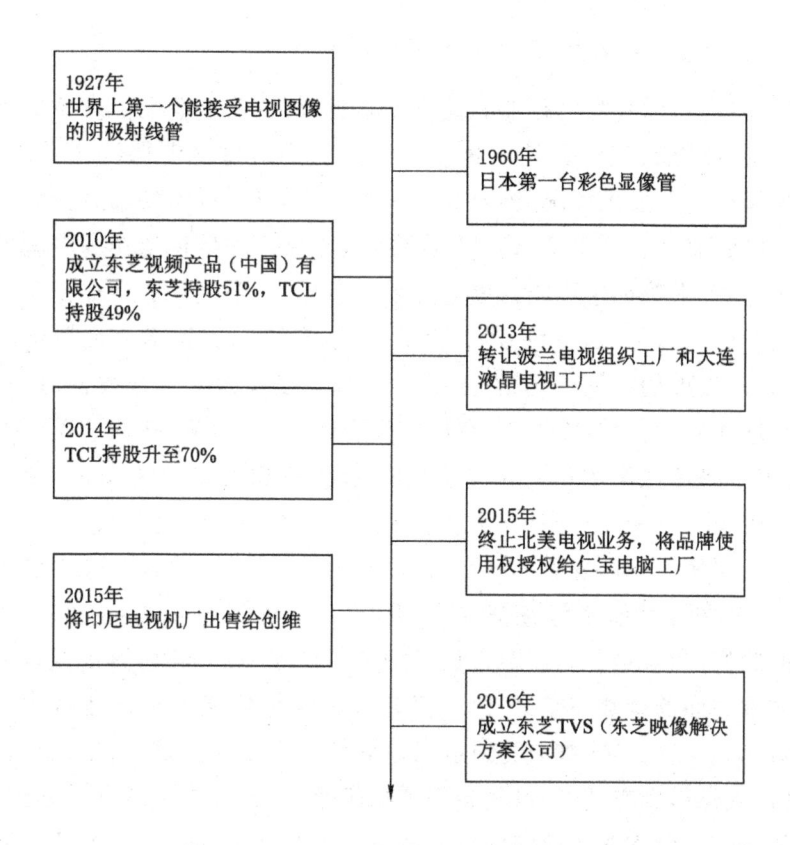

```
┌─────────────────┐
│ 1927年          │
│ 世界上第一个能接受电视图像 │
│ 的阴极射线管    │
└────────┬────────┘
         │         ┌─────────────────┐
         │─────────│ 1960年          │
         │         │ 日本第一台彩色显像管 │
         │         └─────────────────┘
┌────────┴────────┐
│ 2010年          │
│ 成立东芝视频产品（中国）有 │
│ 限公司，东芝持股51%，TCL │
│ 持股49%         │
└────────┬────────┘
         │         ┌─────────────────┐
         │─────────│ 2013年          │
         │         │ 转让波兰电视组织工厂和大连 │
         │         │ 液晶电视工厂    │
         │         └─────────────────┘
┌────────┴────────┐
│ 2014年          │
│ TCL持股升至70%  │
└────────┬────────┘
         │         ┌─────────────────┐
         │─────────│ 2015年          │
         │         │ 终止北美电视业务，将品牌使 │
         │         │ 用权授权给仁宝电脑工厂 │
         │         └─────────────────┘
┌────────┴────────┐
│ 2015年          │
│ 将印尼电视机厂出售给创维 │
└────────┬────────┘
         │         ┌─────────────────┐
         │─────────│ 2016年          │
         │         │ 成立东芝TVS（东芝映像解决 │
         │         │ 方案公司）      │
         ▼         └─────────────────┘
```

图 5-1 东芝集团发展历程图

入衰退期,东芝 TVS 的地位开始发生变化,使得生产成本上升。与此同时,东芝集团为了自身发展,并没有将过多的资金投入东芝 TVS 中,因此东芝 TVS 的整体生产规模开始减少。再加上东芝 TVS 不是一个完整的企业,东芝集团并没有对其业绩有过多要求,这也造成东芝 TVS 长达 8 年的亏损和松散管理。2018 年东芝 TVS 的总负债达到 403.15 亿日元(1 元人民币≈20.63 日元),而资产总额为 167.66 亿日元,其自身已到达资不抵债的地步。

二、海信视像技术并购动因

海信视像为什么并购东芝 TVS,并购东芝 TVS 的动机是什么? 并购东芝 TVS 后会给海信视像带来什么好处? 针对这些问题,本章对海信视像并购东芝 TVS 的动因进行如下分析。

(一) 拓展海外布局

近几年来,随着家电行业的竞争日益激烈,一些企业没能竞争成功而大面积亏损,使得它们大量地出售闲置资产想要转型或者保持低效率运作。面对这样的企业发展情况,国家通过一系列的运作,例如鼓励企业进行资产重组、并购、兼并合营等举措转换原有经营方式。海信视像作为老牌的家电领军企业,其采购和生产能力毋庸置疑。但是,一个优秀的企业是不会满足既有成绩的。东芝 TVS 在家电、存储、电脑和显示屏技术方面属于世界领跑者,在海外市场占据一定的地位。因此,海信视像将目光投向海外市场,推进全球战略化。在 2015 年,海信视像全面并购夏普电视在北美的电视业务,加强了海信视像在北美的市场地位,海信视像并购东芝 TVS,更使双方在技术资源方面相互补充,在生产链中资源共享,这使海信视像在原有优势上更上一层楼。生产规模的扩张、技术的提升,增强了海信视像在国内的竞争能力。此外,海信视像依靠东芝 TVS 在国际家电市场的地位,并购其95%的股权,为自身开拓国际市场增加了一份保障。同时,海信视像在采购制造成本方面的优势与东芝 TVS 匮乏的材料资源、高昂的人工成本形成鲜明的对比。东芝 TVS 拥有先进的供应商网络和销售渠道,营销网络遍布日本,海信视像借助东芝 TVS 销售渠道的优势,全力推进全球化战略进程,抢占市场份额。此次并购促使海信视像整合东芝 TVS 的技术,并研发新的技术,生产新的产品,同时拥有更大的销售市场,进而增强了海信视像在家电市场的竞争力和营收能力。海信视像并购东芝 TVS,实现了规模效应,海信视像全面进军海外市场。在海信视像并购东芝 TVS 的过程中,海信视像通过对东芝 TVS 的资源整合,实现了产品定位升级,涵盖了所有阶层的产品,使得海信视像能够和像海尔一样的大型优势企业一争高低,也能够在提升竞争力的同时提升自身的知名度。

(二) 突破技术瓶颈

对传统制造业而言,想让企业继续强大起来,就必须不断地进行技术革新,获取自己的竞争力,形成自己的竞争优势。"创新立企"一直是海信视像的企业文化,科技研发和自主创新一直是海信视像所追捧的。多年来,海信视像智能电视始终走在业界前列,海信视像在家电智能技术方面始终处于领先地位,具有先进的运营服务、激光电视及其他技术。海信视像研发历程见图 5-2。

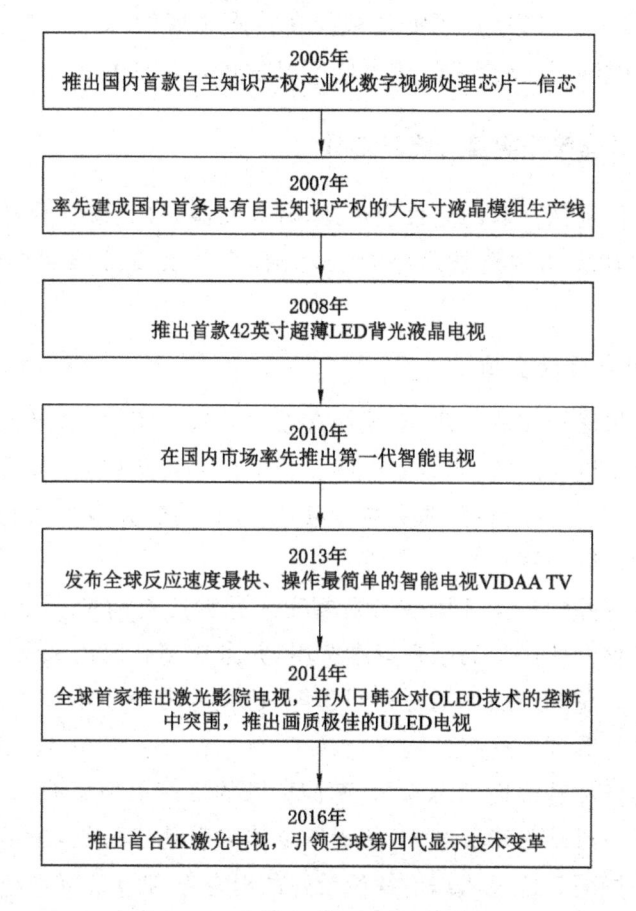

```
┌─────────────────────────────────────────────┐
│ 2005年                                      │
│ 推出国内首款自主知识产权产业化数字视频处理芯片—信芯 │
└─────────────────────────────────────────────┘
                      │
┌─────────────────────────────────────────────┐
│ 2007年                                      │
│ 率先建成国内首条具有自主知识产权的大尺寸液晶      │
│ 模组生产线                                   │
└─────────────────────────────────────────────┘
                      │
┌─────────────────────────────────────────────┐
│ 2008年                                      │
│ 推出首款42英寸超薄LED背光液晶电视              │
└─────────────────────────────────────────────┘
                      │
┌─────────────────────────────────────────────┐
│ 2010年                                      │
│ 在国内市场率先推出第一代智能电视               │
└─────────────────────────────────────────────┘
                      │
┌─────────────────────────────────────────────┐
│ 2013年                                      │
│ 发布全球反应速度最快、操作最简单的智能电视VIDAA TV │
└─────────────────────────────────────────────┘
                      │
┌─────────────────────────────────────────────┐
│ 2014年                                      │
│ 全球首家推出激光影院电视,并从日韩企对OLED技术的垄断 │
│ 中突围,推出画质极佳的ULED电视                  │
└─────────────────────────────────────────────┘
                      │
┌─────────────────────────────────────────────┐
│ 2016年                                      │
│ 推出首台4K激光电视,引领全球第四代显示技术变革    │
└─────────────────────────────────────────────┘
```

图 5-2 海信视像研发历程图

被并方东芝 TVS 母公司为世界著名老牌日本企业,同时东芝 TVS 拥有有机发光二极管(OLED)核心技术。对一直没有涉足 OLED 领域的海信视像而言,东芝 TVS 在技术资源方面显得格外宝贵。就技术研发而言,东芝 TVS 涉足的时间比海信视像长,且工艺比较成熟,但东芝 TVS 在制造彩电大部件方面的技术比较缺乏,特别是在关键面板制造过程中,母公司并没有重视东芝 TVS 的发展,未对此进行有力的投入。随着显示技术的快速更迭,各大电视厂商为了使客户有较好的观赏体验和舒适、健康的视觉体验,也为了使自身在电视行业中始终处于标杆地位,以视觉体验为主的显示技术争论成为各大电视厂商竞争的焦点。海信视像对智能、激光电视早有研发,因此一直处于行业的领先地位。在并购东芝 TVS 后,可与被并方企业资源共享、技术互补,填补了海信视像在技术领域的一项空白,极大地缩短了技术研发时间,使新产品投放市场所需时间大大缩短。

三、海信视像并购整合能力分析

研究海信视像并购的全过程可知,财务资源基础、运营管理能力和技术知识体系是其成功进行技术整合的基础,为其实现战略目标提供了基本条件。

（一）财务资源基础

企业要想成功完成并购,必须拥有强大的资金实力,这仅仅依靠企业自身的经费是难以完成的,多数要借助于资本市场筹集资金,可通过增发证券进行股权置换。另外,在并购交易结束之后,有关资源整合和后期研发费用还需企业投入巨额资金。

海信视像并购东芝 TVS 时,既要完成并购交易时的资金支出,也应确认后续技术整合所产生的系列成本费用,并考虑整合时的人员安置问题、研发体系整合问题和产品市场开拓问题等,这些均需不断地投入资金。因此,海信视像要想顺利地进行并购整合,好的财务资源是根本,也是必需的。

海信视像经营规模见表 5-1。海信视像的资产负债率波动不大,基本上没有任何财务风险。营业收入、总资产总体来看稳定增长,展示了企业经营管理的良好局面。这说明海信视像较好的财务基础以及资本市场募资平台能够为企业进行并购和并购后的技术整合提供财务费用。

表 5-1 海信视像经营规模

年份	2017	2018	2019	2020	2021
总资产/万元	2 456 786.08	2 939 937.43	2 927 491.93	3 145 634.84	3 326 172.73
营业收入/万元	3 300 863.77	3 512 827.82	3 410 473.88	3 931 471.81	4 680 113.15
净利润/万元	100 239.20	54 676.73	80 689.42	152 556.72	159 524.44
资产负债率	42.09%	47.76%	44.43%	44.45%	45.33%
研发支出/万元	74 680.75	119 369.48	142 623.04	174 032.77	185 126.26

资料来源:海信视像 2017—2021 年年度财务报表。

(二)运营管理能力

在企业并购结束后,尽管取得了对被并方企业的管理权限,但看不见摸不着的技术资源的传递依靠的是技术骨干对企业的认同感及个人对技术经验与技巧分享的意愿强度。技术骨干将自己获得的利益与自己的技能和经验进行匹配,如果获得的利益能够与自己的技能和经验匹配得上,他们就会自愿分享;反之,可能会不分享或者引起大面积人员离职。因此,如何能够让被并方企业拥有核心技术的人员融入主并方企业并愿意分享技术经验,这非常考验管理层的能力。

所以,管理层拥有并购管理能力对并购后能否顺利进行技术整合至关重要。并购管理能力除了包括熟悉的技术整合以外还包括人力和企业文化。海信视像采取股份增长配股的方式,让技术团队围绕对企业未来的发展规划及技术发展方向进行讨论开展交流,建立系列股权与业绩激励,使双方更加主动地融合技术知识。同时对并购双方的研发及市场团队进行调整与优化,使东芝 TVS 团队分享经验。海信视像通过保留东芝 TVS 的核心员工以及定期选派基层员工参加技术培训等方式,使海信视像的核心技术团队实现了平稳整合和转型,构建了积极向上的企业文化氛围,这为海信视像技术并购战略的成功奠定了坚实的基础。

(三)技术知识体系

企业自身的技术知识与技术整合成功与否有着十分密切的关系。相对于企业来看,企业所拥有的团队知识体系是指团队内成员拥有知识、认知、沟通交流的能力。企业通过完善知识体系,才能了解通过技术整合获得知识的可能性,从而在理解的基础上进行创新。所以,企业技术整合能否成功关键在于能不能对技术知识精准识别。

海信视像 2017—2021 年的研发支出金额呈现逐年上升的趋势,从 2017 年的 74 681 万元到 2021 年的 185 126 万元,增加了 1 倍以上,研究经费集中在企业重点细分行业及产品深度创新上。海信视像的优势在于拥有多年研发 ULED 的经验以及激光影院等技术,东芝 TVS 拥有的优势是"BAZOOKA 火箭炮"音质技术、超解像画质技术以及其极简的设计风格,两者能够形成技术互补优势。全年高额的研发投入,可以使海信视像迅速了解并吸纳东芝 TVS 的技术资源,为两者的技术整合打下良好基础。

第二节　海信视像技术互补性并购的路径演进分析

一、并购双方资源特征分析

（一）资源的互补性分析

根据技术资源理论，在技术整合阶段需要充分考虑并购企业和被并购企业之间的基础资源特点，通常涉及技术知识产品、市场渠道、文化等资源。在涉及双方的技术资源整合措施时，应将双方的相似性与互补性进行综合分析，清楚什么能带来协同效益，什么会起反向作用。海信视像并购东芝TVS主要体现为资源的互补性，以下从双方的技术、产品、市场、文化、财务等方面分析双方资源的差异性，以此说明资源的互补性能够给企业增加企业价值。因此，本章从企业资源的互补性方面剖析海信视像并购东芝TVS后是如何进行软硬技术整合的。

1. 并购双方技术互补性分析

东芝TVS与海信视像之间存在着良好的互补性。海信集团认为，这两大品牌的强强联合，让海信视像成了一个国际化的多品牌运营企业。协同效应是指在企业并购后，通过对企业内部资源进行整合，实现企业间的优势互补，从而达到"1+1>2"的效果。企业可以通过跨国并购扩大经营规模，从而降低生产成本，并且可以通过技术共享提升企业竞争力和价值。海信视像再采购和再生产具有一定的成本优势和规模效应。此次并购将使海信视像与东芝TVS共同分享产业链，从而增强海信视像在全球的竞争优势，并提升其经济利润。首先，海信视像在劳动力成本方面很有优势。东芝TVS在日本的劳动力成本较高，但海信视像在东南亚和非洲都有工厂，所以劳动力成本相对较低，故海信视像拥有生产成本方面的优势。其次，海信视像在原材料的采购方面很有优势。日本是一个岛屿国家，所以资源相对较少，原材料成本较高。海信视像的生产规模大，国内原材料价格也相对便宜，能把东芝TVS的产品成本降下来。

同时，东芝TVS具有网络、供应商等方面的优势，海信视像能通过东芝TVS的营销网络迅速拓展自己的市场，提升自己的知名度。根据欧睿国际提供的资料显示,海信视像通过并购将其市场份额拓宽扩大到 21 个国家和地区。东芝 TVS 在诸如法国这样的欧洲市场上拥有较高的知名度,可以填补海信视像在一些区域知名度的空缺。

海信视像和东芝 TVS 两家企业是互补的。两家企业通过在销售渠道、生产经营方面进行整合,可以快速拓展双方企业电视产品市场。海信视像运用其先进生产制造水平及全球供应链能力,极大地提高了东芝 TVS 的电视产品竞争力。核心技术对一个企业的发展至关重要,唯有持续开发、不断更新科技,才有可能在日新月异的市场竞争中占据优势。海信视像与东芝 TVS 的技术对比见图 5-3。

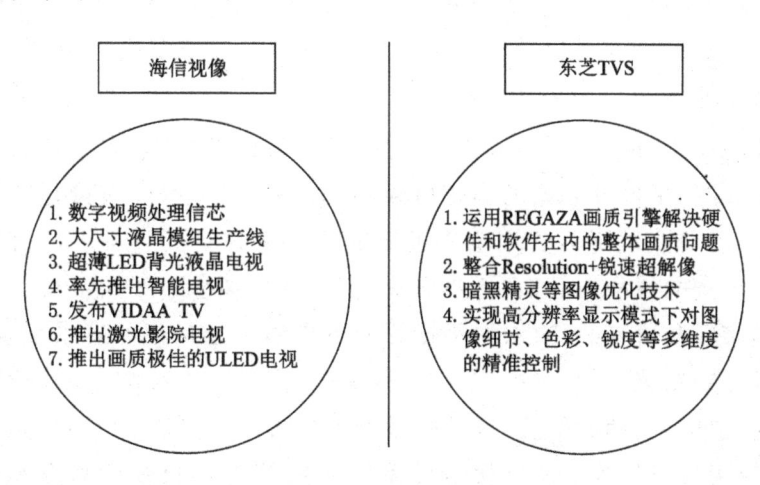

海信视像
1. 数字视频处理信芯
2. 大尺寸液晶模组生产线
3. 超薄LED背光液晶电视
4. 率先推出智能电视
5. 发布VIDAA TV
6. 推出激光影院电视
7. 推出画质极佳的ULED电视

东芝TVS
1. 运用REGAZA画质引擎解决硬件和软件在内的整体画质问题
2. 整合Resolution+锐速超解像
3. 暗黑精灵等图像优化技术
4. 实现高分辨率显示模式下对图像细节、色彩、锐度等多维度的精准控制

图 5-3 海信视像与东芝 TVS 技术对比图

海信视像一直专注于提升自身的核心竞争力和创新能力。在提升自身核心技术方面,海信视像独立研制信芯,成为首家制造大尺寸电视企业以及首推数字化视频软件企业;率先引进激光影院,打破国外对 OLED 的技术垄断,自主研发 OLED 电视机。海信视像已经成为中国家电行业的翘楚,在智能化和技术更迭方面处于领跑地位。

东芝 TVS 是日本家电行业的领军者,由于其创造电视的时间很长,已成为老少皆知的电视品牌,同时其技术水平也不断提高,产品质量一直保持最优。东芝 TVS 不仅受到消费者的追捧,而且具有较高的知名度。模拟时代的东芝 TVS 开发出了针对各个国家市场的定制化产品,把品牌推向国际。在此期间,它开发了 OLED 技术,将显像转化为液晶,不断受到消费者的好评。

海信视像欠缺的 OLED 技术正是东芝 TVS 引以为傲的技术。通过并购东芝 TVS，可弥补海信视像对电视技术研究开发的不足。东芝 TVS 作为日本的老牌企业，一直秉承着用良心传承产品、用匠心打磨产品的原则，拥有视频引擎和图像处理优化电视画质的优势。在并购之后，海信视像可以向东芝 TVS 借鉴经验，把对质量的追求变成自身所追求的企业文化。此外，海信视像的优势在于善于利用 ULED 技术、创建智能化产品、开发激光影院，东芝 TVS 的优势则在于"BAZOOKA 火箭炮"音质技术、日式极简风格图案、超解像画质技术等方面，二者可以互补优势，实现协同发展。

2. 并购双方产品互补性分析

东芝 TVS 始终致力于高端电视的制造与开发，具有较高的品牌知名度和美誉度，是世界公认的高端电视品牌。东芝 TVS 以质量与安全环保为导向，以专注试听为更高层次追求的这一客户群为目标。海信视像主要生产大众电视机产品，在低端市场有所建树，树立了平价品牌形象。在国内厂家展开价格战，追求性价比并向下侵蚀市场份额的背景下，海信视像通过并购东芝 TVS，可以达到产品线拓展、走向中高端市场的目标，还可以提高自主品牌的价值，以品牌移植的方式，借助东芝 TVS 成熟的品牌形象，改善自身形象。所以海信视像与东芝 TVS 不仅在产品方面具有互补性，从品牌上看，同样具有互补性。

3. 并购双方市场互补性分析

海信视像是国内具有多年运营管理经验并逐渐建成国内销售网络体系的发达企业，在全国近 72 个城市拥有 1 500 多家门店以及 21 个城市网点，销售数量与市场影响力逐步扩大。北京中怡康时代市场研究有限公司（简称中怡康）统计数据显示，2015 年全年，海信视像液晶电视零售量及零售额占有率分别达到 16.76% 和 16.61%，均居首位，并分别超出第二名两个百分点以上。据市场调研机构 IHS 公布的 2015 年世界电视市场统计数据，海信视像的电视出货量居世界第三。2015 年，海信视像加大了美洲、欧洲和其他地区国际重点市场推广力度，成功并购了夏普墨西哥电视工厂及相关电视业务。与此同时，海信视像也在美国纽约时代广场隆重推出 ULED 电视，并推出了下一代激光影院电视产品。海信视像通过以"Hisense"为主打的自主品牌,在全球范围内迅速取得市场份额。2016年全球电视市场整体走势不佳。市场调研机构IHS公布的信息显示,全球彩电市场出货量在2.23亿台左右,较上年同期减少1.5%。中怡康统计的数据显示,2016年中国彩电市场零售量在5 203万台左右,比上年增长7.4%;中国彩电市场零售额在1 539.6亿元左右,比上年减少6.2%。反观东芝TVS,东芝TVS销售范围覆盖全球近120个国家及地区,有经销商2 500余家,有更多的国际化发展经验,主要销售市场是日本、美国和德国。并购之前,中国市场上只有少数几家东芝TVS的销售商,多数为中国本土品牌。从以上分析可看出,海信视像和东芝TVS营销网络覆盖互补性较强。

4. 并购双方文化互补性分析

中国和日本有着各自的文化。中国崇尚集体主义,抱有长期目标追求。日本崇尚个人主义和对眼前的关注,更强调极简和实用。此外,日本是一个发达国家,随着经济的发展,越来越多的企业加入竞争造就了日本在技术水平、创新能力等方面的技术优势,且日本的研发费用、研究人员的人数均居世界前列。

回归微观层面的企业层次,东芝TVS在强调环保的同时,更强调简约实用,从组织文化上看,东芝TVS努力做一个能够创造出丰富价值和服务于全人类的企业。海信视像追求技术立企和成本优势,提倡集体主义。并购双方所处企业文化和双方企业的追求之间存在互补性。

5. 并购双方财务互补性分析

东芝TVS为保持研发技术实力,长年维持较高人力成本及研发投入。在市场销售方面,2006年东芝TVS以54亿美元的3倍溢价并购核电子企业。2011年,福岛核电站泄漏事件让东芝TVS巨额投入的核电业务巨受打击。2015年,东芝TVS的财务丑闻使其形象受损。这两件事情导致东芝TVS的经营赤字较高,进而使得东芝TVS融资成本较低。

海信视像在成本控制方面有比较优势和经验。中国的劳工费用相对较低,海信视像利用劳工费用低的优势,降低其生产成本,同时在南非等地也建有生产线,拥有低廉的用人成本。另外,由于中国需求市场在逐渐扩张,海信视像的发展在稳步向好,盈利也取得了连年增长,在成本管控方面经验丰富,资金利用率高。海信视像在并购之前取得了快速的发展,在业务能力、经营能力等方面的稳定好转,奠定了并购整合良好的资金基础。

(二)资源互补性对技术整合程度的影响

技术资源根据可转让特征分为隐性资源和显性资源。隐性资源大部分归属核心技术骨干,它们多是难以传递的资源例如技巧、个人经验等。在技术并购后对技术团队采取低整合程度会避免大量员工的离职,还可以得到隐性的技术资源。因此,基于资源互补,可以留任被并方企业的技术骨干团队,对隐性技术资源的成功转移有所保证。如果并购双方从产品和市场两个角度表现出了互补,那么就意味着双方的技术重合度不高。在整合时,不需要对资源进行烦琐的去重过程,也不需要人员调整,还能加快技术的开发速度,提高企业创新能力。这一状况不仅可以减少企业并购所造成的整合费用,还可以避免技术相似导致集成时研发项目的停止或者撤并,造成技术团队中关键人员流失严重等问题。因此,若并购的双方在技术、产品、市场或其他领域具有很强的互补性,那么被并方就可采用低整合程度,以保护并推动未来技术与产品的创新,最终使得被并方的收益得到提高。从资源互补性视角分析得知,海信视像和东芝TVS在资源方面有很强的互补性。海信视像拥有较为丰富的中低端电视制作经验,能够更好地控制成本,对资金的利用率更高,同时在中国市场上也存在着一定的优势。而且,东芝TVS拥有高端电视机型生产和研发能力,在日本融资成本很低,同时在国外建立起广泛的营销市场。经过跨国并购的推行,海信视像能和东芝TVS所掌握的资源很好地形成优势互补。双方资源的互补性,为并购后海信视像进行技术整合奠定了良好基础,能较好地达到海信视像从技术水平上、创新能力和市场表现等方面的期望。企业应采用低整合程度的并购整合方式,以期达到通过技术整合获得最大效益的目的。

二、海信视像硬技术链创新整合分析

(一)技术选择阶段

企业利用技术并购获得技术知识,可界定为寻找创新知识。并购启动之前,企业首先会根据自己的条件,剖析企业内部技术存在的利弊,发现与同行业中的领先企业间存在的技术差距,再通过技术并购来提高其技术创新能力。借助外部并购,企业可获得所需技术及有关知识,因此最初的准确识别显得尤为重要。技术选择阶段,既需要企业充分了解自身技术的未来方向与业务需求,也需要有针对性地选取适合自己知识基础的内容。

在分析了市场环境的变化和竞争对手的能力之后,企业根据自己技术上的不足,寻找创新技术。企业应对内考察技术知识水平,判断是否符合企业创新战略需要,在今后一段时期能否维持企业高速发展。当企业内在技术创新能力不能与企业创新战略保持一致时,它将推动企业在外部搜寻的帮助下,获取未来成长所需的技术资源。一个企业若有一个清晰的战略发展方向,那么,外部搜寻这一流程将被极大地缩短,也很少有盲目并购。一次成功的并购需要企业对技术有一定的识别与评价能力,既能从外在寻找关键技术环境,弥补其缺陷,又能在诸多对象中筛选出能够满足各种条件的目标企业来并购。

海信视像是主要生产家电的电器企业,经过几年的发展,逐步步入成熟期。鉴于其技术储备及家电产业今后的发展方向,海信视像决定进一步开拓家电市场,所以海信视像想通过并购迅速获得相关技术及制造工艺,进而迅速增强自身在这一领域中的核心竞争力。于是,海信视像选择了并购东芝TVS。东芝TVS拥有海信视像缺乏的技术,同时具有一定的市场占有率及知名度。尽管东芝TVS的管理状况并不良好,但仍有其优点。海信视像和东芝TVS具有技术互补性。东芝TVS不仅与海信视像技术匹配度较高,也与海信视像今后在电器市场上的发展战略相同。

(二)技术转移整合阶段

根据野中郁次郎提出的SECI模型,企业知识可分为两大类:由思维模式与技术诀窍构成的隐性知识和用规范化系统化的文字传播的显性知识。站在所有权与使用权的立场上,企业在经过技术选择这一阶段并购对象后,虽然能从目标方获取完备的技术知识,但技术知识中蕴藏的丰富的隐性知识,包括个体的思维模式。信仰观点和心智模式等具有难以规范化的特点,不能被精确地量化与表达。如果不能将目标方的隐性知识显性化并得到充分利用,很可能会导致并购方面临技术整合失败的风险。因此,在技术转移与整合阶段,主要通过对并购所获显性知识与隐性知识进行有效的转移与内化,以企业原技术为基础,通过建立信任机制、外部激励机制及全新的组织结构等来实现知识的整合与创新。经过这一阶段,企业对外在知识能够形成更系统化的认识,自身技术水平在深度与广度上也将得到提升,为今后进一步技术创新打下基础。

海信视像和被并方东芝 TVS 执行了不同的技术管理体系,若仅从文档资料、图纸中了解被并方企业的技术知识、制造工艺等,难以有效地进行知识转移。因此海信视像并购之后,首先进行了有关的文件资料梳理与增补,其次对东芝 TVS 的管理模式进行调整,最后梳理了生产线及产品生产流程。同时,为加强并购双方互信关系,增加技术人员配合度,海信视像在促进知识转移效率方面有所举措。一是深入沟通交流。并购后,海信视像及东芝 TVS 技术人员围绕海信视像经营现状以及未来发展规划等问题展开深度交流,使得东芝 TVS 了解海信视像并购动因以及企业发展规划,并获得技术人员对并购行为和技术转移过程的了解与支持。二是建立有效的激励机制。海信视像确立了人才激励政策,人才库的设立还为管理层提供了一系列的激励措施,比如升值空间大、待遇优厚等,使双方职工更主动地传递技术知识。三是采用多样化知识交流方式。海信视像一方面采用选择技术人员到被并方企业进行技术交流,以及开展总部技术人员职业技能培训等方式,推动双方实现知识共享;另一方面调整技术人员有关工作岗位,避免岗位设置不合理造成技术知识转移效率不高。同时,海信视像推出系列知识比赛,推动技术人员储备知识。海信视像将被并方企业技术人员与工程师们的经历与心得进行系统化收集与整理,融入集团公司内部知识体系,使技术知识更高效地进行转移。海信视像通过这一举措使双方员工能更好地融入企业文化,增强企业整体凝聚力。

研发中心在沟通企业技术中起到关键作用,可供企业技术交流,还可以给企业创新力带来持续动力。海信视像在进行并购之后,在美国和日本等地设立全球网络研发中心,建立国家重点实验室,设立国家级博士后科研工作站,不断提高技术创新能力。东芝 TVS 的研发中心位于日本,这个研发中心充当 OLED 的角色,承担视听技术和刻录技术的研究与开发任务。东芝研发中心成立后,研发中心始终与海信视像研发总部密切联系,海信牌 OLED 是与研发中心密切联系的结果。海信视像并购东芝 TVS 后,新建研发中心,主动与新技术发展接轨,达到技术转移的目的,增强了自身创新能力。海信视像全球研发体系见图 5-4。

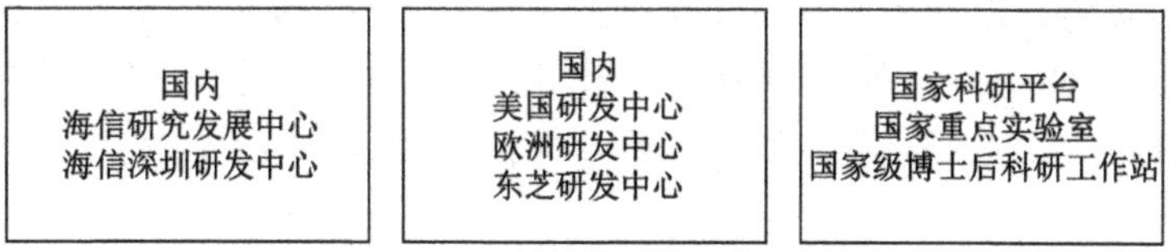

国内	国内	国家科研平台
海信研究发展中心	美国研发中心	国家重点实验室
海信深圳研发中心	欧洲研发中心	国家级博士后科研工作站
	东芝研发中心	

图 5-4　海信视像全球研发体系图

（三）技术融合重构阶段

当企业对并购所得技术知识经过一定的迁移与内化，则可融合和重构多项技术。这一过程就是要把第二阶段已消化和了解的技术知识，以企业本身的技术知识为基础，进行创新与转型。在这一过程中，企业有可能获得新的产品、新的技术、新的栏目等，还可能在科研新方向上有所发展。此过程为企业的技术研发构建了一条崭新的路径，可以获得新的衍生技术，可以进行产品创新等，还可以确保技术战略目标的实现。

海信视像并购东芝 TVS 之后，获得了东芝 TVS 的基础技术，其中包含显示芯片、OLED、音画工艺以及其他核心技术。海信视像是 ULED 产品中技术相对成熟的产品，但它在 OLED 技术上虽经过了很长一段时间的摸索，但仍不能很好地解决图像衰减的问题。东芝 TVS 的 OLED 技术在业内有很好的口碑，海信视像通过并购东芝 TVS，取得了 OLED 技术，弥补了自己的技术劣势，达到很好的技术协同，推出了海信品牌 OLED 电视。就显示芯片而言，通过整合芯片资源，双方均有收获。2019 年，海信视像发布了超画质处理芯片——4K TCON 芯片，此为双方技术融合与重构结果。该芯片既可应用于企业本身终端产品，也受到上游面板厂商普遍欢迎，达到了向外界大批量供货的目的。海信视像并购东芝 TVS 之后，持续加大研发投入，并通过增发股票和可转换债券等方式，为企业的研发提供了大量的资金支持，依托原研发团队，对 OLED 核心技术攻关中的专业技术团队进行重新布局，集中人力、财力，冲破技术障碍。同时，对产品线及相关工作人员进行了优化，凸显核心产品与重点业务，撤去与主营业务关联度较低的产品及服务，将企业资源偏向核心产品及配套发展，促进企业原有核心产品升级，使其领先于行业用户，服务优势明显。海信视像在主体对重点研发费用的投入方面进行了明确分工。海信视像在视像技术的研发和投资方向上，重点集中在人工智能物联网系列产品、高清显示芯片等方面,行业产品大多围绕着高清监视器、智能显示终端研制展开。被并方东芝 TVS 继续加强芯片画质的研发,做到技术与产品升级换代。海信视像与东芝 TVS 技术资源整合图见图 5-5。

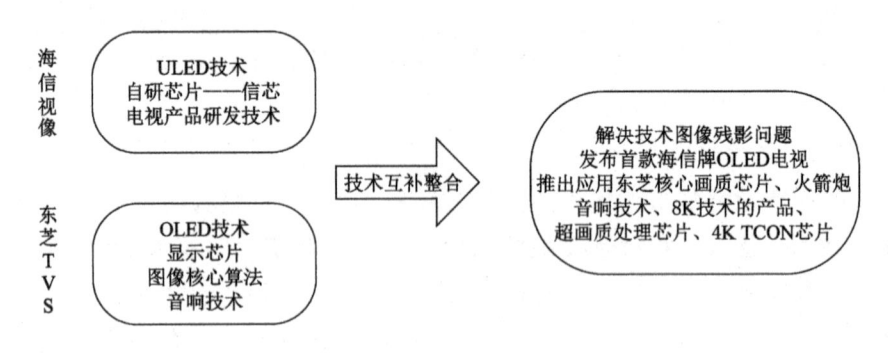

```
海信视像:  ULED技术
           自研芯片——信芯
           电视产品研发技术
                              技术互补整合 →   解决技术图像残影问题
                                              发布首款海信牌OLED电视
东芝TVS:    OLED技术                           推出应用东芝核心画质芯片、火箭炮
           显示芯片                            音响技术、8K技术的产品、
           图像核心算法                        超画质处理芯片、4K TCON芯片
           音响技术
```

图 5-5　海信视像与东芝 TVS 技术资源整合图

在技术资源的融合与重构的进程中,由于涉及对技术团队及相关资源进行调整,很可能给企业自研的项目带来一些扰动,企业将在这一阶段投入巨大的人力财力,以满足新技术资源的需求,还将进行人员及组织结构上的重组,上述种种都有可能极大地延长项目的研究和开发时间,从而对企业的发展造成一定的风险。所以企业在技术融合重构阶段既要抓住行业发展的机会,还必须从多方面激发技术团队的创新活力,推动新技术或者新产品创新,提高企业业绩,增强核心竞争力,由此顺利实现战略转型。

三、海信视像软技术链创新整合分析

(一) 创新企业文化融合

海信视像以全球性的企业文化为原则,实行双方的文化整合。并购领域存在"七七定律"。"七七定律"是指一切并购事件,约 70% 的合并最终没有获得成功,在这众多失败并购案例里,约 70% 是由于文化整合的错误决策造成的。这说明文化整合能否取得成功对于并购至关重要,对于跨国并购来说更是如此。海信视像更关注文化整合所产生的风险,崇尚国际化企业文化、求同存异,容纳不同国家或地区具有不同文化背景与信念的各类雇员,增强并购双方企业员工的企业文化认同,降低双方因文化差异而产生的

摩擦效应。海信视像主动借鉴东芝 TVS 的价值观念,鼓励职工主动沟通,与人交流,互相学习,了解中国不同风俗和价值观念。海信视像还积极实施了多项举措,以促进双方文化的融合。

1. 设立企业联络官

海信视像在企业联络官方面有所创新。企业联络官的主要职能是交流、沟通、推广海信视像的企业文化与价值。海信视像通过举办活动,对职工进行调查,并采用和职工交心谈心的方法,认识东芝 TVS 雇员文化需求,降低双方的文化冲突。企业联络官会定期举办团建活动,邀请企业员工和家属积极参与,加强相互之间的理解,建立互信关系,使双方的文化逐渐融合。

2. 建立新型文化体系

海信视像在进行了全面的研究与分析之后,厘清有关企业文化共性并予以保留;在此基础上,重新确立了并购后的企业文化,吸纳双方良好文化。海信视像的战略调研中,行政及人力资源部门成立联合调研组,对东芝 TVS 原有企业文化深入认识与研究,并通过与员工交谈,了解双方在企业文化上的不同以及员工的看法,了解被并方的企业文化,以此为基础整合提升,确立并购后的企业文化。通过各方面宣传,使双方职工在互相尊重的前提下,建立新型企业文化体系。

(二)创新企业管理模式

由企业技术并购引发的整合问题涉及企业管理诸多方面,同时给企业现行的管理模式提出了挑战。企业如何应对并购后的管理整合问题,是企业技术并购能否成功的关键所在。因此,在并购过程中应根据不同情况选择合适的管理整合方法。海信视像技术并购东芝 TVS 后,其管理模式调整涉及如下四个方面。

1. 整合组织结构

开展组织整合时,海信视像以本土化管理为战略,维持东芝 TVS 独立地位,海信视像多次公开发表声明,不干预东芝 TVS 独立运作,将一直支持东芝 TVS 自身管理运营方式。在协定各项事宜之后,东芝 TVS 的总部依旧设立在日本。海信视像保持两套独立运作的管理团队,分别负责双方的生产经营工作。海信视像认识到,东芝 TVS 的品牌美誉和知名度与其地理位置密不可分,脱离海外市场,东芝 TVS 的品牌特性将会受到负面影响。所以在制定企业发展战略时,依旧选择不断夯实东芝 TVS 的海外市场。同时,由于并购后双方在经营上具有类似性质,且产业与市场有大量契合,可确保业务与管理高效,避免资源浪费,完成开拓市场的效率性目标。海信视像在完成东芝 TVS 并购后,把自身原有事业部合并到东芝 TVS 中去,以负责企业整体生产和销售。

2. 整合管理模式

一个合适的管理体系能够让并购方和被并购方的两个主体之间产生较强的协作效果,在一个科学计划的安排下,能够整体地提高企业的经营效率,从而提高企业的资源利用效率。因此,制度设计是一个枢纽,也是并购成功与否的关键所在。合理管理制度的主要环节包括设置部门、合理配置职权、协调好部门间关系等,这些因素对并购效果起着决定性作用。

海信视像对东芝 TVS 的图像处理芯片业务进行了整合,并将原有的芯片业务合并到了上海宏佑的芯片业务中,在青岛的微电子技术创新中心投入了 5 亿人民币,重点发展 8K UHD 图像处理芯片、电视 SoC 芯片、人工智能芯片等。此外,成立专门针对高清视频应用的技术研究院,加速发展高端音视频产品。海信视像并购东芝 TVS 后,获得了东芝集团下 AI 技术研发和云技术开发部门,增设 IOT(物联网)产品设计部和技术总结部,将 AI 技术研发部和云技术开发部门合并为研究部,并把他们当作一体化管理。东芝 TVS 的技术负责人进行了变动,正职负责人由东芝 TVS 的成员担任,副职负责人则由海信视像的成员担任,同时也为年轻人提供了更加广阔的空间,使其施展才华。企业在并购结束后,由于涉及市场经营主体的差异,还需要整合和调整有关的经营模式。海信视像在完成了技术并购之后,采取了以下整合措施:营销区域与市场人员的梳理与再配置;根据研发线、产品线、市场线与技术运营线,进行了各业务模块的调整与重组,使业务运营与管理的线条更明晰。

3. 整合人力

研发人员是一个企业不可缺少的重要组成部分,对海信视像这类家电企业而言更是如此。技术知识的传递和转移离不开人才的学习和交流。在并购中，通过积极的人力资源交换，能够加速企业内部技术知识的扩散，进而促进企业的创新。海信视像与东芝 TVS 进行了积极的沟通。第一，在整合期间，海信视像的管理者曾数次赴东芝 TVS 参观，向东芝 TVS 的骨干人员介绍海信视像的技术诉求及经营观念。至于人才的整合，则是让东芝 TVS 的中高层及核心成员去海信视像总部参观，使东芝 TVS 的员工对海信视像有更多的了解和信任。第二，设立东芝研发中心，方便东芝 TVS 与海信视像的研发人员进行技术交流，海信视像也会派人到东芝 TVS 参观研发的先进技术，促进技术与知识的交流。双方共同制定了一系列规章制度来规范双方员工的行为，包括考勤管理、薪酬分配和培训计划等。第三，海信视像让东芝 TVS 的员工明白其工作目标并充分尊重东芝 TVS 的企业文化。因此，海信视像与东芝 TVS 通过实地考察、派遣员工等方式，营造了一个良好的交流氛围，促进了彼此的人才整合，正向激励员工团队，推动员工整体素质提高。

4. 整合财务

在进行技术并购整合的过程中，海信视像作为上市公司，拥有很多股民，故财务整合是其中关键的一环。任何一个财务漏洞，都有可能对海信视像股东带来利益上的冲击，并且给海信视像的形象带来损害，造成股市波动。因此，必须建立一套适合于企业自身发展需求的财务管理体系来规范企业的经营活动，提高经济效益。第一，海信视像在完成并购后指派企业高管同时担任被并方企业的财务负责人，采取定期审查的方式，保证被并方企业的财务符合上市公司财务规范和海信视像的运营制度规范。第二，海信视像采取规模化降低成本战略。东芝 TVS 具有世界领先的技术和研发能力，每年大量研发经费的投入，虽使企业收获不少先进的技术与专利，但成本控制上有很大缺陷。同时由于投资决策的失败，东芝 TVS 陷入财务危机，但海信视像在成本控制方面却有着丰富的经验。例如，在原材料成本控制上，若原材料供应商给出的价格下调，海信视像将缩短付款期限；自愿要求降低价格的供应商，海信视像会选择长期合作。通过这一战略，海信视像在采购成本方面占了先机。第三，海信视像在深圳设立新的研究开发机构，使东芝 TVS 进入中国，协助东芝 TVS 减少人力资源成本及技术研发成本。

第三节　海信视像技术互补性并购的技术链整合绩效分析

一、技术链整合前后财务绩效分析

(一) 财务指标法

财务指标法的基本思想是运用财务数据，采用流动比率、总资产收益率和其他经营业绩数据作为评价指标，比较检验并购前、中、后各时期经营业绩变化情况，以测度企业并购绩效。本章将对海信视像并购日本东芝 TVS 的财务绩效进行分析，从盈利能力、偿债能力、营运能力和发展能力等四个维度展开研究。由于并购事件公告日发生在 2017 年，且 2018 年起海信视像便将东芝 TVS 的相关数据纳入财务报表，所以为更好地纵向对比分析，本部分所选择的数据为 2017—2021 年海信视像的财务报表数据。

1. 盈利能力

盈利能力通常是指企业能够获取利润的能力，所以对于海信视像并购后盈利能力的变化，主要从营业净利率、总资产净利率和权益净利率三个方面进行研究。

(1) 营业净利率

营业净利率为企业净利润占营业收入的比重，用以衡量某一特定时期企业取得收益的程度，体现了每元销售收入所能产生的净利润。它既可以表示企业当期获得的利润水平，又能代表企业未来一定时期内取得的业绩和发展情况，因此营业净利率被视为评价企业获利能力高低的重要指标之一。企业在生产经营中，存在扩大销售，企业期间费用大幅上升，但净利润并非逐年上升，甚至负增长的现象。因此，一味地扩张业务规模并不一定能让企业获得相当大的正面收益，所以当我们注意到企业净利率提高时，还应对销售净利率变化情况加以分析，只有这样才能更准确地判断企业的盈利情况。

海信视像营业净利率变动趋势见图 5-6。从海信视像并购前后营业净利率的变动趋势可以看出，自 2017 年宣布并购事件开始，海信视像营业净利率一直保持着折线增长的趋势，在 2018 年出现下降。这是因为在 2018 年东芝 TVS 出现巨额亏损，导致营业净利率大幅下降；2018 年后营业净利率逐渐上升,这说明并购的协同效益在逐步凸显。而 2020 年营业净利率没有出现大幅下降则是由于受新冠疫情的影响出现"宅经济"加上国内彩电行业逐渐回暖,海信视像瞄准新冠疫情影响下的"宅经济"加大大屏市场投入,同时政府又推出消费券刺激行业需求,因此海信视像在国内的销售未受影响。在国外市场,东芝 TVS 在被海信视像并购后,降低生产成本,建立自有销售渠道,加速研究产品更新的速率,并在 2019 年扭亏为盈,在日本的家电市场中也提高了其占有率。海信视像因并购东芝 TVS 提升了其海外知名度,海外销量逐年增加,企业利润也同比增加。同时,在并购东芝 TVS 后,2021 年海信视像的营业净利率高于行业均值,说明海信视像在并购后进行了良好的整合,增加了企业的经济效益。

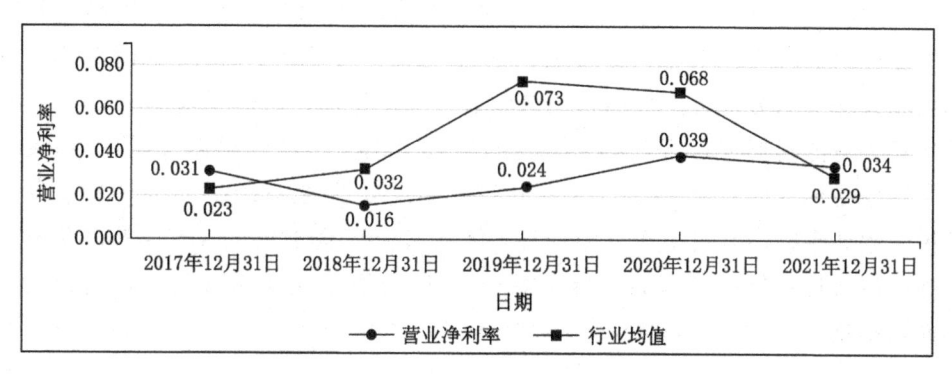

图 5-6 海信视像营业净利率变动趋势

(2) 总资产净利率

资产经营的内涵是以资产为资源,对企业进行投资,并以资产的分配和使用等为中心展开经营,其宗旨在于谋求资产增值,最大限度地实现资产盈利。一般以总资产净利率作为企业资产经营盈利能力的指标。

图 5-7 显示了海信视像总资产净利率的变动趋势。海信视像总资产净利率在 2018 年有较明显的下降,这是因为海信视像并购后将东芝 TVS 纳入了合并财务报表范围,导致其资产水平急速上升,总资产净利率大幅度下降。但是在并购后的两年(2019—2020 年)海信视像总资产净利率呈现折线上升趋势,且海信视像的总资产净利率总体高于行业均值,说明并购后的整合行为对海信视像有较为明显的影响,海信视像的利润水平得到提升。

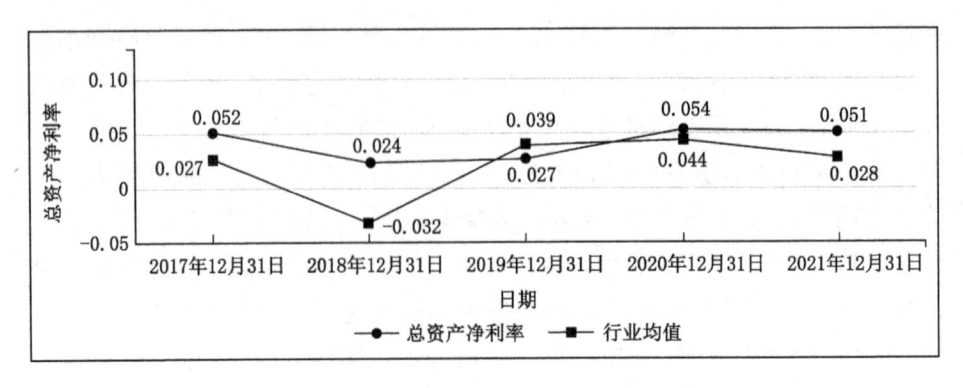

图 5-7 海信视像总资产净利率变动趋势

同时,总资产净利率可以拆分为总资产周转率和销售息税前利润率的乘积。总资产周转率可以分解为营业收入与平均总资产的比值,销售息税前利润率可以分解为息税前利润与营业收入的比值。海信视像2017—2021年相关财务指标见表5-2。并购后,海信视像的总资产大幅提升,导致相关净利率指标有所下降,但在细分指标维度中可以发现从2018年开始销售息税前利润率整体呈稳中求升的趋势。因此,表5-2能够更直观地反映出此次并购后海信视像的盈利能力得到提升,并购对海信视像的财务绩效起到正向的影响。

表 5-2 海信视像 2017—2021 年相关财务指标

财务指标	2017年	2018年	2019年	2020年	2021年
总资产周转率	1.39	1.30	1.16	1.29	1.45
销售息税前利润率	3.88	1.98	2.28	4.28	3.64
总资产净利率	5.12	2.37	2.66	5.35	5.12

(3) 权益净利率

权益净利率是净利润与平均净资产的比值,位于杜邦财务分析体系[①]的最顶端,可以采用因素分析法来分析。海信视像权益净利率变动趋势见图5-8。

---

① 杜邦财务分析体系是利用各主要财务比率指标间的联系对企业财务状况及经济效益进行综合评价的方法。

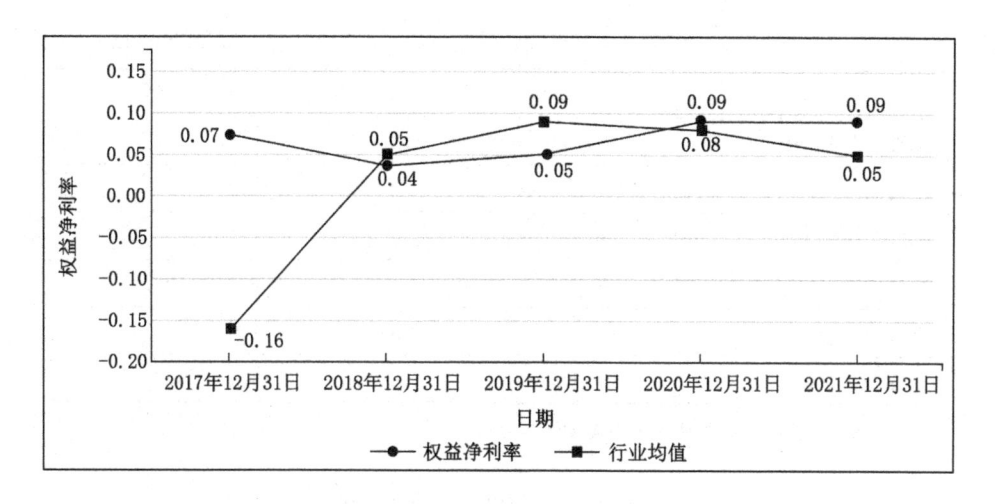

图 5-8 海信视像权益净利率变动趋势

从图 5-8 可以看出，海信视像权益净利率与其他盈利能力指标的变动趋势类似，在并购后出现短暂的下降，但随后呈现上升趋势。海信视像在 2020 年并购后开始高于行业平均值，说明海信视像经过不断的技术整合，产生了积极效应。

在采用因素分析法分析海信视像的权益净利率时，应先进行因素的分解并确定分析对象。权益净利率计算公式为：

$$\frac{权益}{净利率} = \left[\frac{总资产}{报酬率} + (总资产报酬率 - 负债利息率) \times \frac{负债}{净资产}\right] \times \left(1 - \frac{所得税}{税率}\right)$$

分析对象为总资产报酬率、负债利息率、资本结构、所得税税率，按顺序连环替代，同时以 2020—2021 年数据为基准进行分析。海信视像净资产收益率的构成见表 5-3。

表 5-3 海信视像净资产收益率

财务指标	2020 年	2019 年	差异
平均总资产/万元	3 036 563.38	2 933 714.68	—
平均净资产/万元	1 687 075.39	1 581 228.27	—
平均负债/万元	1 349 488.00	1 352 486.41	—
利息支出/万元	3 194.08	5 787.61	—
利润总额/万元	164 363.86	76 346.54	—

表 5-3(续)

财务指标	2020 年	2019 年	差异
息税前利润/万元	167 557.94	82 134.15	—
净利润/万元	152 556.72	80 689.42	—
总资产报酬率	5.52%	2.80%	2.72%
负债利息率	0.24%	0.43%	−0.19%
净资产负债率	79.99%	85.53%	−5.54%
净资产收益率	7.31%	3.62%	3.69%

资料来源:根据海信视像年报数据计算所得。

分析对象:海信视像 2019 年与 2020 年净资产收益率变化
$$7.31\%-3.62\%=3.69\%$$
连环替代法具体分析过程为:
2019 年:
$$[2.8\%+(2.8\%-0.43\%)\times 85.53\%]\times(1-25\%)=3.62\%$$
第一次替代(总资产报酬率)
$$[5.52\%+(5.52\%-0.43\%)\times 85.53\%]\times(1-25\%)=7.40\%$$
第二次替代(负债利息率)
$$[5.52\%+(5.52\%-0.24\%)\times 85.53\%]\times(1-25\%)=7.53\%$$
第三次替代(净资产负债率)
$$[5.52\%+(5.52\%-0.24\%)\times 79.99\%]\times(1-25\%)=7.31\%$$
2020 年:
$$[5.52\%+(5.52\%-0.24\%)\times 79.99\%]\times(1-25\%)=7.31\%$$
各因素影响如下:
总资产报酬率变动的影响为:
$$7.40\%-3.62\%=3.78\%$$
负债利息率变动的影响为:
$$7.53\%-7.40\%=0.13\%$$
净资产负债率变动的影响为:
$$7.31\%-7.53\%=-0.22\%$$
通过上述因素分析法可以得知 2020 年海信视像的净资产收益率较

2019年提高了3.69%,其中总资产报酬率的提高使得净资产收益率提高了3.78%,影响巨大。负债利息率的下降使得净资产收益率上升了0.13%,虽然净资产负债率的下降使得净资产收益率下降了0.22%,但总体上来说,总资产报酬率变动是影响权益净利率的首要因素,同时各种因素的综合影响最终使得海信视像的财务绩效表现较好。

2. 偿债能力

企业的偿债能力通常关系着企业的存续,公众评估企业的财务状况离不开对企业偿债能力的分析。因此,本章从流动比率、速动比率和资产负债率三个方面对海信视像的偿债能力进行分析。

(1) 流动比率

流动比率常用于度量企业短期偿债能力,一般情况下流动比率是2时,企业短期偿债能力强。海信视像流动比率变动趋势见图5-9。从图5-9可以看出,海信视像流动比率基本在2。2018年,流动比率有所减少,这是因为海信视像被并购时动用了现金。但是,并购之前和并购之后,海信视像流动比率都在较高水平。由此可见,海信视像并购东芝TVS后,流动比率并没有受到显著影响。短期偿债能力比较平稳,说明海信视像并购后整合效率较好。对比行业均值可知,海信视像的流动比率一直高于行业平均值,进一步说明在并购后海信视像通过对东芝TVS的整合实现了财务上的提升,整合效果较好。

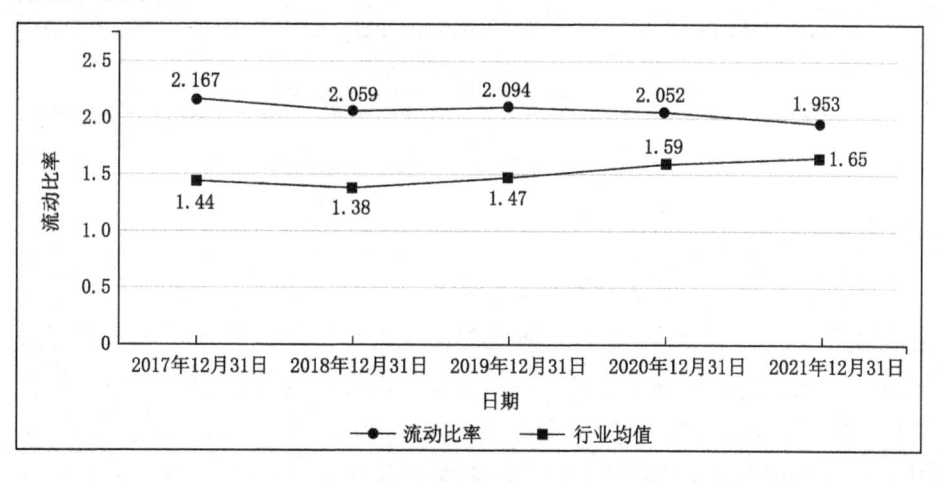

图 5-9 海信视像流动比率变动趋势

(2) 速动比率

速动比率指速动资产占流动负债的比率,衡量企业立即兑现偿付流动负债的能力,同流动比率一起可用于对企业短期偿债能力进行评价。通常家电行业速动比率是1.2。海信视像速动比率变动趋势见图5-10。海信视像速动比率约1.75,超过行业平均值,并购之前的2017年速动比率达到1.85,表明海信视像在内部可能会出现资金使用效率低下的问题,在2018年并购发生后,其速动比率降至1.77。这说明,并购缓解了海信视像资金使用效率低下的问题,并购对海信视像的速动比率产生了积极的影响。对比行业均值可知,海信视像的速动比率一直高于行业均值。但过高的数值并不一定是好事,有可能是企业的资金大多都用在速动资产上。从图5-10可以看出,海信视像的速动比率与行业平均值之间的差值一直在变小,说明经过后期的整合,海信视像对资金的利用在逐步改善。

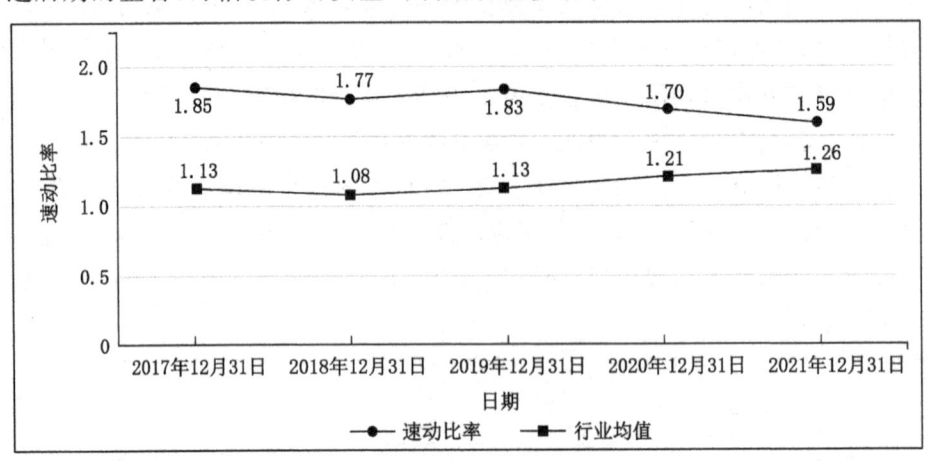

图 5-10 海信视像速动比率变动趋势

(3) 资产负债率

资产负债率在反映企业偿债额能力时使用比较普遍。资产负债率指企业负债和资产之比,体现为企业通过向债权方融资的方式来从事生产经营活动。在现代企业制度下,合理的负债率可以有效地控制经营风险和财务风险,提高企业的市场竞争力,使企业实现可持续发展。从投资者、债权人、经营者三方视角来看,适当的资产负债率说明企业偿债能力有保证,债权人贷给企业的款项是可以清偿的,债权人所承担风险是可以保证的;投资者可以得到较高回报;经营者通过举债经营,可以获取较高利益。因此,不同视角下资产负债率预期程度存在差异。

海信视像资产负债率变动趋势见图 5-11。从海信视像并购前后资产负债率的变动趋势来看,海信视像资产负债率先上升后下降,并在 2018 年达到最高值。这是因为海信视像的负债中有 26.15 亿元是并购引起的。2019 年,海信视像偿还了部分借款,资产负债率也随之下降。这表明此次并购导致海信视像的业务结构发生了一定的变化,从而引起杠杆率的变化。这种变化增加了海信视像的企业价值,使其生产经营呈现积极的趋势。海信视像资产负债率的数值属于合理范围,且一直低于行业均值,说明海信视像在并购后可以合理控制资金及偿债方面的风险,能够积极影响财务绩效,同时这种影响具有长期效应。

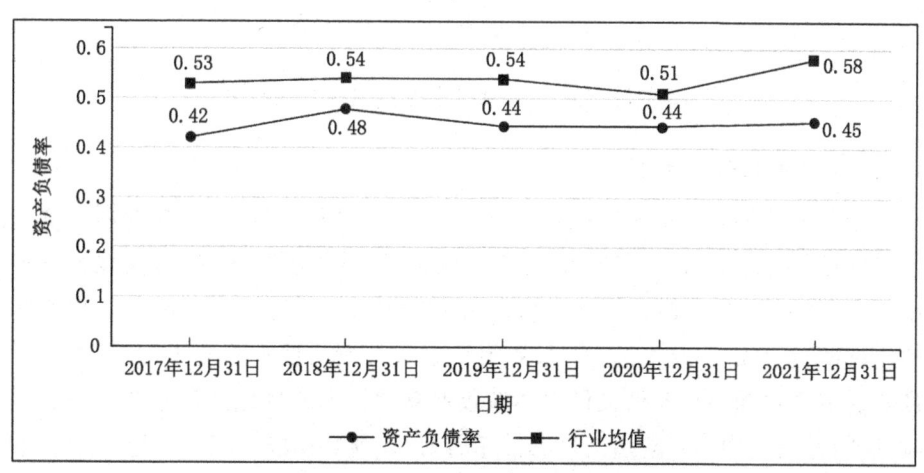

图 5-11 海信视像资产负债率变动趋势

3. 营运能力

营运能力主要是衡量企业在经营管理活动中对资金的利用能力,本章选取存货周转率、应收账款周转率、总资产周转率三个指标来评价企业的资产利用率。

(1) 存货周转率

存货周转率可以反映企业存货规模和存货周转速度。海信视像存货周转率变动趋势见图 5-12。海信视像并购后,存货周转速度上升,然后趋于平缓,整体上较并购前有一定的提高。这说明海信视像在并购东芝 TVS 后,对双方的营销渠道进行了有效整合。同时,海信视像的存货周转率始终高于行业均值,可见海信视像并购东芝 TVS 之后存货资产变现能力和营运能力增强,整合效果明显。

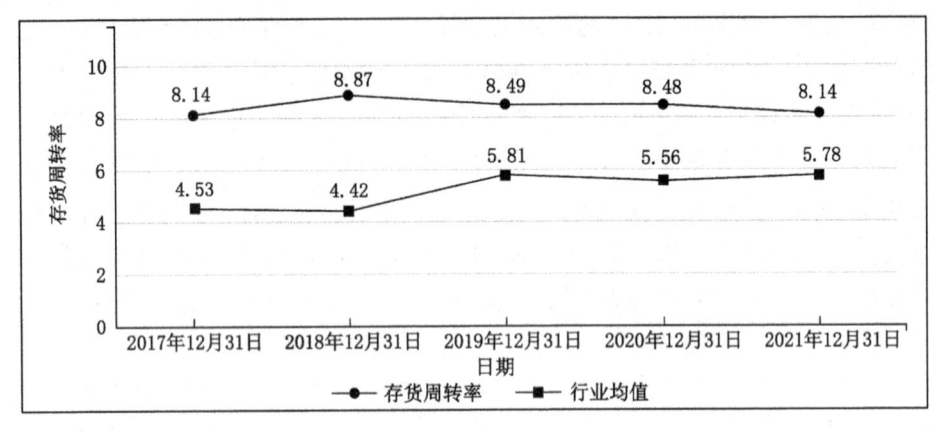

图 5-12　海信视像存货周转率变动趋势

（2）应收账款周转率

应收账款周转率能反映企业收款效率高低。海信视像应收账款周转率变动趋势见图 5-13。海信视像并购后应收账款周转率下降,但总的变化幅度较小。在 2021 年以前,海信视像的应收账款周转率一直保持在 13～14,说明它的收款期限较短;2021 年,应收账款周转率与行业均值相差变小,说明海信视像放宽了收款期限。海信视像整体应收账款周转率的变化并没有产生显著影响,说明海信视像在并购后的整合效率较好,企业营运能力相对平稳。

（3）总资产周转率

总资产周转率可以对企业所有资产经营质量、利用效率等进行全面评价,能够体现企业总体资产营运能力。海信视像总资产周转率变动趋势见图 5-14。海信视像总资产周转率整体呈先降后升态势,且下降处于并购行为刚刚发生时,其原因是海信视像并购后采用了巨额现金支付,并且为东芝 TVS 偿还了一部分债务,继而引发了企业资产的周转;但在并购行为完成之后,企业的总资产周转率又出现上升,虽然没有达到并购前的水平。相较于行业均值来说,海信视像高于行业均值,说明海信视像通过资源整合,优势互补,市场份额有所扩大,引起营业收入增加,从而推动总资产周转率的提升。值得注意的是,海信视像还需要加强管理,充分利用总资产,提高周转速度。

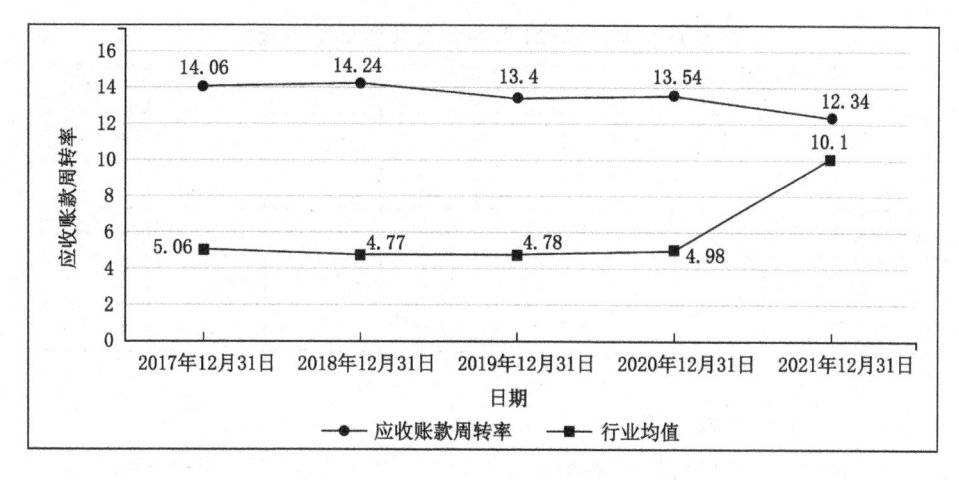

图 5-13 海信视像应收账款周转率变动趋势

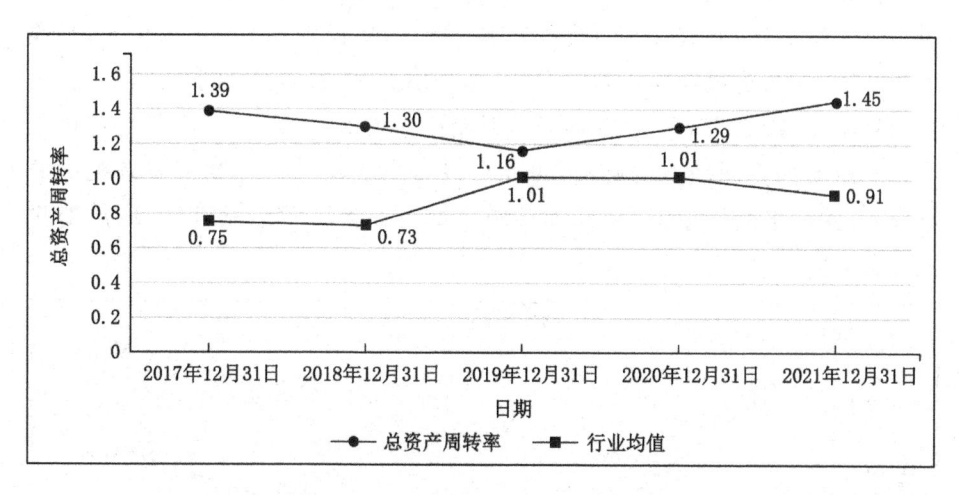

图 5-14 海信视像总资产周转率变动趋势

4. 发展能力

发展能力是指企业将来提升自己、扩大规模的能力,是反映企业是否能持续发展的财务指标之一。通过提升自身的经营管理能力,可以使企业保持较快增长的态势。海信视像并购东芝 TVS 后营业收入、净利率、总资产均显著上升。营业收入增长率、净利率增长率和总资产增长率被业界广泛认可为企业发展能力评价标准,故本章选用上述 3 个财务指标来分析海信视像发展能力。2017—2021 年海信视像发展能力指标见表 5-4。

表 5-4　2017—2021 年海信视像发展能力指标

财务指标	2017 年	2018 年	2019 年	2020 年	2021 年
主营业务收入/亿元	328.70	351.28	341.05	393.05	479.21
净利润/亿元	10.27	5.47	8.07	15.26	15.95
营业收入增长率	3.26%	6.87%	-2.91%	15.28%	19.04%
净利率增长率	-42.6%	-46.76%	47.58%	89.07%	4.57%
总资产增长率	8.84%	19.03%	-0.42%	7.45%	5.74%

(1) 营业收入增长率

营业收入增长率可以反映企业在销售方面的增长效率。通过该指标可以判断企业所处的生命周期和发展阶段。海信视像营业收入增长率变动趋势见图 5-15。2019 年，海信视像主营业务收入减少，增长率降低至 -2.91%，其原因是 2019 年海信视像偿还东芝 TVS 部分债务，2020 年以后恢复增长，且增长趋势明显，2021 年高达 19.04%。对比行业均值，2018 年行业平均值出现下降而海信视像却呈上升趋势，由此可以看出此次并购提高了海信视像的总收入，并带来规模效应，从侧面反映出海信视像并购东芝 TVS 的后期实现了资源整合。

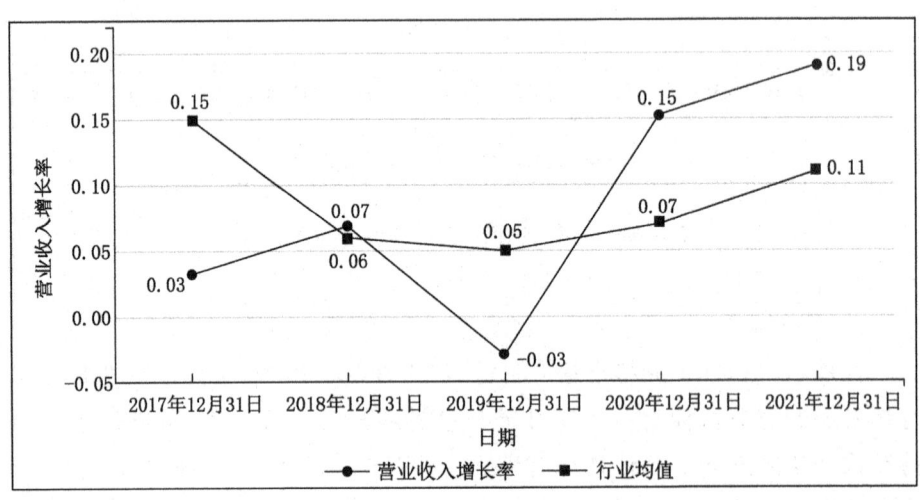

图 5-15　海信视像营业收入增长率变动趋势

第五章 技术互补性并购路径演进与技术链整合

（2）净利润增长率

净利润增长率可用于反映企业成长状况及其发展潜力。企业所得净利润愈高，表明企业增长能力愈强。海信视像净利润增长率变动趋势见图 5-16。2018 年海信视像的净利润下降幅度最大，这是因为东芝 TVS 的净亏损拉低了海信视像的净利润，但在 2019 年以后，海信视像的净利润出现大幅增长，并在 2021 年趋于平稳。这说明海信视像在并购东芝 TVS 后，技术升级带来了产品的升级，从侧面可以看出并购整合效果非常明显；同时海信视像一直保持着高于行业均值的态势，也说明并购后海信视像整合到位。在 2020 年东芝 TVS 首次实现扭亏为盈，说明海信视像并购后的整合较好，管理能力优越，同时也表明海信视像发展潜力很大，后期盈利能力增长稳定。

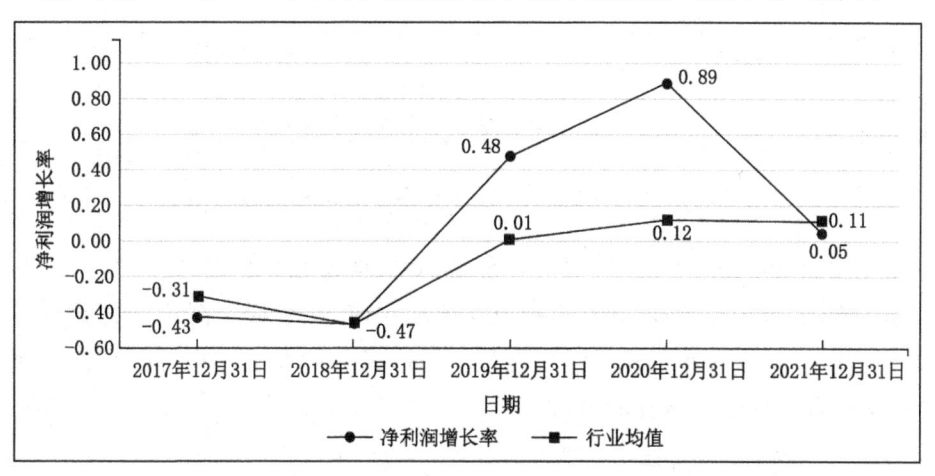

图 5-16 海信视像净利润增长率变动趋势

（3）总资产增长率

总资产增长率可以很好地反映企业的资金规模扩张速度，该指标高则说明企业的资金管理规模扩张速度较快。企业扩张时，应注意扩张的原因和企业是否有支持扩张的能力，防止盲目扩张。

海信视像总资产增长率变动趋势见图 5-17。海信视像并购东芝 TVS 当年（2018 年），总资产增长率实现快速上升，上升至 0.19；2019 年下降至 －0.004，主要是因为在 2019 年海信视像帮助东芝 TVS 偿还负债，导致 2019 年海信视像的总资产增长率出现负增长态势；2020 年以后海信视像总资产增长率逐渐回升。根据以上分析，虽然海信视像 2017—2021 年的成长状况历经波折，但是经过海信视像对东芝 TVS 的整合后，各项指标均已进入正轨，增长能力显现。所以，海信视像在完成并购东芝 TVS 后的一系列整合行为促进了企业财务绩效水平的提升。

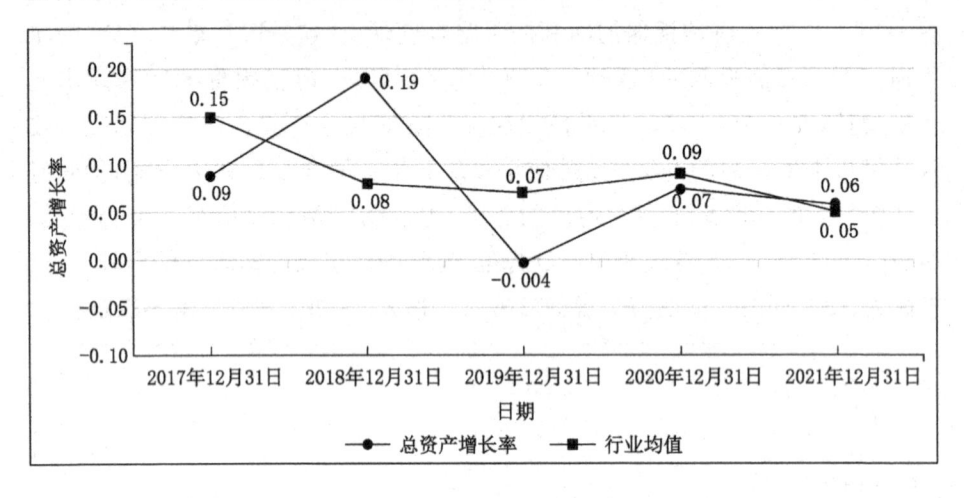

图 5-17　海信视像总资产增长率变动趋势

在以上的财务指标分析中不难看出，海信视像在并购东芝 TVS 后一直保持着稳中向好的态势，并且与行业均值相比较，几乎处于高位。这说明在并购后海信视像的市场地位有所提升。海信视像积极进行并购后的整合创新，使得海信视像的财务能力有所提升。

（二）主成分分析法

主成分分析法旨在利用降维的思想将多个相互关联的指数，经过一定的处理，变成若干个相互关联的综合指标，这些主成分能够反映原始变量的绝大多数信息，且包含的信息不会重复，对财务指标法进行了较好的补充。主成分分析法既保留了各指标对目标函数的影响作用，又避免了自身存在的局限性。在对现实问题的研究中，为了分析得更全面，往往使用多个指标，且所反映信息存在部分重叠。由于多个主成分中包含了大量冗余和相互矛盾的因子，导致计算结果不够精确，甚至错误。为此运用主成分分析法，把多个指标简化为若干个主成分，能够使所得结果更科学。

1. 数据来源

2018 年，海信视像并购东芝 TVS，将 2018 年作为并购年（即 $T=0$），以此类推,选取 2015 年(即 $T=-3$)至 2021 年(即 $T=3$)海信视像各年财务数据进行分析。财务数据来源于企业已发布的历年年报。

2. 指标选择

为全面检验企业并购前、并购后各年度财务绩效变化情况,本章选取营运能力、偿债能力、发展能力和盈利能力等 4 种能力,结合行业特征,有针对性地筛选出 7 个指标。海信视像财务指标评价体系见表 5-5。

表 5-5 海信视像财务指标评价体系

指标名称	变量名称
利润总额同比增长率	X_1
销售毛利率	X_2
资产负债率	X_3
流动比率	X_4
速动比率	X_5
应收账款周转率	X_6
总资产周转率	X_7

3. 原始数据的标准化处理

本章收集并整理汇总海信视像并购发生前 3 年(2015 年)至 2021 年的原始数据并进行了标准化,结果见表 5-6。

表 5-6 海信视像财务指标标准化数据

日期	利润总额同比增长率	销售毛利率	资产负债率	流动比率	速动比率	应收账款周转率	总资产周转率
2015 年 3 月 31 日	−0.162 52	0.683 18	0.395 84	−0.653 21	−0.555 34	−1.005 25	−1.102 05
2015 年 6 月 30 日	−0.160 58	−0.472 40	0.011 14	−0.669 14	−0.957 53	−0.081 75	−0.292 50
2015 年 9 月 30 日	−0.235 35	0.002 29	0.108 09	−0.695 42	−0.658 65	0.566 90	0.655 00
2015 年 12 月 31 日	−0.147 11	0.842 50	−0.108 29	−0.301 90	−0.191 98	1.820 97	1.556 69
2016 年 3 月 31 日	−0.113 85	2.054 22	−1.172 98	0.657 06	0.837 63	−1.229 42	−1.153 54

表 5-6(续)

日期	利润总额同比增长率	销售毛利率	资产负债率	流动比率	速动比率	应收账款周转率	总资产周转率
2016 年 6 月 30 日	0.000 62	0.578 67	−1.867 69	1.365 58	1.388 62	−0.401 46	−0.407 11
2016 年 9 月 30 日	0.044 74	0.454 73	−0.372 57	0.038 38	0.240 95	0.283 24	0.531 19
2016 年 12 月 31 日	−0.053 70	0.513 85	−0.542 47	0.284 63	−0.019 10	1.485 31	1.579 27
2017 年 3 月 31 日	−0.806 64	−1.105 89	−1.764 49	1.551 06	1.050 21	−1.293 36	−1.256 56
2017 年 6 月 30 日	−0.767 38	−1.587 33	−2.394 42	2.300 00	1.902 13	−0.548 11	−0.479 78
2017 年 9 月 30 日	−0.766 05	−2.107 27	−0.326 59	0.190 10	0.452 65	0.359 39	0.536 24
2017 年 12 月 31 日	−0.749 70	−1.630 58	0.041 64	−0.167 38	−0.007 72	1.398 56	1.401 59
2018 年 3 月 31 日	−0.148 29	−0.540 04	−1.021 75	1.150 360	1.280 46	−1.215 95	−1.220 59
2018 年 6 月 30 日	−0.342 48	−0.729 25	−1.186 09	2.630 170	2.725 69	−0.446 83	−0.601 38
2018 年 9 月 30 日	−0.738 84	−0.628 23	0.851 28	0.111 010	0.455 1	0.180 28	0.293 55
2018 年 12 月 31 日	−0.797 57	−0.889 83	1.636 49	−0.651 90	−0.392 96	1.442 34	1.184 69
2019 年 3 月 31 日	−1.187 32	−0.845 70	0.931 09	−0.327 06	−0.266 25	−1.323 74	−1.347 80
2019 年 6 月 30 日	−1.071 72	−0.087 01	0.190 35	0.360 04	0.154 67	−0.615 28	−0.681 62
2019 年 9 月 30 日	−0.454 36	0.668 20	0.287 97	−0.113 94	0.155 21	0.184 52	0.039 45
2019 年 12 月 31 日	0.066 61	1.537 25	0.700 25	−0.494 48	−0.098 43	1.232 70	0.851 08
2020 年 3 月 31 日	0.843 14	−0.021 29	−0.077 56	−0.286 31	−0.206 40	−1.365 16	−1.417 81
2020 年 6 月 30 日	3.641 11	1.229 37	0.406 98	−0.955 38	−0.709 69	−0.398 02	−0.666 72
2020 年 9 月 30 日	1.565 96	0.495 82	0.920 06	−1.278 89	−0.896 56	0.462 11	0.253 04
2020 年 12 月 31 日	1.107 01	1.491 79	0.703 93	−0.684 68	−0.723 97	1.269 46	1.174 92
2021 年 3 月 31 日	1.635 35	0.339 62	0.560 97	−0.490 22	−0.994 39	−1.329 18	−1.185 87
2021 年 6 月 30 日	0.006 48	0.116 07	0.733 85	−0.632 88	−1.394 36	−0.532 14	−0.367 61
2021 年 9 月 30 日	0.022 33	−0.261 31	1.398 44	−1.104 33	−1.387 32	0.131 14	0.577 99
2021 年 12 月 31 日	−0.229 88	−0.101 40	0.956 53	−1.131 71	−1.182 68	0.968 74	1.546 27

4. 判断原始数据主成分分析的可行性

KMO 和 Bartlett 球形检验是为了检验原始数据是否适用于主成分分析法,其原理是检查变量之间相关程度的高低。当获取的 KMO 值数字越大,即验证了变量相关程度就越大,就更加适宜采取主成分分析法。一般情况下,该数据有一个具体的界限,当取值大于 0.5 则说明可以采取主成分分析法;同理当取值低于 0.5,则说明不适用该方法。本次选取的相关变量获取的 KMO 值等于 0.631,大于一般情况下使用该方法的界定值,因此可以认为本次研究适用主成分分析法。Bartlett 球形检验的显著性等于 0,得出的结论小于进行主成分分析的界限值 0.05,说明这些变量中可以提取出少量主成分,这些主成分能够对大部分相关信息进行阐述解释。经检验,本章选取的数据符合主成分分析法的前提要求,可以使用该方法对数据进行分析。KMO 和 Bartlett 球形检验见表 5-7。

表 5-7 KMO 和 Bartlett 球形检验

	KMO 取样适切性量数	0.631
Bartlett 球形检验	近似卡方	194.511
	自由度	21
	显著性	0.000

利用 SPSS 数据分析软件进行因子分析后得到各项财务指标之间相关系数矩阵,见表 5-8。由表 5-8 可知,大多数财务指标之间相关性较强,存在交叉。

表 5-8 相关系数矩阵

财务指标	利润总额同比增长率	销售毛利率	资产负债率	流动比率	速动比率	应收账款周转率	总资产周转率
利润总额同比增长率	1.000	0.534	0.191	−0.384	−0.361	−0.059	−0.103
销售毛利率	0.534	1.000	0.160	−0.328	−0.276	0.077	0.023
资产负债率	0.191	0.160	1.000	−0.866	−0.807	0.347	0.348
流动比率	−0.384	−0.328	−0.866	1.000	0.956	−0.350	−0.358
速动比率	−0.361	−0.276	−0.807	0.956	1.000	−0.260	−0.292
应收账款周转率	−0.059	0.077	0.347	−0.350	−0.260	1.000	0.977
总资产周转率	−0.103	0.023	0.348	−0.358	−0.292	0.977	1.000

5. 主成分的提取

本章提取海信视像 7 个财务指标的公因子,获取相关系数矩阵特征值、方差贡献率等数值,具体成果见表 5-9。当有效主成分的数量被决定后,本章主成分的提取遵循特征值在 1 以上、累计方差贡献率在 80% 以上的原则。

表 5-9　总方差解释

成分	初始特征值			提取荷载平方和		
	总计	方差百分比	累积	总计	方差百分比	累积
1	3.435	49.070%	49.070%	3.435	49.070%	49.070%
2	1.823	26.041%	75.111%	1.823	26.041%	75.111%
3	1.063	15.189%	90.299%	1.063	15.189%	90.299%
4	0.444	6.342%	96.641%	—	—	—
5	0.187	2.666%	99.307%	—	—	—
6	0.033	0.467%	99.774%	—	—	—
7	0.016	0.226%	100.000%	—	—	—

由表 5-9 可知,前 3 个特征值成分都大于 1,并且这些特征值对应的累积贡献率达到了 90.299%,累积贡献率大于 80%,所以可以提取 3 个主成分。主成分载荷矩阵见表 5-10。

表 5-10　主成分载荷矩阵

财务指标	主成分 1	主成分 2	主成分 3
利润总额同比增长率	0.395	−0.658	0.414
销售毛利率	0.395	−0.495	0.637
资产负债率	0.857	−0.044	−0.380
流动比率	−0.943	0.183	0.222
速动比率	−0.892	0.222	0.292
应收账款周转率	0.594	0.715	0.351
总资产周转率	0.593	0.741	0.290

从表 5-10 中可以看出,主成分 1 主要在资产负债率、应收账款周转率、总资产周转率 3 项上载荷较大,综合反映了海信视像偿债能力和营运能力;主成分 2 主要在应收账款周转率和总资产周转率两项指标上载荷较大,综合反映了海信视像营运能力;主成分 3 主要在利润总额同比增长率和销售毛利率两项指标上载荷较大,综合反映了海信视像发展能力和盈利能力。

6. 主成分得分的分析计算

在确定了主成分个数和每个主成分中所含指标之后,还需进一步计算主成分 1、主成分 2 和主成分 3 的得分及综合得分。主成分得分系数矩阵见表 5-11。

表 5-11 主成分得分系数矩阵

财务指标	主成分 1	主成分 2	主成分 3
利润总额同比增长率	0.115	−0.361	0.389
销售毛利率	0.115	−0.272	0.599
资产负债率	0.250	−0.024	−0.358
流动比率	−0.274	0.100	0.209
速动比率	−0.260	0.122	0.274
应收账款周转率	0.173	0.392	0.331
总资产周转率	0.173	0.406	0.272

根据表 5-11 本章列出各项主成分的表达式:

$$F_1 = 0.115 \times X_1 + 0.115 \times X_2 + 0.250 \times X_3 - 0.274 \times X_4 - 0.260 \times X_5 + 0.173 \times X_6 + 0.173 \times X_7$$

$$F_2 = -0.361 \times X_1 - 0.272 \times X_2 - 0.024 \times X_3 + 0.100 \times X_4 + 0.122 \times X_5 + 0.392 \times X_6 + 0.406 \times X_7$$

$$F_3 = 0.389 \times X_1 + 0.599 \times X_2 - 0.358 \times X_3 + 0.209 \times X_4 + 0.274 \times X_5 + 0.331 \times X_6 + 0.272 \times X_7$$

根据各项主成分的方差贡献率,本章进一步得出财务绩效综合评价表达式:

$$F = 0.543 \times F_1 + 0.288 \times F_2 + 0.168 \times F_3$$

通过求出的系数表达式 F_1、F_2 和 F_3 与综合评价表达式 F 可以计算出海信视像的主成分分析得分,见表 5-12。

表 5-12 主成分分析得分

日期	F_1	F_2	F_3	F
2015 年 3 月 31 日	0.118	−1.111	−0.444	−0.331
2015 年 6 月 30 日	0.298	−0.148	−0.579	0.022
2015 年 9 月 30 日	0.573	0.420	0.202	0.466
2015 年 12 月 31 日	0.770	1.119	1.523	0.996
2016 年 3 月 31 日	−0.880	−1.272	0.978	−0.680
2016 年 6 月 30 日	−1.275	−0.129	0.867	−0.584
2016 年 9 月 30 日	0.032	0.229	0.719	0.204
2016 年 12 月 31 日	0.374	1.142	1.338	0.757
2017 年 3 月 31 日	−1.800	−0.100	−1.151	−1.200
2017 年 6 月 30 日	−2.172	0.819	−0.664	−1.056
2017 年 9 月 30 日	−0.427	1.290	−1.094	−0.044
2017 年 12 月 31 日	0.269	1.813	−0.406	0.600
2018 年 3 月 31 日	−1.404	−0.476	−0.639	−1.007
2018 年 6 月 30 日	−2.030	0.527	−0.260	−0.994
2018 年 9 月 30 日	−0.011	0.674	−0.727	0.066
2018 年 12 月 31 日	0.950	1.424	−0.601	0.825
2019 年 3 月 31 日	−0.304	−0.495	−2.111	−0.663
2019 年 6 月 30 日	−0.449	−0.057	−0.959	−0.421
2019 年 9 月 30 日	0.126	0.071	0.259	0.132
2019 年 12 月 31 日	0.881	0.308	1.412	0.804
2020 年 3 月 31 日	−0.274	−1.461	−0.491	−0.652
2020 年 6 月 30 日	0.924	−2.267	1.699	0.134
2020 年 9 月 30 日	1.174	−0.676	0.820	0.581
2020 年 12 月 31 日	1.274	−0.004	1.757	0.985
2021 年 3 月 31 日	0.325	−1.869	−0.294	−0.411
2021 年 6 月 30 日	0.578	−0.643	−0.717	0.008
2021 年 9 月 30 日	1.108	0.036	−0.597	0.512
2021 年 12 月 31 日	1.254	0.838	0.161	0.949

本章运用主成分分析法测度了海信视像的财务绩效,并且得到了每个主成分得分及综合得分。通过对 4 个维度财务指标进行主成分分析,可得出海信视像主成分得分和综合得分评价变化趋势图,见图 5-18。

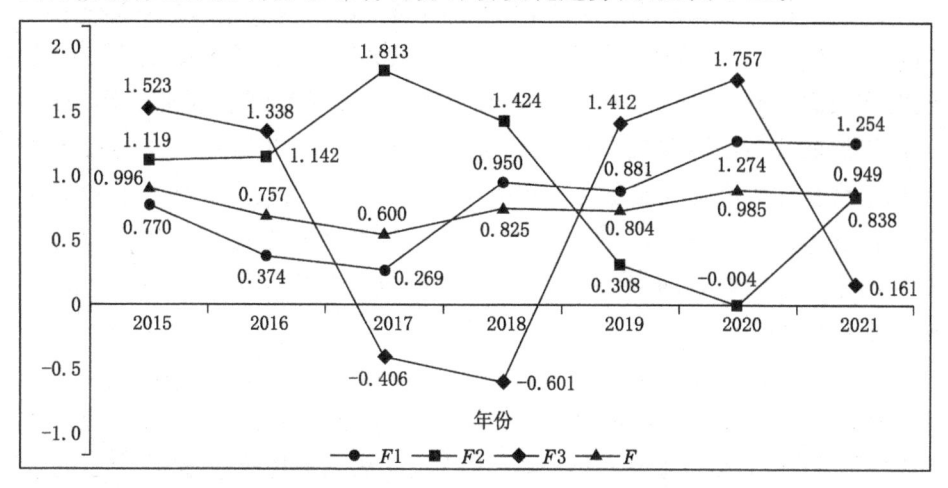

图 5-18　海信视像主成分得分和综合得分评价变化趋势图

由图 5-18 可知,2015—2021 年,各主成分得分和综合得分总体呈现先下降后上升趋势,其中 F_1 呈现明显上升趋势。F_1 主要反映海信视像期间的偿债能力和营运能力。海信视像的偿债能力和营运能力在并购前的 2015—2017 年不断下降,但在并购之后呈上升趋势。这说明并购给海信视像的偿债能力带来长期正向效应,并且在并购后海信视像的整合较为深入。F_2 主要反映的是海信视像技术并购期间的营运能力。海信视像的营运能力在 2018—2019 年呈现下降趋势,但是在 2021 年开始呈现上升的趋势。这说明在 2018—2019 年海信视像处于整合状态,在 2021 年整合逐渐完成深入,企业的指标也呈现正向发展。F_3 主要代表的是发展能力和盈利能力。海信视像的发展能力和盈利能力在并购完成后,即 2018—2019 年呈现大幅度上升。这说明并购对海信视像的发展能力和盈利能力带来正向效应。

图 5-18 中 F 反映了主成分分析对海信视像技术并购整合的综合评分,图中 F 绩效评价折线图可以分为两个阶段,第一个阶段为并购发生前,这一阶段的折线呈现不断下降趋势;第二个阶段在并购发生后,即 2018 年后,F 绩效评分呈现不断上升趋势。这说明 2018 年后海信视像整体绩效在不断上升。总体来看,通过主成分分析法得出海信视像并购东芝 TVS 之后所采取的一系列

整合行为对企业财务绩效水平起到了推动作用,企业财富效应递增。

(三)经济增加值分析法

经济增加值分析法以企业的净营业利润为出发点,通过对各事项进行调整,可以在部分程度上避免因会计政策主观倾向和会计准则缺陷导致企业粉饰利润的行为,使得计算结果能够更为客观真实地反映企业经济利润。经济增加值分析法不仅仅考虑了债务资本成本,同时将股权资本的使用成本也视为企业为经营获利所付出的成本之一。只有当企业实际经营利润大于全部资金使用成本时,才视为企业价值有所增加。相比单单从会计利润来判断企业经营绩效的情况而言,经济增加值分析法无疑能更加真实地反映企业价值的变动。

本章主要以海信视像2017—2021年的年度合并报表数据为基础,并结合国泰安数据库中的相关数据,根据经济增加值计算公式,计算出海信视像2017—2021年的税后净利润、资本投入总额和加权平均成本,最终得出海信视像2017—2021年的经济增加值,由此来进一步分析海信视像此次并购后整合对企业绩效的影响。

1. 经济增加值的会计调整

(1)资本化费用的调整

资本化的成本主要由培训成本、广告费用及研发支出构成。海信视像市场竞争力强,优势地位突出,但运营模式单一,更多的是靠技术研发、智能生产、创新实力等成为家电行业领导者。根据海信视像2017—2021年年报,海信视像资本化成本主要来自研发支出费用,为了便于研究,将研发费用支出摊销年限确定为5年,并对2017—2021年研发费用进行了调整,调整后的资本化费用见表5-13。

表5-13 海信视像资本化费用调整计算表　　　　　单位:万元

项目	2017年	2018年	2019年	2020年	2021年
营业利润	111 962.26	60 563.23	73 730.21	163 018.52	160 850.52
广告费用	67 651.29	97 878.55	86 345.77	72 275.06	80 632.71
研发支出	117 989.08	119 369.48	142 623.04	174 032.78	185 126.27
资本化费用额	185 640.37	217 248.03	228 968.81	246 307.83	265 758.97

表 5-13(续)

项目	2017 年	2018 年	2019 年	2020 年	2021 年
每年分摊	37 128.08	43 449.61	45 793.76	49 261.57	53 151.79
实际分摊	37 128.08	80 577.68	126 371.44	175 633.01	228 784.80
税后经营净利润调整额	148 512.30	209 190.35	102 597.37	70 674.82	36 974.17
对总成本的影响	148 512.30	357 702.65	460 300.01	530 974.84	567 949.00

资料来源:海信视像 2017—2021 年年报及计算所得。

(2) 营业外支出

在利用经济增加值指标进行企业评价与考核的过程中,营业外收支净额需扣除营业利润。同时,考虑到企业所得税,调整资本成本投入总额,海信视像营业外收入与支出调整见表 5-14。

表 5-14　海信视像营业外收入与支出调整表　　　单位:万元

项目	2017 年	2018 年	2019 年	2020 年	2021 年
营业外收入	6 122.76	3 577.07	8 431.05	4 655.46	7 750.91
营业外支出	4 254.44	3 604.66	5 814.72	3 310.12	3 075.46
营业外收支净额	1 868.32	−27.58	2 616.33	1 345.34	4 675.45
总成本的调整	1 401.24	−20.69	1 962.25	1 009.01	3 506.58

资料来源:海信视像 2017—2021 年年报。

(3) 递延税款

测算企业经济增加值,应从当期利润中减去递延所得税资产增加值,本期利润减去递延所得税负债增加额,调减递延所得税资产的增加额,同时将递延所得税资产期末余额调至投入资本,调增递延所得税负债期末。海信视像递延所得税调整见表 5-15。

表 5-15　海信视像递延所得税调整表　　　单位:万元

项目	2017 年	2018 年	2019 年	2020 年	2021 年
期末递延所得税资产	33 841.38	83 546.61	101 406.83	99 086.33	103 530.36
递延所得税资产变动额	−8 695.66	49 705.23	17 860.24	−2 320.50	4 444.03

表 5-15(续)

项目	2017年	2018年	2019年	2020年	2021年
期末递延所得税负债	0.00	17 804.00	20 195.65	19 279.34	16 691.65
递延所得税负债变动额	0.00	17 804.00	2 391.65	916.31	-2 587.69
对税后经营净利润的影响	8 695.66	-31 901.23	-15 468.59	3 236.81	-1 856.35
对总成本的影响	-33 841.38	-65 742.61	-81 211.18	-79 806.99	-86 838.71

资料来源:海信视像2017—2021年年报及计算所得。

(4) 资产减值准备的调整

以经济增加值为基础,以评价指标为思路,企业在计提资产减值准备过程中并没有出现资产实质性下降,这造成了企业实际经营利润和现金流的差异。故在计算经济增加值时,要冲回资产减值准备,从对应会计区间内减去实际减值损失。与此同时,企业资本总投入也得到了调整。海信视像资产减值损失以坏账损失居多,另存在存货跌价损失和固定资产减值。海信视像资产减值准备调整见表5-16。

表 5-16　海信视像资产减值准备调整表　　　　　单位:万元

项目	2017年	2018年	2019年	2020年	2021年
减值准备余额	5 826.01	7 780.10	6 868.44	6 982.26	5 938.36
减值准备变动额	-5 425.76	1 954.10	-911.66	113.82	-1 043.90
对税后经营净利润的影响	-5 425.76	1 954.10	-911.66	113.82	-1 043.90
对总成本的影响	5 826.01	7 780.10	6 868.44	6 982.26	5 938.36

资料来源:海信视像2017—2021年年报。

(5) 财务费用

海信视像财务费用包括汇兑损益、利息支出费用等。在会计调整中,需要对税后经营净利润的利息支出费用进行调高;利息资本化后计入营业外收入或资本公积。关于汇兑损益,类似偶发项目,不涉及企业的日常运作,计算企业经济增加值时,税后净利润应剔除掉。海信视像财务费用调整计算见表5-17。

表 5-17 海信视像财务费用调整计算　　　　　　　　　　单位：万元

项目	2017 年	2018 年	2019 年	2020 年	2021 年
财务费用	3 462.76	−788.66	−2 301.11	3 616.29	4 888.35
对税后经营净利润的影响	−733.46	8 615.73	8 088.72	−425.81	−2 355.76

资料来源：海信视像 2017—2021 年年报及计算所得。

（6）在建工程

企业在建项目还没有投入运营，就占用了企业的巨额资金，没有给企业本期带来大量经济利益流入，在建工程要在企业资本总额内扣除。海信视像在建工程调整见表 5-18。

表 5-18 海信视像在建工程调整表　　　　　　　　　　　单位：万元

项目	2017 年	2018 年	2019 年	2020 年	2021 年
在建工程	2 437.87	3 600.72	1 644.20	4 261.65	6 828.99
对总成本的影响	−2 437.87	−3 600.72	−1 644.20	−4 261.65	−6 828.99

资料来源：海信视像 2017—2021 年年报。

（7）公允价值变动损益调整

从海信视像市场财务报告来看，海信视像 2017 年年度未确认公允价值变动损益，在经济增加值会计事项的调整过程中，应反向调节税后经营净利润。海信视像公允价值变动损益调整见表 5-19。

表 5-19 海信视像公允价值变动损益调整表　　　　　　　单位：万元

项目	2017 年	2018 年	2019 年	2020 年	2021 年
公允价值变动损益	0.00	−151.10	955.60	4 373.46	4 655.98
对税后经营净利润的影响	0.00	151.10	−955.60	−4 373.46	−4 655.98

资料来源：海信视像 2017—2021 年年报。

（8）无息负债

在企业的经营过程中，无息负债并没有占用资本成本。无息付债主要由应付账款、预收账款、应付职工薪酬等构成。在企业经济增加值的测算中，应将无息负债排除在资本成本总额之外。海信视像无息负债调整见表 5-20。

表 5-20　海信视像无息负债调整表　　　　　　　单位:万元

项目	2017 年	2018 年	2019 年	2020 年	2021 年
应付票据	298 860.30	296 813.91	262 305.90	322 828.97	327 592.55
应付账款	452 190.60	470 862.51	439 003.06	507 239.25	565 068.34
预收账款	34 687.72	45 822.96	35 247.35	263.54	169.87
应付职工薪酬	11 380.97	17 259.72	22 646.26	38 664.20	40 716.79
应交税费	12 069.72	9 757.45	17 284.59	13 122.63	19 107.97
应付利息	192.00	525.86	96.30	96.30	96.30
应付股利	—	294.00	—	—	—
其他应付款	139 252.29	167 103.61	197 774.55	173 551.32	268 094.80
无息负债合计	948 633.58	1 008 440.03	974 357.99	1 055 766.21	1 220 846.62
对总成本的影响	−948 633.58	−1 008 440.03	−974 357.99	−1 055 766.21	−1 220 846.62

资料来源:海信视像 2017—2021 年年报及计算所得。

(9)税收调整事项

经济增加值税收调整应根据企业财务报告所得税费用做反向调整:调减会提高净利润的项目,调增净利润会出现下降的项目。调整金额乘以适用所得税税率,对企业征收所得税费用进行求和。经济增加值税收调整见表 5-21。

表 5-21　经济增加值税收调整表　　　　　　　　单位:万元

项目	2017 年	2018 年	2019 年	2020 年	2021 年
所得税费用	13 591.38	5 858.92	−4 342.88	11 807.14	6 001.53
+利息费用	2 729.30	7 827.07	5 787.61	3 190.48	2 532.58
−汇兑损益	3 462.76	−788.66	−2 301.11	3 616.29	4 888.35
+减值准备增加额	−5 425.78	1 954.10	−911.66	113.82	−1 043.90
−公允价值变动损益	0.00	−151.10	955.60	4 373.46	4 655.98
+营业外支出	4 254.44	3 604.66	5 814.72	3 310.12	3 075.46
−营业外收入	6 122.76	3 577.07	8 431.05	4 655.46	7 750.91
+资本化费用	148 512.30	209 190.35	102 597.37	70 674.82	36 974.17
经济增加值税收调整	154 076.14	225 797.77	101 859.61	76 451.17	30 244.60

资料来源:海信视像 2017—2021 年年报及计算所得。

(10) 税后净营业利润和投资总成本的计算

税后净营业利润调整见表5-22,投资总成本调整见表5-23。

表 5-22　税后净营业利润调整表　　　　　　　　单位:万元

项目	2017年	2018年	2019年	2020年	2021年
营业利润	111 962.26	60 563.23	73 730.21	163 018.52	160 850.52
＋资本化费用	148 512.30	209 190.35	102 597.37	70 674.82	36 974.17
＋财务费用	3 462.76	−788.66	−2 301.11	3 616.29	4 888.35
＋递延所得税资产(减少额)	8 695.66	−49 705.23	−17 860.24	2 320.50	−4 444.03
＋递延所得税负债(增加额)	0.00	17 804.00	2 391.65	916.31	−2 587.69
＋少数股东损益	6 050.96	15 436.37	25 082.22	33 011.09	45 747.68
＋资产减值准备	−5 425.76	1 954.10	−911.66	113.82	−1 043.90
−经济增加值税收调整额	154 076.14	225 797.77	101 859.61	76 451.17	30 244.60
税后经营净利润	114 985.81	38 060.77	91 258.65	193 178.09	202 896.37

资料来源:海信视像2017—2021年年报及计算所得。

表 5-23　投资总成本调整表　　　　　　　　单位:万元

项目	2017年	2018年	2019年	2020年	2021年
资产总额	245 6786.08	2 939 937.42	2 927 491.93	3 145 634.83	3 326 172.73
−无息负债	948 633.58	1 008 440.03	974 357.99	1 055 766.21	1 220 846.62
−在建工程	2 437.87	3 600.72	1 644.20	4 261.65	6 828.99
＋递延所得税项目	−33 841.38	−65 742.61	−81 211.18	−79 806.99	−86 838.71
＋资产减值准备	5 826.01	7 780.10	6 868.44	6 982.26	5 938.36
＋资本化费用	148 512.30	357 702.65	460 300.01	530 974.84	567 949.00
＋营业外收支累计额	1 401.24	−20.69	1 962.25	1 009.01	3 506.58
总成本	1 627 612.79	2 227 616.12	2 339 409.27	2 544 766.09	2 589 052.36

资料来源:海信视像2017—2021年年报及计算所得。

2. 加权平均资本成本的计算

加权平均资本成本是指以企业权益资本占总资本的比例和债务资本占

总资本的比例作加权平均后计算出来的资本成本。加权平均资本成本可用来度量企业资金的使用效果。加权平均资本成本（WACC）计算公式是：

加权平均资本成本＝债务资本成本×债务资本比例×（1－所得税税率）＋权益资本成本×权益资本比例

(1) 计算债务资本成本

债务资本成本指企业承担负债所需要的资金成本。负债中需要支付利息的负债的用途包括短期借款、长期借款和应付债券等。本章以报告期当期央行发布的 6 个月～1 年（含 1 年）的贷款基准利率和 3～5 年（含 5 年）的贷款基准利率分别作为海信视像的短期债务成本、长期债务成本，结合海信视像各年的财务报表数据，计算出海信视像加权债务资本成本。

$$\text{加权债务资本成本} = \text{短期债务成本} \times \frac{\text{短期债务总额}}{\text{债务资本总额}} + \text{长期债务成本} \times \frac{\text{长期债务}}{\text{债务资本总额}}$$

加权债务资本成本计算见表 5-24。

表 5-24 加权债务资本成本计算表

项目	2017 年	2018 年	2019 年	2020 年	2021 年
短期借款/万元	80 000.00	195 115.92	186 839.62	176 182.17	113 408.88
短期债务成本	4.35%	4.35%	4.35%	4.35%	4.35%
一年内到期的非流动负债/万元	—	82 057.35	100 699.90	20 276.38	551 366.68
长期借款/万元	650.00	120 785.00	53 845.00	50 650.00	650.00
应付债券/万元	—	—	—	—	—
长期债务成本	4.75%	4.75%	4.75%	4.75%	4.75%
债务资本总额/万元	80 650.00	324 106.65	250 754.61	228 859.81	169 195.55
加权债务资本成本	4.35%	4.50%	4.43%	4.44%	4.35%

资料来源：海信视像 2017—2021 年年报。

(2) 计算权益资本成本

$$K_s = R_f + \beta * (R_m - R_f)$$

其中，K_s 为权益资本成本，R_f 为风险报酬率，β 为市场风险系数，R_m 为加权平均收益率，$R_m - R_f$ 为市场风险溢价。

权益资本成本计算见表 5-25。

表 5-25　权益资本成本计算表　　　　　　　　　　　单位：万元

分析指标	2017年	2018年	2019年	2020年	2021年
无风险报酬率(R_f)	0.27	0.30	0.31	0.30	0.28
市场风险系数(β)	0.07	0.11	0.11	0.11	0.07
市场风险溢价(R_m-R_f)	0.64	0.65	0.66	0.69	0.47
权益资本成本(R_m)	0.71	1.00	1.03	1.05	0.62

(3) 计算加权平均资本成本

加权平均资本成本计算见表 5-26。

表 5-26　加权平均资本成本计算表

项目	2017年	2018年	2019年	2020年	2021年
债务资本比例	42.09%	47.76%	44.43%	44.45%	74.43%
债务资本成本/万元	0.44	0.45	0.44	0.44	0.44
所得税税率	0.25	0.25	0.25	0.25	0.25
权益资本比例	59.91%	52.24%	55.57%	55.55%	23.57%
权益资本成本/万元	0.71	1.00	1.02	1.05	0.62
加权平均资本成本	5.50%	6.82%	7.18%	7.29%	3.96%

3. 经济增加值的计算和分析

经济增加值＝税后净营业利润－投入资本总额×加权平均资本成本

海信视像 2017—2021 年每年的经济增加值见表 5-27。

表 5-27　经济增加值计算表　　　　　　　　　　　单位：万元

项目	2017年	2018年	2019年	2020年	2021年
税后净利润($NOPAT$)	1 149 85.81	380 60.77	912 58.65	1 931 78.09	2 028 96.37
投入资本总额(TC)	16 276 12.79	22 276 16.12	23 394 09.27	25 447 66.09	25 890 52.36
加权平均资本成本($WACC$)	0.55	0.68	0.72	0.73	0.40
经济增加值(EVA)	254 67.11	-1 138 62.65	-767 10.93	76 64.64	1 003 69.90

如表 5-27 所示,并购完成当年和并购后一年内的经济增加值均为负值。造成负值的原因,很大程度上是东芝 TVS 自身负债较多。为完成对东芝 TVS 的并购,海信视像花费了大量的资金,而其中的巨额资金投入,相当部分来自海信视像的债务资本,这对海信视像造成了巨大的财务压力,并且并购投入的资本不能在短时间内得到收益,这就是海信视像 2018—2019 年经济增加值出现负值的原因。但相对而言,本次并购还对股东权益起到了一定的维护作用。经济增加值以会计利润为目标进行调整,是为了能更真实体现企业盈利能力,2018 年度经济增加值从 2017 年度为正大幅下降为负。由此可见,并购当年海信视像并没有取得很好的经营,但是,它仅仅是一个短期的表现。2020—2021 年海信视像经济增加值为正,并呈增长趋势。由此可见,这次跨国并购正在向好,海信视像并购东芝 TVS 后的第二年便取得了成果,表明并购之后,双方资源都得到有效整合,建立了一种新的销售模式,资本创造价值效率与盈利能力都有所提高。随着海信视像在国际市场上的品牌影响力越来越大,全球化运营不断完善以及与东芝 TVS 进行更深一步的融合,海信视像将创下较好的业绩水平。

二、技术链整合前后创新能力分析

(一)新产品推出情况

以整合双方技术资源为前提,从消费者的需求出发,双方的技术资源整合需要获得一定的市场反馈,企业研发部门要以市场为导向,掌握产品研发的时间节点,创新产品,让新产品生产、消费者所需跟随着产品更迭。

2017—2021 年海信视像每年发布的新品数量不断增加,特别是从 2019—2021 年,始终保持 4~5 个。这表明海信视像通过技术整合,新产品产量大、生产速度快。海信视像 2017—2021 年新产品推出数量见图 5-19。

进一步分析企业新上市产品可知,在互联网逐步深化的过程中,在线教育与线上办公需求呈大幅上升态势。同时,随着移动设备与智能手机的普及以及智能硬件技术的不断发展,消费者对视频内容体验要求越来越高。海信视像感知市场需求,在在线教育、在线会议等领域上线了自己的在线系统平台。随着互联网技术的不断发展,越来越多的人开始使用移动终端上网浏览信息。另外,消费者对电视产品要求向画质清晰、大尺寸转变,海信

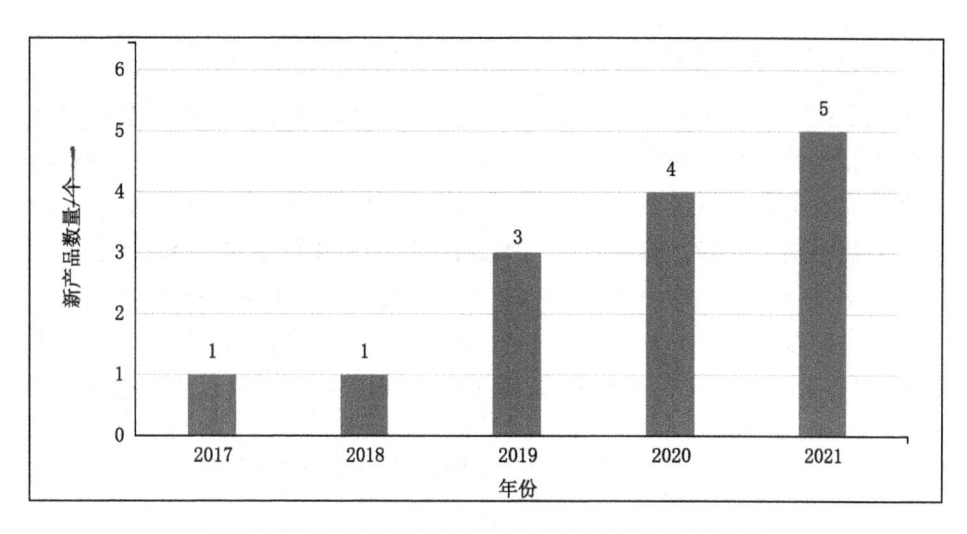

图 5-19 海信视像2017—2021年新产品推出数量

视像由此推出了更加满足消费者需求的多种电视产品,极大地充实了海信视像产品业务线。海信视像2017—2021年发布的新产品集中在智慧教育、智慧办公与显示器领域(见表5-28)。

表 5-28 海信视像2017—2021年推出新产品情况

年份	推出的新产品	所属领域	新产品数量/个
2017	双色4K激光电视、80英寸激光电视	显示器	1
2018	旗舰高端大屏电视、75寸全色激光产品、社交电视	显示器	1
2019	全场景会议及智慧平板、显示屏产品、OLED电视	显示器、智能会议、智能显示	3
2020	自由视频软件系统、曲面电视、线上课堂	智慧会议、显示器、软件系统、智慧教育	4
2021	超高清8K电视、旗舰款高端激光电视L9系列、首款4K高品质纯三色智能便携激光投影、全球首款8K激光电视、国内首个双8K VR超高清直播云平台	智慧教育、智慧办公、智能显示、显示器、软件系统	5

资料来源:海信视像年报整理所得。

（二）核心技术突破情况

核心技术是竞争制胜的利器，需要持续的创新。因此，企业要重视对自身核心技术的掌握与应用，这样才能立于不败之地。另外，掌握核心技术，产品才有话语权。核心技术是一种新的、有价值的技术，是一种能够使一种新产品在市场上获得优势的技术。因此，掌握和应用好关键技术，对于提升中国彩电产业核心竞争力具有重要意义。海信视像在并购东芝TVS之后，双方的技术资源是互补叠加、互相吸引的。海信视像通过研究和开发先进技术，对双方前沿技术进行集成，取得了更多核心技术突破（见表5-29）。

表5-29　海信视像2017—2021年核心技术突破情况

年份	核心技术突破项目	项目数量
2017	—	0
2018	1. 实现第三代画质芯片开发	1
2019	1. 推出信芯H3画质芯片 2. 海信护眼电视产品达到最低光辐射等级 3. 发布国内首款社交电视——海信社交电视S7 4. 解决OLED的技术壁垒	4
2020	1. 推出首款自主研发曲面、高刷新率的电竞显示器 2. 完成了对8K TCON芯片的流片和整机验证 3. 开发30英寸①级4K技术基准监视器和55英寸级4K导播专用监视器系列产品	3
2021	1. 电机变频控制MCU芯片已完成空调、洗衣机等整机验证 2. "离线"语音识别算法已完成家用空调整机验证 3. 研发智能化SoC芯片集成ISP和NPU等核心技术 4. 成功研发中国首颗全自研的8K AI画质芯片 5. 顺利研发AIoT人工智能物联网系列	5

资料来源：海信视像年报整理所得。

一是在核心技术突破量方面，在并购之前的2017年，海信视像核心技术突破项目0个。2018年，在并购之后，正向变化才得以启动，由2018年的

---

① 1英寸＝0.025 4米。

1个增至 2021 年的 5 个。可见,在进行并购之前,海信视像核心技术研发能力不强,在进行并购之后,海信视像着手进行新的探索,给其核心技术突破带来了生机。二是在核心技术突破项目方面,随着海信视像并购东芝 TVS,海信视像推出第三代画质芯片,在技术方面有很大提高。这种芯片不但配备了 SR 技术,而且运用了 3D 降噪技术,使企业在芯片技术上革故鼎新。2019 年,海信视像推出信芯 H3 画质芯片,这是东芝 TVS 在整合芯片资源方面的一次成功尝试,芯片配备了顶级影像技术,提高了画质清晰度,图像更流畅。与此同时,OLED 也是第一次被引入,填补了海信视像中 OLED 空白。海信视像之所以能在 OLED 电视上取得如此大的进展,得益于东芝 TVS 在 OLED 方面有着深厚的造诣。这次技术并购,双方的技术资源得到整合,破解了技术难题。同年,海信视像的激光市场也有了很大的突破,光辐射安全等级降到了最低光辐射等级。此外,海信视像第一款社交电视 S7 正式发布,产品施加语言处理,包括计算机视觉在内的许多人工智能技术,以互联网为语境,以云平台为支撑,打通了全场景应用智能家居功能。海信视像在 2020 年再次发布了第一款自主研发的曲面、高刷新率的电竞显示器。同年,还研发了 30 英寸级 4K 和 55 英寸级 4K 导播专用监视器等系列产品的技术设备。这一产品不但获得央视电视台追捧,还可用于部分超清节目记录场景,这意味着中国已经摆脱了这一领域对日韩产品长期以来的依赖。2021 年,海信视像成功研发中国首颗全自研的 8K AI 画质芯片,该芯片在运动估计、运动补偿、叠屏显示控制、图像超分辨率提升、多分区动态背光控制、动态对比度增强等对用户体验有重要意义的多方面均处于国内行业领先地位,提升了未来在全球高端显示器市场上的竞争力。与此同时,海信视像顺利研发 AIoT 人工智能物联网芯片,研发的电机变频控制 MCU 芯片已完成空调、洗衣机等整机验证,研发的"离线"语音识别算法已完成家用空调整机验证。另外,海信视像还研发了智能化 SoC 芯片集成 ISP 和 NPU 等核心技术。

综合来看,海信视像在技术并购东芝 TVS 之后,突破了很多技术难题,创新效果比较理想。

(三)发明专利申请数量提升幅度

专利申请数量能够更加直观反映企业研发效益,且受外部环境干扰小,可作为相对客观的衡量指标。专利申请量的多少与企业的技术实力密切相关,专利申请量越多,表明企业技术实力越强,这一指标可以更好地解释创新绩效。

2016—2021年海信视像在专利申请数量上呈先降后升的态势。由此可见,并购前2016—2017年,海信视像研发能力处于瓶颈期,造成专利申请数量不断减少,技术并购完成当年,即2018年,申请专利数量仍在减少,这是因为海信视像与东芝TVS的技术整合需要时间。从2019年起,海信视像专利申请数量就一直在增长,而且增长的速度较快,这说明海信视像已经将东芝TVS的技术成功地应用到了现实中。海信视像2016—2021年专利申请数量见图5-20。

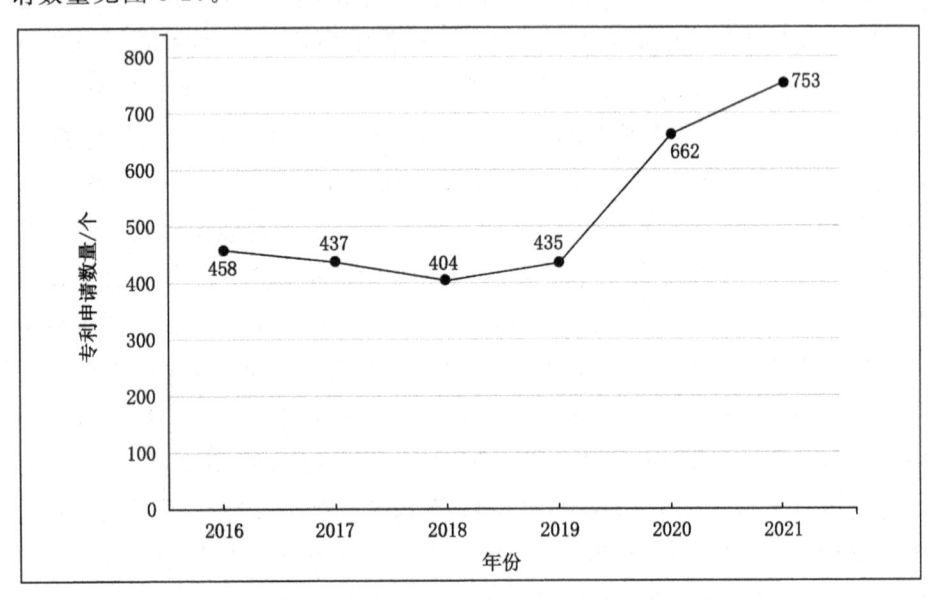

图5-20　海信视像2016—2021年专利申请数量

（四）发明专利申请占比

与外观型专利、实用型专利相比,发明专利具有更强的技术性,可推动企业在创新大战中展开实质性的革新。发明专利的比重越大,说明企业越具备创新性。海信视像2016—2021年发明专利申请数量见图5-21,海信视像2016—2021年发明专利占比情况见图5-22。2018年,海信视像在进行技术并购之后,随着东芝TVS技术的引入,海信视像的发明专利比例达到了一个高峰,约为0.91,虽然在2019—2021年发明专利比例有一些下降,但是最终都保持在 0.8 左右。虽然海信视像的发明专利比例有所下降,但是它的发明专利数量却有了很大的增加。由此可见,海信视像和东芝 TVS 的资源整合,对海信视像专利数量提高起到一定的正向作用。

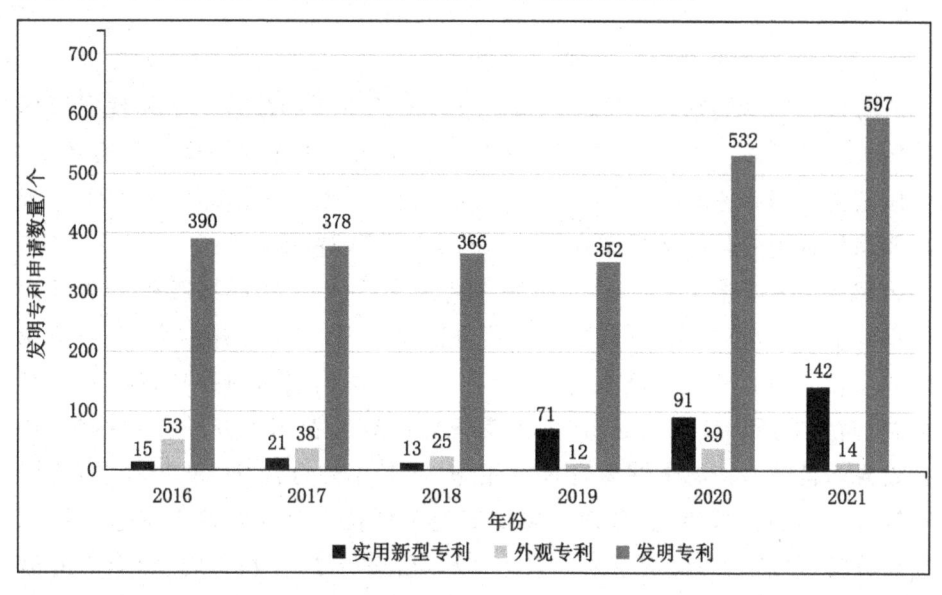

图 5-21 海信视像 2016—2021 年发明专利申请数量

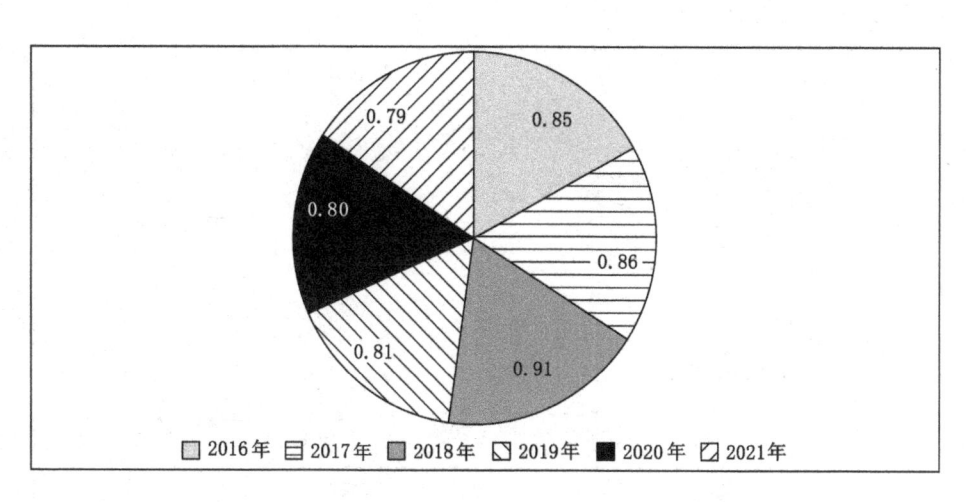

图 5-22 海信视像 2016—2021 年发明专利占比情况

整体来看,海信视像与东芝 TVS 各自领域研发水平比较高,且双方专利技术优势互补。双方通过整合技术资源,加强研发团队联系,有力推动了海信视像专利产出,促进了海信视像研发成果的产出。

三、技术链整合前后非财务指标分析

(一) 文化及营运管理分析

海信视像并购东芝 TVS 后,文化整合方面取得的绩效主要体现在管理费用率下降方面。因此,本章利用管理费用率来分析企业的文化整合效果,利用销售费用率来评价内部运营管理有效性。海信视像 2017—2021 年管理及销售费用变化趋势见图 5-23。2017 年的管理费用率为 3.53%,2018 年的管理费用率降至 1.64%。即使海信视像为并购东芝 TVS 发生金额巨大的审计费用、服务费用、评估费用和其他管理费用,但是在并购当年,海信视像营业收入却有较大幅度提升,所以并购当年海信视像的管理费用率没有提高,而是有所降低。由此可见,海信视像的管理费用得到了有效控制,整合效果非常明显。海信视像管理费用率 2019 年略有提高,为 1.70%,这属于管理费用的正常变化,管理费用依旧处于低位。对管理费用率这一指标进行分析可发现,海信视像并购东芝 TVS 后进行了有效的文化整合。海信视像通过对东芝 TVS 管理制度进行整改,利用自身较为良好的管理经验提高了整合后的管理效率。

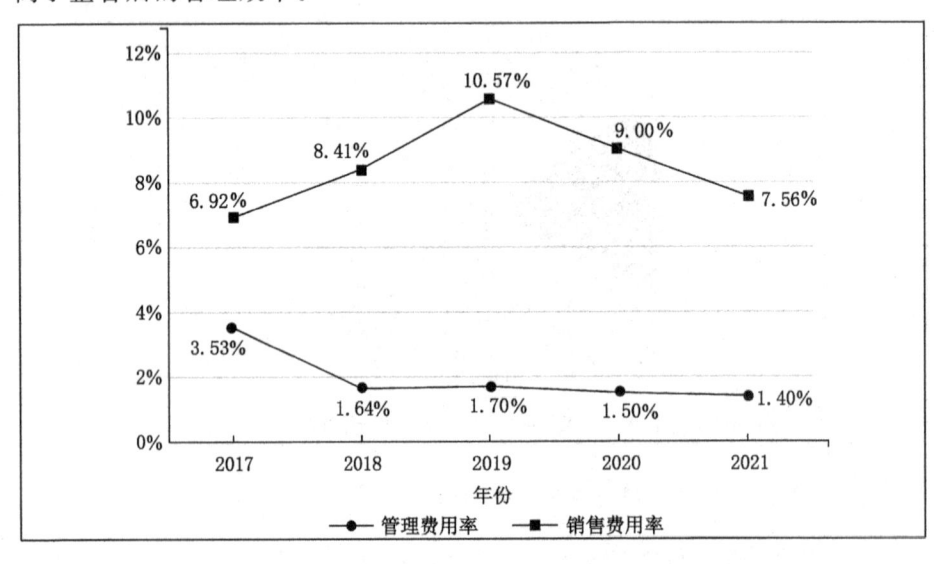

图 5-23　海信视像 2017—2021 年管理及销售费用变化趋势图

家电产品的销售情况如何关系到企业的生存与发展,海信视像作为家电销售企业,始终注重销售环节,其销售成本居高不下属于正常情况。海信视像2017年销售费用率为6.92%,2019年销售费用率提高到10.57%,这是因为东芝TVS首次实现扭亏为盈,销售费用明显增加。2020—2021年,海信视像销售费用率有所降低,这说明企业所投销售费用产生的回报较大,企业渐渐地开始控制销售费用率,并获得一定成效,资本运行效率提高。随着海信视像的不断整合,海信视像的费用控制将会取得更大的成效。

(二)学习与成长分析

并购整合中,企业员工剧增,销售、生产、财务及行政人员均会大幅度增加。海信视像并购东芝TVS后,东芝TVS大多数原始成员被纳入海信视像。海信视像员工学历构成情况见表5-30。海信视像员工专业构成情况见表5-31。

表5-30 海信视像员工学历构成情况　　　　单位:名

受教育程度	2017年	2018年	2019年	2020年	2021年
高中及以下	11 909	12 069	11 101	11 497	10 401
本科或大专	7 153	7 615	6 859	6 579	6 164
硕士及以上	1 114	1 322	1 501	1 633	1 820
合计	20 176	21 006	19 461	19 709	18 385
硕士及以上占比	5.53%	6.29%	7.71%	8.29%	9.90%

表5-31 海信视像员工专业构成情况　　　　单位:名

专业类别	2017年	2018年	2019年	2020年	2021年
生产人员	7 918	8 849	7 823	8 837	7 595
销售人员	9 472	8 955	8 423	7 513	6 985
技术人员	2 171	2 577	2 799	2 835	3 339
财务人员	289	304	176	302	270
行政人员	326	321	240	222	196
合计	20 176	21 006	19 461	19 709	18 385

从表 5-30 来看，研究生的占比呈逐年上升趋势，说明企业并购整合后，企业整体学习能力有所提升。2018—2021 年企业的人数在减少，但是高学历的比例有所增加。这说明企业在并购过程中一直在接收受过良好教育的员工，并提高其学习和成长的能力。海信视像通过并购整合，持续引进高学历人才。从表 5-31 来看，虽然生产人员等专业的职员人数在不断减少，但是技术人员的数量持续增加，这说明海信视像在并购后注重技术研发人员的整合，使得其研发能力得到了提高。海信视像的薪酬政策主要根据岗位价值评估、个人绩效考核并结合企业经营效益来制定；同时还建立了 KPI（关键绩效指标）为主、绩效考核指标为辅的考核体系，使评价结果与被评价者的收入联系起来，主动激发员工的主观能动性，以员工成长为动力，引领企业不断成长。

海信视像的培训计划分为入职培训和在职培训两大类，主要依靠内部海信学院举办的系统培训以及外部甄选的高质量培训。培训重点是专业与管理两个方向。海信视像把人才提升列为战略目标实现的关键因素，并提出股权激励计划，增强了全团队成员工作效能与活力，做到组织与个体共同发展，同时还建立了企业文化团队，增强组织的向心力和凝聚力。通过此次并购整合，海信视像将人才更好地凝聚起来，为后续的发展壮大提供后备军团队。

Chapter 6
第六章

技术跨部性并购路径演进与业绩承诺预防机制
——以美的集团和浙江富润为例

2021年国家"十四五"规划提出坚持以战略驱动为导向，秉持原始创新与颠覆性革新理念，抢占未来竞争核心制高点，促使我国在高质量发展道路上行稳致远。在各领域技术存量迅速增加、信息技术蓬勃发展和企业间过度竞争现象持续升级的背景下，寻求跨部性技术资源成为很多中国本土企业争先恐后谋求转型发展的破局之道。为了顺应在跨领域技术融合环境下保持竞争优势的内在需求，中国本土企业已经掀起一股跨国技术跨部性并购热潮。这些企业期望借助跨界资源的匹配与融合为自身注入新发展动能、建立新技术优势、寻找新发展方向，但技术跨部性并购机遇和挑战同在，优势与风险共存，值得深入探析。

第一节 美的集团技术跨部性并购德国库卡的得与失

一、并购双方简介

（一）美的集团简介

美的集团股份有限公司（简称美的集团）创立于1968年，总部位于广东省佛山市。美的集团最初专注于汽车零配件生产，后于1980年正式进军家电行业。企业于2013年9月18日成功在深交所上市，并发展成为一家拥有两家子公司的企业。2016年，美的集团首次跻身《财富》世界500强企业榜单。截至2019年，企业全年营业收入达到2782亿元，位列中国家电行业的领军地位。美的集团主营业务涵盖消费家居产品这一品类，包括家电和物流等领域。企业经过多年发展，形成了五大经营板块，分别是智能家居事业群、机电事业群、暖通与楼宇事业部、机器人与自动化事业部以及数字化创新业务。这一全新的组织结构旨在更好地满足市场需求，提供多样化的产品和服务，也使得美的集团在行业中的整体变革体现了其持续创新和适应市场变化的能力。

20世纪90年代末，美的集团开始通过并购战略扩展产业链。起初，美的集团将家用电器定位为主营业务，从购买压缩机产品以建立完整的空调制造产业链为开端，到逐步涉足电冰箱和各类厨房电器市场，实现了家用电器的多元化策略。从最初的单一产业到多元化发展后，美的集团开始着手布局全产业链，并且以技术跨部性并购德国库卡为起点，展开了跨部性并购机器人、电梯、医疗等领域的转型之路，逐渐从传统家电企业转型为集多元化业务为一体的科技集团。截至2023年，美的集团已经在全球范围内拥有200多家子公司和35个研发中心及科研基地，业务遍及200多个国家和地区。这一演变过程不仅展现了美的集团对产业链的全面布局，还突显了其转型为科技集团的成功实践。通过跨部性并购，美的集团在不同领域广泛涉足表明了其对多元化经营和全球市场战略的重视。美的集团主要历史并购事件见表6-1。

表 6-1 美的集团主要历史并购事件

时间	事件
1998 年	并购日本东芝万家乐的空调压缩机业务
2001 年	并购日本三洋的磁控管工厂
2004 年	并购重庆通用,进入大型中央空调领域
2005 年	并购江苏春花电器,为吸尘器产业发展奠定了基础
2008 年	并购无锡小天鹅,做大做强冰箱、洗衣机等家电行业,进军照明行业
2010 年	海外全资控股子公司并购埃及米拉科公司,布局非洲
2011 年	并购建立巴西生产基地,拓展南美洲市场
2012 年	合资建立印度生产基地,拓展东南亚市场
2016 年	并购东芝白色家电业务
2016 年	并购意大利中央空调企业克来沃 80% 股权
2016 年	并购德国工业机器人制造商库卡
2017 年	并购以色列高创公司的工业自动化业务
2018 年	并购小天鹅,丰富企业产品组合
2020 年	并购合康新能的工业变频器、伺服系统

(二)德国库卡简介

德国库卡,简称库卡,是一家总部位于德国奥格斯堡的上市公司,成立于 1898 年,1980 年在德国法兰克福证券交易所上市。库卡最初潜心制造室内和城市照明产品,随后在其发展历程中逐步扩展业务范围,涵盖焊接技术和汽车制造领域。经过多年发展,库卡成长为一家提供智能自动化解决方案的全球机器人企业。库卡在机器人自动化领域经营多年,客户群几乎涵盖主要汽车制造商,同时也是欧洲、北美、南美以及亚洲主要汽车配件及综合市场的主要供应商。此外,由于库卡在顾客关系管理方面表现出色,因此积累了稳固的客户基础。在产品组合方面,库卡拥有广泛的产品线,涵盖工业机器人、自动生产线、金属加工、医药科技、食品制造、机械、工业生产安全以及传感器技术等领域。这种多元化的产品组合使得企业能够跨界不同行业,为客户提供多样化的解决方案,从而增强企业在市场上的竞争力和占有率。库卡重大事记见表 6-2。

表 6-2　库卡重大事记

时间	事件
1898 年	库卡在德国奥格斯堡成立
1966 年	成为欧洲市政车辆的市场领导者
1973 年	库卡制造出世界上第一台采用机电六轴驱动的机器人,取名为"FAMULUS"
1995 年	成立库卡机器人有限公司
1996 年	库卡开发出世界第一台基于 PC 的机器人控制系统
1998 年	将机器人生产交付给奥迪公司位于长春的汽车厂,开始进军中国
2001 年	库卡开发出世界上第一台客运工业机器人,取名为"Robocoaster"
2012 年	最小型机器人系列 KR AGILUS 上市
2014 年	推出首款人机协作机器人 LBR iiwa

库卡在多个领域开展业务,主要服务于汽车行业、物流产业以及健康医疗等领域,提供信息系统整合服务。库卡旗下的企业分为三个主要的业务板块。第一个主要板块主要专注于研发、生产和销售应用于自动化生产流程的核心智能化机器人。第二个主要板块负责设计和建造高智能生产体系,涵盖整个工厂价值链的集团控制系统。第三个主要板块业务由瑞仕格医疗负责,致力于为企业各领域的研发和创新过程提供自动化系统的技术方案。这种分业务板块的组织结构使得库卡能够全面覆盖多个产业领域,提供广泛的智能化解决方案。

二、美的集团并购德国库卡的动因分析

(一)推进美的集团"双智"战略实施

在中国国内多个行业中,白色家电行业拥有世界范围的竞争实力。但在经过几年的高速成长之后于 2014 年见顶,从 2014 年下半年白色家电行业市场增长率开始降低,家电企业的整体业绩出现了平稳甚至下滑态势。美的集团 2014 年营业收入达到 1 423 亿元,但在 2015 年营业收入为 1 393 亿元,同比下降 2.11%,美的家电产品增速趋缓,利润率下滑已经是不争的事实。美的集团 2010—2015 年营业收入增长趋势见图 6-1。因此,受国家

有关政策的支持以及中国传统工业转型升级战略的推动,家电企业开始先后出手实施了巨额并购,以加快全球性与多元化市场的拓展进程。

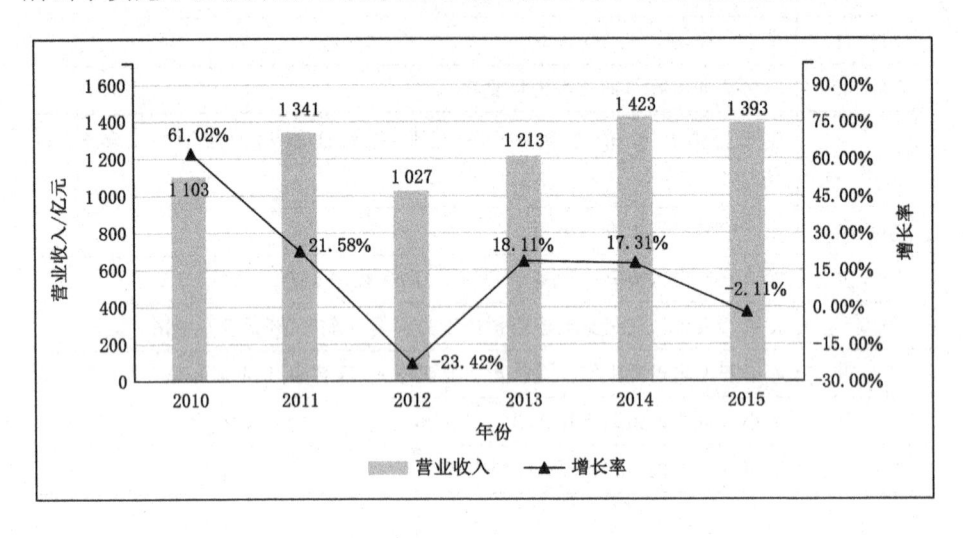

图 6-1　美的集团 2010—2015 年营业收入增长趋势图

（资料来源:美的集团年报）

2015 年,中国正式出台了《中国制造 2025》的发展战略,并将"智能制造"作为核心策略。同年,美的集团又明确提出了"智能家居＋智能制造"的发展策略。在工业机器人领域方面,美的集团希望通过采用"智能制造＋工业机器人"的新管理模式,全方位整合提高企业智能化生产与管理水平。国际四大机器人企业中仅以自动化机器人专业为主营业务的库卡,拥有着机器人专业核心控制技术,在各个应用领域具有丰富的集成运用经验,并在汽车应用领域的市场占有率中居于领先地位。

库卡的主营业务范围较为集中,工业机器人和仓储物流自动化这两个主营业务项都十分符合美的集团智慧制造业的发展战略布局。美的集团在不断开拓国内市场、维护主营业务的时候并购库卡,一方面有利于提高美的集团本身的技术,另一方面有利于美的集团寻求新的业绩增长点,能够快速推进美的集团"双智"战略部署。具体来说,"智能化家居"和"机器人智能制造业"的发展战略先后瞄向了服务机器人交易市场和工业自动化机器人交易市场。2015 年,美的集团设立了服务机器人事业部,在机器人产业领域上全方位布局。此时的全球金融市场风起云涌,不少具备实力的国内企业也开始迈出国门,为了开拓海外市场,更是引发了跨国并购浪潮。美的集团迅速提出了以跨国并购来促进行业转型升级的策略,借助库卡来推动企业"双智"战略实施。

(二)资源优势互补

自2013年起,中国已然成了全球工业机器人消费第一大国,智能化工业机器人的产业市场增长率基本保持在20%左右。目前,中国工业、制造业应用领域正向着工业生产智能化的大趋势转变,美的集团在看到了中国国内自动化机器人行业的巨大发展空间与市场潜力之后,于2015年在企业内部成立了自动化机器人事业部,并开始全面进入中国人工智能机器人应用领域。美的集团希望利用库卡的技术优势来推进企业产品服务更新。库卡在工业机器人生产方面有40余年的历史,在工业自动化机器人产品领域有着很高的声誉,且以库卡的技术背景和已有资源吸引了很多智慧制造业应用领域的企业。从产业结构上分析,库卡的收入大部分来源于自动化机器人服务,还有一大部分来自控制系统业务,这两大块业务占主营业务收入的80%。库卡的分部门收入情况见表6-3。

表6-3 库卡的分部门收入情况

项目	2016年1—3月		2015年		2014年	
	金额/万欧元	占比	金额/万欧元	占比	金额/万欧元	占比
机器人业务	21 040	33.44%	90 960	30.67%	83 460	39.82%
系统业务	29 190	46.40%	147 130	49.61%	128 560	61.34%
瑞士格	13 610	21.63%	62 080	20.93%	—	—

资料来源:库卡年报及季报。

美的集团是中国本土的家电企业,在全国范围内享有很高的市场份额,已形成一个完整的营销网络。美的集团线上的业务渠道主要在天猫以及苏宁上面,线下的业务渠道主要包括美的集团各大实体门店,实体门店不仅仅限于大中型城市,也触及了很多中小城市及偏远地区,销售范围的覆盖率已经超过了百分之九十。因此,美的集团在国内拥有巨大的销售市场,其知名度也已经在国内打响。相比较而言,库卡的收入在2015年虽有较大提高,其来自欧洲和北美的收入共计177 410万欧元,占比为59.82%;但库卡来自亚洲和其他地区的收入为 57 360 万欧元,其在总体中占比仅为 19.34%,由此可以看出其中大部分增长来自欧洲和北美等地区。美的集团对库卡的并购在较大程度上增加了库卡的顾客群,使其收入来源更为国际化。库卡的分地区收入情况见表 6-4。

表 6-4 库卡的分地区收入情况

项目	2015 年		2014 年	
	金额/万欧元	占比	金额/万欧元	占比
德国	61 820	20.84%	64 720	30.88%
欧洲其他国家	73 840	24.90%	45 960	21.93%
北美	103 570	34.92%	59 610	28.44%
亚洲和其他地区	57 360	19.34%	39 280	18.75%
营业收入总计	296 590	100.00%	209 570	100.00%

资料来源:库卡年报。

综上所述,若能并购库卡,美的集团则能利用库卡的技术优势,增强美的集团的工业机器人技术和智能化水平,从而降低成本,增加效益。库卡也能利用美的集团巨大的国内市场优势,扩大销售份额,提高销售收入。

(三)开拓机器人市场

美的集团一方面立足白色家电市场,以提高自身在国内外市场上的产品实力,另一方面将视线投向了机器人业务和国外市场,以期进一步扩大自身的国际市场势力。中国机器人销售额稳步增长,机器人需求量不断增加,机器人市场存在着巨大的发展潜力。2015—2021 年中国工业机器人销售额见图 6-2。

目前,由于国内大多数工业机器人的关键技术仍处在研究阶段,中国本土企业还无法通过企业技术创新迅速扩大生产规模和实现国际化经营,所以企业并购就变成了最优路径。库卡在工业机器人制造技术与自动制造装置方面都处在世界领先地位,主要有工业机器人和系统服务两大业务板块。由于目前国内自动化机器人进展比较迟缓,国内机器人市场又有着巨大的潜力,美的集团并购库卡,可以发挥双方优势,迅速地启动并拓宽国内外的工业机器人市场。

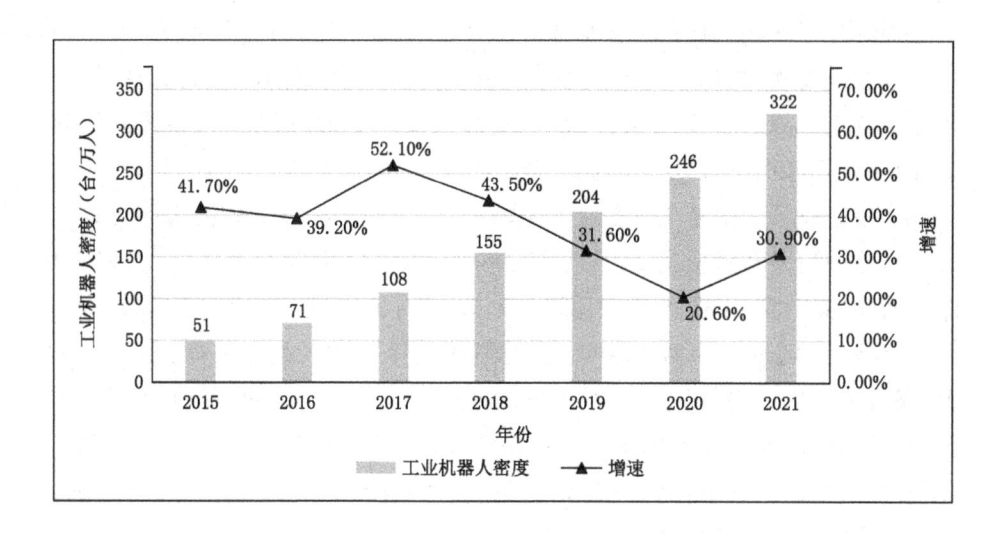

图 6-2　2015—2021 年中国工业机器人销售额

(资料来源:国家统计局)

2015年,美的集团在线下营销和电商领域持续拓展,业务规模急速增长,对物流运输服务提出了更高要求。随着美的集团业务量的增加,企业深入推动国内物流资源合作和社会化物流资源整合,全球范围内启动了17个省市的物流配送综合协作,完成了端到端物流配送系统的建设。除了与自动化机器人相关的行业外,库卡还并购了自动化仓储和物流配送领域的老牌企业瑞仕格。瑞仕格为医院、仓库、物流管理及分配管理中心等多个应用提供了卓越的智能化服务和配送服务解决方案,其营收占库卡总营收的近20%。通过这次并购,美的集团不仅得到了瑞仕格丰富多元的配送设备产品,还能根据配送服务需求,量身定制配送运输解决方案,以提高配送服务的自动化和智能化管理水平,改善配送仓储管理品质和物流效能。此外,美的集团旗下的安得物流有限公司在国内管理了超过60个库房,总物流建筑面积达到500多万平方米。随着库卡的并购,美的集团的配送服务大大受益。

三、美的集团并购德国库卡的过程分析

早在2015年年初,美的集团就开始着手筹备并购库卡,并在之后一段时间内展开了一系列的战略布局和并购计划。到2016年年中,美的集团首次宣布拟出资273亿元对库卡展开并购。随后,库卡管理层对美的集团提

出的条件表示欢迎,并明确了企业在2016—2020年的销售目标为10亿欧元。双方达成共识,如果美的集团能与库卡通力协作,打开市场,完成目标,则双方将建立战略合作关系。随后,美的集团内部召开股东大会正式决定是否并购库卡,该决议在董事会内部高票通过,标志着并购计划迈出了重大一步。根据德国当地法规,美的集团需要向库卡的股东提交正式的并购请求。而后由当地金融监管部门批准并购请求,并要求美的集团提交并购文件。因此,美的集团子公司MECCA启动了对库卡所有股份的要约并购。2016年8月,随着要约期的结束,美的集团与库卡的谈判最终达成一致:此次并购,美的集团将并购库卡约82%的股份,加上之前已拥有的约13%的股份,最终美的集团持有库卡94.55%的股份,实现绝对控股权。2016年年底,多个国家的监管机构纷纷对这一并购事件表示支持,直至2017年年初,此次并购的相关交易事项圆满完成。2017年1月6日,美的集团正式支付了37.07亿欧元的总并购金额,成为库卡的绝对控股股东。此次并购的资金主要来自美的集团的自有资金和银团贷款。交易价格相较于库卡2016年5月17日的收盘价84.41欧元,并购溢价率达到36.24%。与其他战略投资者对大型德国上市公司并购交易的平均溢价46%相比,这次并购的溢价处于合理范围内。

然而,美的集团于2021年11月24日披露了《关于全面收购KUKA Aktiengesellschaft股权并私有化的自愿性信息披露公告》,最终还是决定落实对库卡股权的全面并购和私有化计划。2022年3月26日,美的集团正式确定了拟并购价格,决定以每股80.77欧元的价格全面并购库卡,总支付对价约为1.5亿欧元,最终间接合计持有库卡100%的股权。在经过库卡2022年5月17日的年度股东大会审议后,私有化相关事项得以通过。美的集团管理层明确表示,这一私有化决策是双方的共同选择,并将继续遵守之前签署的投资协议。美的集团在公告中明确了私有化完成后,库卡将成为其全资子公司,并将在法兰克福交易所退市。这一私有化决策将有助于美的集团更专注于业务经营,同时提升在机器人与自动化领域内部资源的协同和共享,为未来的战略布局提供了清晰的方向。

从美的集团并购决定发布到最终交易的全部完成,共耗时7年之久,这是一次耗时较长的跨国并购,并购的资金由企业的固有资金与借款完成。美的集团并购库卡进程见表6-5。

表 6-5　美的集团并购库卡进程表

时间	事件
2015 年 8 月 21 日	美的集团首次买入库卡股份,持股比例为 5.43%,成为库卡的第四大股东
2016 年 2 月 3 日	公布要约并购意向,将持股比例提升至 10.22%,成为库卡第二大股东
2016 年 5 月 18 日	美的集团发起要约并购,拟以每股 115 欧元并购,有意增持股份超过 30%
2016 年 6 月 15 日	美的并购文件通过德国金融监管部门审批
2016 年 6 月 16 日	正式启动要约并购
2016 年 8 月 4 日	要约期结束,美的集团接受了库卡 81.04% 的股份
2016 年 12 月 30 日	满足并购所有的成交条件,并购交易取得各国监管机构的批准
2017 年 1 月 6 日	美的集团支付并购总金额 37.07 亿欧元,正式持有库卡 94.55% 的股份
2021 年 11 月 24 日	美的集团再次发布公告,拟通过全资子公司广东美的电气有限公司全面并购库卡股权并私有化
2022 年 11 月 15 日	美的集团完成并购,间接合计持有库卡 100% 股权

四、技术跨部性并购的商誉减值风险分析

(一)巨额商誉增加减值风险

美的集团本次要约并购库卡的每股价格为 115 欧元,相较于发出要约前一天的股票收盘价每股 84.41 欧元,呈现 36.24% 的溢价。此次并购使得美的集团在取得库卡所有权时形成了较高的商誉。

2017 年 1 月 6 日,美的集团以 37.07 亿欧元的对价完成对库卡的并购交易,并购了库卡 3 223 万股,加上此前已持有的 13.51% 的股份,美的集团成为库卡持股 94.55% 的股东。库卡的资产负债表显示,交易日的账面净资产为 61 亿元,在评估后上升至 104 亿元,其中主要体现在对无形资产的评估增值达到 43 亿元。换句话说,美的集团以库卡账面净资产的 5.29 倍完

成了这次并购。截至 2017 年年底,美的集团的商誉价值高达 289.04 亿元。此次并购属于要约并购,由于库卡没有提供详细的未公开资料,因此美的集团的评估主要基于对库卡在市场上的战略独特性、市场地位、品牌和技术水平的详细评估,而非依赖于评估报告。这种情况下,美的集团存在较大高估库卡价值的可能性,导致形成高额商誉。

截至 2021 年 12 月 31 日,美的集团的账面商誉总额为 278.75 亿元,其中包括 2008 年并购小天鹅产生的 14 亿元商誉以及 2016 年并购东芝 TVS 形成的 29 亿元商誉,这导致商誉占净资产的比例从 2015 年的 4.27% 上升到 2016 年的 8.31%。然而,2017 年美的集团并购库卡所形成的 222.03 亿元商誉使得商誉占净资产比例从 8.31% 飙升至 34.86%,除此之外,账面上还存在其他 67.01 亿元商誉。这表明,美的集团通过并购库卡所创造的商誉比以往商誉总和还要多,对企业资产状况产生了重大影响,需要引起管理层、投资者以及利益相关者的密切关注。截至 2019 年年末,美的集团对其以色列子公司 SMC 的资产组合计提减值准备为 5.52 亿元,2020 年减值准备为 5.17 亿元,差额为 0.35 亿元,主要是由于外币报表折算差异。然而,自从并购库卡和东芝 TVS 以来,美的集团并未披露对其计提商誉减值准备的情况。美的集团 2015—2021 年商誉情况见表 6-6。

表 6-6　美的集团 2015—2021 年商誉情况

项目	2015 年	2016 年	2017 年	2018 年	2019 年	2020 年	2021 年
商誉/亿元	23.93	57.31	289.04	291.00	282.07	295.57	278.75
净资产总计/亿元	560.32	689.77	829.25	924.55	1 074.96	1 242.37	1 348.25
商誉占比	4.27%	8.31%	34.86%	31.48%	26.24%	23.79%	20.67%
商誉减值/亿元	—	—	—	—	5.52	5.17	5.05

资料来源:东方财富网。

仅凭商誉的绝对值难以确定美的集团商誉是否属于高额商誉,因此,我们需要将美的集团的商誉与行业均值进行对比。通过参考张新民等(2018)的研究,商誉数据以证监会 2012 年颁布的《上市公司行业分类指引》为依据,对相关行业商誉进行了统计。美的集团商誉与行业均值对比情况见表 6-7。由表 6-7 可知,美的集团的商誉值远超过行业均值,这进一步凸显了美的集团在并购库卡后的账面商誉额相对较高，显然属于高额商誉。2022年美的集团半年度报告显示，美的集团的商誉高达271.1亿元。同时，在并购库卡后，美的集团未计提商誉减值，这也在一定程度上带来了潜在的商誉减值风险。由于商誉属于企业资产的重要组成部分，其高额账面价值可能意味着较大的风险敞口。因此，美的集团在经营中需时刻警惕商誉减值的风险，采取适当的风险管理措施，以确保企业的财务健康和可持续发展。

表6-7 美的集团商誉与行业均值对比情况　　　　　　　　　单位：亿元

项目	2013年	2014年	2015年	2016年	2017年	2018年	2019年	2020年	2021年
美的集团	29.31	29.32	23.93	57.31	289.04	291	282.07	295.57	278.75
行业均值	0.71	1.14	2.34	5.94	6.96	6.20	5.32	5.04	4.60

资料来源：CSMAR数据库。

（二）预期超额收益暂未体现

2017—2020年，库卡净利润下滑明显，分部利润连续多年亏损，直到2021年才出现业绩回升。美的集团在披露的年报中按照提供不同产品或服务、或在不同地区经营的业务单元分成四个报告分部，本章将机器人及自动化系统分部视为库卡。并购后库卡的表现并不尽如人意，2017—2021年库卡部分财务数据见表6-8。2017—2020年，库卡营业收入、净利润、分部利润并没有大幅的增长，甚至存在波动和衰退的迹象，未实现对集团的利润贡献。直至2021年库卡营业能力才有所提升，这也是美的集团继续并购库卡并私有化的原因所在。

表6-8　2017—2021年库卡部分财务数据

项目	2017年	2018年	2019年	2020年	2021年
营业收入/亿元	271.4	254.4	249.5	206.5	258.5
同比	26.0%	−6.3%	−1.9%	−17.2%	25.2%
净利润/亿元	6.9	1.0	0.8	−8.3	3.1
同比	2.2%	−85.6%	−23.6%	−1 162.9%	137.3%
分部利润/亿元	−17.1	−2.4	−4.4	−11.3	3.7

资料来源：美的集团披露年报。

库卡营收情况见图 6-3。从库卡的营收情况来看，2017—2020 年，库卡的业绩表现停滞不前，与企业基于 IFR 对未来机器人市场发展过于乐观的预期存在明显差距。库卡设定的连续三年增长 15% 的目标与实际情况相差甚远，自 2017 年同比增长 25.98% 之后，2018—2020 年同比增幅分别为 -6.27%，-1.93%，-17.23%。从国内宏观经济角度看，近年来汽车和电子市场一直处于下滑状态，而这两个领域恰好是库卡的重要下游市场。同时，在美的集团和库卡的并购协议中，库卡保留其技术独占，这表明了美的集团对库卡并购溢价形成的高额商誉存在巨大的潜在爆雷风险。然而，在 2021 年，由于受到后续整合和市场规模的影响，库卡的营业收入同比增长率急剧上升，达到 25.24%，但仍未实现预期收益。整体而言，库卡的业绩表现与市场预期之间存在较大差距，这无疑对美的集团构成一种潜在的商誉减值风险。

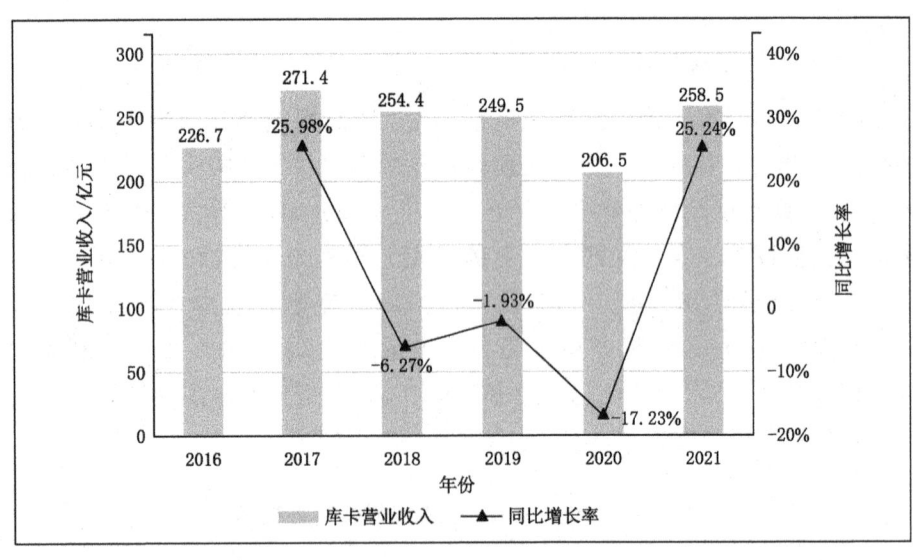

图 6-3 库卡营收情况

（三）是否应当考虑计提商誉减值

2017 年，美的集团在年度财务报告中揭示了对商誉进行减值测试的情况。该测试涉及商誉资产组的可回收金额评估，其依据管理层批准的 5 年期预算。在计算可回收金额时，美的集团采用了预计未来现金流量折现法，其中对超过预算期的未来现金流量采用估计的永续增长率1%~3%作出推算,折现率范围为8.20%~15.50%。在随后的几年中,美的集团将永续增长率确定为1%~2%,并且进一步公布了未来几年的收入增长率、税息折旧及摊销前利润盈利率的预测参数。从库卡的营收情况来看,尽管未达到美的集团公布的减值参数,但对折现率进行了调整,尤其在2018年,将其提升至9.70%~20.90%。管理层基于这一假设进行了各资产组可回收金额的分析,认为商誉无须计提减值。美的集团商誉减值参数见表6-9。

表6-9 美的集团商誉减值参数

年份	永续增长率	折现率	收入增长率	税息折旧及摊销前利润盈利率
2017年	1%~3%	8.20%~15.50%	—	—
2018年	1%~2%	9.70%~20.90%	1.50%~13.90%	0.50%~11.20%
2019年	1%~2%	9.35%~15.43%	2.27%~11.90%	2.65%~11.30%
2020年	1%~2%	9.48%~14.49%	2.00%~15.87%	3.05%~11.47%
2021年	1%~2%	9.32%~15.13%	2.00%~17.21%	3.47%~10.84%

资料来源:美的集团年报。

根据上述美的集团商誉减值政策,预算期仅为5年,但现如今已经过去了7年时间,尽管每年年末美的集团都持续预期未来5年能够获得可观的增长,企业仍未能实现当初设定的预期,也尚未披露其对库卡商誉进行减值的计划。如前所述,库卡2016—2021年的财务表现以及资产组状况并不乐观,回收投资前景看似遥遥无期。美的集团对此并未改变对库卡的关键战略目标,该并购并非仅仅关注库卡本身价值的变动,而是旨在通过库卡在机器人本体生产、工业自动化解决方案、系统集成以及智能物流等领域的综合布局。在此背景下,美的集团强调从整体角度考虑其整合效果,认为其战略执行未出现偏差。尽管商誉质量可能受到质疑,美的集团在减值政策下仍认为不计提减值是合理的。

总的来说,并购商誉在上市公司的大量存在,无疑是一种潜在风险,但商誉过高并不代表并购的失败,关键是如何处理后续所面临的商誉爆雷风险。本章第二节通过介绍国内浙江富润技术跨部性并购泰一指尚且成功防范商誉减值的案例,希望可以给美的集团并购库卡提供相关参考以有效应对后续商誉减值风险。

第二节　浙江富润技术跨部性并购的业绩承诺借鉴分析

一、并购双方简介

本章选取浙江富润并购泰一指尚这一成功国内并购案例作为中国本土企业跨国技术跨部性并购的借鉴案例,主要原因如下。第一,浙江富润的并购事件具有高额溢价率并形成了巨额商誉,具有高溢价并购的特点,符合本章研究背景。第二,浙江富润的主要经营方向是传统纺织业,而目标企业泰一指尚则是网络新兴产业,并购双方的业务在并购前差异很大,此次并购主要为完成企业的整体改造,进军互联网行业,打开新市场。浙江富润并购泰一指尚是以高溢价方式进行的跨界并购,并购后整合风险较大,具有显著的研究意义和研究价值,同时也能为许多意图跨界并购的企业提供有益启示。第三,浙江富润技术跨部性并购泰一指尚签订了业绩承诺并成功完成了并购。浙江富润是目前资本市场上少有的在高溢价下设置业绩承诺成功防范商誉减值的企业,其在业绩承诺条款的设计和应用上有重要的理论和现实研究价值。对此并购事件的研究能为资本市场上其他并购案例提供相关参考及建议。

(一)浙江富润简介

浙江富润股份有限公司(简称浙江富润)于1994年4月29日经浙江省股份制试点工作协调小组批准,由浙江针织厂、诸暨市银达经济贸易公司、诸暨电力实业总公司、浙江省杭嘉湖技术开发公司、诸暨市电视发展公司和浙江省诸暨毛纺织厂共同组建。浙江富润于1994年5月19日在诸暨市工商局注册,股本为3 600万元,主营业务是纺织品和钢管的销售及加工。根据浙江富润2015年的财务报告,在企业的主营业务中,纺织品的销售和加工占比为64.76%,钢管的销售和加工占比为35.24%。成立以来,浙江富润的主要经营业务没有明显的改变。并购前浙江富润实际控制人股权占比见图6-4。

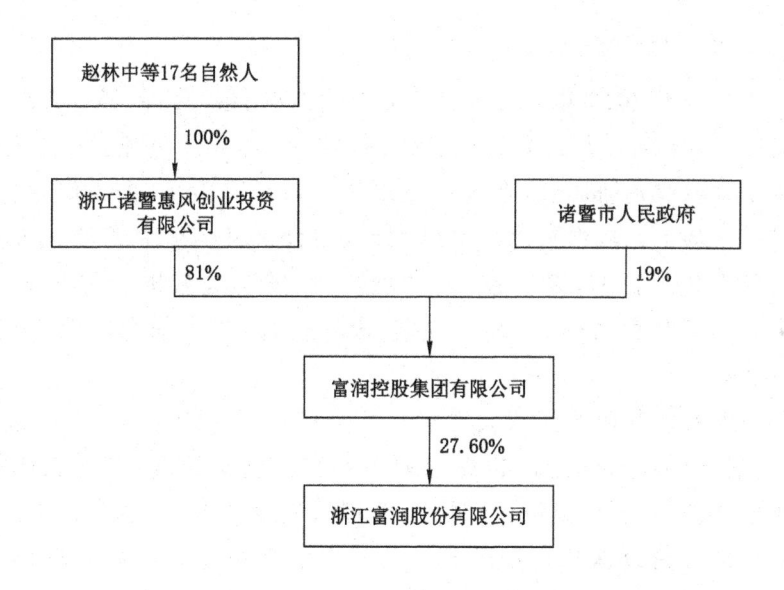

图 6-4 并购前浙江富润实际控制人股权占比图

浙江富润的总资产规模自 2015 年以来快速增长,总资产在 2019 年达到近几年的峰值,2019 年后总资产出现大幅波动。2014—2019 年,浙江富润的净利润走势不断攀升,营业总收入一直呈上升趋势。浙江富润 2013—2020 年资产规模及经营情况变化趋势见图 6-5。

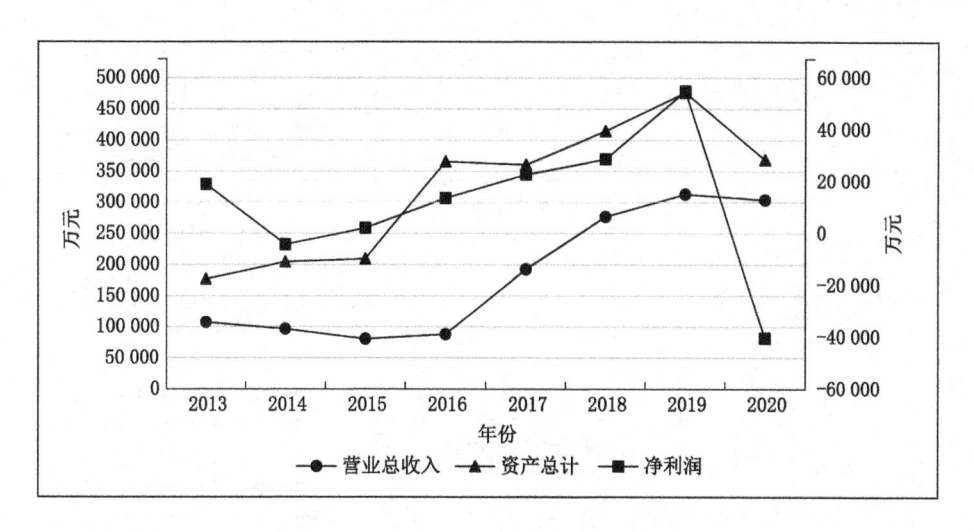

图 6-5 浙江富润 2013—2020 年资产规模及经营情况变化趋势图

(二)泰一指尚简介

泰一指尚于2012年8月6日成立,全称杭州泰一指尚科技有限公司,是一家以互联网＋、大数据为核心的高科技市场开发企业。企业依托诸多行业专家组成科研团队,在多地建立顶级科研实验室,大力倡导新的营销模式——基于大数据平台的多屏互动,结合自身的强大资源,实现商业价值的最大化。目前,泰一指尚已构建了一整套完善的营销生态体系。泰一指尚旗下有德嘉信息、泰一数据、泰一传媒、盘点信息等四个完全控股的子公司。

泰一指尚主营业务有两大方向。一是互联网营销服务。泰一指尚可以按照广告商的要求,为广告商定制一系列的营销策略,包括媒体投放、营销效果监控与优化,可以让广告商能够以最少的费用,达到最大的营销效果。二是营销数据分析和服务。关于市场数据的分析和服务,泰一指尚已经自行研发出了多个数据管理和分析平台,可以帮助客户实现企业数据化精准运营管理,有效地识别企业内部管理与运营存在的问题,助力市场研判、企业战略规划、企业运营策略等规划的科学性、合理性。泰一指尚业务框架见图6-6,泰一指尚2014—2016年上半年资产规模及经营状况见表6-10。泰一指尚2014—2016年上半年资产规模及经营状况变化趋势见图6-7。

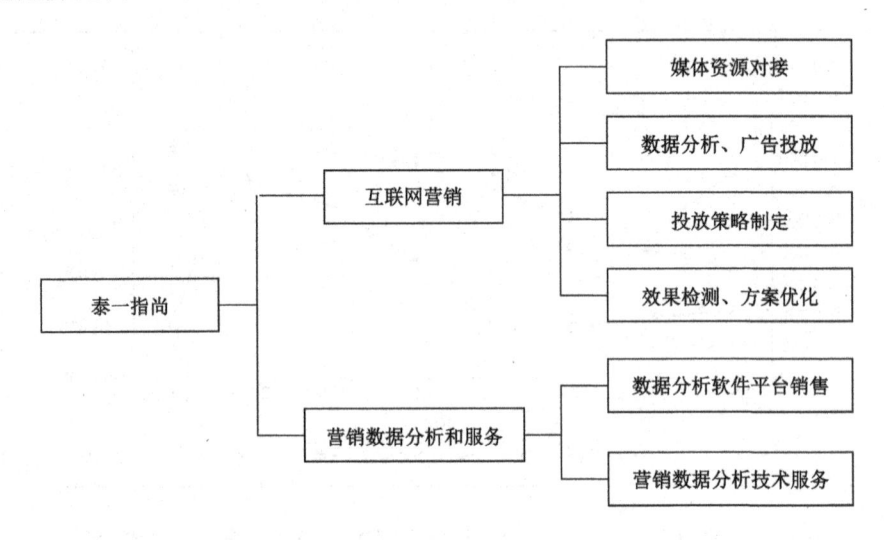

图6-6 泰一指尚业务框架图

表 6-10　泰一指尚 2014—2016 年上半年资产规模及经营状况表

单位：万元

年份	2014 年	2015 年	2016 年上半年
资产合计	18 459.30	42 697.11	43 091.29
负债合计	7 529.46	13 945.24	13 577.92
营业收入	23 903.09	37 027.04	18 626.69
净利润	1 361.15	2 736.77	761.51

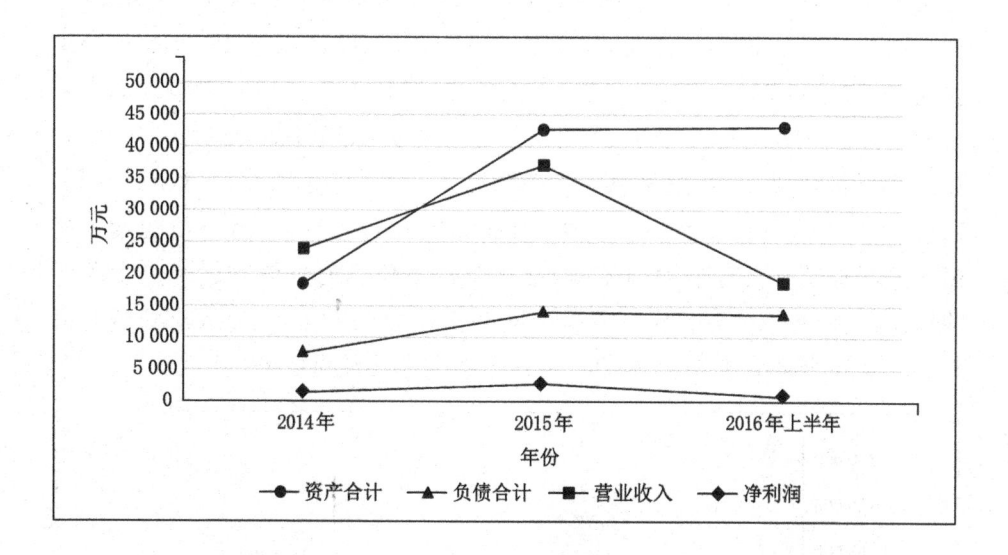

图 6-7　泰一指尚 2014—2016 年上半年资产规模及经营状况变化趋势图

从表 6-10 可以看出，与 2014 年相比，泰一指尚 2015 年总资产增加了 133.30%，但与 2015 年相比，2016 年的总资产仅增加 0.92%，与 2015 年相比没有太大的改变。负债与资产的变化趋势基本相同，2015 年的增幅最大，2016 年的增幅相对较小。2014—2016 年上半年，泰一指尚的整体营收和净利润都出现了下滑，要想快速发展，必须要有足够的资金投入产品开发和新的业务。从国家的政治、经济层面上讲，当前，国内很多传统企业都在寻求新的利润增长点，分散经营风险。新兴的互联网企业，由于规模比较小，并且没有足够的现金流来支撑自身的进一步发展,所以更倾向于被一些有实力的企业并购,以获取更多的资金来进行更好的发展。泰一指尚是一家规模不大的互联网大数据企业,为了获得更好的发展,选择被具有较强实力的企业并购是一种有利自身发展的方式。

二、浙江富润技术跨部性并购的动因分析

(一)增强上市公司盈利能力,提升上市公司价值

泰一指尚 2014 年和 2015 年的营业收入分别为 23 903.09 万元和 37 027.04 万元,同期上市公司的营业收入分别为 96 383.06 万元和 80 458.58 万元,占到了同期上市公司营业收入的 24.80% 和 46.02%,2014 年和 2015 年分别实现了 1 361.15 万元和 2 736.77 万元的净利润,上市公司同期净利润分别为 -4 269.29 万元和 2 065.41 万元。泰一指尚承诺标的企业 2016—2018 年的净利润为:2016 年度不低于 5 500 万元,2017 年度不低于 8 500 万元,2018 年度不低于 12 200 万元。所以,在此次并购之后,上市公司的业务规模和盈利水平将会有很大的提高,这将会对该公司的价值和股东产生很大的影响。2014—2015 年泰一指尚与同期上市公司营业收入比较见图 6-8。2014—2015 年泰一指尚与同期上市公司净利润比较见图 6-9。

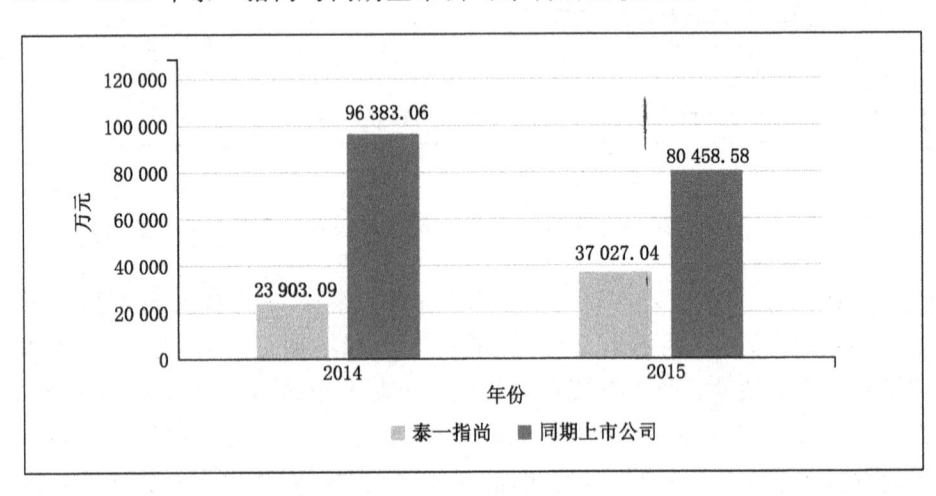

图 6-8 2014—2015 年泰一指尚与同期上市公司营业收入比较图

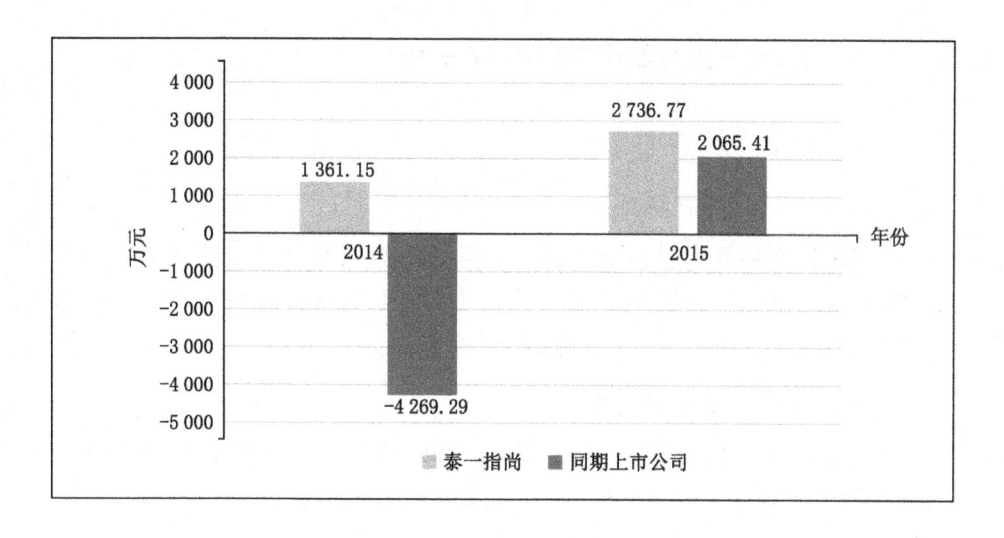

图 6-9　2014—2015 年泰一指尚与同期上市公司净利润比较图

（二）拓宽标的企业融资渠道，实现标的企业的快速发展

近年来，伴随着大数据技术的逐步成熟和互联网的逐步普及，以及国家的大力推进，大数据与互联网营销行业的市场需求得到了迅速发展，并且还在不断地扩张。泰一指尚通过这一次的交易，与资本市场建立起了良好的联系，并可以借助资本市场的融资功能，为企业的技术研发、人才引进和资源开发提供必要的支持，从而使企业在大数据领域中的竞争力得到最大限度的发挥，使企业的业务得到持续、迅速的发展。

（三）打造大数据产业平台，为未来行业整合奠定基础

当前中国大数据和网络营销行业还处在发展初期，虽然有很大的市场，但在这个行业中，企业的规模很小，而且没有一个具有一定主导作用的企业，所以，市场的格局比较分散。此次并购，标志着浙江富润将向大数据、网络等领域进军。在这个基础上，浙江富润的主要业务将从纺织品、钢管等产品的生产、销售，逐步扩展到大数据、网络等方面。浙江富润和泰一指尚在已有的大数据产业平台上，还将继续进行行业整合，并在此基础上进行更深层次的商业扩张，力争在大数据领域占据领先地位。

三、浙江富润技术跨部性并购的过程分析

(一) 对价支付情况

1. 发行股票及支付现金购买资产

经交易各方协商评估,浙江富润以发行股票和支付现金相结合的方式购买泰一指尚 100% 的股权。浙江富润以 7.51 元/股的价格发行 1.33 亿股,并支付现金 2.02 亿元,交易价格为 12 亿元。

2. 发行股票募集配套资金

浙江富润向惠风创投等 7 个认购对象以 7.51 元/股发行股票募集资金,发行股票数量不超过 4 267 万股,募集资金总额不超过 3.20 亿元。

(二) 并购进度及整合

本次交易于 2016 年 1 月 22 日开始,于 2016 年 12 月 27 日完成过户,历时约 11 个月时间,整个并购过程见表 6-11。

表 6-11 浙江富润并购泰一指尚过程表

日期	事项
2016 年 1 月 22 日	董事会预案
2016 年 6 月 21 日	股东大会通过
2016 年 6 月 30 日	证监会受理
2016 年 7 月 15 日	证监会反馈意见
2016 年 9 月 29 日	证监会反馈意见回复
2016 年 10 月 20 日	发审委通过
2016 年 12 月 2 日	证监会核准
2016 年 12 月 27 日	过户

1. 企业结构调整

浙江富润的主要业务在并购之前是纺织产品的制造与销售、钢管的销售,在并购泰一指尚后,浙江富润的主业向互联网营销、大数据分析与服务等方向发展,形成了"传统产业+新兴产业"的双重发展格局。并购活动结

束后,浙江富润将依据相对完善的财务管理、人员管理、生产经营制度与泰一指尚展开合作,泰一指尚将由浙江富润管理,并在浙江富润的管理体制下进行独立运作。并购后浙江富润结构框架见图6-10。

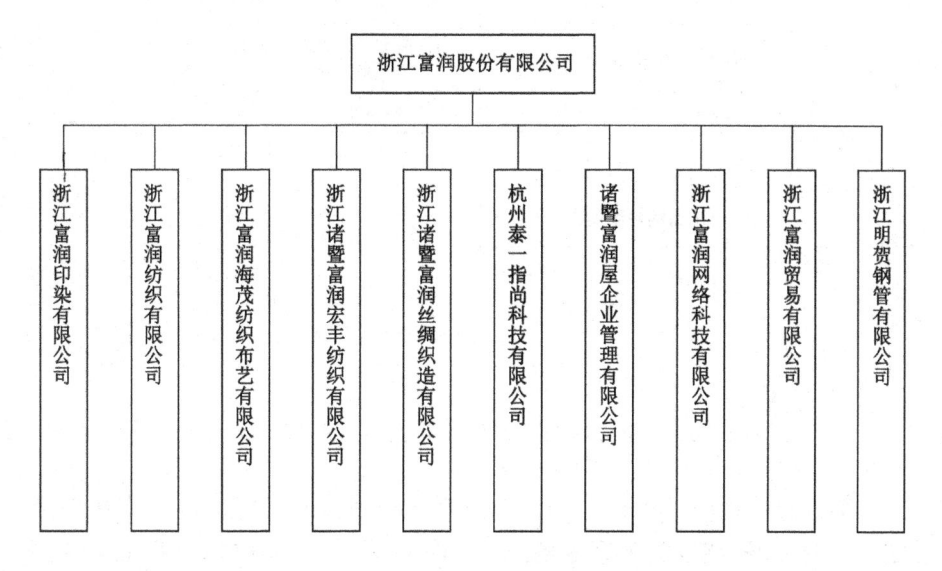

```
                    浙江富润股份有限公司
   ┌────┬────┬────┬────┬────┬────┬────┬────┬────┐
  浙江  浙江  浙江  浙江  浙江  杭州  诸暨  浙江  浙江  浙江
  富润  富润  富润  诸暨  诸暨  泰一  富润  富润  富润  明贺
  印染  纺织  海茂  富润  富润  指尚  屋企  网络  贸易  钢管
  有限  有限  纺织  宏丰  丝绸  科技  业管  科技  有限  有限
  公司  公司  布艺  纺织  织造  有限  理有  有限  公司  公司
              有限  有限  有限  公司  限公  公司
              公司  公司  公司        司
```

图 6-10 并购后浙江富润结构框架图

2. 企业实际控制人股权调整

并购活动完成之后,浙江富润的控股股东比例与并购前相比发生了一定的变化,但其主要控股股东并未发生太大的变动,这说明此次并购活动并没有引起浙江富润实际控制人的改变。并购完成后浙江富润的实际控制人持股情况见图6-11。

3. 资源整合

浙江富润在并购完成后,会利用自己的闲散资金,对泰一指尚进行研发投入,拓展销售渠道,培养和壮大人才,这将会使企业的发展能力得到更大的提高,进而提高企业的财务业绩。浙江富润可以利用其作为一家上市公司的优势,通过多种方式筹集资金,集中使用资金,从而达到最大限度地利用资金、减少资金成本、提高资金效率的目标。并购结束后,泰一指尚要在金融领域严格遵循上市公司的金融法规,健全泰一指尚的内部治理体系,使金融治理得到统一分配。泰一指尚在被并购之后,需要依照浙江富润的运营模式展开运营,以

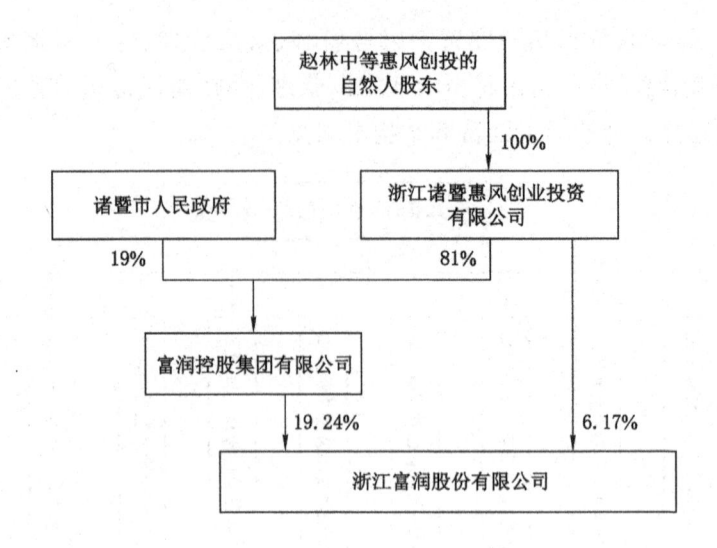

图 6-11　并购后浙江富润实际控制人股权占比图

进一步提升企业的生产运作效率。泰一指尚还能参考浙江富润的成功事例,制定具体的发展策略,实现企业的迅速、可持续发展。在构建企业文化时,由于两个不同产业之间的联系,双方企业的员工之间相互吸引,员工之间能够相互沟通和合作,从而将企业文化推向更深层次。

4. 及时调整企业发展战略

浙江富润在并购前属于传统产业,其生产运营策略是以传统产业为核心的。浙江富润在进行并购的同时,也开始关注新兴的网络产业,因此,必须适时地对企业的发展策略进行调整,并按照策略对企业的生产运营进行相应的调整。在并购之后,双方进行了一段时间的讨论,最终决定采用"传统产业＋新兴产业"的双重驱动运营方式,既要在传统产业中保持发展,也要在新兴的网络产业中不断发展,力争在这两个领域中均取得优势。与此同时,浙江富润以当前的行业情况为依据,对其生产和运营进行了持续调整,让企业的行业发展方向越来越明确。

(三) 业绩承诺内容设计及完成情况

交易双方商定,标的企业就净利润作出的承诺期间为 2016—2018 年,泰一指尚承诺,在业绩承诺期间,泰一指尚实现净利润将达到以下目标:2016 年的净利润不少于 5 500 万元;2017 年的净利润不少于 8 500 万元;

2018 年的净利润不少于 12 200 万元，承诺利润为年度经审核税后的净利润并根据泰一指尚 2016—2018 年度的净利润预测值确定。

浙江富润与泰一指尚的业绩承诺期间为 2016—2018 年，现对泰一指尚的业绩承诺完成情况进行分析。泰一指尚业绩完成情况见表 6-12 和图 6-12。

表 6-12　泰一指尚业绩完成情况表

年份	2016 年	2017 年	2018 年
承诺数/万元	5 500.00	8 500.00	12 200.00
实际完成数/万元	6 153.29	8 667.20	13 195.78
差异/万元	653.29	167.20	995.78
完成率	111.88%	101.97%	108.16%

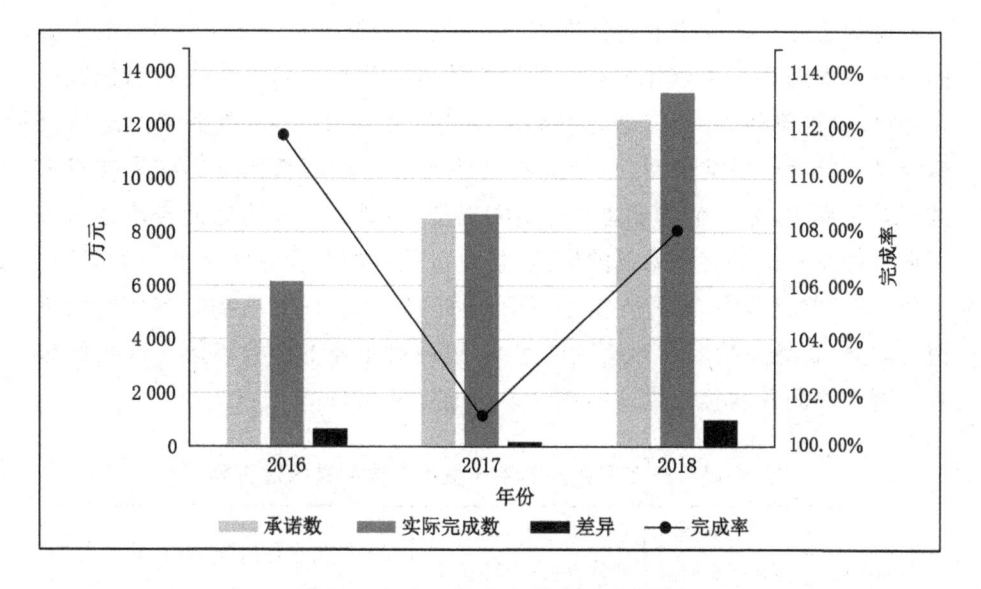

图 6-12　泰一指尚业绩完成情况图

由图 6-12 可知，业绩承诺中约定泰一指尚 2016—2018 年承诺的扣非后归母净利润①分别为 5 500.00 万元、8 500.00 万元和 12 200.00 万元，泰一指尚实际完成数为 6 153.29 万元、8 667.20 万元和 13 195.78 万元，均超额

---

① 扣非后归母净利润：扣除非经常性损益后归属于母公司的净利润。

完成业绩承诺额,完成率分别达到111.88%、101.97%及108.16%。

(四)浙江富润商誉减值情况

业绩承诺中约定,业绩承诺期结束后,浙江富润将委托资产评估公司对标的资产进行减值测试并且出具减值测试报告。浙江富润在2018年12月31日后,对泰一指尚的各项资产进行了减值测试,其结果如下:截至2018年12月31日,包含商誉的资产组合可收回金额为160 900万元,高于账面价值159 178万元,商誉并未出现减值损失。

四、浙江富润技术跨部性并购的商誉减值分析

(一)标的资产评估角度

浙江富润此次技术跨部性并购泰一指尚100%的股权,属于非同一控制下的企业合并。按照企业会计准则,在非同一控制下的企业合并中,购买方的合并成本超过了在合并中取得的被购买方可辨认净资产公允价值份额的差额,应该被确认为商誉,并且在将来的每个会计年度末,都要对其进行减值测试。此项交易结束后,该企业将确认相当大的商誉额度。如果在将来的经营过程中,标的企业不能很好地实现盈利,那么在并购标的资产过程中所形成的商誉就会存在减值的风险,进而对企业的经营业绩造成负面影响。另外,在并购过程中,被并方企业可识别净资产的公允价值部分与其账面价值的差异,将导致折旧和摊销额的增加,进而对企业的经营绩效造成负面影响。浙江富润并购泰一指尚形成商誉的过程见表6-13。

表6-13 浙江富润并购泰一指尚形成商誉的过程表

并购指标	泰一指尚净资产账面值/万元	泰一指尚评估价值/万元	增值率	交易对价/万元	预估增加值/万元	合并商誉/万元
金额	29 268.52	120 150.65	310.51%	120 000.00	90 882.13	79 374.29

从浙江富润在并购过程中公布的信息来看,泰一指尚100%的股权估值与其在评估基准日2015年12月31日的估值相比增加了310.51%,产生了79 374.29万元的商誉,并购溢价过高,并产生了巨额商誉。尽管高溢价并

购是并购轻资产企业的特征,但浙江富润在这次并购中支付的交易对价仍然远高于其他科技型企业。尽管在并购时,评估标的资产未来具有良好的经营状况和盈利能力,但超高的溢价率仍然给浙江富润未来的商誉减值埋下了潜在的风险。如果泰一指尚没有达到约定的业绩,浙江富润将计提大额商誉减值,为支付高额的交易对价付出代价。

(二)业绩承诺条款设计角度

业绩承诺条款的设计是决定企业并购成败的关键因素,若其设计不合理,则会使企业并购失败,业绩承诺的作用无法实现。

首先,业绩目标的设计是衡量企业并购行为是否成功的标准。在确定业绩承诺额的数值时,需要对其进行仔细考量。如果该数值被设置得太高,超出了被并方企业所能达到的上限,就会给其管理层带来很大的压力,严重的还会引起管理层的短视行为,进而损害并购双方的利益。当该值设定得比较低时,根据业绩承诺条款,标的企业能够比较容易地达成所约定的目标,进而引发奖励条款,主并方企业要给被并方企业的管理层一笔大额奖励对价,这也会损害主并方企业的现金流和经营情况。

其次,如何设计业绩承诺条款,能在标的企业高估值的前提下有效降低企业的并购风险,同时还能保证标的企业在没有实现业绩目标的情况下,主并方企业能够获得相应的补偿,都是需要考虑的问题。如果标的企业没有完成业绩承诺,并且因为管理不善而没有进行补偿,或者标的企业虽然作出了补偿,但主并方企业却没有得到足够的补偿,这对于主并方企业来说,都是一种负面影响。

(三)标的企业经营状况角度

按照业绩承诺条款的有关设定,若泰一指尚在业绩承诺期未能实现业绩承诺,浙江富润则有可能面临商誉减值的风险。即使泰一指尚在业绩承诺期内完成了约定目标,但在未来一段时间里经营欠佳,造成了资产减值测试后的可回收金额比实际价值要少,那么浙江富润必须计提商誉减值。从这一点可以看出,若标的企业的经营状况不好在一定程度上会加大主并方企业商誉减值的风险,在业绩承诺期间,泰一指尚主要面临以下问题可能造成经营不善。

1. 市场竞争加剧的风险

当前,大数据和网络营销行业还处在初期的高速发展时期,行业内还没有出现具有绝对实力的领军企业,所以这个行业的集中度不高,竞争格局也比较分散,而且非常激烈。与此同时,随着大数据、网络营销等行业的快速发展和新兴企业的加入,4A级企业加速了对网络营销的渗透,市场的竞争也将更加激烈。所以,泰一指尚若不能不断地提高自己的技术水平,吸引更多的人才,扩大更多的客户,增强自己的资金实力,准确地把握互联网和互联网市场的发展趋势,及时地根据市场的变化调整自己的运营战略,那么就有可能会失去自己的竞争优势,从而面临利润降低的风险。

2. 应收账款余额较大的风险

泰一指尚在2014年年末、2015年年末、2016年6月末分别有16 020.90万元、27 624.09万元和30 956.88万元的应收账款余额,应收账款规模较大,在当期营业收入中占比分别达到67.20%、74.61%和83.10%。尽管以上的应收账款都是短期的,并且在本期间并没有出现重大的坏账损失,但如果主要顾客本身的业务情况或者外部的业务环境出现了重大的变化,从而对他们的偿还能力产生了影响,那么泰一指尚就会面临有一部分应收账款收不回来的风险。

3. 研发投入过高的风险

从成立之日起,泰一指尚就非常注重技术研发,2014—2016年上半年,泰一指尚的研发投入分别占总成本的11.06%、10.71%和10.69%,研发成果非常可观,并且斩获了众多的产业奖项。泰一指尚处于快速成长阶段,如果持续保持较高的研发投资,将有可能出现研发产出不能与其所花费的资金相匹配的情况,进而对标的企业的盈利水平产生影响。

4. 人力成本不断上升

在报告期间,泰一指尚的员工薪酬支出分别为4 399.17万元、5 981.94万元和3 041.41万元,与2014年相比,2015年同比增加了35.98%,而2016年的年化薪酬支出则同比增加了1.69%。大数据与网络营销是一个正在蓬勃发展的新兴产业,泰一指尚要满足日益扩大的市场需求,还必须继续增加员工数量,提高员工素质。与此同时,为了维持在人才方面的竞争优势,泰一指尚还必须确保薪资待遇在业内有竞争力。所以,在将来,泰一指尚的员工薪酬支出将会继续大幅增加。若企业的营业收入无法维持与之相适应的增长速度,或有下降趋势,则会对泰一指尚的经营绩效产生负面影响。

（四）管理层行为风险角度

对于互联网企业这种轻资产企业而言,从软件业务的开发到销售,都需要一支专门的运营管理团队,所以,人才资源是标的企业重要的资产之一。因此,企业的管理水平也会对商誉减值风险产生较大的影响。在企业并购过程中,标的企业通常会向主并方企业作出与其自身实力不符的业绩承诺,而过高的业绩承诺也会增加标的企业的管理压力。在业绩目标达成的情况下,主并方浙江富润会给予被并方泰一指尚的核心管理人员超过部分60%的奖励,在奖励与压力的共同作用下,被并方企业的管理层很可能会作出一些短视的举动,比如通过盈余管理等手段来操纵和调整企业的相关指标。由于并购双方之间本来就有一定的信息不对称,因此,如此短视的行动会给主并方企业带来很大的损失,从而对并购双方的长期发展产生不利影响。

（五）业务转型与技术链整合角度

此次并购完成后,泰一指尚将由浙江富润控股。浙江富润的主要经营方向是纺织品、钢管等产品的生产及销售,行业比较传统,而网络营销及大数据分析等业务则是一个迅速发展的新兴产业,其行业特征、经营模式及管理方式都与浙江富润的传统产业有很大的不同。尽管在今后,泰一指尚将继续维持其业务实体,在原有管理团队的领导下运作,但在客户资源、人力资源和财务资源等方面,仍须进行优化和整合。若泰一指尚在经营管理过程中,由于自身的经营管理经验不足,无法及时作出相应的调整,则会面临业务转型的风险。

综上所述,估值过高、业绩承诺条款的设计、企业未来经营状况、管理层行为风险、业务转型整合风险等都可能导致标的企业泰一指尚在未来经营中遇到问题,若不能妥善处理,主并方浙江富润将会面临商誉减值的风险。

五、技术跨部性溢价并购的估值评价合理性分析

（一）并购中估值方法的选取及评估结论

浙江富润委托资产评估公司对泰一指尚的股价进行了评估,并以2015

年12月31日为评估基准日,对泰一指尚100%的股份采用了资产基础法和收益法两种不同的评估方法。

1. 评估方法选取

本章根据资产评估准则的相关规定,对中国上市公司进行资产评估时所采用的资产基础法、市场法和收益法三种主要方法进行了探讨。

由于泰一指尚的各种资产、负债能够从会计政策、业务运作等角度对其进行合理的分类,在评估时,能够针对各种资产、负债的特点,选择适当的、具体的评估方法,同时也具有实施的可行性,因而,可以采用资产基础法来进行评估。

由于在国内,类似的股权交易很少见,并且,在目前的市场中,很难再找出一家可以与被评估企业在资产规模、结构、经营范围、利润水平等方面相媲美的企业,因此,目前不宜采用市场法进行评估。

由于泰一指尚的经营已经比较平稳,能够维持现有的经营内容和经营范围,能够对企业的未来盈利作出一个合理的预估,能够对企业的盈利风险作出一个合理的估计,因此,可以采用收益法进行评价。

2. 评估结论

(1) 资产基础法评估结果

对泰一指尚的资产、负债和股东权益进行了估价,其评估结果见表6-14。

表6-14 资产基础法评估结果汇总表

项目	账面价值/万元	评估价值/万元	增值或减值/万元	增值率
资产总计	42 139.86	46 841.50	4 701.64	11.16%
负债合计	12 871.35	12 871.35	—	—
股东权益合计	29 268.52	33 970.16	4 701.64	16.06%

(2) 收益法评估结果

利用收益法对泰一指尚的全部股东权益进行了估价,结果为120 150.65万元。

(3) 评估结论的选择

由于采用资产基础法进行评估得到的结果不能对如商誉等无形资产进

行单独的估值,无法涵盖企业的全部资产,导致资产基础法和收益法两种估值方法的结果存在差异。根据泰一指尚所处的产业和经营特点,运用收益法对其企业价值进行评估,可以更加全面客观地反映其股权价值。

综上,选择基于收益法所得结果 120 150.65 万元的估值,来作为泰一指尚股东的全部权益。

(二) 不同估值方法下评估结果的差异分析

泰一指尚的股东权益以收益法为依据,估值结果为 120 150.65 万元;以资产基础法为依据,估值结果为 33 970.16 万元,二者之间存在 86 180.49 万元的差额,差值率为 253.69%。

资产基础法是基于每个生产要素将在持续经营的基础上被重置的假设,根据生产要素资产的具体情况,使用适当的方法估计每个生产要素资产的价值,并将其相加,减去相应负债的估计价值,得出资产基础法的股东全部权益价值。它能够反映企业基于现有资产的替换价值。

收益法是对企业全部股东权益的整体评估,考虑到企业的未来发展和对未来收益的合理预期,以及企业相应的风险状况。运用收益法,估值时不仅要考虑到企业的每项资产是否以谨慎和适当的方式使用,以及是否在整个资产池中发挥适当的作用,还要考虑到影响企业总股本价值的因素,例如产业竞争力、管理水平、人力资源、要素的协同作用以及其他在资产基础法中没有考虑到的因素。

泰一指尚自设立以来一直从事互联网营销和数据分析服务工作,已形成长期稳定的管理团队成员,并且行业经验较为丰富。同时,泰一指尚具备较强的技术优势和产业链优势,具有较强的盈利能力,因而在行业内具备较强的竞争力。收益法评估值体现了泰一指尚各种有形和无形资产作为整体的综合获利能力,因此与资产基础法相比评估结果有较大差异。

(三) 收益估值模型评价

1. 收益法模型

收益法是一种将被估价企业的期望收益进行资本化或贴现,从而决定被估价物价值的一种方法。本次评估使用自由现金流折现模型来确定企业的自由现金流价值,企业整体价值等于企业自由现金流评估值、非经营性资产价值、溢余资产价值三者之和,企业整体价值扣除付息债务便可得到股东全部权益价值。

企业自由现金流评估值计算公式为：

$$\text{企业自由现金流评估值} = \sum_{t=1}^{n} \frac{CFF_t}{(1+r_t)^t} + P_n \times (1+r_n)^{-n}$$

其中，n 代表明确的预测年限；t 代表未来的第 t 年；r_t 代表第 t 年的加权平均资本成本；r_n 代表第 n 年的加权平均资本成本；CFF_t 代表第 t 年的企业现金流；P_n 代表 n 年以后的连续价值。

2. 收益期与预测期确定

假设企业未来将持续经营下去，但盈利周期不确定。使用分段方法来预测企业的利润，即企业的未来利润分成两个部分：一个是明确的预测期的利润，另一个是明确的预测期之后的利润。在确定明确的预测期时，需要将行业和企业本身的发展状况结合起来，通过市场调研和预测，选择 5 年（2015 年年底至 2020 年年底）作为分割点。

3. 折现率的确定

企业自由现金流评估值的折现率为企业资本的加权平均资本成本（WACC）。

$$WACC = K_e \times \frac{E}{E+D} + K_d \times (1-T) \times \frac{D}{E+D}$$

其中，$WACC$ 代表加权平均资本成本；K_e 代表权益资本成本；D 和 E 代表目标资本结构；K_d 代表债务资本成本；T 代表所得税税率。

K_e 通过 CAPM 模型求取，计算公式为：

$$K_e = R_f + \text{Beta} \times MRP + R_c$$

其中，R_f 代表目前的无风险报酬率；Beta 代表权益的系统风险系数；MRP 代表市场的风险溢价；R_c 代表企业特定风险调整系数。

4. 无风险报酬率的确定

在本次的评估中，选择 2015 年 12 月 31 日债券市场上到期日距离评估基准日超过 10 年的交易品种的平均到期利率 4.08%。

5. Beta 系数的确定

被评估单位带财务杠杆系数的 Beta 系数通过以下公式计算得出：

$$\beta_u = \frac{\beta_1}{1 + (1-T) \times \frac{D}{E}}$$

其中,β_u代表剔除财务杠杆因素的 Beta 系数;β_1代表含财务杠杆的 Beta 系数;T代表税率;D和E代表资本结构。

β_u取同类上市公司平均数 0.783 2;2016—2017 年企业所得税税率按 12.5%计算,2018 年后按 15%计算技术企业所得税;D和E取评估基准日同类上市公司资本结构的平均数 6.15%。故:

Beta 系数 1 = 0.783 2×[1+(1−12.5%)×6.15%]
= 0.825 3(企业所得税税率为 12.5%)

Beta 系数 2 = 0.783 2×[1+(1−15%)×6.15%]
= 0.824 1(企业所得税税率为 15%)

6. 加权平均成本的计算

权益资本成本 $K_e = R_f + \text{Beta} \times (R_m - R_f) + R_c$(企业所得税税率为 12.5%)
= 13.03%

权益资本成本 $K_e = R_f + \text{Beta} \times (R_m - R_f) + R_c$(企业所得税税率为 15%)
= 13.02%

债务资本成本 K_d = 一年期贷款利率 4.35%。

根据以上参数可计算出:

$$WACC = K_e \times \frac{E}{E+D} + K_d \times (1-T) \times \frac{D}{E+D}(\text{企业所得税税率为 12.5\%})$$
= 12.50%

$$WACC = K_e \times \frac{E}{E+D} + K_d \times (1-T) \times \frac{D}{E+D}(\text{企业所得税税率为 15\%})$$
= 12.48%

在对企业价值进行评估的诸多影响因素中,折现率是最关键的一个。它的确定是一个比较复杂的过程,其中有很多的主观性,而当这些因素和条件发生改变的时候,就会对贴现的估计造成很大的影响。

从上述分析中我们可以看出,在企业价值评估中,决定估值结果的关键因素是假设条件和参数的选择,评估人员在评估之前必须对标的企业有充分的了解,对其存在的不利因素进行全面考量,并结合对未来收益的详细预测,才能保证收益法下的估值结果能够达到最大限度科学性。

(四)基于 B-S 期权定价模型的估值分析

期权作为一种衍生金融工具,本质上是一种合约,它赋予买方在期满后酌情行使期权的权利。在实物期权理论中,购买看涨期权相当于对期权买方的一种保护措施。如果标的企业的价值没有增加到预期的价格,期权买方就会承担与期权成本相关的损失,但如果标的企业的价值增加到预期的价格,理论上标的企业的收益是无限的,期权的回报也是无限的。

业绩承诺本质上是一种期权,溢价并购下企业设定业绩承诺可以看作企业并购活动中对实物期权的应用。

B-S 期权定价模型(B-S 模型)是一种较为复杂的模型,它基于一定的市场假设。运用 B-S 模型时的假定情况概述见表 6-15。

表 6-15 B-S 模型的基本假设表

序号	基本假设条件
1	股票价格行为服从对数正态分布
2	无风险利率和金融资产收益变量在期权有效期内恒定
3	市场不存在税收和交易成本
4	金融资产在期权有效期内无红利及其他所得
5	适用于欧式期权,即在期权到期前不可执行
6	不存在无风险套利机会
7	证券交易是持续的
8	投资者能够以无风险利率借贷

B-S 模型具体公式如下:

$$C_0 = S_0 \times N(d_1) - X \times e^{-r_c t} \times N(d_2)$$

$$d_1 = \frac{\ln\left(\frac{S_0}{X}\right) + \left[r_c + \left(\frac{\sigma^2}{2}\right)\right]t}{\sigma \sqrt{t}}$$

$$d_2 = \frac{\ln\left(\frac{S_0}{X}\right) + \left[r_c - \left(\frac{\sigma^2}{2}\right)\right]t}{\sigma \sqrt{t}}$$

其中，C_0代表看涨期权的当前价值；S_0代表标的金融资产现价；X代表期权交割价格；e代表自然对数的底数，约等于2.7183；r_c代表连续复利的年度无风险利率；t代表期权有效期；$N(d)$代表正态分布中离差小于d的概率；ln代表自然对数，σ代表标的资产价格波动率。

1. 期权交割价格(X)

由于浙江富润已经获得了泰一指尚100%的股权，因此，该期权的交割价格X为本次并购交易的支付对价120 000万元，无须再做转换。

2. 标的金融资产现价(S_0)

标的资产当前的价值是企业未来收益的现值，运用收益法依据资产评估报告中的主要参数估算泰一指尚将来的收益，得到泰一指尚未来收益的现值为120 150.65万元。

3. 连续复利的年度无风险利率(r_c)

连续复利的年度无风险利率r_c根据公式$r_c=\ln(1+r_f)$计算所得。其中，r_f代表不连续的无风险利率。这里使用的无风险利率基于截至2015年12月31日，在国债市场上交易期限超过10年的交易品种的平均收益率4.08%。因此，在连续复利下的无风险报酬率$r_c=\ln(1+r_f)=4.00\%$。

4. 期权有效期(t)

期权有效期t为业绩承诺年限。浙江富润和泰一指尚在业绩承诺中约定，业绩承诺期是2016—2018年，故该期权的行权期限是3年。

5. 标的资产价格波动率(σ)

σ反映了标的资产价格波动率，通常采用连续复利条件下以年计的股票回报率的标准差来计算σ。

浙江富润是一家上市公司，在资本结构不改变的前提下，股价波动率可以用来衡量标的资产价格波动率。由于在本次并购中，以2015年12月31日作为评估基准日，故本章选取浙江富润2012年6月—2015年6月各月的收盘价计算其股票的月收益率，排除停牌等因素影响，选取37个月的收盘价计算股票的月收益率。当月收盘价表示为V_i，上月收盘价表示为V_{i-1}，$R_i=\ln(V_i/V_{i-1})$，$\bar{R}_i$表示R_i的平均数，各月收益率的波动率即为样本标准差：

$$\sigma = \sqrt{\frac{1}{n-1}\sum(R_i - \bar{R}_i)^2}$$

浙江富润各月收益率估算见表6-16。根据表6-16计算各月收益率和样本标准差公式,可计算出浙江富润各月股票收益率的波动率为17.94%,年收益波动率为62.14%(17.94%×$\sqrt{12}$)。

表6-16 浙江富润各月收益率估算表

日期	股价	V_i/V_{i-1}	$\ln(V_i/V_{i-1})$
2015年6月30日	14.27	0.632 8	−0.457 6
2015年5月29日	22.55	1.307 2	0.267 9
2015年4月30日	17.25	1.375 6	0.318 9
2015年3月31日	12.54	1.240 4	0.215 4
2015年2月27日	10.11	1.158 1	0.146 8
2015年1月30日	8.73	1.122 1	0.115 2
2014年12月31日	7.78	0.729 8	−0.314 9
2014年11月28日	10.66	0.979 8	−0.020 4
2014年10月31日	10.88	0.883 1	−0.124 3
2014年9月30日	12.32	1.468 4	0.384 2
2014年8月29日	8.39	1.168 5	0.155 7
2014年7月31日	7.18	1.175 1	0.161 4
2014年6月30日	6.11	1.115 0	0.108 8
2014年5月30日	5.48	0.663 4	−0.410 3
2014年4月30日	8.26	1.039 0	0.038 3
2014年3月31日	7.95	0.993 8	−0.006 3
2014年2月28日	8.00	1.037 6	0.036 9
2014年1月30日	7.71	0.960 1	−0.040 7
2013年12月31日	8.03	0.956 0	−0.045 0

表 6-16(续)

日期	股价	V_i/V_{i-1}	$\ln(V_i/V_{i-1})$
2013 年 11 月 29 日	8.40	1.060 6	0.058 8
2013 年 10 月 31 日	7.92	0.944 0	−0.057 6
2013 年 9 月 30 日	8.39	1.034 5	0.033 9
2013 年 8 月 30 日	8.11	1.129 5	0.121 8
2013 年 7 月 31 日	7.18	1.031 6	0.031 1
2013 年 6 月 28 日	6.96	0.781 1	−0.247 0
2013 年 5 月 31 日	8.91	1.054 4	0.053 0
2013 年 4 月 26 日	8.45	1.012 0	0.011 9
2013 年 3 月 29 日	8.35	0.923 7	−0.079 4
2013 年 2 月 28 日	9.04	1.103 8	0.098 7
2013 年 1 月 31 日	8.19	1.072 0	0.069 5
2012 年 12 月 31 日	7.64	1.164 6	0.152 4
2012 年 11 月 30 日	6.56	0.818 0	−0.200 9
2012 年 10 月 31 日	8.02	1.198 8	0.181 3
2012 年 9 月 28 日	6.69	1.004 5	0.004 5
2012 年 8 月 31 日	6.66	1.004 5	0.004 5
2012 年 7 月 31 日	6.63	0.941 8	−0.060 0
2012 年 6 月 29 日	7.04	—	—

6. $N(d)$ 正态分布中离差小于 d 的概率

从期权价值角度来分析，$N(d)$ 是期权价值线的斜率，也就是 delta 系数。股价与行权价值关系密切，当前股价越小，期权价值越小，此时行权概率非常小；当前股价越大，期权价值越大，此时行权可能性非常大。$N(d)$ 取值通过 EXCEL 软件中的 NORMSDIST 函数计算可知，$N(d_1)$ 为 0.737 0，$N(d_2)$ 为 0.329 2。

根据以上分析,B-S 模型下的业绩承诺实物期权价值计算结果见表 6-17。

表 6-17   B-S 模型下的业绩承诺实物期权分析表

指标	计算过程	计算结果
S_0	标的金融资产现价/万元	120 150.65
X	期权交割价格/万元	120 000
r_c	连续复利的年度无风险利率	4.00%
t	期权有效期/年	3
σ	标的资产价格波动率	0.621 4
d_1	$d_1 = \dfrac{\ln\left(\dfrac{S_0}{X}\right) + \left[r_c + \left(\dfrac{\sigma^2}{2}\right)\right]t}{\sigma\sqrt{t}}$	0.634 0
d_2	$d_2 = \dfrac{\ln\left(\dfrac{S_0}{X}\right) + \left[r_c - \left(\dfrac{\sigma^2}{2}\right)\right]t}{\sigma\sqrt{t}}$	−0.442 2
$N(d_1)$	NORMSDIST 函数	0.737 0
$N(d_2)$	NORMSDIST 函数	0.329 2
C_0	$C_0 = S_0 \times N(d_1) - X \times e^{-r_c t} \times N(d_2)$	53 510.98

通过 B-S 模型计算,浙江富润与泰一指尚签订的业绩承诺估值为 53 510.98 万元,运用收益法模型计算的估值结果为 120 150.65 万元。业绩承诺期结束后经资产评估公司评估,2018 年 12 月 31 日泰一指尚股东全部权益评估结果为 140 231.68 万元,注入资产作价 120 000 万元,没有发生减值。

通过对比可知,B-S 模型的估值结果 53 510.98 万元远小于运用收益法模型的估值结果。这主要是因为,B-S 模型考虑了未来行权的不确定因素,降低了资产膨胀与估值泡沫的风险。因此,对比分析后发现,采用实物期权理论方法对企业价值进行估值,其结果更加接近企业的真实价值,能够避免并购双方对标的企业未来经营情况过于乐观,把标的资产估值结果抬高,从而引发商誉减值风险。

六、技术跨部性并购的业绩承诺条款设计机制分析

浙江富润和泰一指尚的业绩承诺条款主要包括:业绩承诺情况、盈利差异、补偿股份数量、利润补偿方式、净利润不达标时的补偿等。从业绩承诺条款来看,浙江富润和泰一指尚对业绩承诺期内的净利润和承诺期后的商誉减值情况进行了约定,对未达到业绩目标时的补偿方式和超过业绩目标时的激励措施也进行了约定。由于业绩承诺目标、业绩承诺期间盈利承诺补偿措施、业绩补偿的实施方式、业绩承诺期后商誉减值补偿以及业绩奖励等与浙江富润的商誉减值密切相关,因此本章重点讨论这几个方面。

（一）业绩承诺目标

交易双方商定,标的企业在2016—2018年对其净利润指标作出承诺。依据承诺,在业绩补偿期间,泰一指尚净利润将达到以下目标:2016年实现净利润5 500万元及以上,2017年实现净利润8 500万元及以上,2018年实现净利润12 200万元及以上,企业承诺的利润数以泰一指尚2016—2018年的净利润预测数为基础,为年度经审核税后净利润。依据资产评估报告,以收益法为基础预测的泰一指尚2016—2018年净利润承诺数与预测数见表6-18。净利润的承诺数和预测数的变化趋势对比见图6-13。

表6-18 泰一指尚净利润承诺数与预测数表

年份	2016年	2017年	2018年	总计
承诺数/万元	5 500.00	8 500.00	12 200.00	26 200.00
预测数/万元	5 690.02	8 670.99	12 385.98	26 746.99

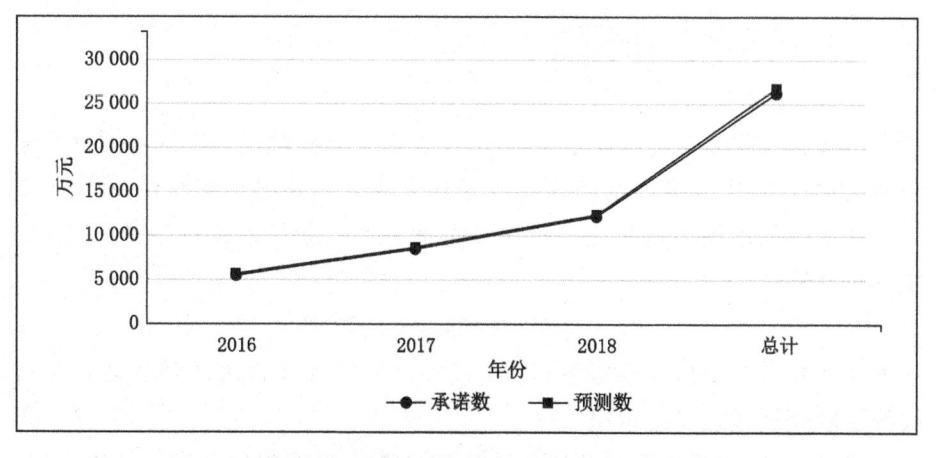

图6-13 泰一指尚净利润承诺数和预测数变化趋势对比图

首先,通过对表 6-18 和图 6-13 进行对比可知,基于收益法的泰一指尚盈利预测数与业绩补偿协议中所述的净利润承诺数基本一致,细微的差别可以解释为承诺数是根据预测数进行调整,并在一定范围内进行了谈判商议,从而得出的结论。因此,浙江富润和泰一指尚之间的业绩承诺数是相对公平、合理的。同时,采用收益法产生的高溢价、高估值与计算的业绩承诺数挂钩,可以有效地防止浙江富润高溢价并购泰一指尚所带来的商誉减值风险。

其次,通过设定特定具体的承诺数量,可以让泰一指尚的管理层明晰在特定的时间内应该达到何种目标,对自己的业绩目标有一个更清晰的认识,进而激励自己更好的发展。

最后,业绩承诺协议对 2016—2018 年的业绩目标进行了约定。该目标是指每年年底制定一项利润指标,以保证泰一指尚的组织行为、内部政策制定和工作的连续性,并在新产品的开发之前,有足够时间对潜在顾客的偏好、市场状况等情况进行充分调查,以便更好地衡量投资与研发的时机。

(二)业绩承诺期间盈利承诺补偿措施

在约定的业绩承诺期间 2016—2018 年,若泰一指尚任一年度实现的经审计扣除非经常性损益后归属于母公司的净利润低于承诺数,则被要求以现金或股份形式向浙江富润支付补偿。

支付补偿的计算公式为:

$$CA_t = \begin{cases} \dfrac{CM_t - CN_t}{CM} \times CB & (t=1) \\ \dfrac{CM_t - CN_t}{CM} \times CB - \sum_{i=1}^{t=1} CA_i & (t=2,3) \end{cases}$$

其中,CA_t 代表第 t 年应补偿金额;CM_t 代表泰一指尚截至当期期末累计承诺净利润数;CN_t 代表泰一指尚截至当期期末累计实现净利润数;CM 代表泰一指尚业绩承诺期内各年度的承诺净利润总和;CB 代表泰一指尚 100% 的股权交易价格。

$$CA = CA_t - CSA_t - CP_t \times SP$$

其中,CA 代表当期应补偿额度;CSA_t 代表已补偿现金金额;CP_t 代表已补偿股份数额;SP 代表发行价格。

首先,上述公式是为了补偿高溢价交易下承诺的相关利润。其中,在高溢价交易对价的情况下,对承诺利润的补偿主要体现在放大系数[×(泰一指尚100%的股权交易价格/泰一指尚业绩承诺期内各年度的承诺净利润总和)]的确定上。在本次并购案中,泰一指尚承诺业绩承诺期间的累计净利润为 26 200 万元,标的资产的交易价格为 120 000 万元,因此,该放大系数为 4.58 倍(120 000 万元/26 200 万元)。换句话说,在造成超高溢价的 120 000 万元的交易对价下,如果目标企业没有达到累计利润目标,将按照交易对价总额与承诺利润总额的比例,即 4.58 倍对其进行补偿。这样的设计将业绩补偿与收益法下较高的并购价值联系起来,避免了收入法下出现的虚高并购溢价,及由此对主并方企业造成的资本损失。其次,上述公式采用在每期结束时清算累计指标的方法,在目标企业未能实现业绩承诺时及时补偿主并方企业,这不仅可以消除风险,还可以作为一种监督和激励工具。在此基础上,业绩补偿的计算方法是:从累计补偿中减去已经补偿的金额,考虑到企业未来的发展潜力和未来的业绩,将以前年度财务中没有反映的业绩和减值风险纳入当期补偿,这有利于保护主并方企业的利益和补偿款的清算及回收。

(三)业绩补偿的实施方式

根据协议,如果泰一指尚在利润补偿期的净利润未达到承诺的净利润,浙江富润将要求优先补偿者对上市公司进行补偿,如果优先补偿者无法支付现金补偿或补偿不足,上市公司将书面通知补充补偿者,要求补充补偿者向上市公司进行补偿。优先补偿者同意采用股份补偿,如果以股份补偿不足,优先补偿者将以现金补偿,补充补偿者同意只采取股份补偿。采取股份补偿一般以下两种实施方法。

(1)股份补偿首选股票回购注销方案。由上市公司对补偿责任人所持有的与当年应补偿股份数相等的上市公司部分股票进行回购。这部分股份不具有投票权,也不享有分红的权利。

(2)如果该股份回购议案得到了上市公司股东大会的批准,那么,上市公司将以人民币 1 元的定价,对当年应补偿的股票进行定向回购,并将其注销,同时还需要履行通知债权人等法律法规有关程序。如果需要用现金来弥补,那么,在完成了所要补偿的股份回购之后,应当按照相应的比例对上市公司进行现金补偿。

一方面,这种给予补偿方股份优先权的补偿方式,可以使补偿方的利益与并购方的利益紧密结合,激励目标企业的管理层,促进并购后的整合和并购协同效应的实现。另一方面,现金补偿法是对股份补偿法的补充,它允许目标企业保留更多的自由现金流,将更多的现金用于开发、推广和经营有助于目标企业长期发展和提升业绩的产品。

(四)业绩承诺期后商誉减值补偿

交易双方约定,在2018年度结束时聘请会计师事务所对泰一指尚进行商誉减值测试。资产减值测试报告所示方案为:

$$若\ PL > CSP \times SP + CSA$$

标的企业原股东应按照下述方法向上市公司进行资产减值补偿:

$$MPL = PL - CSP \times SP - CSA$$

其中,PL代表泰一指尚期末减值额;CSP代表已补偿股份总数;SP代表发行价格;CSA代表已补偿现金总金额;MPL代表减值补偿金额。

由于业绩承诺期内的商誉减值是标的企业无力履行业绩承诺的结果,且通过业绩承诺补偿的份额进行了相应的补偿,因此,商誉减值的补偿金额是业绩承诺期内已经补偿的商誉减值金额未完全覆盖的差额,是对业绩承诺期结束后商誉减值的一种额外补偿措施。在这样的设计下,商誉减值是对标的企业在商誉减值期后的盈利能力的保证,是基于业绩承诺补偿方案的补充,不会导致对标的商誉减值的双重补偿,且为高溢价并购标的企业资产潜在的商誉减值风险提供了充分和合理的防范。

浙江富润通过设置业绩承诺条款,力图避免因采用收益法而产生的高溢价引起的两个层面上的商誉减值风险:一是在业绩承诺期内,以标的企业未实现业绩承诺为主要特征,对该部分商誉减值的防范由业绩补偿保证;二是在业绩承诺期过后,标的资产的减值风险表现为在商誉减值测试后,不能通过业绩补偿来防范的差额,这一部分可以通过商誉减值补偿来对其进行补充防范。

(五)业绩奖励

如果在2016—2018年,泰一指尚取得的经审计归属于母公司的净利润,超过了累计承诺净利润的105%,即27 510万元人民币(26 200万元人民币×105%),那么,浙江富润将以超过部分60%的比例作为奖励支付给泰一指尚的员工,并且,该奖励的总额不会超过本次并购资产支付对价的 20%,即 24 000 万元人民币(120 000 万元人民币×20%),该奖励金额的计算方式是:

$$奖励金额 = \left(业绩承诺期内累计实现的净利润 - 业绩承诺期内累计承诺的净利润 \times 105\%\right) \times 60\%$$

从并购企业的角度来看,如果被并方企业业绩承诺达标,它获得的奖励金额小于未完成业绩承诺所要支付的补偿款,那么这个机制的目的是避免并购溢价比例的增加,从而分散商誉减值的风险。此外,奖励条款一方面能激励被并方企业更加努力地实现目标,避免并购过程中固有的运营风险;另一方面还可以有效地降低员工流失的风险。同时,在竞业禁止条款的限制下,企业可以用高额的奖金和条件来稳定关键员工,确保企业活动及时完成,从而保证企业并购活动顺利进行。因此,通过设计业绩激励条款,可以在一定程度上稳定泰一指尚的关键管理层和关键人才团队,激励这部分人员积极参与企业的经营活动,使目标企业原股东与目标企业的利益有机地结合起来,促进企业业务的持续发展,保证企业经营业绩的稳定增长,有效降低双方的管理和并购风险。

浙江富润与泰一指尚签订的业绩承诺作用机理示意图见图 6-14。

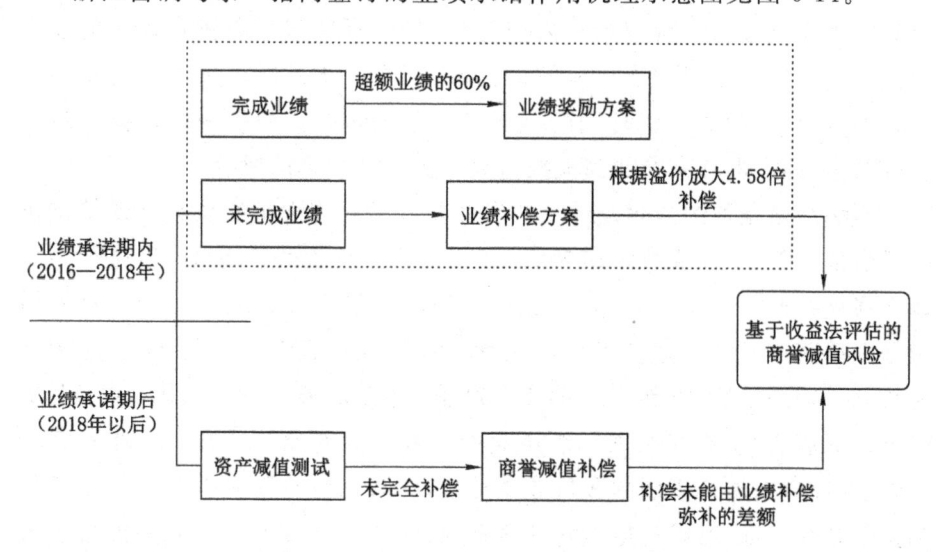

图 6-14 业绩承诺作用机理示意图

七、业绩承诺防范跨部性并购商誉减值的有效性分析

综合以上分析,浙江富润并购泰一指尚后整体经营状况良好,虽然有较高的溢价,但并购完成顺利,没有出现商誉减值的情况。通过上文对浙江富润商誉减值风险原因的分析可知,浙江富润所设计的业绩承诺条款对商誉减值风险防范的有效性主要体现在以下3个方面。

(一)有效防范并购标的资产商誉减值风险

浙江富润购买泰一指尚100%股权的行为,属于非同一控制下的企业合并,按照《企业会计准则》的规定,将不受同一控制的企业合并行为,并购方拟并购的企业合并成本与并购方在被并购方合并中取得的可辨认净资产公允价值的权益之间的差额确认为商誉,并在随后的每个财政年度末进行减值测试。因为泰一指尚能辨认出的净资产公允价值比较低,而且很多组成该企业的资源也不能辨认,所以浙江富润在这次并购中确认了大量的商誉。但是,互联网产业的发展具有产品创新快速和生命周期短的特点,其盈利能力在生命周期中有很大的差别;而科技型企业的核心资源,也就是技术研发人才的流动,这使泰一指尚未来盈利能力的不确定因素更加突出。若泰一指尚的主营业务在并购后数年内因生命周期、管理和核心技术人员的流失而无法在今后的运营中取得良好的盈利,则泰一指尚所产生的商誉将会产生减值风险,从而对浙江富润的经营产生不利影响。如果一次计提大量的商誉减值,那么浙江富润的当期损益表就会受到很大的影响。

业绩承诺条款的内容设计反映出并购方对可能发生的商誉减值情况进行了防范。首先,在业绩承诺期间,由于商誉可能会发生减值,该风险主要体现在被并购方没有达到预期的业绩目标,而降低商誉减值风险的有效措施是以截至该年度的业绩目标的累计实现情况来设定的。其次,考虑到在业绩承诺期满之后,可能产生的资产减值,将在未来一段时间内,对有关资产进行减值测试,并在未来无法用业绩来补偿的差异予以补足。在确定抵销方法时,应以浙江富润的股份数来补偿,这种做法将其未来收益与主体的利益联系在一起,可以产生较好的激励效果,也有效降低了企业关键员工流失的风险。

（二）有效对冲跨部性并购中信息不对称风险

浙江富润跨界并购泰一指尚，一方面，是主并方企业为了能够更好地发展网络业务，并提升其运营能力，贯彻企业的网络战略定位，找到新的利润增长点，充实已有的业务，从而达到并购协同效应。另一方面，也不可避免地受到2013年互联网并购热潮的冲击，出现了一些非理性的行为。如同其他互联网企业的并购，被并方企业的基础资产并不在其职权范围内。如果没有做好充分的尽职调查和研究，就贸然跟上并购的步伐，那么就有可能因为信息不对称，管理者的盲目自大，导致并购溢价过高，进而产生商誉减值，从而导致亏损，甚至是并购失败。

目前有关业绩承诺的研究和设计相对成熟，在并购协议中引入业绩承诺及相关赔偿机制，结合目标企业的具体行业和经济环境及其特点，可以更好地识别和避免跨界并购过程中的信息不对称问题。尽管在并购协议签订时，泰一指尚已经相对成熟，但其未来的盈利前景仍有很大的不确定性。同时，鉴于网络行业产品周期短、产品创新快、产业发展迅速、信息不对称等问题在并购过程中变得更加突出，浙江富润通过合理设置业绩承诺，在业绩承诺期间和业绩承诺期后均采取了适当的风险防范和补偿措施，有效避免了跨界并购过程中的信息不对称问题。

（三）有效对冲收益法造成高溢价估值风险

泰一指尚是一家互联网企业，设备、耗材等固定资产很少，企业的价值主要体现在对员工、技术人才和软件产品的管理上，但这些资源并没有完全体现在企业的财务报表上。互联网"轻资产"的特点，使传统的成本法、资产基础法不能全面地体现互联网企业的实际价值，而评估机构又多以收益法为依据，致使互联网企业的实际价值远超其账面价值，造成并购价格过高，并伴随着未来商誉减值风险发生的可能。在本案例中，为规避收益法带来的高溢价风险，浙江富润在业绩承诺中的利润设置和收益法的利润预估之间存在紧密联系，因此，浙江富润的价值评估指标就被直接与估值法联系起来；同时，以相应于交易对价占承诺总金额 4.58 的放大倍数来决定补偿金额，使补偿金额与评估方法所导致的高额溢价直接联系起来。如此设定后，业绩承诺能够有效地规避采用收益法所带来的过高溢价估值风险。

综上，在设定一个比较合理的业绩承诺利润数的情况下，可以更好地预防浙江富润技术跨部性且高溢价并购泰一指所带来的商誉减值风险。

第三节 浙江富润技术跨部性并购的业绩承诺预防效果借鉴分析

一、签订业绩承诺的实施目标分析

(一) 浙江富润股价受到股权质押压力

自2014年以来,浙江富润的前十大股东一直进行着不同高比例的股权质押。由于高比例股权的质押,企业的股价持续下跌,给企业的发展带来了强大的阻力。自2015年6月股价达到27元/股以来,浙江富润的股价整体情况呈下降趋势,股权质押导致的股价下跌需要采取一定的措施来扭转。股价上涨反映了企业经营业绩良好,是企业业绩正面的明显体现,可以传递积极的信号,降低企业投资者的退缩心理,吸引潜在投资者持续关注企业,提高企业的知名度,将新整合的资源尽快融入企业,提升品牌价值,快速进入新行业。浙江富润并购前股价波动趋势见图6-15。

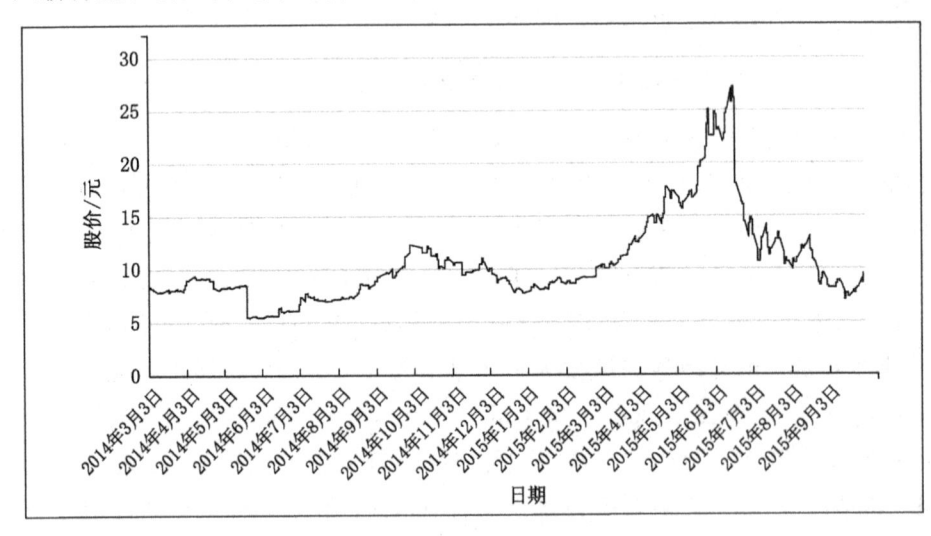

图6-15 浙江富润并购前股价波动趋势图

此外,投资者关心投资对象产生的超额收益。因此,股东非常希望通过管理企业市值来扭转企业股价的下跌,以合法和适当的方式使企业的价值最大化。企业的市场价值与股东的利益密切相关,直接影响到股东的收益。浙江富润的股价受股票质押的影响很大,所以其更需要提高市值来改善经营状况,为未来的业务发展提供良好的资源。浙江富润技术跨部性并购泰一指尚并签订业绩承诺,是浙江富润的一项具体市值管理措施,此举将在短期内增加企业的价值,提升股东财富,改善企业的发展。

(二)防范浙江富润商誉减值风险

当被并方企业的可识别净资产的公允价值不变时,越高的并购成本意味着越高的并购溢价,从而形成巨额商誉的概率也越高。鉴于泰一指尚仍处于轻资产运作的状态,今后的发展将会受宏观经济及产业政策等因素的制约。在这一情况下,泰一指尚在未来的业务发展中,存在着很大的不确定因素,如果在并购日期确认了巨额商誉,那么浙江富润将面临商誉减值的风险。中国的会计准则要求企业对商誉减值一经确认,就不能在以后的各期中进行转回。所以,确认的商誉减值损失会将净利润吞噬,这对企业的盈利能力和持续发展造成了负面影响。浙江富润与泰一指尚签订业绩承诺,对其承诺期内的补偿金额进行了明确,并在承诺期过后对其进行减值测试,从而对浙江富润高溢价并购泰一指尚所带来的商誉减值风险进行了一定的规避。

(三)规避并购中价值评估风险

在经济市场中,当企业之间的信息差距较大时,信息弱势的一方所面对的风险更大,有可能导致道德风险、机会主义等问题。在企业并购过程中,并购方通常处在一个信息弱势的位置,而被并购方能够通过其信息优势来与并购方进行博弈,从而获得比较主动的价格。泰一指尚属于网络产业,只有少量的实体资产,所以评估价值要比实际价值高很多,而且浙江富润并不能确定泰一指尚会不会通过夸大自己的业绩来获取高额的溢价,所以浙江富润对于泰一指尚的不了解很有可能会出现错误的评估,这也是一个不容忽视的因素。业绩承诺制度是一种价值调节机制,能够在一定程度上避免因信息不对称而导致的价值风险。

(四)激励约束并购双方企业管理层

浙江富润以股票、现金两种形式进行了交易对价支付。之所以没有完全以现金进行支付,一方面,采用股份支付的方式可以为新进资产的后续做优做强提供更多的资金支持;另一方面,采用股份支付的方式能够让被购买方管理者与购买方的目标协调一致,还能对标的企业的管理层产生一定的激励效果。为了防止并购结束后标的企业的核心员工离开,浙江富润在其业绩承诺条款中增加了股权锁定和竞业限制等条款。业绩承诺中设定的承诺目标,必须依靠标的企业核心管理团队的协作来实现。对于管理层和核心员工,该如何对其进行激励和约束,这些都是需要并购双方进行事前约定,并在协议中进行明确的重要问题。所以,签署业绩承诺协议,不仅可以对泰一指尚的管理层起到约束和激励作用,还可以减少浙江富润由于企业核心人员变更所带来的管理风险,让并购双方达成更好的合作,最大限度地提高双方的收益。

(五) 应对互联网行业政策变化

此次交易标的泰一指尚是一家互联网科技服务企业。网络产业在国内还是一个新兴产业,为了进一步推动、扶持、鼓励互联网企业的发展,中国制定了一系列产业政策,例如《关于加快发展服务业的若干政策措施的实施意见》。通常情况下,产业政策是一个行业发展的风向标,政策的趋势在宏观层面上会对该行业的竞争格局以及市场趋势产生影响;在微观层面上会对企业的战略布局以及发展方向产生影响。如果在将来,与互联网行业有关的产业政策出现了改变,那么,这个问题的答案将会对标的企业的业务发展产生深远的影响。如果未来政策变化对泰一指尚仍有不利影响,则业绩承诺可通过其价值调节机制,补偿由于政策变化而导致的目标企业业绩下降所带来的损失,进而在某种意义上应对政策变化的风险。

二、业绩承诺预防技术跨部性并购商誉减值的财务绩效分析

(一) 财务指标法

为更全面地分析浙江富润并购后的经营业绩,本章选择盈利能力、偿债能力、营运能力和发展能力等四个角度对浙江富润的财务绩效进行分析。

1. 盈利能力分析

本章选取营业总收入、销售净利率、净资产收益率和总资产报酬率等四

个指标对浙江富润业绩承诺期间的盈利能力进行分析。浙江富润盈利能力指标变动情况见表 6-19 和图 6-16。

表 6-19 浙江富润盈利能力指标变动情况表

年份	2015 年	2016 年	2017 年	2018 年	2019 年
营业总收入/亿元	8.05	8.79	19.20	27.67	31.29
净资产收益率	2.49%	9.77%	7.25%	9.23%	18.44%
总资产报酬率	2.65%	6.54%	7.82%	9.01%	16.35%
销售净利率	2.57%	15.45%	11.78%	10.38%	17.53%

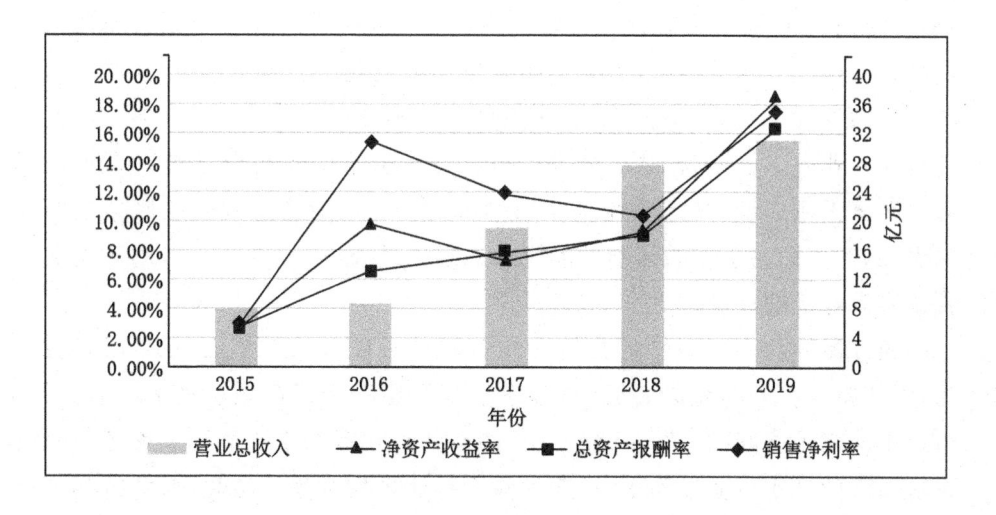

图 6-16 浙江富润盈利能力指标变动趋势图

从图 6-16 可以看出,浙江富润在 2015 年并购活动发生之前,营业总收入、销售净利率、净资产收益率和总资产报酬率均处于较低水平。2016 年浙江富润业绩承诺并购泰一指尚,正式迈入互联网行业的大门。2016—2018 年,在此业绩承诺期三年里,浙江富润的营业总收入、总资产报酬率上涨。可见,泰一指尚网络业务的利润水平比较高,浙江富润业绩承诺并购泰一指尚,带来了企业快速发展,企业盈利情况有明显的改善。浙江富润 2015—2018 年营业收入与营业成本情况见表 6-20。

表 6-20　浙江富润 2015—2018 年营业收入与营业成本情况表

年份	项目	营业收入/万元	营业成本/万元	毛利率
2015 年	制造业	79 228	69 457	12.33%
2016 年	制造业	85 770	73 337	14.50%
2017 年	互联网信息业	69 055	49 271	28.65%
	制造业	120 530	101 031	16.18%
2018 年	互联网信息业	132 834	107 239	19.27%
	制造业	139 342	113 212	18.75%

由表 6-19 和表 6-20 可以看出,2017 年互联网信息业营业收入占比 36%,2018 年互联网信息业营业收入占比 48%,互联网信息业成为浙江富润提升营业收入的动力机,提升了企业整体盈利能力。2017 年互联网信息业的毛利率为 28.65%,远高于传统制造业毛利率 16.18%。2018 年互联网信息业营业收入增速为 92%,也远高于传统制造业。传统制造业的营业收入多年来大幅波动,受宏观经济波动的影响较大。浙江富润互联网信息业的引入,一方面为企业的强劲发展注入了强大动力,另一方面也有助于企业抵销宏观经济的波动。

浙江富润盈利能力指标与行业均值对比见图 6-17。从图 6-17 可以看出,浙江富润在并购完成之后,销售净利率明显高于行业平均水平,并且与行业平均水平之间的差距呈逐步扩大的趋势。净资产收益率和总资产报酬率从原来的低于行业平均水平,变为高于行业平均水平。同时,浙江富润的各项盈利指标也出现向更好方向发展的趋势。这说明浙江富润在同行业中占据较高地位,并购泰一指尚使其盈利能力得到了显著提高。

2. 偿债能力分析

本章选取流动比率、速动比率、资产负债率等指标分析浙江富润的偿债能力,通过流动比率和速动比率指标对浙江富润的短期偿债能力进行分析,通过资产负债率指标分析浙江富润的长期偿债能力。浙江富润的偿债能力分析见表 6-21。浙江富润短期偿债能力指标变动趋势见图 6-18,浙江富润长期偿债能力指标变动趋势见图 6-19,浙江富润偿债能力指标与行业均值对比见图 6-20。

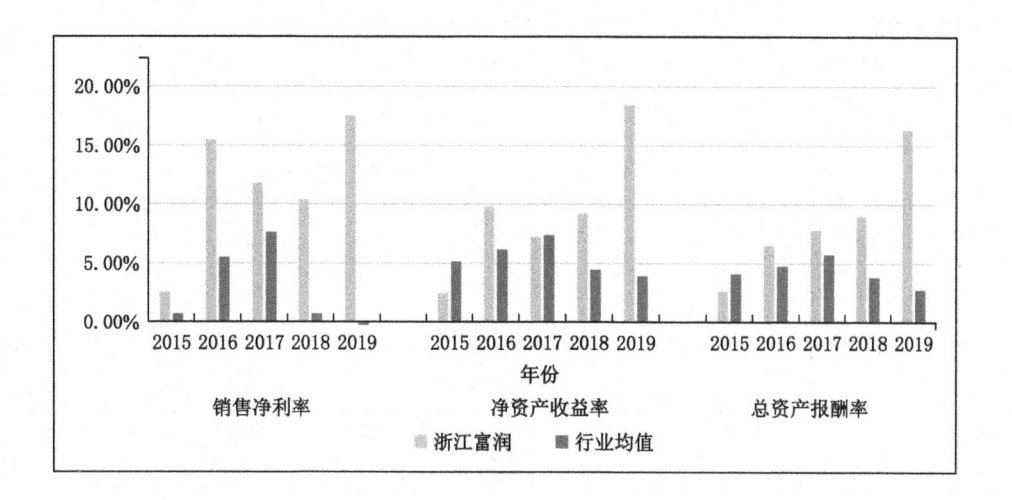

图 6-17 浙江富润公司盈利能力指标与行业均值对比图

表 6-21 浙江富润的偿债能力分析

年份	2015	2016	2017	2018	2019
流动比率	1.09	1.34	1.86	1.77	2.39
速动比率	0.54	0.96	1.35	1.41	2.24
资产负债率	43.56%	35.09%	27.87%	35.34%	33.22%

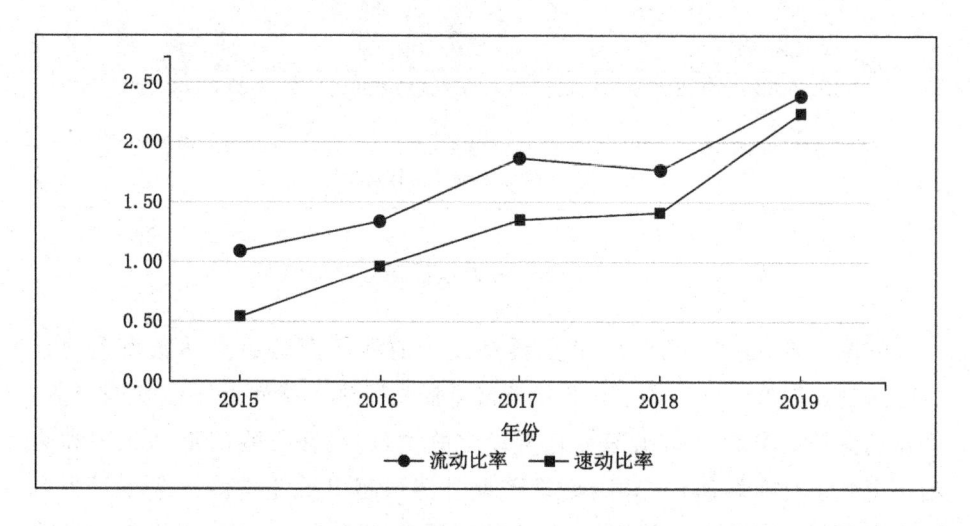

图 6-18 浙江富润短期偿债能力指标变动趋势图

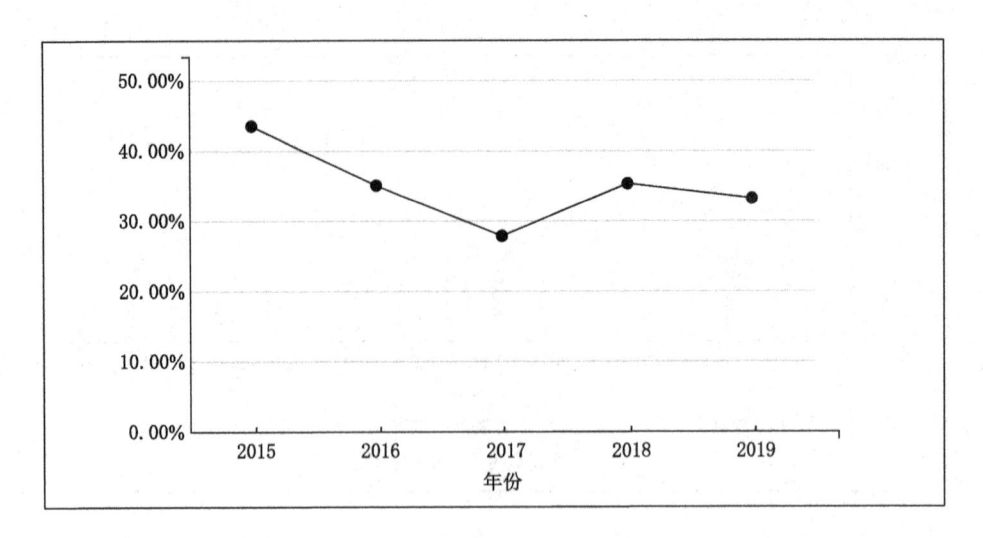

图 6-19　浙江富润长期偿债能力指标变动趋势图

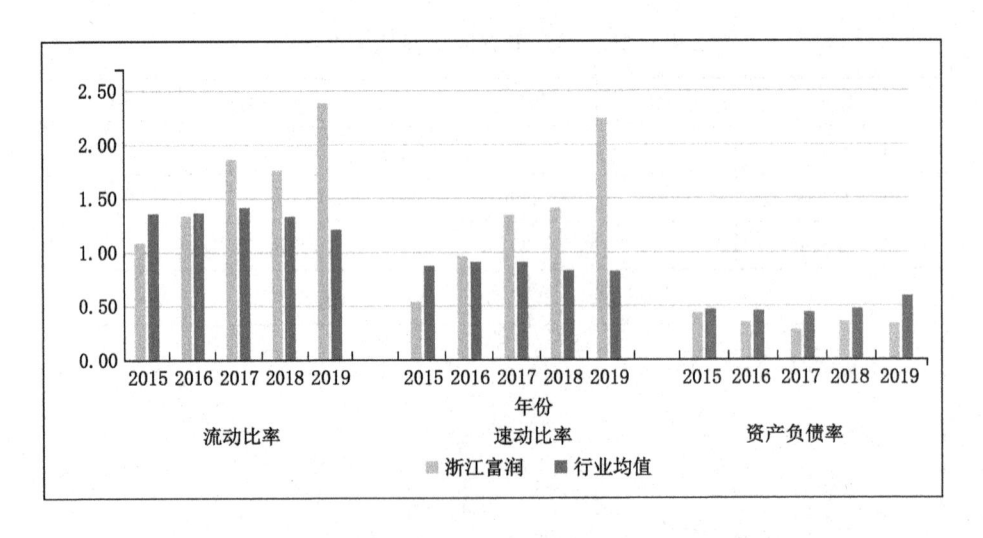

图 6-20　浙江富润偿债能力指标与行业均值对比图

如图 6-18、图 6-20 所示,并购活动发生前浙江富润的流动比率大约是 1,而速动比率在 0.5 左右,2016 年浙江富润并购泰一指尚进军互联网行业,企业的流动比率和速动比率都有了稳定的增长,且在并购前流动比率和速动比率低于行业均值,在并购后显著提升甚至超出行业均值。这是因为浙江富润在并购之前主要从事纺织、钢管等重资产产业,因此需要购买大量的固定资产维持生产经营;在并购之后,浙江富润开始从事网络营销、大数据等产业,这些产业属于轻资产产业,因此偿债能力会随之提升。

如图 6-19 所示,并购活动发生之前浙江富润的资产负债率还在 43.56%,并购泰一指尚之后,浙江富润的资产负债率开始下降,2017 年降至 27.87%,虽然 2018 年有所回升达到 35.34%,但是仍低于并购前的数值。整体来看,在并购完成后浙江富润的资产负债率处于降低趋势,长期偿还债务的能力在逐步提高。

通过与行业均值的比较可以看出,浙江富润在并购泰一指尚之前,其资产负债率与同行业企业相近。并购当年,浙江富润的资产负债率出现较大幅度降低,2018 年的资产负债率仍低于同行业均值,原因在于并购主要采用了发行股票的方式,使得企业的股权资本大幅增长。浙江富润资产负债率低于行业均值,说明浙江富润具有良好的长期偿债能力,经营风险较小,具备良好的融资和举债能力。

综上,浙江富润业绩承诺并购泰一指尚对其短期偿债能力和长期偿债能力都有大幅提高,给企业带来了积极影响,为企业未来的双主业发展打下了很好的基础。

3. 营运能力分析

本章通过选取应收账款周转率、总资产周转率和存货周转率指标对浙江富润的营运能力进行研究。浙江富润营运能力指标变动情况见表 6-22。浙江富润营运能力指标变动趋势见图 6-21。浙江富润营运能力指标与行业均值对比见图 6-22。

表 6-22　浙江富润营运能力指标变动情况表　　　　单位:次

年份	2015 年	2016 年	2017 年	2018 年	2019 年
应收账款周转率	18.03	3.51	3.62	3.67	3.22
总资产周转率	0.39	0.31	0.53	0.71	0.70
存货周转率	2.15	1.98	3.76	5.25	8.88

从图 6-21、图 6-22 可以看出,在应收账款周转率方面,并购当年浙江富润的应收账款周转率大幅降低,业绩承诺期间 2016—2018 年,呈现出逐年递增的趋势。通过分析浙江富润的年度报告,发现企业应收账款周转率降

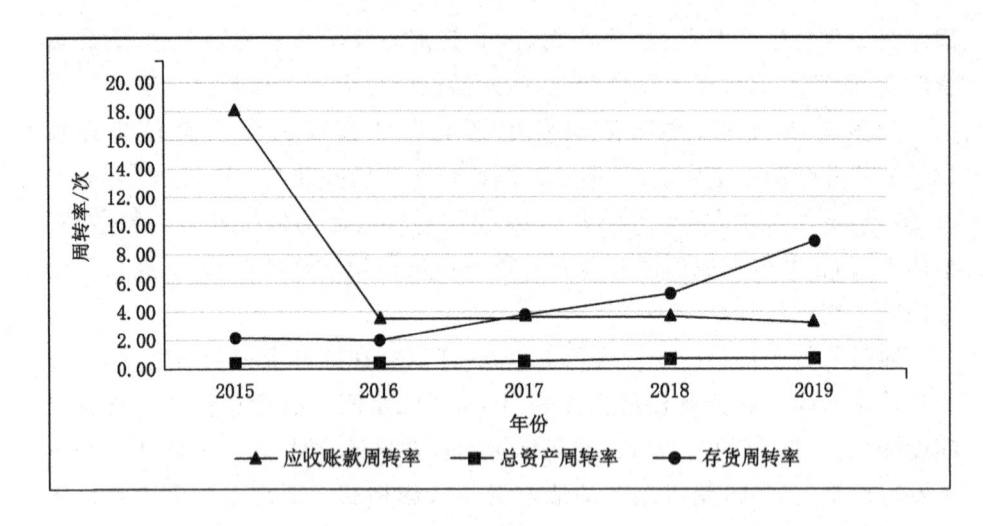

图 6-21　浙江富润营运能力指标变动趋势图

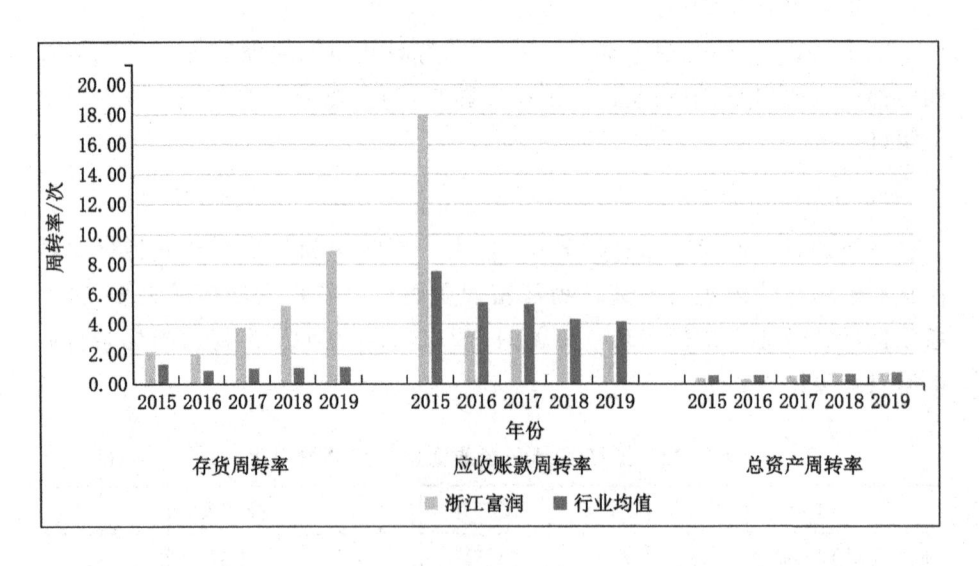

图 6-22　浙江富润营运能力指标与行业均值对比图

低的原因是企业网络信息服务业务营收的大幅提高,营业利润随之提高,导致应收账款增加。浙江富润发布的交易预案显示,泰一指尚的应收账款在 2014 年和 2015 年分别达到了 1.64 亿元和 2.91 亿元,在企业当期营收中所占比例分别为 67.26% 和 73.92%,与上年同期相比,数值有所上升。这是因为泰一指尚从事的是网络大数据营销,行业的特点之一是广告费用的拖欠。

鉴于报告期内没有发生重大不良资产损失,但若外界的经营环境继续恶化,致使企业的偿付能力降低,泰一指尚仍有可能存在部分应收账款无法收回的风险。

并购前,浙江富润的存货周转率略高于行业均值,这主要是因为浙江富润是一家传统制造企业,存货占企业总资产很大比重,因此存货周转率较低。泰一指尚是一家以网络科技服务为主要业务的轻资产企业,企业的存货比例非常低,因此,并购后浙江富润的存货周转率有明显的提升。根据浙江富润2017—2018年发布的财务报告,其正在大力发展网络信息服务业,关闭了一些市场上表现不佳的产业,出售了与之相关联的资产。浙江富润也正是因为投资项目回报更高,才敢舍弃自己原本经营较差的产业,从这一点也可以看出,并购泰一指尚使浙江富润的存货周转率得到很大的提升。

从总资产周转率来看,并购后的总资产周转率持续上升并逐渐与行业均值持平,反映出浙江富润的资金利用效率高,创收能力强,资产投资效率高。这也说明浙江富润在并购完成后对资产进行了很好的整合和管理,企业的经营业绩明显提升。

综上,浙江富润业绩承诺并购泰一指尚使企业的营运能力有了显著提高,反映出企业对原有资金进行了有效整合和经营,泰一指尚为浙江富润带来了预期收益。

4. 发展能力分析

本章选取营业收入增长率、总资产增长率和净资产增长率三个指标对浙江富润的发展能力进行分析。浙江富润发展能力指标变动情况见表6-23。浙江富润发展能力指标变动趋势见图6-23。浙江富润发展能力指标与行业均值对比见图6-24。

表6-23 浙江富润发展能力指标变动情况表

年份	2015年	2016年	2017年	2018年	2019年
营业收入增长率	−16.52%	9.28%	119.17%	43.57%	13.09%
总资产增长率	2.27%	74.74%	−1.43%	15.05%	14.82%
净资产增长率	−2.92%	124.30%	8.77%	2.67%	20.33%

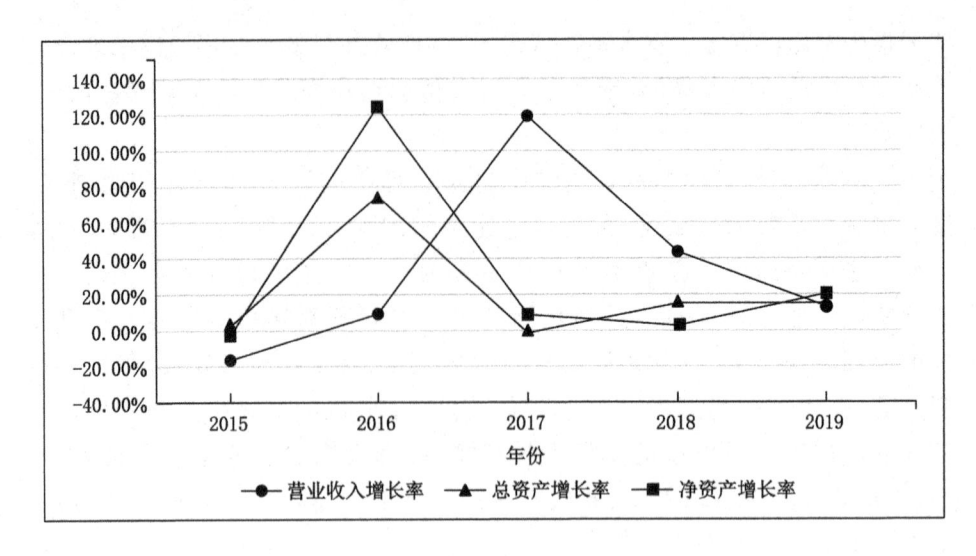

图 6-23 浙江富润发展能力指标变动趋势图

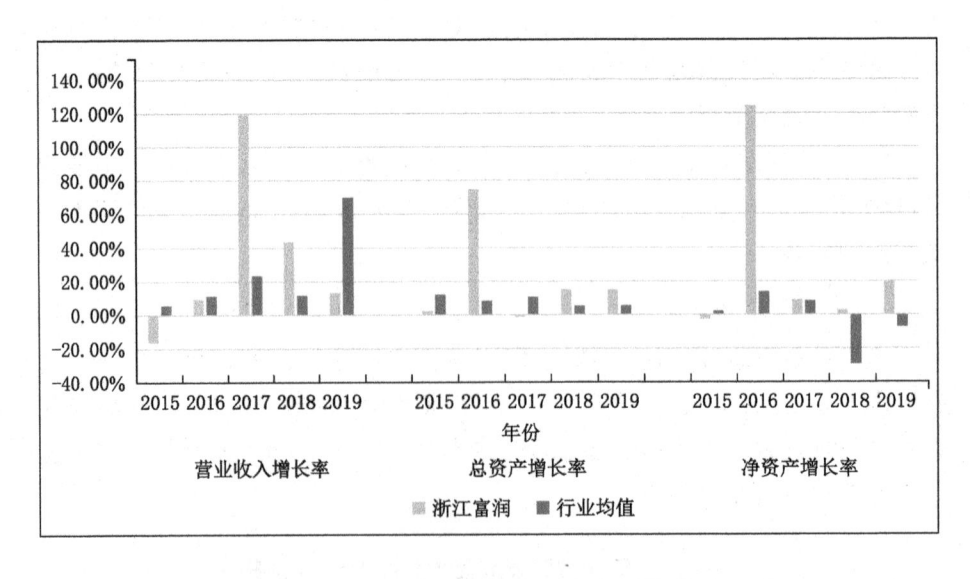

图 6-24 浙江富润发展能力指标与行业均值对比图

2016年,业绩承诺期第一年,浙江富润各方面的发展能力都有了很大的提升,其中营业收入增长率由负转正,这主要得益于2016年传统制造业行情较好,加之浙江富润并购泰一指尚,信息产业收入增加约6.9亿元,占当年营业收入的36%。2018年,浙江富润传统制造业增长乏力,而信息服务业则狂飙突进,与2017年相比,增长约1倍,占浙江富润收入的比例提高到48%,成为浙江富润的增长引擎。浙江富润总资产增长率和净资产增长率在2016年也迅速上涨,这是因为泰一指尚的有关资产并入了浙江富润资产负债表,浙江富润总资产和净资产大幅增加。2017—2018年,浙江富润的总资产增长率和净资产增长率变化幅度不大,这是因为浙江富润在纺织、钢管等行业已属较为成熟的行业,拥有的资产、装备等在行业中属于一流水平,短期内不需进行升级改造,浙江富润新进入互联网行业,其业务也不需要大量的资产,所以总资产增长率和净资产增长率保持相对稳定。

从上述分析可知,2016年浙江富润溢价并购泰一指尚并签订业绩承诺,对企业的经营业绩产生了正面影响。整体而言,浙江富润的盈利能力、偿债能力、营运能力、发展能力都得到了明显的改善。其中,浙江富润的并购业绩交易虽然对其营运能力提升相对较小,但对盈利能力与偿债能力提升较大。

(二)主成分分析法

在上一节中,分析了浙江富润技术跨部性并购泰一指尚的财务指标,但这种方法有局限性,比如由于指标太多导致信息重叠,所以本章采用主成分分析法。这种方法采用了降维的思想,将多个财务指标的重叠信息进行"浓缩",不仅保留了各个指标对目标函数的影响,而且避免了自身的局限性,可以用较少的主成分来评价并购案例的财务绩效。本部分数据来自CSMAR数据库(中国经济金融研究数据库),并利用使用SPSS 26.0和EXCEL进行计算测量。

1. 指标评价的构建

为了综合考察并购前后财务绩效的变动,在财务指标法的基础上有针对性地筛选出8个指标。浙江富润指标评价体系见表6-24。

2. 原始数据的适用性检验

主成分分析法的适用性检验方法是KMO和Bartlett球形检验。本章利用SPSS 26.0软件,对标准化后的原始数据进行KMO和Bartlett球形检验,具体结果见表6-25。

表 6-24　浙江富润指标评价体系表

指标类型	指标名称	变量名称
盈利能力	净资产收益率	X_1
营运能力	存货周转率	X_2
	总资产周转率	X_3
	流动资产周转率	X_4
偿债能力	速动比率	X_5
	流动比率	X_6
	资产负债率	X_7
发展能力	净资产增长率	X_8

表 6-25　KMO 和 Bartlett 球形检验结果表

KMO 取样适切性量数		0.603
Bartlett 球形检验	近似卡方	159.928
	自由度	28
	显著性	0.000

根据表 6-25，KMO 值为 0.603，大于 0.6，说明满足主成分分析条件，另外，Bartlett 球形检验的结果显示显著性为 0，小于 0.05，说明原始变量之间的相关系数矩阵并非单位矩阵。因此，本章选取的数据适用主成分分析。

3. 主成分的提取

本章在遵循特征值大于 1 或累计方差贡献率达到 80% 原则的基础上，对选取的 8 项财务指标进行主成分的提取，具体结果见表 6-26。

表 6-26　总方差解释表

成分	初始特征值			提取载荷平方和		
	总计	方差百分比	累积	总计	方差百分比	累积
1	4.626	57.829%	57.829%	4.626	57.829%	57.829%
2	2.367	29.585%	87.413%	2.367	29.585%	87.413%

表 6-26(续)

成分	初始特征值			提取载荷平方和		
	总计	方差百分比	累积	总计	方差百分比	累积
3	0.893	11.16%	98.574%	—	—	—
4	0.069	0.861%	99.435%	—	—	—
5	0.035	0.434%	99.869%	—	—	—
6	0.006	0.08%	99.949%	—	—	—
7	0.003	0.035%	99.984%	—	—	—
8	0.001	0.016%	100.000%	—	—	—

根据表 6-26 可知,特征值大于 1 的主成分共有两项,分别为 4.626 和 2.367,解释了 87.413% 的原始数据,基本涵盖了浙江富润 8 项财务指标的信息,说明这两个主成分可以代表原始数据进行财务绩效分析。

4. 主成分经济解释

本章进一步通过成分矩阵确定上述两项主成分在各项财务指标上的载荷系数,进而对主成分进行经济解释,数据见表 6-27。

表 6-27 主成分矩阵表

变量	主成分 1	主成分 2
净资产收益率(X_1)	0.948	0.177
存货周转率(X_2)	0.910	0.406
总资产周转率(X_3)	0.850	0.523
流动资产周转率(X_4)	0.803	0.568
速动比率(X_5)	0.777	−0.555
流动比率(X_6)	0.680	−0.625
资产负债率(X_7)	−0.662	0.725
净资产增长率(X_8)	0.172	−0.592

根据表 6-27 可知,在主成分 1 上,净资产收益率、存货周转率、总资产周转率等的载荷系数绝对值较大,故主成分 1 主要反映盈利能力和营运能力;

在主成分2上,资产负债率、流动比率、净资产增长率等的载荷系数绝对值较大,故主成分2主要反映偿债能力和发展能力。

5. 主成分得分的计算

主成分得分系数矩阵见表6-28。

表 6-28　主成分得分系数矩阵表

变量	主成分1	主成分2
净资产收益率(X_1)	0.205	0.075
存货周转率(X_2)	0.197	0.172
总资产周转率(X_3)	0.184	0.221
流动资产周转率(X_4)	0.174	0.240
速动比率(X_5)	0.168	−0.234
流动比率(X_6)	0.147	−0.264
资产负债率(X_7)	−0.143	0.306
净资产增长率(X_8)	0.037	−0.250

根据表6-28,得到各主成分计算公式:

$$F_1 = 0.205 \times X_1 + 0.197 \times X_2 + 0.184 \times X_3 + 0.174 \times X_4 + 0.168 \times X_5 + 0.147 \times X_6 - 0.143 \times X_7 + 0.037 \times X_8$$

$$F_2 = 0.075 \times X_1 + 0.172 \times X_2 + 0.221 \times X_3 + 0.240 \times X_4 - 0.234 \times X_5 - 0.264 \times X_6 + 0.306 \times X_7 - 0.250 \times X_8$$

根据各主成分在方差解释表中的方差贡献率,进一步得到财务绩效的综合计算公式:

$$F = 0.5783 \times F_1 + 0.2959 \times F_2$$

6. 主成分分析结果

将经过标准化处理后的原始数据代入各个主成分得分公式,计算浙江富润的主成分得分和综合得分(见表6-29)。浙江富润主成分得分和综合得分评价变化趋势见图6-25。

第六章 技术跨部性并购路径演进与业绩承诺预防机制

表 6-29 主成分分析得分表

日期	F_1	F_2	F
2016 年 3 月 31 日	−1.61	0.55	−0.77
2016 年 6 月 30 日	−1.31	1.05	−0.44
2016 年 9 月 30 日	−0.97	1.22	−0.2
2016 年 12 月 31 日	−0.09	0.18	0.00
2017 年 3 月 31 日	−0.44	−1.54	−0.71
2017 年 6 月 30 日	0.08	−0.88	−0.21
2017 年 9 月 30 日	0.69	−0.53	0.25
2017 年 12 月 31 日	1.22	0.46	0.84
2018 年 3 月 31 日	−0.29	−1.43	−0.59
2018 年 6 月 30 日	0.20	−0.58	−0.06
2018 年 9 月 30 日	0.86	0.05	0.52
2018 年 12 月 31 日	1.65	1.42	1.37

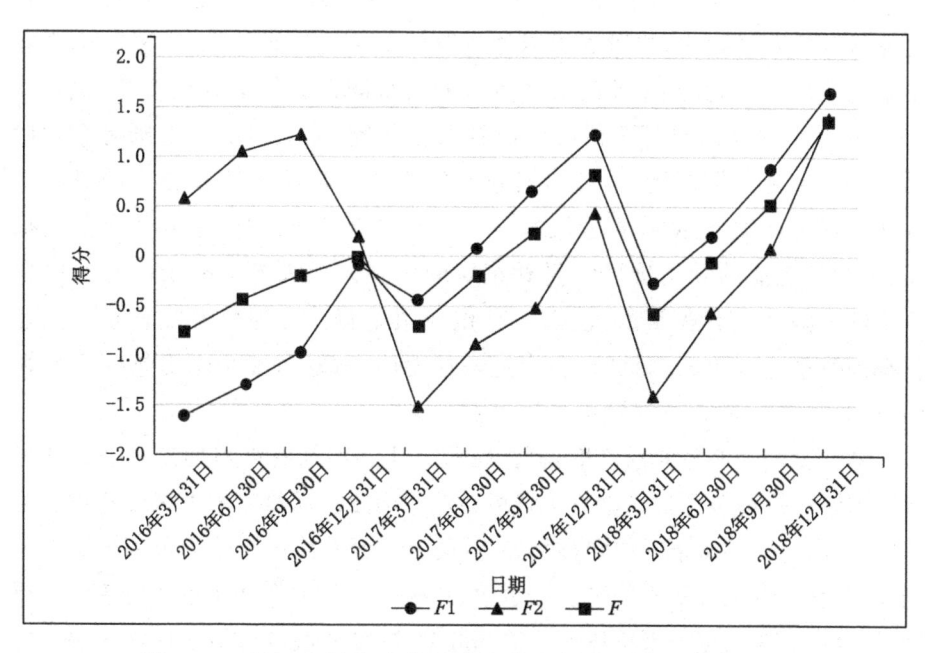

图 6-25 浙江富润主成分得分和综合得分评价变化趋势图

由表 6-29 和图 6-25 可知,反映浙江富润盈利能力和营运能力的主成分 F_1 在 2017 年之前多为负值,说明浙江富润的盈利能力和营运能力有待提升,溢价并购泰一指尚后 F_1 得分呈现上升趋势,因此并购泰一指尚对盈利能力和营运能力的影响是正面的、积极的。反映浙江富润偿债能力和发展能力的主成分 F_2 呈现波动式变化的趋势,说明浙江富润需要进一步提高经营管理能力,优化资源结构。F反映了浙江富润此次溢价并购泰一指尚的综合评分,从综合得分F的趋势来看,呈现波动上升趋势,表明溢价并购签订业绩承诺给浙江富润带来的是正向效应,主成分分析法进一步验证了财务指标分析法的结论。综上,并购泰一指尚并签订业绩承诺条款提高了浙江富润的综合绩效水平。

三、业绩承诺预防技术跨部性并购商誉减值的市场反应分析

(一)并购下业绩承诺对股价的影响机制

1. 业绩承诺提升短期股价

股价是企业运营情况的重要外在反映,企业是否作出新的决策,新的决策对企业的发展是否具有重要的意义,外部投资者可以通过股价得知。在企业日常经营过程中,决策者可以透过股价所传达出来的讯息,来明确企业未来的发展方向,找到企业的关注点。浙江富润在进行了股权质押之后,将会产生诸如"两权分离"等传统的股权质押风险,而更多的表现则是企业股票价格的下降。根据相关法律,当企业的股票价格因为控股股东的股权质押而出现下跌的征兆时,控股股东可以对其进行补充质押,来补偿企业的损失,从而让企业的股票价格恢复到正常的水平。如果这个举动没有对股票价格的下降状况有所帮助,债权人有权强制平仓。当外部投资者收到企业存在强制平仓风险的消息时,会产生心理上的恐慌,可能会作出某些不理性的举动,从而造成企业的股票价格爆雷。

浙江富润为避免股票价格爆雷,在股权质押期间有强烈的动机通过签订业绩承诺进行市值管理。业绩承诺指的是并购方以标的方的未来经营情况为基础,作出的一种未来的约定,而标的方的未来经营状况会受到很多因素的影响,因此存在着很大的不确定性。然而,并购双方通常都会在短期内签订业绩承诺,以便能够快速地抵销股票价格的波动,减少对股票价格的负面影响。签订业绩承诺的消息一旦被公开,市场就会立刻作出反应,向外界传达出企业经营状况良好的信号,从而使企业的股价得到提高,避免出现股价爆雷。浙江富润签订业绩承诺后,股价一度上涨,短暂地缓解了股价低迷的状况。

2. 业绩承诺实现股价管理

通过签订业绩承诺可以提高股价,避免股价爆雷,因此业绩承诺可以实现股价管理。股票价格的上涨对企业的价值有暂时的提升作用,业绩能够带来短期正向的市场反应,是并购方稳定股价的一种手段,与标的方实际经营情况有一定的差异,可以避免股票爆仓,稳定企业控制权。外部投资者不能了解企业经营决策的真正动机,只能机械性地依据股票价格的变化来进行投资,不能识别在股价变化中存在的错误定价。浙江富润以业绩承诺的方式提高了股票价格,从而达到了有效市值管理的目的。并购首次公布日的浙江富润股价走势见图6-26。由图6-26可以看出,在披露并购预案(2016年2月18日)后的股票开盘日,企业的股价的确有了一定的提高,一周内持续上涨。虽然在业绩承诺公布(2016年2月18日)一周后股价开始下跌,但是从长期股价走势来看,业绩承诺的签订对股价的刺激是正向的,这说明业绩承诺实现了股价管理,可以提高企业的市值。

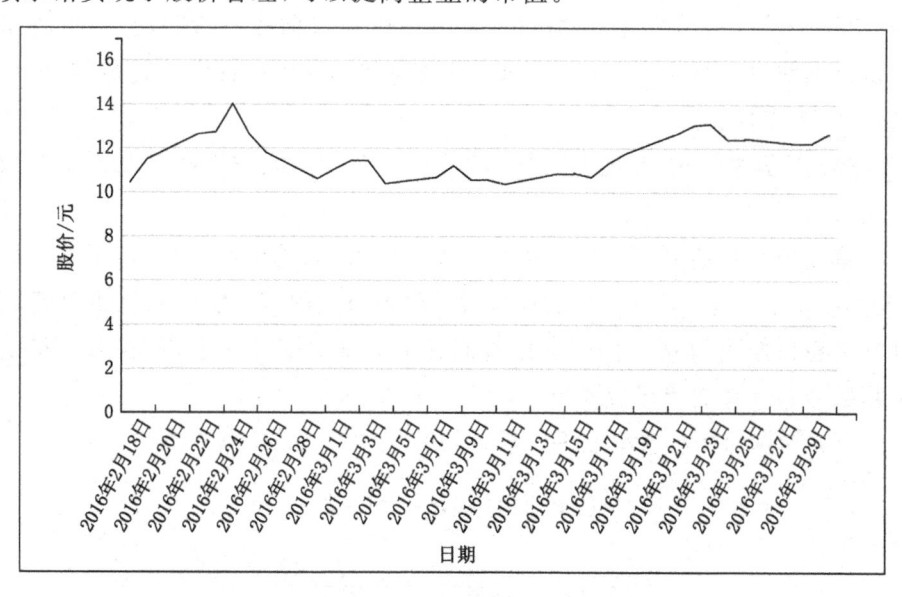

图 6-26 并购首次公布日的浙江富润股价走势图

(二)基于事件研究法的市场效应分析

1. 事件定义与窗口选取

事件研究法中累计超额收益率的计算通常基于短期视角,选择事件前后

10天或20天的时间范围。本章选择累计超额收益率来分析浙江富润溢价并购泰一指尚签订业绩承诺的市场反应,研究业绩承诺对中小股东的影响。

(1) 确定事件日

浙江富润于2016年1月21日召开了第7届董事会第15次会议,对本次重大资产重组的各项议案进行了相关审议。因筹备资产重组,企业股票自2015年10月8日至2016年2月17日停牌,故将事件日定在2016年2月18日,也就是复牌日第一天。浙江富润于2017年3月21日、2018年4月13日和2019年4月17日分别对2016—2018年业绩承诺完成情况进行公告,因此,选择这4个日期为事件日。

(2) 确定事件窗口和估计窗口

事件窗口是指所研究的事件持续的影响力时长。事件窗口的长短取决于具体事件,一般规定为事件发生前后的10～30天。在本章中,排除事件窗口内停牌日或休市日,选择事件日及事件日前后10个交易日为事件窗口期,记作[−10,+10]。估计窗口通常为事件窗口前的一段时间,本章将事件窗口期前一个月作为估计窗口期,遇到停牌日或休市日则时间前推,最后选定31个交易日。

(3) 计算估计窗口期内市场指数收益率与个股收益率的关系得出个股预期收益率

建立个股收益率(R_t)与市场收益率(R_{mt})之间的回归方程,表示为$Y=aX+b$(R_t为因变量,R_{mt}为自变量),将事件窗口期内R_{mt}代入,得到浙江富润在事件窗口期内的R_t。由于浙江富润在上海证券交易所上市,所以选择上证指数收益率作为市场收益率。

(4) 计算超额收益率(AR)、累计超额收益率(CAR)等指标

$$个股日收益率\ R_t = \frac{P_t - P_{t-1}}{P_{t-1}}$$

$$上证指数日收益率\ R_{mt} = \frac{Q_t - Q_{t-1}}{Q_{t-1}}$$

$$AR_t = R_{it} - R_t$$

$$CAR_t = \sum AR_t$$

其中:P_t——浙江富润第t日的股票收盘价;

P_{t-1}——浙江富润第$t-1$日的股票收盘价;

Q_t——上证指数第 t 日的收盘价；

Q_{t-1}——上证指数第 $t-1$ 日的收盘价；

R_{it}——浙江富润在事件窗口期第 t 日的实际收益率；

R_t——浙江富润在事件窗口期第 t 日的预期收益率；

AR_t——浙江富润在事件窗口期第 t 日的超额收益率；

CAR_t——浙江富润在事件窗口期第 t 日的累计超额收益率。

2. 不同业绩承诺阶段的市场反应分析

（1）业绩承诺签订日市场反应分析

浙江富润 2016 年 1 月 22 日对外披露并购泰一指尚，与其签订业绩承诺。因筹备资产重组，企业股票自 2015 年 10 月 8 日至 2016 年 2 月 17 日停牌，故将事件日定在 2016 年 2 月 18 日（T＝0），也就是复牌日第一天。事件日与事件日的前后 10 天（2015 年 9 月 17 日至 2016 年 3 月 3 日）为事件窗口期，在此表示为[-10,+10]。

本章把事件窗口期前 31 天（2015 年 8 月 3 日至 2015 年 9 月 16 日）定为估计窗口期，在此表示为[-41,-11]。首先求出估计窗口期内浙江富润和上证指数的日收益率，得出日收益率变化趋势（见图 6-27）。

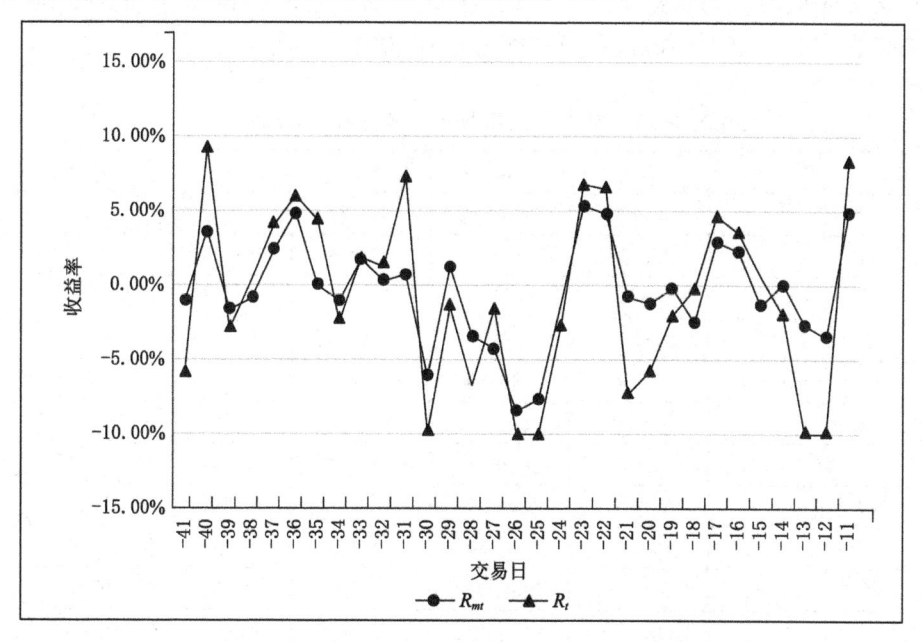

图 6-27 事件一估计期日收益率变化趋势图

通过 EXCEL 散点图建立估计窗口期 $[-41,-11]$ 的回归方程 $Y=1.4778\times X-0.0023$,具体数据见图 6-28。

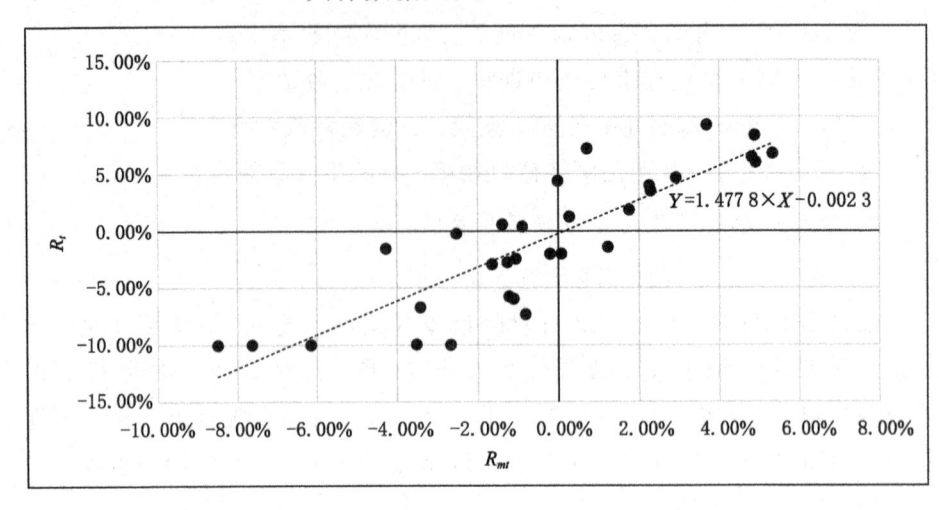

图 6-28 事件一估计期线性回归图

将上证指数在事件窗口期 $[-10,10]$ 的收益率代入方程,得到浙江富润在这一时期的预期收益率,然后计算出窗口期的 AR 值和 CAR 值,具体数值见表 6-30。事件一窗口期 AR 值与 CAR 值走势见图 6-29。

表 6-30 事件一窗口期的 AR 值和 CAR 值表

T	R_{mt}	R_{it}	R_t	AR	CAR
$T=-10$	-2.10%	-1.31%	-3.27%	1.96%	1.96%
$T=-9$	0.38%	-2.79%	0.33%	-3.11%	-1.15%
$T=-8$	1.89%	5.87%	2.51%	3.36%	2.21%
$T=-7$	0.92%	1.80%	1.10%	0.70%	2.91%
$T=-6$	-2.19%	-2.78%	-3.40%	0.61%	3.52%
$T=-5$	0.86%	4.82%	1.02%	3.80%	7.32%
$T=-4$	-1.60%	1.74%	-2.55%	4.29%	11.61%
$T=-3$	0.27%	10.01%	0.16%	9.85%	21.46%
$T=-2$	-2.02%	-4.11%	-3.15%	-0.95%	20.51%
$T=-1$	0.48%	9.95%	0.47%	9.49%	29.99%
$T=0$	-0.16%	10.00%	-0.45%	10.45%	40.45%

表 6-30(续)

T	R_{mt}	R_{it}	R_t	AR	CAR
$T=1$	−0.10%	10.05%	−0.38%	10.42%	50.87%
$T=2$	2.35%	10.00%	3.17%	6.83%	57.70%
$T=3$	−0.81%	0.79%	−1.41%	2.20%	59.90%
$T=4$	0.88%	10.04%	1.04%	8.99%	68.90%
$T=5$	−6.41%	−9.98%	−9.51%	−0.47%	68.42%
$T=6$	0.95%	−6.57%	1.14%	−7.71%	60.71%
$T=7$	−2.86%	−10.00%	−4.38%	−5.62%	55.09%
$T=8$	1.68%	3.95%	2.20%	1.75%	56.84%
$T=9$	4.26%	3.62%	5.94%	−2.32%	54.52%
$T=10$	0.35%	−0.09%	0.28%	−0.37%	54.15%

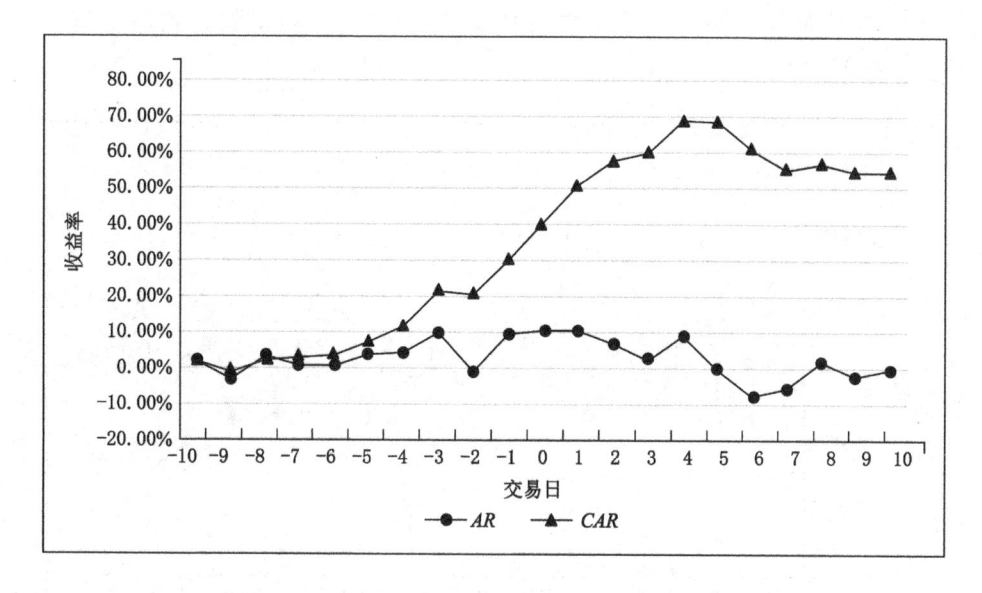

图 6-29 事件一窗口期 AR 值与 CAR 值走势图

从图 6-29 可以看出,浙江富润和泰一指尚签订业绩承诺,对企业股票的价格起到了一定的正面作用。在并购交易日前 10 天,企业的累计超额收益由 1.96% 升至 29.99%,显示出投资人看好该企业在行业内的成长,股票价格继续走高。浙江富润的 CAR 值在 2 月 18 日升至 40.45%,第 4 个交易日的最高值为68.90%。这说明投资者认为业绩承诺是一种积极的信号。他们相信两家企业的合并将产生协同效应,进一步提高盈利能力,因此他们决定买进股票,企业的股价随之上升。尽管在随后的6个交易日里CAR值有所回落,但是仍然维持在54%的高位。总体上看,浙江富润签订业绩承诺取得了较好的效果,在短时间内,市场对业绩承诺的反应较为强烈。虽然日收益率有起伏,大众的投资也较为理性,但是短期内还是出现了大幅增长。这表明中小股东对浙江富润的前景十分看好,对业绩承诺的签订表示认可。

(2) 第一次业绩承诺完成情况公告日市场反应分析

浙江富润于2017年3月21日发表经会计师事务所审计的2016年业绩承诺完成情况说明,因此选择这一天为事件日($T=0$)。将事件日前后10天作为事件窗口期(从2017年3月7日至2017年4月6日),将窗口期前31天$[-41,-11]$作为估计窗口期(从2017年1月16日至2017年3月6日)。对估计期内浙江富润和上证指数的日收益率进行计算,得到日收益率变化趋势,见图6-30。

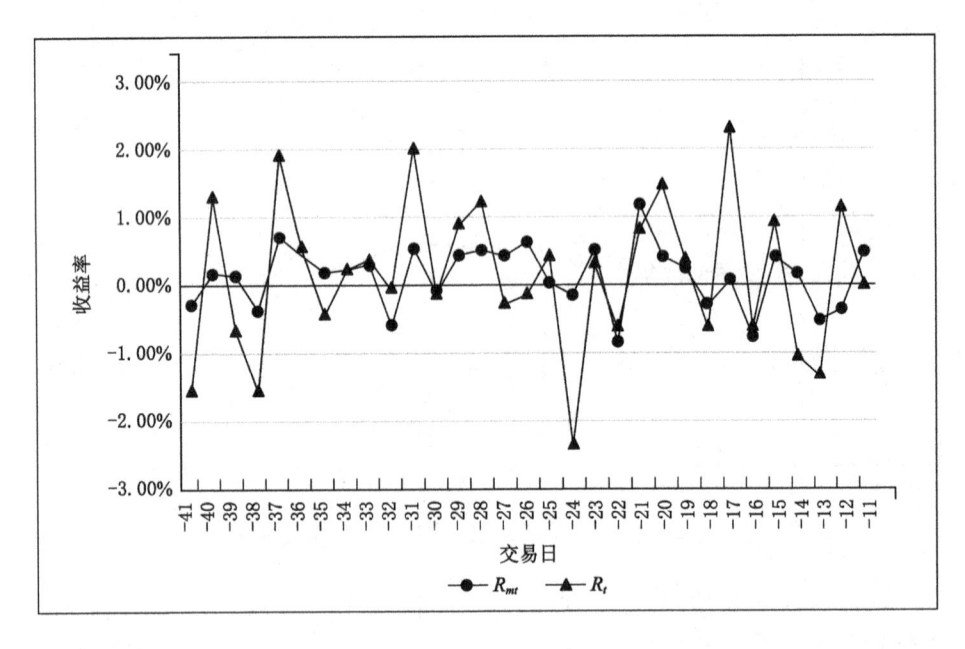

图6-30　事件二估计期日收益率变化趋势图

通过EXCEL散点图建立估计窗口期$[-41,-11]$的回归方程$Y=$

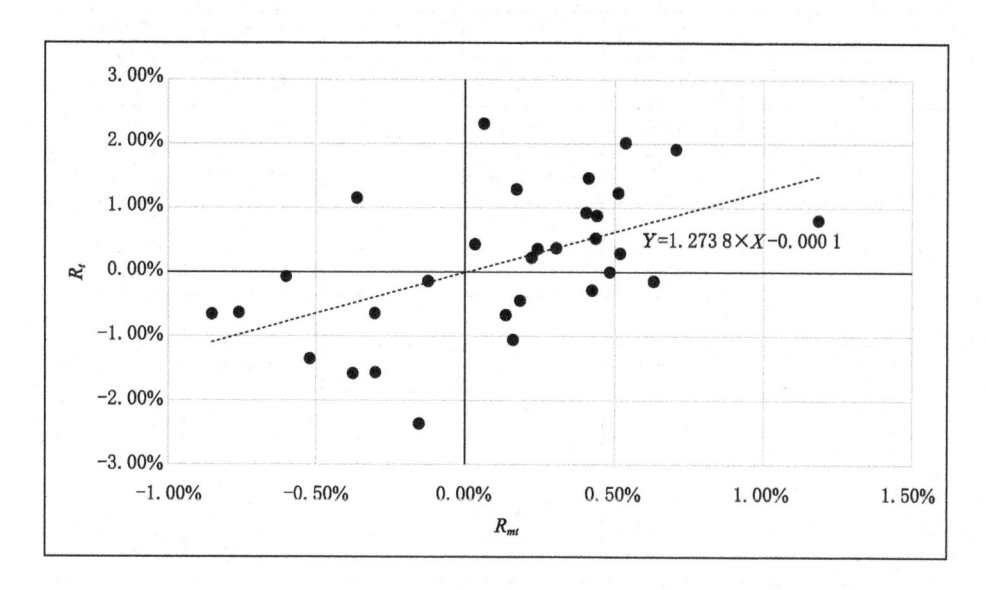

1.273 8×X−0.000 1,数据见图 6-31。

图 6-31 事件二估计期线性回归图

将上证指数在事件窗口期[−10,10]的收益率代入方程,得到浙江富润在这一时期的预期收益率,然后计算出事件窗口期的 AR 值和 CAR 值,具体数值见表 6-31。

表 6-31 事件二窗口期的 AR 值和 CAR 值表

T	R_{mt}	R_{it}	R_t	AR	CAR
$T=-10$	0.26%	−0.43%	0.33%	−0.75%	−0.75%
$T=-9$	−0.05%	0.07%	−0.08%	0.15%	−0.60%
$T=-8$	−0.74%	−1.07%	−0.95%	−0.12%	−0.73%
$T=-7$	−0.12%	−1.09%	−0.17%	−0.92%	−1.65%
$T=-6$	0.76%	1.61%	0.95%	0.66%	−0.99%
$T=-5$	0.07%	0.00%	0.08%	−0.08%	−1.07%
$T=-4$	0.08%	−0.86%	0.09%	−0.95%	−2.02%
$T=-3$	0.84%	0.15%	1.06%	−0.91%	−2.93%

表 6-31(续)

T	R_{mt}	R_{it}	R_t	AR	CAR
$T=-2$	-0.96%	-0.22%	-1.24%	1.02%	-1.91%
$T=-1$	0.41%	1.75%	0.52%	1.23%	-0.68%
$T=0$	0.33%	-1.43%	0.41%	-1.84%	-2.53%
$T=1$	-0.50%	-0.65%	-0.65%	0.00%	-2.53%
$T=2$	0.10%	-3.07%	0.12%	-3.19%	-5.71%
$T=3$	0.64%	0.83%	0.81%	0.02%	-5.70%
$T=4$	-0.08%	-0.15%	-0.11%	-0.04%	-5.74%
$T=5$	-0.43%	-0.52%	-0.56%	0.03%	-5.71%
$T=6$	-0.36%	-1.43%	-0.47%	-0.96%	-6.67%
$T=7$	-0.96%	-2.90%	-1.23%	-1.67%	-8.34%
$T=8$	0.38%	0.79%	0.48%	0.31%	-8.03%
$T=9$	1.48%	2.73%	1.88%	0.85%	-7.18%
$T=10$	0.33%	-0.46%	0.41%	-0.86%	-8.04%

事件二窗口期 AR 值与 CAR 值走势见图 6-32。从图 6-32 可以看出,泰一指尚 2016 年业绩承诺达标,但事件日后 7 天累计超额收益率仍呈下降趋势,最低降至-8.34%,说明市场反应并不积极。事件发生第 2 天 AR 值上升,随后小幅下降,第 3 天后上升为正值,但从 CAR 值的变化趋势来看,CAR 值在窗口期一直是负值。这或许是因为泰一指尚 2016 年业绩承诺完成率为 111.88%,这一完成度处于"精确践诺"的范畴,难免使得投资者对其期望值有所下降。与中国 A 股市场行情相结合,中国股市在 2016 年宽幅震荡,全年累计涨幅为-5.6%,浙江富润也未能幸免,其股票价格从 13.84 元/股跌至 13.81 元/股。尽管并购泰一指尚签订业绩承诺使得企业的股票价格上涨,但是其激励作用有限,市场反应也不理想。

(3)第二次业绩承诺完成情况公告日市场反应分析

浙江富润于 2018 年 4 月 13 日发表经会计师事务所审计的 2017 年业绩承诺完成情况说明,因此选择这一天为事件日($T=0$)。将事件日前后 10 天作为事件窗口期(从 2018 年 3 月 28 日至 2018 年 4 月 27 日),将窗口期前 31

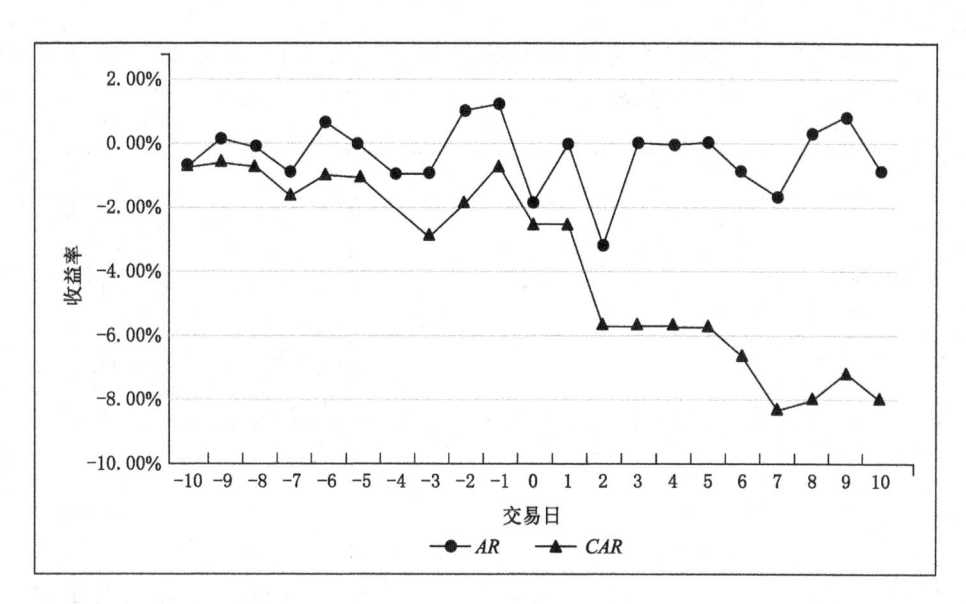

图 6-32 事件二窗口期 AR 值与 CAR 值走势图

天[-41,-11]作为估计窗口期(从 2018 年 2 月 6 日至 2018 年 3 月 27 日)。对估计窗口期内浙江富润和上证指数的日收益率进行计算,得到日收益率变化趋势,见图 6-33。

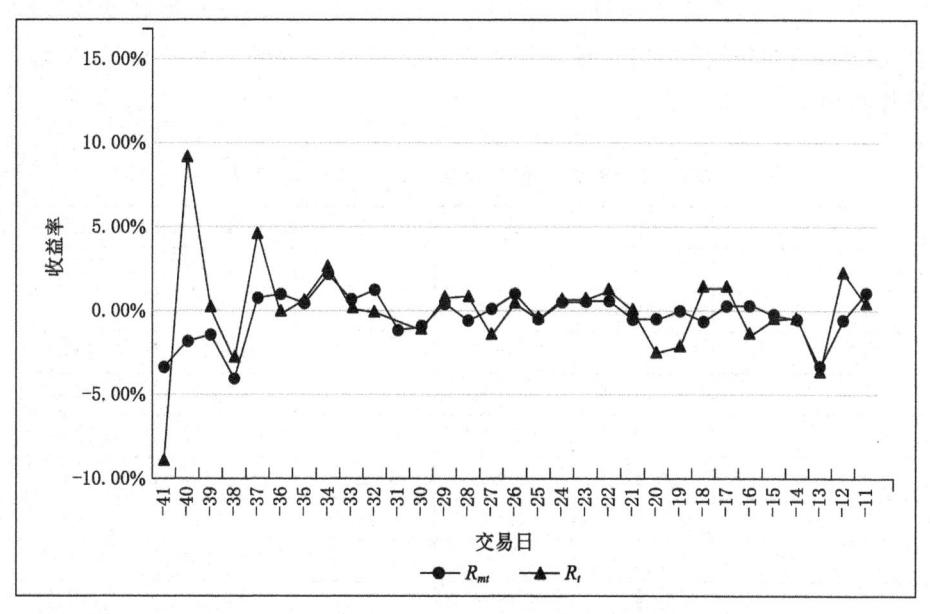

图 6-33 事件三估计期日收益率变化趋势图

通过 EXCEL 散点图建立估计窗口期 $[-41,-11]$ 的回归方程 $Y=0.8762\times X+0.0027$，数据见图 6-34。

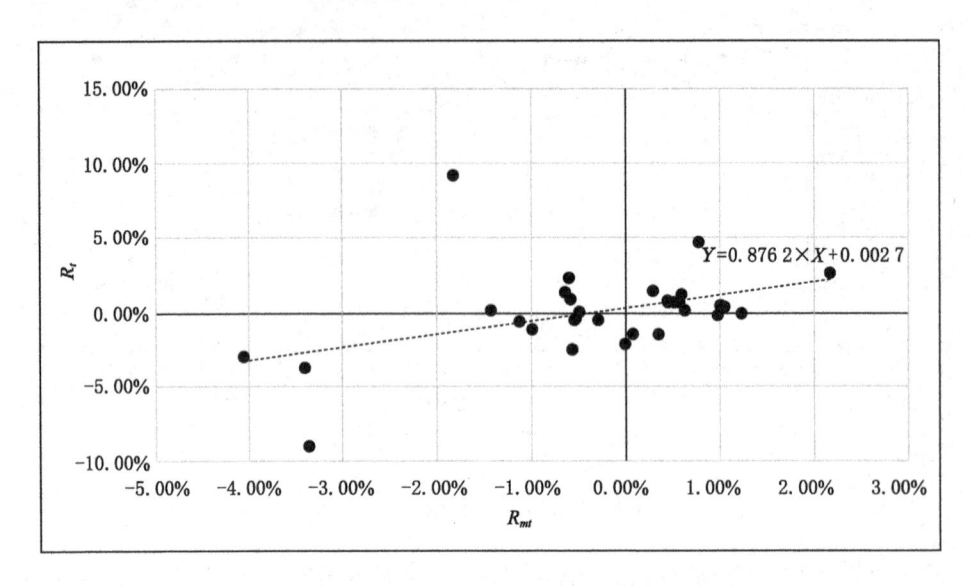

图 6-34 事件三估计期线性回归图

将上证指数在事件窗口期 $[-10,10]$ 的收益率代入方程，得到浙江富润在这一时期的预期收益率，然后计算出事件窗口期内的 AR 值和 CAR 值，具体数值见表 6-32。

表 6-32 事件三窗口期的 AR 值和 CAR 值表

T	R_{mt}	R_{it}	R_t	AR	CAR
$T=-10$	-1.40%	0.67%	-0.96%	1.62%	1.62%
$T=-9$	1.22%	5.08%	1.34%	3.73%	5.36%
$T=-8$	0.26%	-1.16%	0.50%	-1.66%	3.70%
$T=-7$	-0.18%	1.59%	0.11%	1.48%	5.18%
$T=-6$	-0.84%	-1.36%	-0.47%	-0.89%	4.29%
$T=-5$	-0.18%	-0.85%	0.12%	-0.96%	3.32%
$T=-4$	0.23%	-0.96%	0.47%	-1.43%	1.89%
$T=-3$	1.66%	-0.65%	1.72%	-2.37%	-0.48%
$T=-2$	0.56%	2.28%	0.76%	1.52%	1.05%

表 6-32(续)

T	R_{mt}	R_{it}	R_t	AR	CAR
$T=-1$	-0.87%	0.21%	-0.49%	0.71%	1.75%
$T=0$	-0.66%	-1.06%	-0.31%	-0.75%	1.00%
$T=1$	-1.53%	0.11%	-1.07%	1.18%	2.18%
$T=2$	-1.41%	-1.71%	-0.97%	-0.75%	1.43%
$T=3$	0.80%	3.49%	0.97%	2.51%	3.95%
$T=4$	0.84%	-0.32%	1.01%	-1.32%	2.62%
$T=5$	-1.47%	0.32%	-1.02%	1.34%	3.96%
$T=6$	-0.11%	0.63%	0.17%	0.46%	4.42%
$T=7$	1.99%	0.84%	2.01%	-1.17%	3.25%
$T=8$	-0.35%	-1.56%	-0.04%	-1.52%	1.73%
$T=9$	-1.38%	-0.74%	-0.94%	0.20%	1.93%
$T=10$	0.23%	-0.32%	0.48%	-0.79%	1.13%

事件三窗口期 AR 值与 CAR 值走势见图 6-35。如图 6-35 所示，浙江富润的股价在事件发生前出现大幅波动，2018 年 4 月 2 日（$T=-7$）收益率从 -1.16% 增至 1.59%，CAR 值上升幅度高达 40%，主要原因是前一天发布了 2018 年第一季度的盈利预测，归属于上市公司股东的净利润扭亏为盈。这一利好消息刺激了公众投资，引起股价上涨。2018 年 4 月 3 日到 4 月 12 日（$T=-6$ 至 $T=-1$），超额收益出现波动，甚至回落到负值，CAR 值也出现下降。2018 年 4 月 13 日（$T=0$），浙江富润发布公告，宣布其 2017 年业绩承诺完成率为 101.97%，略低于 2016 年。AR 值呈现上升趋势，最高达到 2.51%，虽然后来再次下降，但是很快又出现了小幅回升。CAR 值持续波动，整体呈现出上升趋势，基本保持在 2% 左右，投资者对于浙江富润的发展情况不如当初其宣布签订业绩承诺时那般充满信心，因此业绩承诺的达成度对市场刺激有限。

(4) 第三次业绩承诺完成情况公告日市场反应分析

浙江富润于 2019 年 4 月 17 日发表经会计师事务所审计的 2018 年业绩承诺完成情况说明，因此选择这一日为事件日（$T=0$）。将事件日前后 10 天作为事件窗口期（从 2019 年 4 月 8 日至 2019 年 5 月 12 日），将窗口期前 31 天 [-41,-11] 作为估计窗口期（从 2019 年 8 月 22 日至 2019 年 10 月 11

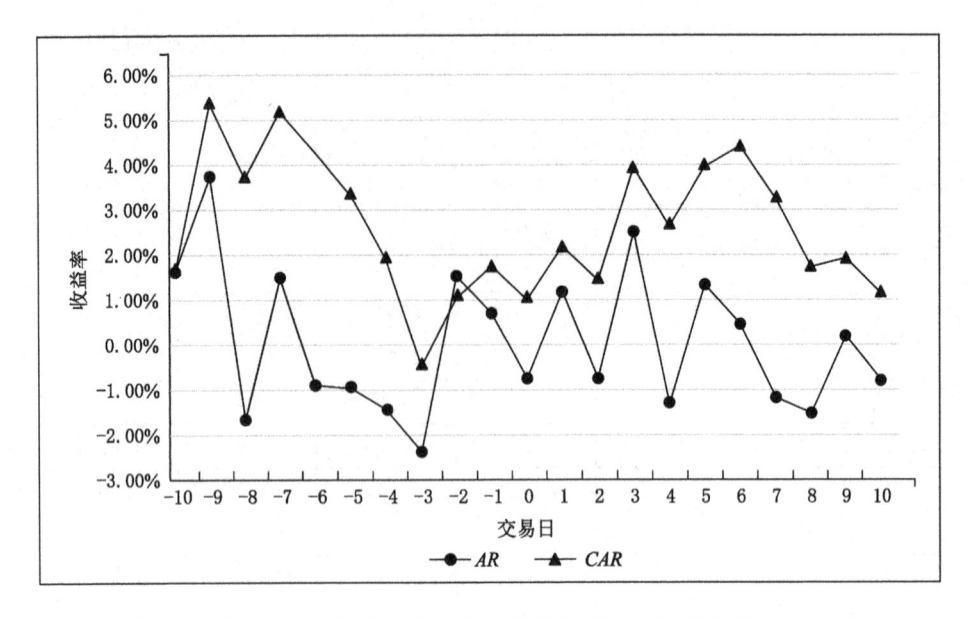

图 6-35　事件三窗口期 AR 值与 CAR 值走势图

日）。对估计窗口期内浙江富润和上证指数的日收益率进行计算，得到日收益率变化趋势，见图 6-36。

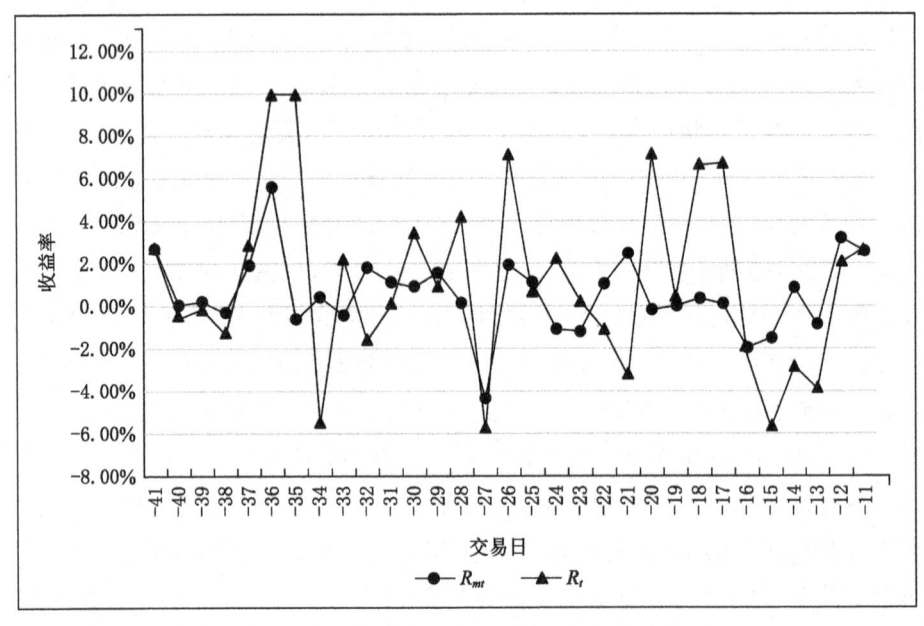

图 6-36　事件四估计期日收益率变化趋势图

通过 EXCEL 散点图建立估计窗口期 $[-41,-11]$ 的回归方程 $Y = 0.9754 \times X + 0.0066$,数据见图 6-37。

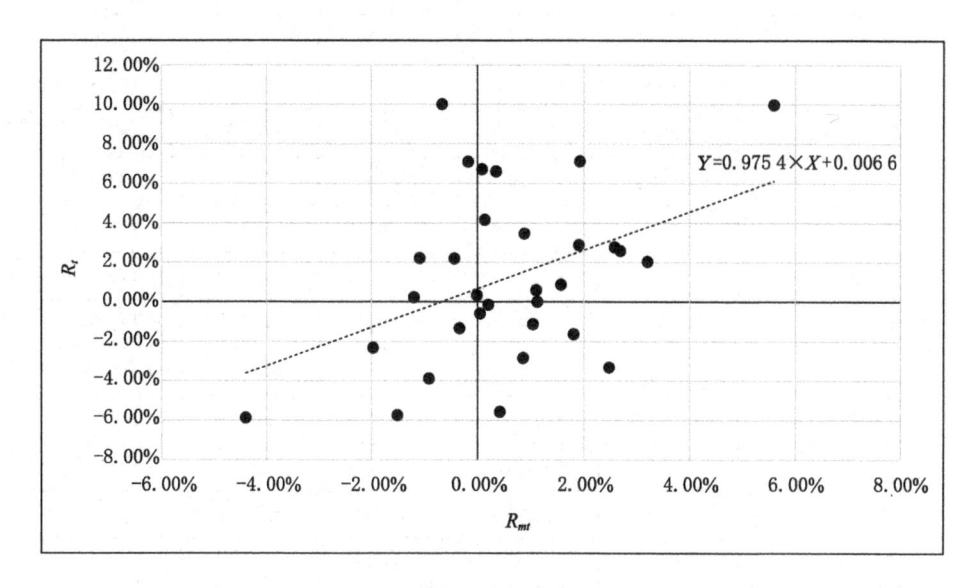

图 6-37 事件四估计期线性回归图

将上证指数在事件窗口期内 $[-10,10]$ 的收益率代入方程,得到浙江富润在事件窗口期的预期收益率,然后计算出事件窗口期内 AR 值和 CAR 值,具体数值见表 6-33。

表 6-33 事件四窗口期的 AR 值和 CAR 值表

T	R_{mt}	R_{it}	R_t	AR	CAR
$T=-10$	0.20%	-0.54%	0.86%	-1.40%	-1.40%
$T=-9$	1.24%	0.11%	1.87%	-1.76%	-3.16%
$T=-8$	0.94%	3.56%	1.58%	1.98%	-1.18%
$T=-7$	-0.05%	-4.17%	0.61%	-4.77%	-5.95%
$T=-6$	-0.16%	-1.41%	0.51%	-1.92%	-7.87%
$T=-5$	0.07%	-1.32%	0.73%	-2.05%	-9.92%
$T=-4$	-1.60%	-2.91%	-0.90%	-2.00%	-11.92%
$T=-3$	-0.04%	-0.12%	0.62%	-0.73%	-12.66%

表 6-33(续)

T	R_{mt}	R_{it}	R_t	AR	CAR
$T=-2$	-0.34%	-1.27%	0.33%	-1.60%	-14.25%
$T=-1$	2.39%	0.47%	2.99%	-2.52%	-16.77%
$T=0$	0.29%	3.02%	0.95%	2.07%	-14.70%
$T=1$	-0.40%	-2.14%	0.27%	-2.42%	-17.11%
$T=2$	0.63%	1.15%	1.28%	-0.13%	-17.24%
$T=3$	-1.70%	-1.03%	-1.00%	-0.02%	-17.26%
$T=4$	-0.51%	-1.04%	0.16%	-1.20%	-18.46%
$T=5$	0.09%	1.16%	0.75%	0.41%	-18.05%
$T=6$	-2.43%	-0.80%	-1.71%	0.91%	-17.14%
$T=7$	-1.20%	1.74%	-0.51%	2.25%	-14.90%
$T=8$	-0.77%	2.05%	-0.10%	2.15%	-12.75%
$T=9$	0.52%	10.04%	1.16%	8.88%	-3.87%
$T=10$	-5.58%	-1.52%	-4.79%	3.26%	-0.61%

事件四窗口期 AR 值与 CAR 值走势见图 6-38。如图 6-38 所示，浙江富润的超额收益率在事件日前仅有一天是正值，CAR 值为负值并持续下降。这是因为浙江富润在 2019 年 4 月 17 日($T=0$)公布了 2018 年的业绩报告，报告中显示企业的营业收入和营业利润都出现了明显的下滑，净利润相应下降，这一消息使投资者对企业产生了消极看法，从而导致市场反应疲软。2019 年 4 月 17 日($T=0$)浙江富润发布业绩承诺公告，2018 年业绩完成率为 108.16%，完成度较 2017 年略有增长，AR 值有所回升，最高达到 8.88%，随后下降，说明业绩承诺对市场的刺激作用有限，CAR 值一直处于低位。另外，泰一指尚已连续 3 年踩线完成业绩承诺，这意味着它的收入和利润均未达到预期，未来业绩表现存在很大的不确定性，投资者对其信心不足，市场反应也较为消极。随后，交易对方与浙江富润签订了追加业绩承诺函，对原业绩承诺期进行了调整，将承诺期从 2018 年延长至 2020 年，承诺 2019 年和 2020 年的净利润数分别不低于 1.59 亿元和 2.07 亿元。业绩承诺调整后，CAR 值大幅提升，二级市场对业绩承诺反应强烈，说明投资者对业绩承诺的

反应积极,对浙江富润的未来发展充满信心。

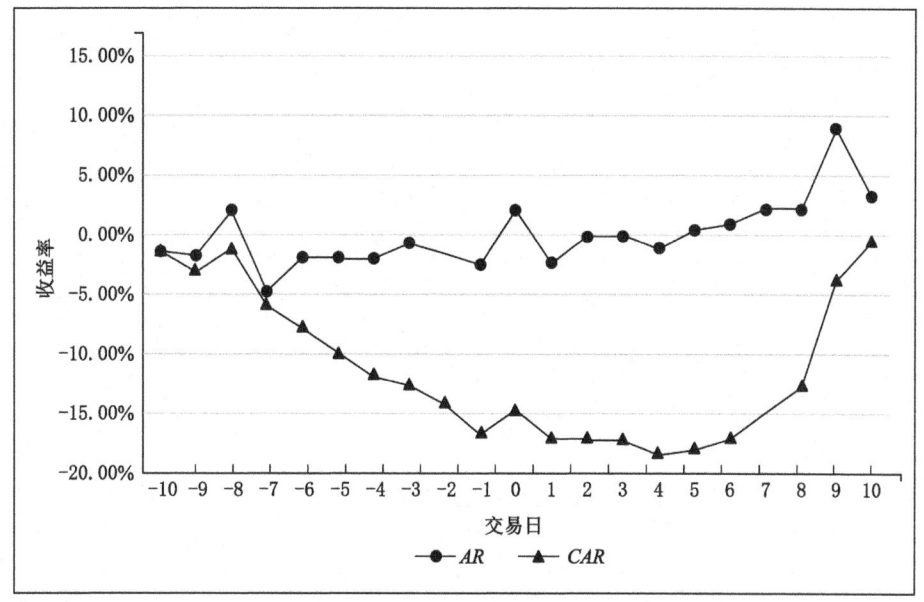

图 6-38　事件四窗口期 *AR* 值与 *CAR* 值走势图

综上,虽然交易对方 2018 年业绩承诺踩线达标,但将承诺期延长至 2020 年,甚至承诺更高的净利润额,让投资者对此次业绩承诺的调整反馈积极,对浙江富润的经营能力看好。

针对美的集团并购库卡所面临的巨额商誉减值风险,本章结合浙江富润并购泰一指尚的案例以期对未来计划应用业绩承诺防范跨部性并购中商誉减值的企业提供可借鉴的思路。鉴于标的企业泰一指尚完成业绩承诺情况良好,本章从业绩承诺目标、业绩承诺期间盈利承诺补偿措施、业绩补偿的实施方式、业绩承诺期后商誉减值补偿、业绩奖励等方面分析了业绩承诺条款设计对防范跨部性并购中商誉减值的作用机制,发现条款设计科学、合理的业绩承诺可以有效降低跨部性并购溢价带来的估值风险,减少信息不对称风险,防范标的资产可能出现的商誉减值。

Chapter 7 第七章

多模式跨国连续技术并购的时机选择与技术链整合

——以 JS 电子为例

新型国际化背景下,越来越多的中国本土企业通过跨国并购获取技术、品牌等战略性资产,以应对国内外市场后发技术劣势的限制。许多本土企业在跨国技术并购中"尝到甜头"后,选择了连续技术并购而非偶尔单次并购。连续技术并购涉及众多标的方及国家,且过度分权致使企业管理层级增加,容易造成规模不经济,弱化并购整合价值。因此,中国本土企业连续跨国技术并购时,一方面要充分考虑行业周期波动因素,另一方面要注重连续技术并购的资源编排过程,系统利用不同技术链整合作为跳板从而实现多个战略目标。

第一节　JS电子跨国连续技术并购案例概况

一、JS电子概况

JS电子,全称为宁波JS电子股份有限公司,于2004年创立,总部位于中国宁波,2011年在上海证券交易所上市。

JS电子是一家年轻的高科技企业,是中国汽车零部件的龙头企业。JS电子从汽车功能件为主业的零部件起步,通过不断的创新发展,自2011—2018年先后进行了多次跨国并购,打开国际市场,完成转型,已形成智能座舱、智能驾驶、新能源管理和汽车安全系统等业务齐头并进的良好局面。

截至2023年,JS电子拥有汽车安全、汽车电子两大事业部,设立了智能汽车技术研究院和新能源研究院,产业遍布美洲、欧亚等地,在30个国家设有70多个工厂,拥有4万多名员工。基于成为全球优秀汽车生产商可信赖的合作伙伴的愿景,JS电子凭借先进的产品设计与高质量的售后服务,屡获保时捷、大众、通用等汽车制造商优秀供应商奖,成为奥迪、宝马等国际汽车品牌的长期合作伙伴。

二、JS电子跨国连续技术并购过程回顾

(一)JS电子连续技术并购概述

JS电子于2011年在上海证券交易所上市,同年7月,JS电子并购德国普瑞,提升了JS电子在产品研发技术、营运水平、欧美销售渠道方面的竞争力。2013年8月,JS电子并购了位于德国维尔茨堡市的软件开发商Innoventis,拓展了在德国地区的研发能力。2014年6月,JS电子并购了德国公司IMA,引进了工业机器人的先进技术。2015年1月,JS电子成功凭借着被并购方德国汽车企业Quin的技术迈入了全球高端整车厂商的内饰件供应市场。2016年1月,JS电子并购了德国TS德累斯顿,后更名为德国普瑞车联公司(PCC),同年5月并购了美国主营工业机器人和自动化系统企业EVANA,6月并购了美国汽车安全领域领军企业KSS,完成了业务升级,成为全球顶级零部件企业。此后,JS电子在2017年并购了奥地利M&R和挪威Epower,在2018年并购了

日本高田,逐步完成了资源的全球整合优化。JS电子历次主要技术并购情况见表7-1。

表7-1 JS电子历次主要技术并购情况

时间	被并方企业	并购金额	主营业务
2009年4月	上海华德	2.02亿元人民币	汽车功能件
2011年3月	JS电子*	—	壳资源
2011年7月	德国普瑞	16亿元人民币	空调控制系统、驾驶员控制系统、传感器、电控单元、工业自动化
2013年8月	德国Innoventis	56万欧元	汽车测试软件开发
2014年6月	德国IMA	1 430万欧元	工业机器人的研发、制造和集成
2015年1月	德国Quin	9 000万欧元	高端内饰件与方向盘总成
2016年1月	德国TS德累斯顿	1.8亿欧元	汽车行业模块化信息系统开发和供应、导航辅助驾驶和智能车联
2016年5月	美国EVANA	1.95亿美元	工业机器人和自动化系统的研发、制造和集成
2016年6月	美国KSS	9.2亿美元	主动或被动安全系统、特殊产品
2017年6月	奥地利M&R	未披露	汽车动力总成系统和电动汽车设计
2017年11月	挪威Epower	未披露	电力电子系统的研发和生产
2018年4月	日本高田	15.88亿美元	被动安全系统

注:*表示JS电子选择借壳辽源得亨实现上市。

(二)并购标的企业概况

1. 德国普瑞

德国普瑞成立于1919年,是一家历史较为悠久的汽车零件供应商,在将近百年的发展历程中,德国普瑞的主营业务已经从简单的汽车零件制造拓宽至汽车智能电控系统、传感器的研发等领域,拥有数百项专利技术,在汽车电子行业中处于领先地位,积累了良好的口碑以及客户资源。例如,德国普瑞是宝马、福特、戴姆勒、通用等国际知名汽车厂商的"OEM前三位供应商"。此外,德国普瑞非常重视技术研发和产品质量,有着领先世界的技术专利以及质量保证体系,市场前景广阔,与主要的整车厂商维持着稳定的业务关系。

2. 德国 Innoventis

德国 Innoventis 是德国一家软件开发商,规模较小,仅拥有 10 多名研发人员,主营业务是为汽车领域的电子网络系统提供测试系统、软件零部件及工程服务,虽然德国 Innoventis 规模很小,但是其卓越的创新能力正是 JS 电子所看中的。此次并购,对于 JS 电子来说,意义不仅仅局限于在德国地区研发能力的提高,也进一步扩大了德国市场。

3. 德国 IMA

德国 IMA 成立于 1975 年,主要从事工业机器人的研发、制造、集成和相关服务,至 2013 年,德国 IMA 在其领域已经处于世界领先地位。德国 IMA 为汽车、医疗、电子、消费等领域提供配套服务,积累了稳固且优质的客户资源,博格华纳、泰科、宝洁、博朗电器、罗氏制药等都是德国 IMA 的客户。JS 电子意在创新自动化生产线的基础上发展工业机器人项目,此次并购也是其持续发展战略的重要环节。

4. 德国 Quin

德国 Quin 是一家汽车零部件供应商,成立于 1979 年,总部位于德国,主要从事高端内饰功能件与高端方向盘总成的供应,其客户主要是大型整车厂和一级供应商,覆盖奔驰、宝马等中高端车型。2014 年 12 月 15 日,JS 电子发布公告称拟以 9 000 万欧元并购德国 Quin。此次并购使 JS 电子在全球高端整车零件供应体系中占有了一席之地,完善了产品生态系统,拓展了企业业务,经营业绩也呈增长态势。

5. 德国 TS 德累斯顿

德国 TS 德累斯顿为重组前的 TS 道恩,于 1986 年成立,主营业务是卫星接收产品及其配件的开发和销售以及汽车行业模块化信息系统的开发、供应和服务。德国 TS 德累斯顿处于车载信息系统领域的领先地位,其汽车信息板块业务经过多年的发展,已经成为全球顶级的供应商和服务商。JS 电子并购了德国 TS 德累斯顿的汽车信息板块业务,进一步推动了 JS 电子构建"人或驾驶者"的商业生态,完善其资源在全球范围内的布局。

6. 美国 EVANA

美国 EVANA 位于美国印第安纳州的伊凡斯维尔,主要从事工业机器人和自动化系统的研发、制造和集成并为客户提供相关服务。截至 2016 年 5 月,美国 EVANA 在汽车、工业和医疗领域已有 50 年的积累,在细分市场已处于全球领先地位,主要客户包括 TRW(天合)、MAGNA(麦格纳)、ALERE(美艾利尔)和 ALCON(爱尔康)等世界级企业,稳定、优质的客户资源有效推动美国 EVANA 业务的发展。

7. 美国 KSS

美国 KSS 的前身为 Breed Holding, Inc.,成立于 2003 年,是全球四大汽车安全系统供应商之一,主要从事汽车安全类产品的研发、生产和销售。截至 2016 年,美国 KSS 在全球 14 个国家成立了生产基地、研发中心、销售公司等 32 处运营场所,员工数量增长至 11 000 余人。客户群庞大,直接下游客户包括宝马、大众、通用、长安等,多次获得杰出质量奖、杰出供应商奖等奖项。

8. 奥地利 M&R

2017 年 6 月,JS 电子并购了奥地利 M&R。到 2017 年,奥地利 M&R 拥有 400 余名员工,2016 年销售额高达 7 000 万欧元,在汽车、电子和消费品行业当中处于领先地位。此次并购,不仅有利于 JS 电子进一步扩大动力系统和电动汽车的产品线,也进一步实现了 JS 电子全球化和转型升级的战略目标。

9. 挪威 Epower

挪威 Epower 于 2011 年成立,主要从事电动汽车及车载充电器等电控系统的设计生产工作,除车载充电器、纯电动汽车外,主要产品还有混合动力汽车的动力总成等。挪威 Epower 虽然年轻,但是在汽车工业领域高速成长,很有潜力,其在瑞典哥德堡和穆尔西奥两地设有研发中心,拥有员工 20 余人,技术工程顾问 50 多名。对于 JS 电子而言,并购挪威 Epower 能够增强创新研发实力,助力其发展新能源汽车业务板块。

10. 日本高田

日本高田创立于 1993 年,是全球著名的汽车安全装置供应商,据招商证券研报披露,日本高田在汽车安全市场的市场占有率高达 20%。日本高田主要产品包括安全带、安全气囊、方向盘等,主要客户有本田、日产、通用等。由于日本高田生产的安全气囊使用了未带干燥剂的硝酸铵气体发生器,频繁引发安全问题。JS电子并购日本高田,将硝酸铵气体发生器业务剥离在外,不仅扩大了市场份额,也进一步完善了业务链。

三、JS电子行业周期阶段划分

根据汽车零部件行业的整体发展水平与发展趋势,JS电子2008—2018年连续技术并购活动主要划分为以下3个阶段,见表7-2。

表7-2　JS电子连续技术并购阶段划分

时间	连续技术并购阶段划分
2008—2012年	全球出口战略阶段
2013—2015年	全球细分市场战略阶段
2016—2018年	跨国竞争战略阶段

(一)全球出口战略阶段(2008—2012年)

2008年,JS电子已经晋级为大众的A级供应商,同时也是通用的全球供应商。JS电子通过不断创新发展,在国内的汽车零部件市场逐渐崭露头角。然而,2008年国际金融风暴引发全球经济危机,加之国内外汽车市场增长逐渐放缓,汽车行业竞争日趋激烈,JS电子发展受阻。为了打破发展瓶颈,JS电子于2011年3月借壳辽源得亨股份有限公司(简称辽源得亨)上市,并在同年7月并购德国普瑞,实现了企业产业结构的转型升级,进一步完善了JS电子在海外地区业务模块及商业模式的规划布局,形成国内外战略联动的效果,大大提高了JS电子国内外竞争力。

(二)全球细分市场战略阶段(2013—2015年)

2013—2015年,JS电子面对的市场形势复杂,消费需求疲软,加之新兴产业模式的冲击对企业经营提出更复杂、更多元化的要求。在此背景下,JS电子先后并购了德国汽车领域软件开发商Innoventis、德国高端工业自动化制造企业IMA和高端内饰功能件与高端方向盘总成供应商Quin,朝着"三大产品战略方向"(人机交互、新能源汽车和工业机器人)、"引进来、走出去"

的市场战略目标前进,优化产品系,增加产品系的协同效应,在细分市场上保持高速发展,进一步增强竞争力,巩固企业在全球市场的地位。

(三)跨国竞争战略阶段(2016—2018年)

随着交通行业的业态向4.0时代升级,JS电子紧跟汽车行业"电动化、智能化、网联化、共享化"的发展大趋势,在2016—2018年先后并购了德国车联网软件开发商TS德累斯顿、美国工业自动化企业EVANA、美国汽车安全系统供应商KSS、奥地利自动化企业M&R、挪威电力电子系统厂商Epower、日本汽车安全装置供应商高田。这一系列并购使得JS电子进一步完善了在人机交互、智能车联业务、新能源电子等领域的产品生态链,完善了资源的全球布局,使得JS电子成长为全球顶级汽车零部件企业。

第二节 JS电子跨国连续技术并购的时机选择与技术链整合路径

企业的并购活动是技术资源获取的重要途径,企业高质量发展也是在不断的资源编排整合利用过程中实现的。因此,本章将JS电子资源编排助力并实现企业技术并购后的高质量发展路径概括为:资源建构——资源重组——资源撬动。

资源建构是指获取资源、构建资源组合的过程,包含购买资源、内部开发资源以及剥离资源的过程。资源重组是指将资源组合进行整合实现协同从而获得能力的过程。资源撬动则是利用资源实现高质量发展的过程,是从资源到创造价值及高质量发展实现的最后一步。

JS电子跨国连续技术并购三个阶段资源编排实现高质量发展路径见图7-1。

一、全球出口战略阶段技术互补性并购时机选择与技术链整合

(一)并购时机选择

1. 政策时机

JS电子隶属汽车零部件行业。2008年席卷全球的国际金融危机沉重

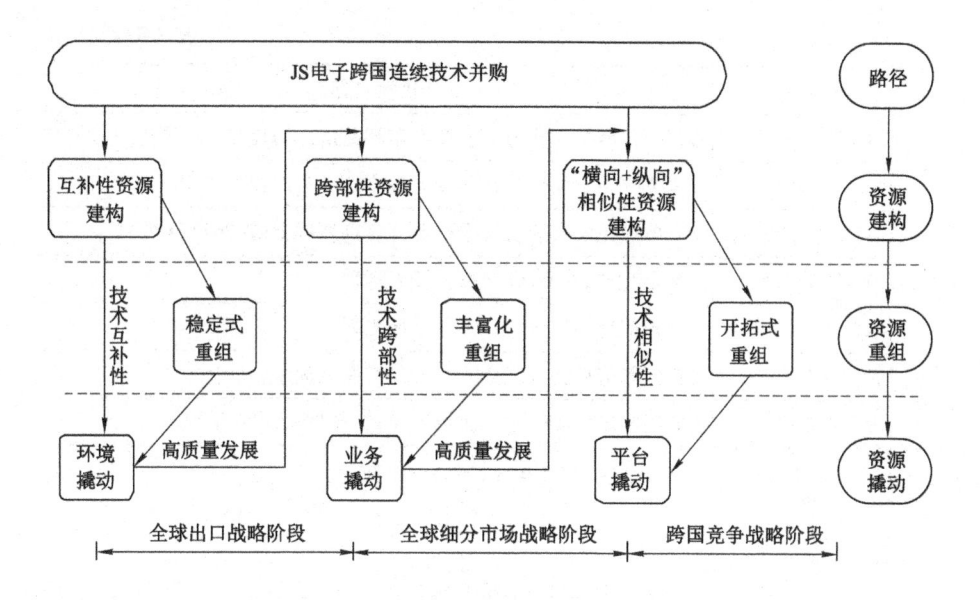

图 7-1　JS电子高质量发展路径图

打击了正在扩张的国际汽车市场,国内汽车市场也不可避免地受到了一定程度的影响,中国汽车产业发展形势严峻。国家推出了许多政策助力国内汽车行业升级和发展。2009年国务院出台的《汽车产业调整和振兴规划》要求利用市场机制和宏观调控手段,推动企业兼并重组,整合要素资源,提高产业集中度,实现汽车产业组织结构优化升级。2009年,工业和信息化部、国家发展和改革委员会修订了《汽车产业发展政策》,该政策提到要在2010年之前将中国汽车产业发展成为国民经济的支柱产业;培育一批有比较优势的零部件企业实现规模生产并进入国际汽车零部件采购体系,积极参与国际竞争。国内支持汽车行业发展的相关政策见表 7-3。

表 7-3　国内支持汽车行业发展的相关政策

时间	政策名称
2009 年 3 月	《汽车产业调整和振兴规划》
2009 年 8 月	修订《汽车产业发展政策》
2009 年 10 月	《商务部 发展改革委 工业和信息化部 财政部 海关总署 质检总局关于促进我国汽车产品出口持续健康发展的意见》

表 7-3(续)

时间	政策名称
2010 年 6 月	《关于开展私人购买新能源汽车补贴试点的通知》
2010 年 10 月	《国务院关于加快培育和发展战略性新兴产业的决定》
2011 年 6 月	《当前优先发展的高技术产业化重点领域指南(2011 年度)》
2011 年 7 月	《国家"十二五"科学和技术发展规划》
2012 年 2 月	《电子信息制造业"十二五"发展规划》
2012 年 4 月	《软件和信息技术服务业"十二五"发展规划》
2012 年 6 月	《节能与新能源汽车产业发展规划(2012—2020 年)》

资料来源:根据中国产业信息网"政策信息"板块整理而得。

2. 行业形势

(1) 国际汽车零部件行业发展概况及趋势

① 国际汽车零部件行业发展概况

汽车零部件产业是汽车产业发展的基础。经济全球化促进了国际汽车产业的全球化,从而给汽车零部件产业带来了新的机遇。至 2008 年,全球汽车零部件市场规模已接近 10 000 亿美元。2008 年全球知名汽车零部件企业销售收入见表 7-4。在 2008 年的福布斯世界 500 强企业中,有 7 家汽车零部件企业,其中最大的德国博世,福布斯世界 500 强排名第 98 位,年销售额达 660.52 亿美元。

表 7-4 2008 年全球知名汽车零部件企业销售收入

行业排名	企业名称	福布斯世界 500 强排名	销售收入/亿美元
1	德国博世	98	660.52
2	美国江森自控	198	380.62
3	德国大陆	222	354.78
4	日本株式会社电装	271	312.82
5	加拿大玛格纳	384	237.04
6	美国德尔福	453	203.83
7	美国固特异	472	194.88

资料来源:美国《福布斯》杂志。

经济全球化深刻影响着汽车零部件行业的发展。一方面,汽车零部件企业趋向于专业化、集团化,导致汽车零部件企业的总数下降;另一方面,制造密集型等低端产业链加快向东南亚等欠发达地区转移,从而与部分大型跨国企业达成供需协调的效果。市场资源的重新配置与汽车零部件产业的转型升级都推动了产业规模经济效应的提升,进而增强了企业的研发能力,缩短了新产品研发周期。

② 国际汽车零部件行业发展趋势

近年来,伴随着激烈的市场竞争、先进的高新技术以及愈加严格的环保法规,国际汽车零部件行业的发展呈现以下四个趋势。

1) 系统配套、模块化供应不断发展

为进一步降低成本,整车厂商从采购单个零部件逐渐转为采购整个系统。这一变化迫使零部件企业加速提升自身研发实力,将更多的资源投入到新产品的设计与研发环节,以期在日益激烈的市场竞争中取得一定席位。在此基础上,一些大型汽车零部件企业以模块为单元为整车厂配套,即模块化供应,更多地承担新产品、新技术开发工作,因此,汽车零部件企业的地位越来越重要。

2) 采购全球化

在全球一体化背景下,许多汽车制造商为应对日渐激烈的市场竞争,通过降低汽车零部件自制率来降低生产成本,转而采取零部件全球采购策略。发达国家的汽车整车厂商逐渐向低成本国家和地区寻求供应商。

3) 生产专业化

顺应市场需求,汽车零部件企业的分工也愈加细致,专业化的配套生产成为趋势,这也有助于进一步提高规模经济效益、降低生产成本。

4) 电子化、信息化

电子技术在汽车领域的应用越来越广泛,车载电子等应用要求越来越高。驾驶辅助、雷达视觉、通信电子等汽车电子产品发展迅猛。同时,信息技术革命也在推动着汽车行业发展,车载网络、卫星电话、高性能传感器等新技术不断涌现,一些发达国家已将汽车自动化、智能化作为重要发展战略目标。

(2) 国内汽车零部件行业发展概况及趋势

① 国内汽车零部件行业发展概况

自 2004 年以来,中国汽车零部件行业快速发展,中国汽车零部件行业工业总产值连年增长,历经三次增长高峰,分别在 2006 年、2007 年和 2009 年,工业总产值分别为 5 240 亿元、7 565 亿元、12000 亿元,尤其在 2007 年,同比增幅高达 44%,2009 年同比增幅为 33%,汽车零部件市场保持强劲增长势头。2004—2009 年中国汽车零部件行业工业总产值及增长率见图 7-2。

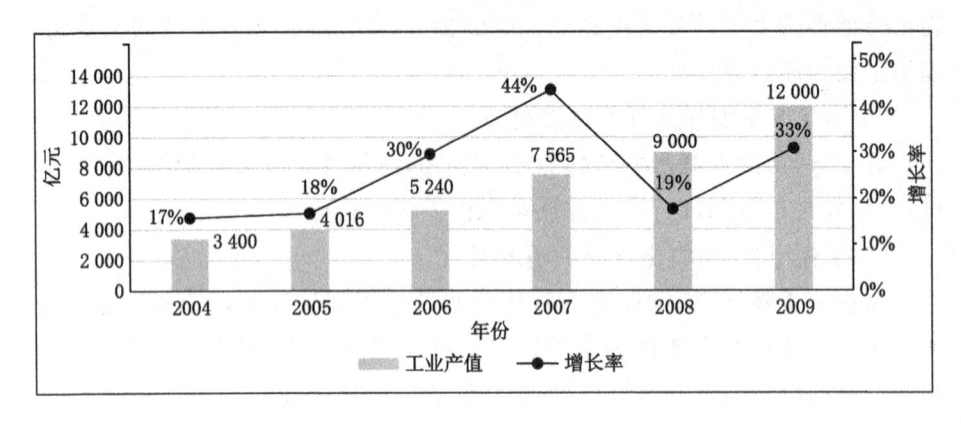

图 7-2　2004—2009 年中国汽车零部件行业工业总产值及增长率

(资料来源:中国汽车工业协会)

② 国内汽车零部件行业发展趋势

在全球经济危机的大背景下,汽车零部件行业受到了一定冲击,国家出台了一系列相关政策对其进行扶植。总体来说,整个汽车零部件行业的发展呈向好态势。

首先,出口和国际化将是本土汽车零部件厂商的主旋律之一。基于汽车零部件行业的自身特性,国际化是一种必然趋势。对于相当一部分本土零部件厂商来说,特别是对于配套市场的零部件厂商来说,国际化是它们赖以生存的唯一出路。此外,许多配套厂商经过不断发展已经具备了国际化升级的经济实力。

其次,外资零部件企业进行全球价值链的战略转型。部分外资零部件企业不断调整在全球的战略布局,期望在中国汽车市场分得更大的"蛋糕",更加青睐于中国庞大且富有生机的汽车消费群体,并适当调整自身在研发、生产、销售等方面的资源分配,这给中国本土的汽车零部件企业带来了活力。

最后,国内汽车零部件企业并购活跃。中国汽车零部件企业是国际汽车资本中的活跃力量。例如,2007 年美国福特零部件部分业务资产及美国

DANA 部分资产被浙江的万向集团并购,2008 年河南天海集团并购美国二级零部件供应商凯萨等。随着全球产业链的结构性升级,中国汽车零部件企业也将不断加深国际合作,逐步成为零部件核心供应商。

(二) 互补性资源建构

JS 电子并购德国普瑞,属于互补性资源建构,即获取与本企业以及所在区域不同的技术资源。为了成功并购德国普瑞,JS 电子先后并购了上海华德、借壳辽源得亨上市,积累了一定的并购经验,转型为汽车零部件类上市公司,最终成功并购德国普瑞,形成了国内外战略联动局面。

1. 并购上海华德

上海华德是一家汽车功能件厂商,主要经营外饰系统、内饰系统和功能件系统。近年来,上海华德的产品逐步朝电子化方向发展,从单一的汽车零部件整合为整个总成模块,为客户供应总成系统集成部件。JS 电子在 2007—2009 年,先后三次并购上海华德股权,最终 JS 电子持有上海华德 82.3% 的股权。此次并购不仅扩大了企业的产业规模,提高了市场份额,也为 JS 电子积累了宝贵的并购经验,赢得了前来考查的德国普瑞管理层的信任。

2. 反向并购辽源得亨

为了实现产业升级目标,JS 电子高速发展的脚步没有停滞,其筹集了大量资金用于上市和跨国并购,推动国际化进程。2011 年 3 月,JS 电子向辽源得亨提供 2.14 亿元现金用于对普通债权人的追加清偿,并受让 40 548 463 股股份,交易完成后,JS 电子持有辽源得亨 54.39% 的股权。2011 年 12 月,JS 电子将其国内的零部件资产(JS 股份 75% 股权、上海华德 82.3% 股权、长春 JS 100% 股权、华德奔源 100% 股权)全部注入上市公司,成功转型成为一家实力较强的汽车零部件类上市公司。

此次并购,可以看出 JS 电子有着超前的战略布局。对于 JS 电子来说,上市成功以后,可以更加专注于高附加值、高科技含量的车用电子系统及模块总成,同时为进一步开展境外行业并购做铺垫。

3. 并购德国普瑞

JS 电子为了尽快完成国内外战略布局,加快产业升级,进一步提升核心竞争力,2011年,JS电子以JS集团名义并购了德国普瑞5.10%的股权、德国普瑞控股74.90%的股权,并通过德国普瑞控股间接持有德国普瑞94.90%的股权;同时,JS集团支付现金购买了其他7名外方交易对象持有的德国普瑞控股25.1%的股权,自此实现了对德国普瑞的实际控制。至2012年,JS电子取得JS集团转让的德国普瑞5.10%的股权、德国普瑞控股100%的股权,并完成股权过户。

(三)稳定式资源重组

稳定式资源重组是指对获取的资源只进行小幅度优化整合。在此阶段,JS电子受限于自身的技术与管理能力,同时考虑到海内外地域文化、法规制度等方面的差异,因此对获得的资源保持其独立性、自主性。

1. 产品系统整合

德国普瑞主营业务分为五大类,分别为空调控制系统、驾驶员控制系统、传感器、电控单元、工业自动化,具体产品情况见表7-5。

表7-5 德国普瑞主营产品情况

主营业务	产品名称
空调控制系统	空调控制器
	空调控制器单元
驾驶员控制系统	智能驾驶控制系统,多媒体交互系统
	中控面板总成
	方向盘按键控制器
	仪表总成
传感器	刹车片磨损感应
	变速箱挡位感应
	节流阀位置感应
	电容式雨量传感器
	电容式风窗烟雾感应器
	自动大灯感应器

表 7-5（续）

主营业务	产品名称
电控单元	小型行车电脑主控模块
	电子燃油泵控制
	后轮转向角度控制
	主动式转向控制
工业自动化	自动化产品工程（PIA）

资料来源：根据德国普瑞并购资产公告整理而得。

JS电子并购德国普瑞以后，将其整个产品系统战略整合成汽车电子事业部、汽车功能件事业部两大部分。汽车电子事业部主营产品类型是控制类电子产品，汽车功能件事业部主营产品类型是执行类功能性机械产品。其中，汽车电子事业部保持了德国普瑞产品业务的独立性，涵盖了上述所有产品类型，并在此基础之上，为保证产品功能，须将传感探测、软件运算与芯片处理技术融为一体。汽车功能件事业部侧重于汽车饰件与功能性注塑零件的研发、设计、生产和销售等四个环节，丰富了企业产品线。

2．设立普瑞JS

JS电子管理层围绕"走出去，引进来"战略方针，汽车电子事业部不仅要"走出去"，还要"引进来"。为实现"引进来"，JS电子设立了合资公司普瑞JS，借此打开中国市场。普瑞JS，全称为宁波普瑞均胜JS汽车电子有限公司，于2010年12月27日由宁波JS汽车电子股份有限公司（即JS股份）与德国普瑞共同出资成立，双方各占50%的股权比例。普瑞JS主要经营汽车电子设备、机械设备和传感器的研发与制造。普瑞JS借助JS电子上市平台以及其在国内的竞争优势，进一步拓展了国内市场，提升了竞争力。

3．建立沟通制度

JS电子为了顺利整合德国普瑞，尽快实现技术、财务、产业、管理等各方面的协同效应，建立了实时沟通与定期会议制度。对于德国普瑞的日常经营状况，包括生产、销售、财务状况等，JS电子的管理团队及时关注与跟进，通过电话、邮件等方式保持实时沟通，并且就德国普瑞日常经营中出现的问题进行定期开会解决。此外,JS电子派遣了大量工程技术人员短期或者常驻德国学习,参与项目研发,有效提升了沟通与磨合效率,加快了整合进程。

4. 财务管理整合

在财务管理整合方面,JS电子要求德国普瑞定期向母公司报送财务报表,并且向德国普瑞派出了相关财务负责人,深入了解海外企业所在地的财务管理制度,同时向德国普瑞的财务人员系统介绍国内的财务管理制度,以便充分了解德国普瑞的实际财务状况,弄清JS电子与德国普瑞在财务管理制度方面的差异,高效完成财务整合。

(四)环境撬动资源利用

环境撬动资源利用是指通过客观环境上的差异进行高质量发展。在并购初期,JS电子自身业务规模较小,融资能力有限,因此选择环境撬动策略。

2009年,国家开始重视汽车行业发展,出台了一系列政策扶持汽车产业发展。同时,由于全球经济一体化,汽车零部件行业在国际、国内都在转型升级、快速发展。JS电子也在这样的时代当口,牢牢把握住了国家政策红利,找准并购契机。根据《汽车产业调整和振兴规划》,自2009年要实现发动机、变速器、转向系统、制动系统等关键汽车零部件技术自主化。并购上海华德以后的JS电子,获得多项关键零部件技术,汽车零部件也由单一转变为总成模块,提高了市场份额,实现了汽车零部件技术自主化。2010年,国家制定了零部件专项发展规划,引导社会资金投入汽车零部件生产领域,对汽车零部件产业进行大力扶持,且要求帮扶手段不能仅局限于技术的升级改造,也要覆盖融资及企业兼并重组等层面,后有"十二五"规划等政策,这些利好政策使得国内资本市场对于汽车相关行业企业估值较高。因此,JS电子成功借壳辽源得亨实现上市,并将并购的德国普瑞注入上市公司。由此JS电子进一步完成了国内外战略布局,提升了核心竞争力。2012年,JS电子凭借并购重组后获得的优质资源,企业市值显著上升,营业收入大幅增长,创造了巨大价值,也为后续发展提供了强有力的支撑。JS电子业务收入增长情况见表7-6。

表 7-6 JS 电子业务收入增长情况表

科目	2012 年	2011 年	增长率
营业收入/万元	535 845.86	338 914.59	58.11%
归属于上市公司股东的净利润/万元	20 684.94	18 409.31	12.36%

资料来源:JS 电子企业年报。

(五)全球出口战略阶段小结

在全球出口战略阶段,JS 电子在进行跨国连续技术并购初期,由于自身业务规模较小,发展水平有限,通过互补性资源建构,并购上海华德、反向并购辽源得亨成功上市、并购德国普瑞,技术资源得到快速积累,完成汽车零部件生产、销售和研发的国内外战略布局。同时,基于自身技术和管理能力以及地域制度文化差异的考虑,JS 电子实施稳定式资源重组策略,加快并购整合进度,产生协同效应。在国家政策红利等环境下,JS 电子选择环境撬动,充分利用外部客观环境进行套利,企业市值显著上升,业绩大幅上涨,为后续发展奠定了基础。综上,JS 电子在全球出口战略阶段通过择机并购以及资源编排实现高质量发展的路径见图 7-3。

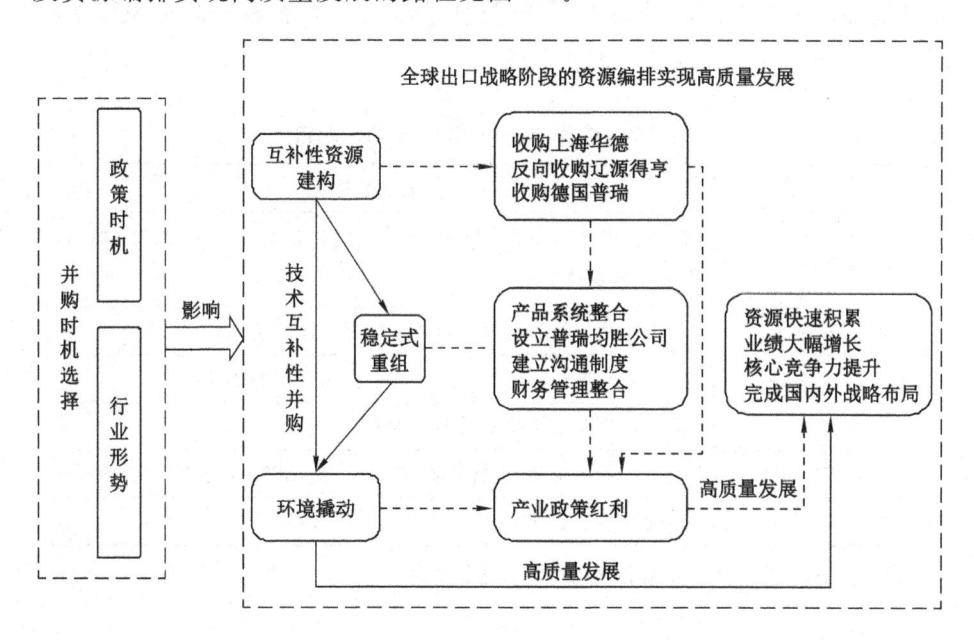

图 7-3 JS 电子在全球出口战略阶段的高质量发展路径

二、全球细分市场战略阶段技术跨部性并购时机选择与技术链整合

（一）并购时机选择

2013年以来，世界经济增长缓慢，全球市场环境复杂，汽车行业呈井喷式发展，机遇与挑战并存，尤其在新能源汽车、汽车电子、工业机器人等方面发展迅猛。

1. 政策时机

在"工业4.0"概念提出并广泛接受、"中国制造2025"规划逐步开展的背景下，中国制造业升级需求逐步增大。至2015年，国务院正式发布《中国制造2025》，工业机器人和自动化生产线成了国家制造业转型升级的大趋势，工业机器人集成及自动化逐步向传统领域渗透，企业自动化水平的提高带来的是产品成本的降低以及产品质量的提升。因此，工业机器人集成和自动化行业市场需求庞大，发展前景广阔。同时，中国政府也出台一系列政策扶持新能源汽车的发展，国内新能源汽车销量大幅增长，成为最大的新能源汽车市场。但2015年，国家对新能源汽车补贴力度逐渐减弱，并开始整顿新能源汽车企业的骗补行为，为拥有技术实力的新能源厂商带来了新机遇。中国支持汽车产业相关政策见表7-7。

表7-7 中国支持汽车产业相关政策

时间	政策名称
2013年2月	《国家发展改革委关于修改〈产业结构调整指导目录（2011年本）〉有关条款的决定》
2013年9月	《关于继续开展新能源汽车推广应用工作的通知》
2014年1月	《关于进一步做好新能源汽车推广应用工作的通知》
2014年6月	《国家集成电路产业发展推进纲要》
2015年4月	《关于2016—2020年新能源汽车推广应用财政支持政策的通知》
2015年5月	《中国制造2025》

资料来源：根据中国产业信息网政策信息整理而得。

2. 产品市场时机

随着汽车不断地推陈出新以及汽车电子化在整车的渗透率越来越高，汽车电子市场规模也在不断增长。2013年，中国汽车电子市场规模为3 120亿元，同比增长16.77%。当年，以特斯拉为代表的纯电动汽车厂商的成功，极大地提升了人们对新能源汽车的接受度，此后到2015年间新能源汽车飞速发展，许多知名汽车厂商也纷纷推出了新能源汽车，其新车型不断上市，销量也迅猛增长。其中，2013年全球新能源汽车销量达20万辆，2014年销量达30万辆，至2015年销量已经突破40万辆。至2015年，中国汽车电子市场规模已经达到3 979亿元，同比增长约12.6%。由于消费者对汽车性能与舒适度要求越来越高，汽车电子产品需求也将越来越大，汽车电子市场增速将高于整车市场增速。根据2013—2015年数据，中商产业研究院曾预计至2016年，中国电子汽车市场规模进一步增长，将接近4 500亿元。中国汽车电子市场规模及增长率见图7-4。

图7-4 中国汽车电子市场规模及增长率

（资料来源：中商产业研究院）

3. 行业形势

全球汽车零部件行业企业并购热度不减，在2015年达到史无前例的并购高潮。根据普华永道发布的《驾值：2015年汽车并购见解》，2015年全球汽车零部件行业交易总额达329亿美元。中国零部件企业也顺应行业发展趋势，纷纷进行海外兼并重组，成立合资企业，引进海外先进技术并进行产业升级转型。随着并购进行,汽车零部件企业规模扩大,技术水平提高,行业竞争进一步加剧,为整车厂商提供一体化解决方案逐渐成为未来行业的发展趋势。

(二) 跨部性资源建构

跨部性资源建构是指企业在已经开拓的领域获取不同行业的技术资源。JS电子并购德国普瑞后,虽然保持了德国普瑞的独立性,但是充分利用了德国普瑞的网络关系链接了所在行业当地的资源。比如,JS电子通过德国普瑞并购了当地汽车软件开发商 Innoventis 和工业机器人及自动化企业 IMA。后来,JS电子为剥离低端汽车内外饰件业务,并购了德国高端汽车内饰企业 Quin,成功向高端功能件总成转型。

1. 并购德国 Innoventis

德国 Innoventis 是一家规模较小的企业,主要从事汽车电子软件的研发,为汽车电子网络系统提供软件零部件、测试系统等服务。JS电子看中了德国 Innoventis 杰出的创新能力和较高的专业化程度,2013年8月,JS电子子公司德国普瑞以56万欧元成功并购德国 Innoventis。德国普瑞认为,此次并购展现了JS电子继续致力于拓展德国地区研发能力的决心。

2. 并购德国 IMA

JS电子紧抓"工业4.0"的历史机遇,率先进行了工业机器人集成和自动化领域的布局。2014年8月,JS电子旗下子公司德国普瑞以1430万欧元并购了德国工业机器人及自动化企业 IMA。该企业在工业机器人集成细分领域处于世界领先地位。并购 IMA 企业帮助JS电子在工业机器人集成和自动化发展领域完成了外延式发展的战略布局,为JS电子日后的高速发展奠定了基础。

3. 并购德国 Quin

德国 Quin 同JS电子一样,也是一家零部件供应商,不同的是,德国 Quin 的业务与JS电子自身功能件业务互补,其主要生产高端的汽车内饰功能件、高端方向盘总成,而JS电子自身有着剥离低端业务、淘汰低端产品的需求。因此,JS电子在2015年1月以9000万欧元作为对价并购了德国 Quin,并购完成之后,JS电子汽车内外饰功能件产品线从低端逐渐向高端转化,进一步剥离了上海华德股权,也拓宽了其在德国的市场。

(三) 丰富化资源重组

丰富化资源重组是指对并购双方拥有的资源和能力进行扩展整合重组,与稳定式资源重组不同的是,丰富化的资源重组侧重于并购双方共同参与到资源整合,开展深度合作。此阶段的JS电子吸纳整合了跨国并购获取的技术资源,并根据自身战略进行调整,迅速补充产业链,协同发展,实现企业跨越前进。

1. 与德国 Innoventis 能力重组

JS电子与德国 Innoventis 资源的整合重组体现在两个方面。一方面,JS电子获得了德国 Innoventis 的汽车电子系统基础软件和总线测试工具,对其原材料供应链进行了优化整合,生产产品时在保证同等质量的前提下,成本有所降低,低于同行业平均水平;另一方面,德国 Innoventis 在汽车电子软件方面的研发能力卓越。并购后,JS电子加大了研发投入,2013年研发费用为 25 394.94 万元,2012年研发费用为 18 722.31 万元,同比增长了 35.64%,JS电子在汽车电子软件开发方面的实力得到补充。

2. 与德国 IMA 能力重组

JS电子于2014年开始提前布局工业机器人集成并进行推进。JS电子并购德国 IMA 后,在国内,将原有的工装中心(JS电子工装设备设计及制造中心)升级为全资子公司,JS普瑞工业自动化及机器人集成公司(JPIA)凭借工装中心原有的人力资源、技术资源,吸收整合德国 IMA 工业自动化和机器人集成有关的技术,实现了先进技术的"引进来"。在欧洲,JS电子子公司 JS 普瑞的工业机器人业务板块与德国 IMA 业务通过整合成立了新的子公司——普瑞-伊玛自动化公司(PIA)。PIA 主要专注于医疗、快速消费品、汽车安全等领域的工业机器人集成。上述两个子公司覆盖了JS电子大部分工业机器人集成业务,实现了资源的优化整合,为该板块业务进一步拓展奠定了基础。

3. 与德国 Quin 能力重组

JS电子旗下功能件事业部实施"引进来,走出去"的市场战略,推进功能件业务全球化进程。并购德国 Quin 以后,在"走出去"战略层面,JS电子借助德国普瑞和德国 Quin 的生产基地和销售渠道,实现已有的功能件产品的全球化供应;在"引进来"战略层面,JS 电子引进德国 Quin 的优势产品,并与已有的各产品线进行整合,借助奔驰、宝马等优质客户资源网络优势,成功进入上述客户在国内的供应体系。

(四)业务撬动资源利用

业务撬动资源利用是指利用并购整合的资源所有权优势带动业务增长,实现高质量发展。

1. 工业机器人集成全球市场开拓

JS 电子在成立 PIA 和 JPIA 两个子公司以后,在两个子公司建立了统一规范的制度和组织结构,并引入了 SAP 系统对工业机器人集成业务产业链多环节统一管理,实现资源全球共享。同时,JS 电子在保有德国先进技术的基础之上,充分利用国内优势,了解客户需求,为客户提供定制化方案。2015 年,JS 电子工业自动化业务增速明显,收到了国际优质客户例如苏斯帕、天合等企业在中国的订单。此外,JS 电子对其功能件事业部的生产设备、生产流程也进行了一系列自动化改造,利用传感器网络、自动控制技术实时监测和控制产品生产过程,实现了生产流程智能化,提高了产品生产效率和质量。

JS 电子通过并购德国 IMA 并进行整合,发挥协同效应,其工业自动化及机器人系统集成业务保持着较高增速。2014 年,JS 电子工业自动化及机器人系统集成营业收入增长 53.43%,2015 年营业收入增长 53.93%;毛利率水平也有较大提高,2014 年毛利率达 23.65%,2015 年毛利率达 23.37%。工业自动化及机器人系统集成收入情况见表 7-8。

表 7-8 工业自动化及机器人系统集成收入情况表

年份	营业收入/万元	营业成本/万元	毛利率	营业收入比上年增减	营业成本比上年增减	毛利率比上年增减
2013 年	23 577.73	19 239.57	18.40%	—	—	—
2014 年	36 175.73	27 621.57	23.65%	53.43%	43.57%	5.25%
2015 年	55 683.60	42 669.07	23.37%	53.93%	54.48%	−0.28%

资料来源:JS 电子企业年报。

2. 功能件产品系高端化和全球化

并购德国 Quin 以后,JS 电子与德国 Quin 建立了良好的合作机制,积极实施"引进来,走出去"战略。JS 电子整合功能件系列产品步伐不曾停歇。一方面,德国 Quin 的高端产品逐渐向国内中流和主流市场渗透,同时,其自身产品线从原有的高端天然材质和复合材料拓展至铝制和碳纤维等环保材质领域,紧贴内饰件"简洁,奢华,时尚,环保"的趋势。另一方面,JS 电子的内外饰等功能件业务产品也进行了优化整合,逐步从低价产品转向高端产品,走向全球。在此基础上,JS 电子将功能件和人机交互产品系有效结合,形成了一套完整高效的人机交互解决方案,实现了不同业务板块的资源整合协同,也形成了异质性竞争优势。

2015 年,JS 电子逐步降低了低端产品生产量,整体功能件事业部的盈利水平得到提高,在原有欧美客户的基础上积极拓展客户资源,获得了日韩在中国的订单,打开了拓展日韩市场的良好开端。2015 年,JS 电子内外饰功能件业务营业收入为 248 922.40 万元,同比增长 38.66%;毛利率达 19.30%,比 2014 年上涨 2.49%。内外饰功能件业务收入情况见表 7-9。

表 7-9 内外饰功能件业务收入情况表

年份	营业收入/万元	营业成本/万元	毛利率	营业收入比上年增减	营业成本比上年增减	毛利率比上年增减
2014 年	179 513.81	149 344.45	16.81%	—	—	—
2015 年	248 922.40	200 869.85	19.30%	38.66%	34.50%	2.49%

资料来源:企业年报。

(五) 全球细分市场战略阶段小结

JS 电子在全球细分市场战略阶段,紧紧围绕"三大产品战略方向",依托自身及子公司普瑞资源,通过跨部性资源建构方式先后并购了汽车软件企业德国 Innoventis、工业机器人及自动化企业德国 IMA 以及高端汽车内饰企业德国 Quin,并将获得的资源进行丰富化重组,最后通过业务撬动资源整合利用,完成了工业机器人集成的全球市场开拓以及功能件产品系的高端化和全球化,提高了产品盈利水平,股价也大幅上涨,至 2015 年已上涨达 57

元/股。综上，JS电子在全球细分市场战略阶段通过择机并购以及资源编排实现高质量发展的路径见图7-5。

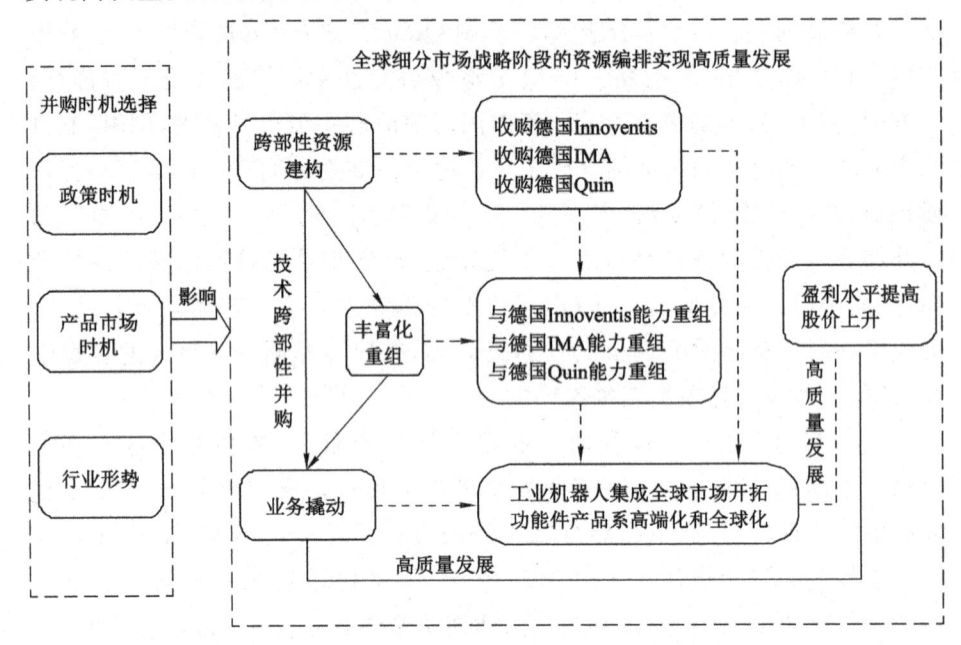

图 7-5　全球细分市场战略阶段高质量发展路径

三、跨国竞争战略阶段技术相似性并购时机选择与技术链整合

（一）并购时机选择

1. 政策时机

2016年以来，国家大力鼓励企业走出国门，通过境外投资整合优质资源推动本土企业转型升级，实现供给侧升级。为此，国务院等有关部门相继出台了一系列境外投资鼓励政策，例如《境外投资产业指导政策》《关于鼓励和规范我国企业对外投资合作的意见》等，旨在促进境外投资，提高境外投资的规范化和便利化水平。在此背景下，许多企业纷纷融入全球市场，吸收国外的先进技术和管理经验等优质资源，完善国际营销网络，提升国际化运营能力，实现了产业结构的优化升级。许多企业也因此形成了自己的品牌，增强了国际竞争力，一跃成为全球知名跨国企业。中国支持汽车产业发展及境外投资相关政策见表7-10。

表 7-10 中国支持汽车产业发展及境外投资相关政策

时间	政策名称
2016 年 1 月	《关于"十三五"新能源汽车充电基础设施奖励政策及加强新能源汽车推广应用的通知》
2016 年 12 月	《"十三五"国家战略性新兴产业发展规划》
2017 年 4 月	《汽车产业中长期发展规划》
2017 年 8 月	《关于进一步引导和规范境外投资方向的指导意见》
2017 年 12 月	《企业境外投资管理办法》
2018 年 12 月	《汽车产业投资管理规定》

资料来源:根据中国产业信息网政策信息板块整理而得。

2. 产品市场时机

近年来,随着互联网、计算机等技术的飞速发展以及新的商业形态的不断涌现,自动驾驶、智能互联和共享交通等新型技术和商业模式也应运而生,汽车传统行业从根本上发生变革,汽车行业从 3.0 时代逐步走向 4.0 时代。汽车行业变革情况见表 7-11。

表 7-11 汽车行业变革情况表

项目	汽车 1.0 时代	汽车 2.0 时代	汽车 3.0 时代	汽车 4.0 时代
行业情况	区域性整车厂商	主要整车厂商形成	全球性整车厂商和零部件企业形成	汽车与电子通信相结合
技术水平	低技术水平	技术水平提高,汽车更舒适快捷	信息系统电子化、安全化、舒适化	智能驾驶,智能互联技术崛起;共享交通方式为主流

资料来源:企业并购公告。

在以上趋势中,自动驾驶带来的影响最为深远,在未来 15 年内自动驾驶技术将逐渐成熟并普及,推动着交通行业业态向 4.0 时代升级。美国高速公路安全管理协会(NHTSA)将自动驾驶的发展分为 5 个阶段:Level 0-Level 4(L0~L4)。其中,L0 代表无自动化,L1 代表特定功能的自动化,L2 代表多功能的自动化,L3 代表半自动驾驶,L4 代表全自动驾驶。目前,自动驾驶已经发展到 L2 阶段,自动驾驶技术例如主动安全、车辆通信等已经开始运用。未来随着汽车自动化的进一步发展,自动驾驶技术也会日趋成熟,将会达到更高的发展层次。

在此背景下,国际汽车零部件行业巨头纷纷加大投资,加速企业的转型升级,对资源进行全球性重新布局,相关产品和解决方案逐渐从硬件拓展到了软件,并逐步转型成为技术服务提供商。在一些新兴领域的发展上,中国零部件企业与世界先进水平差距会进一步拉大。当前,本土汽车零部件行业产品多为中低端产品,同质化严重,价格竞争激烈,企业生存压力较大。本土汽车零部件企业要想进入高端系统领域,融入全球市场,转型升级势在必行。

(二)相似性资源建构

相似性资源建构分为横向相似性资源建构和纵向相似性资源建构,横向相似性资源建构是指企业获取与自身相同领域但不同业务模块的技术资源的过程,而纵向相似性资源建构是指企业获取与自身相同行业但不同领域的技术资源的过程。JS电子在跨国竞争战略阶段连续跨国技术并购了6家企业,不仅拓宽了其在汽车行业的技术领域,而且进行了业务模块的扩张。其中,横向相似性资源建构包括并购了美国EVANA、挪威Epower、日本高田;纵向相似性资源建构包括并购了德国TS德累斯顿、美国KSS。

1. 横向相似性资源建构

(1)并购美国EVANA

早在2013年,JS电子就提出了发展创新自动化业务的战略目标。并购美国EVANA正是JS电子实现战略目标的重要行动。2016年5月,JS电子控股子公司PIA以1950万美元并购了美国EVANA 100%的股权。美国EVANA和PIA一样,在工业机器人和自动化细分领域处于世界领先地位。二者的区别在于,PIA的市场和客户主要集中在欧洲和亚洲,美国EVANA的市场和客户主要集中在北美。对于JS电子来说,并购美国EVANA帮助其工业机器人及自动化业务打通了美国市场,进一步扩大了业务服务领域。

(2)并购挪威Epower

近年来,JS电子一直致力于发展新能源汽车电子业务,并一直保持着高速增长。2016年,JS电子新能源业务营业收入为4.43亿元,同比增长48.58%;2017年,JS电子并购了主要从事电力电子系统的研发和生产的挪威 Epower,并将挪威 Epower 作为德国普瑞新能源电池管理系统业务的一部分,能力从电池管理快速扩展到充电 OBC,也成为吉利和沃尔沃在该领域的供应商。至 2017 年年底,JS 电子新能源业务营业收入达 5.9 亿元,同比增长 33.5%,积累了奔驰、宝马、大众等国际知名品牌客户。

(3) 并购日本高田

JS 电子并购美国 KSS 以后,成功进入了汽车主被动安全领域。在此基础上,为进一步完善在汽车安全这一大类产品的布局,2018 年 4 月,JS 电子以 15.88 亿美元作为对价并购了日本高田除 PSAN 业务(硝酸铵气体发生器业务)以外的主要资产,主要包括方向盘、安全带、气囊模块、电子件、非-PSAN 气体发生器和替换件等。通过此次并购,JS 电子不仅获得了技术、客户等资源的补充,增强了在汽车安全业务领域的实力,而且有效扩充了 JS 电子相关领域产能,满足了日益增长的订单需要。此外,JS 电子也成功进入了日本市场和日系整车厂商供应体系。

2. 纵向相似性资源建构

(1) 并购德国 TS 德累斯顿

随着汽车智能化发展进程,终端消费者对车载信息系统、车载软件的需求越来越多样化,对相关车载服务需求也越来越大。为布局未来自动驾驶关键软件技术从而实现智能车联、车载影音娱乐、导航与辅助驾驶等功能和应用,2016 年 1 月,JS 电子与其旗下子公司德国普瑞以 1.8 亿欧元并购了 TS 道恩的汽车信息板块业务(即重组后的德国 TS 德累斯顿)。TS 道恩的汽车信息板块业务不仅在车载互联领域具备先发优势,而且具有较强的整体研发实力,并购以后 JS 电子以及德国普瑞的研发团队与 TS 道恩的汽车信息板块业务的研发配置形成优势互补,将德国 TS 德累斯顿的优势引入国内。

(2) 并购美国 KSS

JS 电子为了完善其在自动驾驶领域的产品布局,2016 年 6 月,通过新设立的美国全资子公司 Merger Sub 与美国 KSS 公司进行合并,交易对价为 9.2 亿美元。此次并购,一方面助力 JS 电子进入了汽车主被动安全领域,将自身的人机交互业务与主被动安全系统有效结合,完善了智能人机交互系统解决方案,并且也为 JS 电子未来开展智能车联服务提供了基础;另一方面由于美国 KSS 的总部位于美国,在北美地区有大量的生产、研发中心,客户资源也集中在北美地区,因此,JS 电子在北美的业务布局得到拓展,不再仅依赖局部地区和局部市场,在全球的资源分布更加均衡。

(三)开拓式资源重组

开拓式资源重组是一种深度重组,即并购双方组合并创造新能力的过程。通过一系列的跨国并购,JS电子已经积累了大量的技术、客户等资源,这些资源也出现了重叠,因此开拓式资源重组势在必行。

1. 重组形成五大事业部

JS电子成功并购美国KSS和德国TS德累斯顿以后开展了大规模的整合活动,将德国TS德累斯顿并入德国普瑞,成为德国普瑞的全资子公司PCC,形成汽车电子事业部,努力打造完整的智能驾驶舱解决方案;并购日本高田资产以后,与美国KSS整合,成立JS安全系统有限公司,掌管汽车安全事业部;JS电子把德国Quin业务和自己的功能件事业部业务整合在一起,组建了新的企业——JS群英,形成高端功能件事业部,与德国普瑞协同实现功能件业务的推陈出新。此外,JS电子和德国普瑞的自动化业务与美国EVANA、奥地利M&R一起并入PIA公司,形成自动化事业部。以上4个事业部以及JS电子的新能源汽车电控事业部,共同构成了JS电子的5大事业部。

2. 重组形成智能汽车工业生产系统供应能力

(1)安全系统

在2016年日本高田汽车安全事件的影响下,JS电子和美国KSS为应对汽车安全市场格局的巨大变化,对美国KSS开展了一系列整合活动。2016年,美国KSS新获订单高达50亿美元,面临美国KSS日益增长的业务需求以及全球并购、补充流动资金的需要,JS电子对美国KSS进行增资,引进了战略投资者,助力其实现全球产能扩张。此外,JS电子对美国KSS在主动安全特别是智能驾驶领域进行了资源的优化重组,并且形成了美国密歇根、中国苏州以及韩国首尔三大研发中心,分别进行内饰、前视和环视类产品的研发和协作。JS电子智能驾驶业务布局见图7-6。

此外,JS电子抓住了汽车安全市场格局变化的机遇,并购了日本高田主要资产,并将其与美国KSS整合成立了JS安全公司,以JS安全公司为主体发展汽车安全业务,组建新的管理团队,同时建立了全球总部和区域总部的两级管理体系,既提升了开展汽车安全业务的效率,也保证了智能领域管理效果,最终跻身全球第二大汽车安全产品供应商。

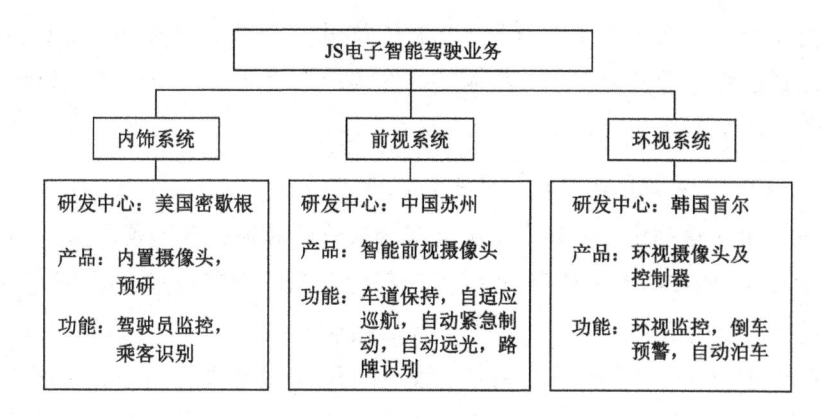

第七章 多模式跨国连续技术并购的时机选择与技术链整合

```
                    JS电子智能驾驶业务
          ┌─────────────┼─────────────┐
        内饰系统       前视系统       环视系统
   研发中心：美国密歇根  研发中心：中国苏州  研发中心：韩国首尔
   产品：内置摄像头，   产品：智能前视摄像头 产品：环视摄像头及
        预研          功能：车道保持，自适应      控制器
   功能：驾驶员监控，       巡航，自动紧急制  功能：环视监控，倒车
        乘客识别         动，自动远光，路       预警，自动泊车
                        牌识别
```

图 7-6 JS 电子智能驾驶业务布局

（2）智能车联

德国 TS 德累斯顿的采购体系主要在欧洲地区，受汇率波动影响较大。JS 电子将德国 TS 德累斯顿与德国普瑞整合成立 PCC 公司以后，受汇率波动影响的情况得到改善。经过在人力、财务、业务等各方面的整合，PCC 公司推出的人机交互与车联系统的融合方案得到客户的积极反馈，并且获得了宝马、大众等品牌客户的订单。同时，JS 电子在中国设立了 JPCC 公司（宁波普瑞 JS 智能车联有限公司），专注开拓国内市场。此外，JS 电子自主研发了 V2X 技术（车用无线通信技术）以及车内手机无线充电技术，并在以 5G 技术为基础的汽车通信、OTA 空中下载和车辆增值服务领域不断深入，推动智能车联产品与 ADAS（高级驾驶辅助系统）产品融合，进一步完善了智能车联为基础的一体化生态圈。

（3）人机交互

在人机交互领域，JS 电子进行了资源开拓式重组。一方面，随着 PCC 公司的加入，普瑞原有的人机交互产品性能得到了补充，新增了影音娱乐、辅助驾驶导航、车机互联和 V2X 等重要功能。另一方面，JS 电子自主研发了基于 AR 技术的抬头显示产品，并将其与人机交互产品融合，进一步优化提升了中控系统功能。2017 年 4 月，JS 电子在上海车展上演示的最新人机交互产品中的中控台产品融合了普瑞和 PCC 的技术，采用模块化解决方案，同时配备车内手机无线充电功能，人机交互的灵活性大幅提升。

综上，JS 电子开拓式的资源重组使得其在汽车安全系统、智能车联以及人机交互领域的实力有了明显提升,加上 JS 电子原有的方向盘、高端内饰、空调控制系统等业务,JS 电子基本上可以实现系统式的工业生产,形成了智能汽车工业生产系统供应能力。

3. 重组形成定制自动化装配生产线能力

JS 电子的自动化业务在全球细分市场战略阶段通过并购德国 IMA,整合成立 PIA 和 JPIA 两个子公司,实现了自动化业务的全球市场开拓,能够为客户提供定制化的解决方案。在跨国竞争战略阶段,JS 电子继续并购了美国自动化企业 EVANA 和奥地利自动化企业 M&R,通过对资源的整合与配置,成立了自动化事业部。JS 电子依托自动化事业部,其自动化技术越来越成熟,加之积累的丰富行业经验以及其全球化供应链,JS 电子形成了定制自动化装配生产线能力,可以为客户提供专业的自动化装配生产线的系统解决方案。

(四)平台撬动资源利用

平台撬动资源利用是指主并方企业在对被并方企业进行资源整合之后,通过建立统一平台,打造生态系统,撬动资源利用,从而创造价值。在跨国竞争战略阶段,JS 电子对并购的技术通过多方面的整合,逐步搭建起系统性平台,既促进了内部资源利用,发挥协同效应,也撬动了外部补充者,吸引投资,提升竞争力。

1. 整合被并方形成统一的企业

JS 电子的并购活动有着很强的战略指引,如前文所述,JS 电子并购日本高田优质资产以后,将美国 KSS 的优势技术引入日本高田,整合成立新公司 JS 安全。JS 电子以 JS 安全为统一的平台对外开展业务,整合提升研发实力,平台内部高效协同,自主研发了 DMS 驾驶员监测系统,开发了方向盘生命体征感知系统、方向盘智能感应技术等前沿主动安全产品,首创了新能源汽车电池和电路保护系统。随着产品的创新以及成本结构优化,JS 安全获得了大量客户订单,产品毛利率得到提升,2018 年在汽车安全领域的市场占有率达 30%,保持行业领先地位。

2. 借助平台构建生态系统撬动外部补充者

JS 电子借助智能汽车与智能制造平台,吸引了许多外部补充者加入。例如,通过汽车电子业务,JS 电子和大唐集团旗下辰芯科技,阿里旗下斑马网络以及其他相关企业进行了战略合作,后又联合中国信科、华人运通、奇瑞雄狮等发起V2X生态圈战略联盟,致力于开发智能车联技术,促进车联业务一体化发展;通过新能源汽车动力系统业务的开展,JS电子与雅戈尔、宁波产城投资共同成立中城新能源企业,为中国城市新能源公交的发展提供了整体解决方案。

（五）跨国竞争战略阶段小结

JS电子在跨国竞争战略阶段,通过"横向＋纵向"相似性资源建构,并购了美国EVANA、挪威Epower、德国TS德累斯顿、日本高田等多家企业。在此基础上,JS电子将并购来的技术、业务等资源进行开拓式重组,将企业业务整合形成五大事业部,大幅提升了自身在汽车安全系统、智能车联业务、人机交互业务、自动化业务等领域的实力,形成了智能汽车工业生产系统供应能力以及定制自动化装配生产线能力,构建和借助系统性平台撬动资源利用,实现资源更深层次的整合,形成强大的研发能力,逐步从单一的零部件供应商蜕变为技术提供商,带来企业价值的增长。综上,JS电子在跨国竞争战略阶段通过择机并购以及资源编排实现高质量发展的路径见图7-7。

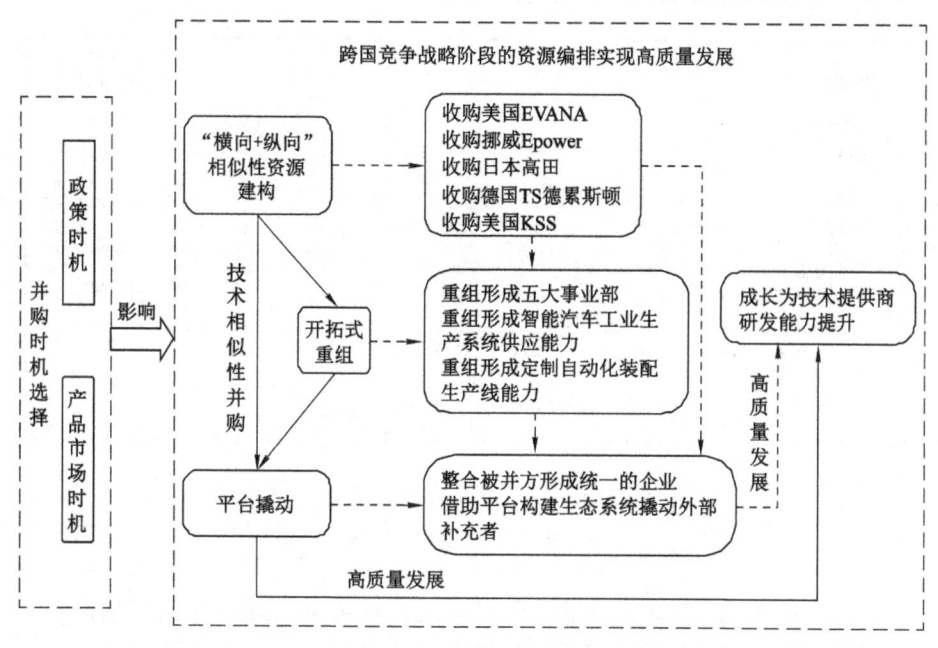

图7-7 JS电子跨国竞争战略阶段高质量发展路径

第三节 行业周期背景下 JS 电子跨国连续技术并购的技术链整合绩效分析

借鉴前人研究经验，本章采用定性与定量相结合的方式来具体评价 JS 电子跨国连续技术并购的高质量发展绩效。首先，基于资源观角度，从市场、创新以及地位三方面来定性研究 JS 电子在连续技术并购后是否有效整合了市场资源并为企业创造效益；其次，进行定量研究，通过定量研究中的事件研究方法考察了 JS 电子在不同并购阶段的市场效应，通过财务指标的对比分析、主成分综合分析进行长期的高质量发展绩效研究。

一、资源观下不同并购阶段技术链整合绩效的定性分析

（一）市场占有率提升

依据 JS 电子 2012—2021 年营业收入与该行业全部企业营业收入总额，计算出 JS 电子的市场占有率，如图 7-8 所示。

图 7-8　JS 电子 2012—2021 年市场占有率

（资料来源：CSMAR 数据库）

从图 7-8 来看，全球出口战略阶段以及全球细分市场战略阶段，JS 电子虽有多起跨国并购，但市场占有率并无明显变化，在 0.50% 附近波动。跨国竞争战略阶段，JS 电子通过资源的横向相似性建构成功获得了美国 KSS 和

德国TS德累斯顿的资源,通过资源的纵向相似性建构获得了日本高田优质资产,同时进行了开拓式的重组与整合。例如:优化并提升了原有产品线,在原有业务保持稳步增长的同时将被并方企业纳入合并报表范围,使得JS电子整体营业收入增长了129.54%,市场占有率大幅提升,由2015年的0.54%增长到2016年的1.03%;对已并购的企业持续整合,加大研发投入,其安全业务、智能车联、新能源电池管理系统、功能件业务等都取得了突破性进展,新增大量客户订单,营业收入持续增长;将日本高田资产与美国KSS整合成立JS安全公司,随着产能释放,营业收入同比增长了111.16%,市场占有率进一步增长到2.51%。连续技术并购后,2019年,JS电子深度整合其汽车安全业务,优化资源的全球配置,克服市场下行影响,各项业务稳步增长,市场占有率提升至2.81%;2020—2021年,受新冠疫情、芯片短缺等因素影响,JS电子的营业收入下降,市场占有率分别为2.08%、1.83%。

由此可见,JS电子的市场占有率相比连续技术并购前提升明显,主要得益于两方面:一方面来自被并方企业财务数据并入合并报表,增加了账面营业收入,从而提升了市场占有率;另一方面来自JS电子不断的编排整合并购获得的资源,持续推进各细分业务的发展,从而提升了市场占有率。

(二)创新能力增强

创新能力主要通过研发投入、研发人员指标衡量。2012—2021年,JS电子研发投入相关指标数据见图7-9。

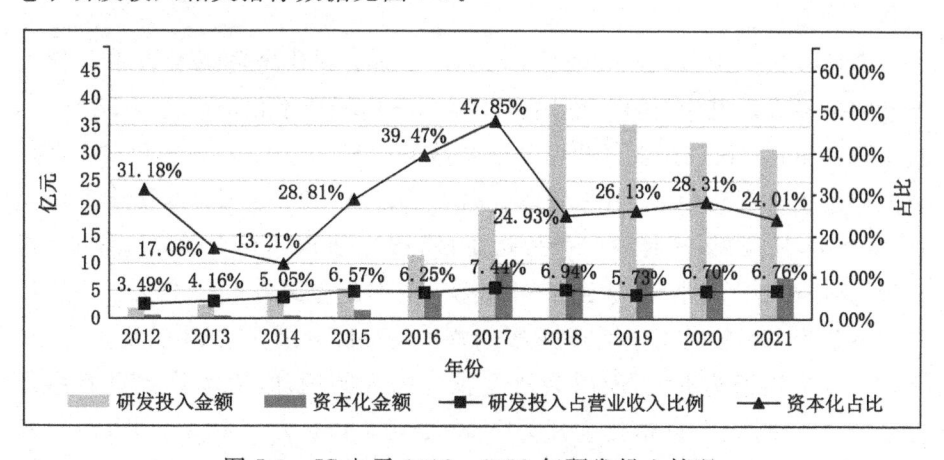

图7-9 JS电子2012—2021年研发投入情况

(资料来源:CSMAR数据库)

根据图 7-9 可知,在 2012—2021 年,JS 电子的研发投入呈现出先增后减的趋势。总体来看,跨国连续技术并购的 3 个阶段内的年份(2012—2018 年),JS 电子的研发投入由 1.87 亿元连年增长至 39 亿元。2013—2016 年,研发投入的增长率逐渐增加。具体来看,在全球细分市场阶段中,2013 年,JS 电子在中国成立了 JS 普瑞研发中心和新能源汽车研究院,并与高等院校和研究院所开展合作,全方位提升研发实力;2014 年,JS 电子加大各业务领域的研发投入,并与浙江大学共同创建了创新设计与智能制造联合实验室,将浙江大学的科研和人才优势与企业先进技术和产业化能力结合,攻关关键技术;2015 年,JS 电子在印度、美国等地成立研发中心。在跨国竞争战略阶段中,2016 年,JS 电子增加了在前瞻性领域的投入,其研发投入增长率也达到了最高,为 118.43%;2017 年,JS 电子的安全业务成立了韩国、中国、美国三大研发中心,同年研发投入增长率为 70.76%,增长放缓;2018 年有所回升,达到了 96.93%。在连续技术并购后,2019 年,JS 电子因更多地转向自主研发,从而研发投入总金额减少至 35.33 亿元,增长率同比下降 9.39%。2020—2021 年,JS 电子因其研发结构的转型以及资源优化配置使得研发投入进一步降低。

从研发投入占营业收入比例来看,2012—2014 年,此比例在不断上升,自 2015 年起,研发投入占营业收入的比例一直维持在 6.5% 左右,整体变化趋势与研发投入金额变化趋势相似。这说明 JS 电子管理层对企业的研发工作较为重视。

在研发效率上,2012—2021 年,JS 电子的资本化金额以及资本化比重波动幅度较大。其中,全球出口战略阶段,JS 电子资本化金额为 0.58 亿元,资本化比重达 31.18%。全球细分市场战略阶段,其中,2013 年和 2014 年,虽然研发投入有所增加,但是资本化金额却低于 2012 年,资本化比重仅为 17.06% 和 13.21%。跨国竞争战略阶段,JS 电子资本化金额高速增长,至 2017 年资本化比重最大,达到了 47.85%,资本化金额为 9.47 亿元。在连续技术并购后,2019—2020 年 JS 电子的资本化金额分别为 9.23 亿元、9.09 亿元,与 2017 年相差不大,但因为研发投入的大幅增加,资本化比重有所降低;2021 年,JS 电子资本化金额为 7.42 亿元,占比为 24.01%,因升级技术链研发费用增长,资本化比重略有下降。2012—2021 年度 JS 电子研发人员相关指标数据见表 7-12。

表 7-12 JS 电子 2012—2021 年研发人员情况表

年份	研发人员数量/人	研发人员增长率
2012	746	—
2013	1 022	37.00%
2014	1 295	26.71%
2015	1 645	27.03%
2016	2 045	24.32%
2017	3 113	52.22%
2018	4 444	42.76%
2019	4 702	5.81%
2020	5 170	9.95%
2021	4 580	−11.41%

资料来源：CSMAR 数据库、企业年报。

根据表 7-12 可知，2012—2020 年，JS 电子的研发人员数量连年增加，2021 年有所下降。其中，2012 年，JS 电子的研发人员仅有 746 人，直至 2020 年研发人员总数达到了 5 170 人。其中，2017 年度研发人员增幅最大，达到了 52.22%。可以看出，JS 电子重视自身研发实力提升，吸引大量研发人才，助力企业转型升级。

由此可见，JS 电子在连续技术并购资源编排的过程中不断加大研发投入力度，资本化金额也在不断增长，研发效率得到提升，同时注重培养研究型人才，增强研发团队实力，技术创新能力得到提升。

(三) 行业领先地位

经过多年的跨国连续技术并购整合协调以及内生性的发展，JS 电子已经成长为全球领先的汽车零部件企业，也是优秀汽车生产商的可靠合作伙伴，引领汽车安全和智能技术的发展。根据 JS 电子发布的公告等，本章整理了 JS 电子 2016—2022 年的荣誉成就，见表 7-13。这些荣誉成就代表着 JS 电子在汽车零部件行业的实力获得了认可，代表着行业领先的地位。

表 7-13 JS 电子 2016—2022 年荣誉成就

时间	评选机构	具体荣誉项目
2016年7月	宁波市企业联合会、宁波市企业家协会、宁波市工业经济联合会	2016宁波市制造业百强企业排名第17位
2017年5月	宁波市人民政府	2016年度宁波市"纳税50强"企业
2017年5月	宁波市企业联合会、宁波市企业家协会、宁波市工业经济联合会	2017宁波市制造业百强企业排名第6位
2017年8月	宁波市企业联合会、宁波市企业家协会、宁波市工业经济联合会	2017宁波市综合百强企业排名第15位
2018年6月	美国《汽车新闻》杂志	"汽车供应商杰出贡献奖"(PACE Award)
2018年10月	浙江省境外投资企业协会	2018年浙江本土民营企业跨国经营30强
2019年7月	中国电子信息行业联合会	2019年电子信息百强企业排名第20位
2020年7月	《中国汽车报》	2020年中国汽车零部件企业百强榜第4位,全球百强榜第35位
2020年8月	宁波市企业联合会、宁波市企业家协会、宁波市工业经济联合会	2020宁波市制造业百强企业排名第4位
2020年10月	中国企业联合会、中国企业家协会	2020中国企业500强第316位
2021年8月	《财富》《浙商》	2021年《财富》中国500强排名第243位;2021浙商全国500强排名第45位
2022年9月	美国《汽车新闻》杂志	"汽车供应商杰出贡献奖"(PACE Award)

资料来源:JS 电子官方微信公众号发布的公告等整理而得。

二、事件研究法下不同并购阶段的市场效应分析

经过梳理 JS 电子发生的一系列跨国连续技术并购活动后,通过事件研

究法来对JS电子跨国连续技术并购中的各个并购事件进行剖析,研究股价的变化对JS电子高质量发展绩效带来的影响。选取了JS电子连续跨国技术并购案例中8次较为关键的事件(依次为JS电子并购德国普瑞、德国Innoventis、德国IMA、德国Quin、美国KSS和德国TS德累斯顿、美国EVANA、日本高田)进行市场效应的分析,以此探究投资者对JS电子系列跨国技术并购的反映。

(一)事件定义和窗口选取

本章所用数据主要为JS电子日实际收益率和上证综合指数,具体来源于巨潮资讯行情中心数据库。跨国连续技术并购样本案例筛选标准见表7-14。本章将JS电子2012—2018年行业周期内在上海证券交易所发布正式公告的并购事件作为研究对象,并根据表7-14中所列标准进行筛选剔除,从而确定符合条件的样本事件。

表7-14 跨国连续技术并购样本案例筛选标准

序号	筛选条件
1	并购事件首次公告日在2012年1月1日至2018年12月31日之间
2	在同一公告日内,如若公开披露多起并购事件,则视为发生一起并购事件
3	并购金额大于100万元人民币
4	并购类型为协议并购或要约并购
5	并购事件为市场化交易

按照以上标准筛选和剔除后,JS电子在2012—2018年符合标准的并购事件总共有7起。JS电子并购事件见表7-15。

表7-15 JS电子并购事件表

事件	首次披露日	目标企业
事件1	2012年3月29日	德国普瑞
事件2	2013年8月21日	德国Innoventis
事件3	2014年6月19日	德国IMA
事件4	2014年12月15日	德国Quin
事件5	2016年3月10日	美国KSS、德国TS德累斯顿

表 7-15(续)

事件	首次披露日	目标企业
事件 6	2016 年 8 月 16 日	美国 EVANA
事件 7	2017 年 11 月 11 日	日本高田

资料来源:根据企业年报、巨潮资讯官网整理而得。

首先是确定事件日。为了尽可能获得真实市场反馈信息,以并购的首次披露日作为事件日,这是因为投资者会在并购消息首次发布时就迅速作出反应,此后投资者对该事件的响应趋于完毕。若首次披露日恰逢停牌,则以复牌后的首个交易日作为事件日。

其次是确定事件窗口期。在现有文献中,学者们多以事件公告前后 30～60 个交易日为窗口期。考虑到窗口期过长无法避免一些无关因素干扰,窗口期过短又难以体现并购行为带来的市场反应,同时综合 JS 电子连续技术并购的实际情况,选取首次披露日的前 20 个交易日以及后 5 个交易日作为窗口期,即 [−20,5]。

最终,确定了 JS 电子连续技术并购事件的事件日以及事件窗口期,如下表 7-16 所示:

表 7-16 连续技术并购的事件日以及事件窗口期

并购事件	事件日	事件窗口期
德国普瑞	2012 年 3 月 30 日	[−20,5]
德国 Innoventis	2013 年 8 月 21 日	[−20,5]
德国 IMA	2014 年 6 月 19 日	[−20,5]
德国 Quin	2014 年 12 月 16 日	[−20,5]
美国 KSS、德国 TS 德累斯顿	2016 年 3 月 10 日	[−20,5]
美国 EVANA	2016 年 8 月 16 日	[−20,5]
日本高田	2017 年 11 月 13 日	[−20,5]

资料来源:根据企业年报、巨潮资讯官网整理而得。

(二)基于市场调整模型的 AR 和 CAR 计算

通过梳理文献发现,超额收益率 AR 和累计超额收益率 CAR 的常用计算方法有三种,分别为市场模型法、均值调整法和市场调整法。由于JS电子在2012—2018年除进行过多次跨国技术并购之外,还在国内也进行了多次并购活动,因此难以找到较长的清洁期,无法使用市场模型法;目前中国股票市场尚不成熟,尚存在投机性较强、股价浮动大的情况,股票日收益率不够平稳,故均值调整法并不适用。综合考虑,最终采用市场调整法计算JS电子在2012—2018年的7起跨国并购事件的超额收益率和累计超额收益率。该方法假设上市公司未发生并购事件时股票的预期收益率与市场指数收益率相同,直接用市场指数收益率替代预期收益率,操作较为简单,数据较易获取,可理解性强。

通过收集整理JS电子每宗并购事件的事件日以及其前后共26个交易日的日收盘价,计算JS电子股票的日收益率(R_t)。计算公式如下:

$$R_t = \frac{P_t - P_{t-1}}{P_{t-1}}$$

式中:P_t——JS电子第t天的股票收盘价;

P_{t-1}——JS电子第$t-1$天的股票收盘价。

接着,计算指数的日收益率(R_{mt}),JS电子在上海证券交易所上市,因此选取上证综合指数为市场指数。计算公式如下:

$$R_{mt} = \frac{P_{mt} - P_{mt-1}}{P_{mt-1}}$$

式中:P_{mt}——上证综指第t天的股票收盘价;

P_{mt-1}——上证综指第$t-1$天的股票收盘价。

在市场调整法下,用股票市场的日收益率(R_{mt})替代JS电子股票的预期收益率(AR),由此超额收益率(AR_t)的计算公式如下:

$$AR_t = R_t - R_{mt}$$

式中:AR_t——JS电子窗口期内第t天的超额收益率;

R_t——JS电子窗口期内第t天的实际收益率;

R_{mt}——JS电子窗口期内第t天的预期收益率。

基于上述步骤计算出各并购事件在窗口期内的超额收益率,然后将窗口期[−20,5]内的超额收益率进行加总,从而得出各并购事件的累计超额收益率,计算公式如下:

$$CAR_{it} = \sum_{-20}^{+5} AR_{it}$$

式中：CAR_{it}——JS电子的第i个事件在第t天的累计超额收益率；

AR_{it}——JS电子的第i个事件在第t天的超额收益率。

JS电子跨国连续技术并购的累计超额收益率计算结果见表7-17，相应的变化趋势见图7-10。

表7-17　JS电子跨国连续技术并购的累计超额收益率计算结果

并购事件	事件日	累计超额收益率
德国普瑞	2012年3月30日	0.3043
德国Innoventis	2013年8月21日	0.0444
德国IMA	2014年6月19日	0.1484
德国Quin	2014年12月16日	−0.2722
美国KSS、德国TS德累斯顿	2016年3月10日	0.1190
美国EVANA	2016年8月16日	−0.0990
日本高田	2017年11月13日	0.0601

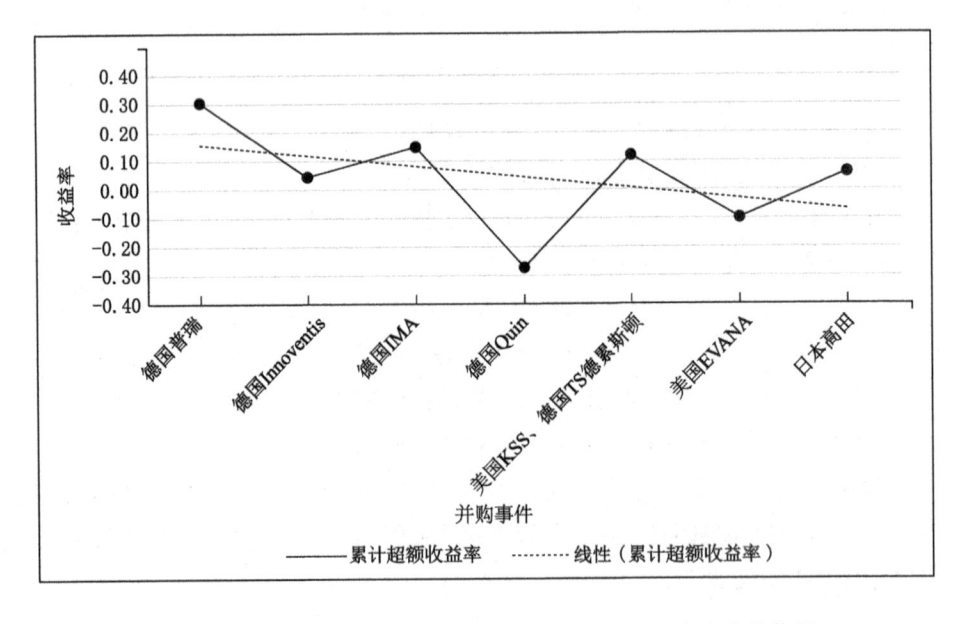

图7-10　JS电子跨国连续技术并购的累计超额收益率变化趋势图

根据表 7-17 可知，JS 电子在跨国连续技术并购的历程中，有 5 宗并购事件的累计超额收益率为正，分别为对德国普瑞、德国 Innoventis、德国 IMA、美国 KSS 和德国 TS 德累斯顿、日本高田的并购，累计超额收益率依次为 0.304 3、0.044 4、0.148 4、0.119 0、0.060 1；有 2 宗并购事件的累计超额收益率为负，分别是对德国 Quin 和美国 EVANA 的并购，累计超额收益率依次为－0.272 2、－0.099 0。

由图 7-10 可以看出，JS 电子跨国连续技术并购历程中的累计超额收益率整体呈波动下降趋势。其中，JS 电子并购德国普瑞的累计超额收益率最高，在并购德国 Innoventis、德国 IMA 时累计超额收益率小幅度上升，直到并购德国 Quin 时其累计超额收益率大幅度下跌，而后在对美国 KSS 和德国 TS 德累斯顿的并购中累计超额收益率大幅上升，最后对美国 EVANA、日本高田并购的累计超额收益率又出现小幅度波动。总体来说，JS 电子跨国连续技术并购的短期绩效尚可，从时间维度来看，其并购的市场效应呈现递减的趋势。

JS 电子并购德国普瑞是其进行跨国连续技术并购、实现战略转型、助力高质量发展的第一步。加之国家"十二五"规划等产业政策的支持，JS 电子成功并购德国普瑞获得了很高的市场反应。随着跨国并购次数、频率的增加以及企业规模的不断扩张，JS 电子也存在着巨额债务、周转困难、文化差异等并购的普遍问题。因此，在后续的跨国并购中，JS 电子的市场效应逐步递减，尤其是对德国 Quin 的并购，市场反应不理想。

（三）不同并购阶段的市场效应分析

1. 全球出口战略阶段的并购市场效应分析

在全球出口战略阶段，JS 电子主要进行了一次跨国并购，即并购德国普瑞。在事件日前，JS 电子有较长的停牌期，扣除停牌期及节假日后，该次并购的事件窗口期为 2011 年 12 月 28 日至 2012 年 4 月 11 日。JS 电子并购德国普瑞窗口期内超额收益率和累计超额收益率计算结果见表 7-18，相应的变化趋势见图 7-11。

2012 年的并购德国普瑞是 JS 电子第一次战略转型的并购，在并购发生之前，根据上表 7-18 和图 7-11 所示，超额收益率与累计超额收益率均在 0 上下浮动，趋势相对稳定。在并购发生日前一日起，直到并购消息公布当天，投资者情绪集中爆发，超额收益率和累计超额收益率大幅上升，尽管在

表 7-18　JS 电子并购德国普瑞窗口期内 AR 和 CAR 计算结果

交易日	AR	CAR	交易日	AR	CAR
−20	−0.019 2	−0.019 2	−7	−0.014 5	−0.032 9
−19	0.048 8	0.029 6	−6	0.037 4	0.004 5
−18	0.025 7	0.055 3	−5	0.027 9	0.032 4
−17	−0.030 1	0.025 2	−4	−0.001 1	0.031 2
−16	−0.020 4	0.004 8	−3	0.021 4	0.052 7
−15	0.010 6	0.015 4	−2	0.007 1	0.059 7
−14	0.008 2	0.023 6	−1	−0.017 2	0.042 6
−13	−0.003 9	0.019 7	0	0.095 6	0.138 2
−12	−0.007 0	0.012 7	1	0.082 6	0.220 8
−11	−0.003 3	0.009 4	2	0.001 1	0.221 9
−10	−0.015 8	−0.006 4	3	0.014 0	0.235 9
−9	−0.007 7	−0.014 1	4	−0.030 6	0.205 3
−8	−0.004 3	−0.018 4	5	0.099 0	0.304 3

资料来源：根据巨潮资讯网计算得出。

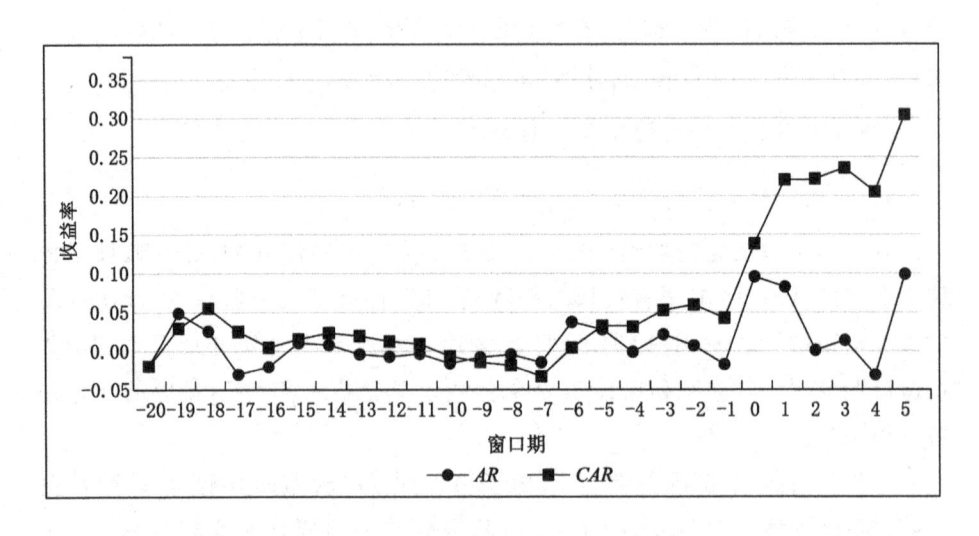

图 7-11　JS 电子并购德国普瑞窗口期内 AR 和 CAR 变化趋势图

公告发布后的1~4天内,超额收益率有所下降,但这一趋势在第5天被打破,累计超额收益率也达到新高。从整体来看,公告前的超额收益率普遍低于公告后的超额收益率,说明此次并购给JS电子带来了影响。公告后的累计超额收益率呈上升趋势,说明市场投资者对于此次并购非常认可,一定程度上增加了股东财富,也提高了企业市值。因此,在短期内,JS电子并购德国普瑞实现了价值创造和高质量发展。

2. 全球细分市场战略阶段的并购市场效应分析

在全球细分市场战略阶段,JS电子并购了德国三家企业,分别是德国Innoventis、德国IMA、德国Quin。

(1) 并购德国Innoventis市场效应分析

JS电子2013年并购了德国Innoventis,该并购事件的事件日为2013年8月21日,确定的事件窗口期为2013年7月24日至2013年8月28日。JS电子并购德国Innoventis窗口期内超额收益率和累计超额收益率计算结果见表7-19,相应的变化趋势见图7-12。

表7-19　JS电子并购德国Innoventis窗口期内 AR 和 CAR 计算结果

交易日	AR	CAR	交易日	AR	CAR
−20	0.050 6	0.050 6	−7	−0.020 0	0.089 5
−19	0.012 2	0.062 8	−6	−0.004 9	0.084 6
−18	0.018 1	0.081 0	−5	0.006 7	0.091 4
−17	−0.024 8	0.056 2	−4	−0.022 9	0.068 4
−16	0.016 4	0.072 5	−3	−0.022 2	0.046 2
−15	−0.021 9	0.050 6	−2	0.015 0	0.061 3
−14	−0.000 1	0.050 5	−1	−0.001 8	0.059 5
−13	0.040 0	0.090 6	0	0.045 1	0.104 6
−12	0.040 9	0.131 5	1	0.020 3	0.124 8
−11	0.002 1	0.133 6	2	−0.021 4	0.103 5
−10	0.044 4	0.178 0	3	−0.009 2	0.094 3
−9	−0.019 1	0.158 9	4	−0.015 7	0.078 6
−8	−0.049 4	0.109 5	5	−0.034 2	0.044 4

资料来源:根据巨潮资讯网计算得出。

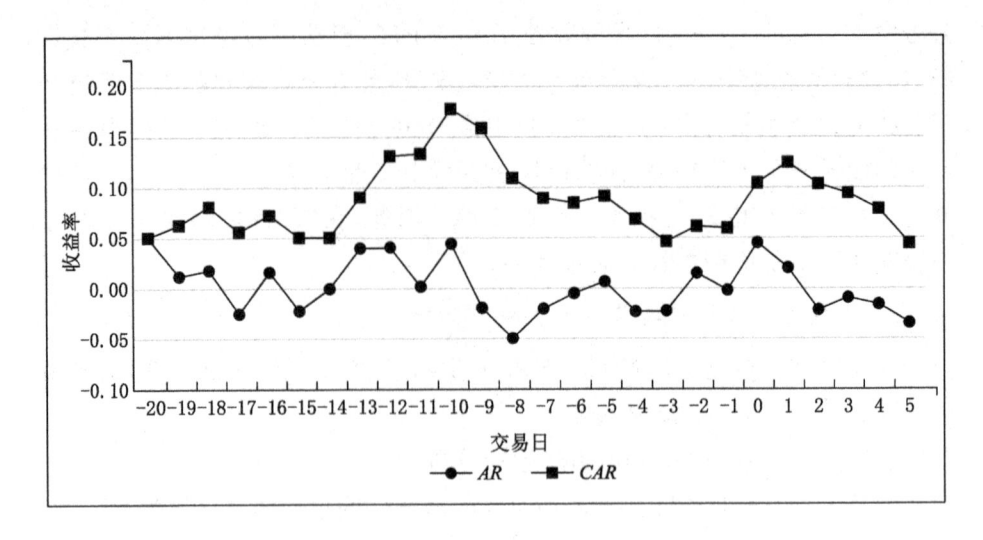

图 7-12　JS 电子并购德国 Innoventis 窗口期内 AR 和 CAR 变化趋势

由表 7-19 和图 7-12 可知，JS 电子的超额收益率在并购公告日前在 0 上下浮动并且呈波浪式前进趋势，而累计超额收益率在整个窗口期内基本上高于 0.05。在公告日当天，超额收益率与累计超额收益率有小幅上升，说明此次并购对股价有一定的影响。随着市场投资者趋于理智，超额收益率逐渐下降，而累计超额收益率也回落到 0.05 左右，利好消息持续时间较为短暂，这可能是因为德国 Innoventis 规模较小，知名度不高。对于 JS 电子来说，尽管此次并购增强了其在汽车电子软件开发方面的实力，但是未充分吸引消费者眼球，市场反响较小。

(2) 并购德国 IMA 市场效应分析

2014 年，JS 电子并购了德国 IMA，标志着 JS 电子开始了工业机器人集成和自动化领域的布局。此次并购的事件日为 2014 年 6 月 19 日，确定的事件窗口期为 2014 年 5 月 21 日至 2014 年 6 月 26 日。JS 电子并购德国 IMA 窗口期内超额收益率和累计超额收益率计算结果见表 7-20，相应的变化趋势见图 7-13。

从表 7-20 和图 7-13 可以看出，JS 电子的超额收益率波动幅度较小，在窗口期内维持在 −0.05～0.05。累计超额收益率波动幅度较大，在并购公告日前 8 天开始呈持续平稳上升趋势，直到窗口期结束依然保持高位。这说明市场投资者对 JS 电子并购德国 IMA 非常看好，对未来发展持积极的

表 7-20 JS 电子并购德国 IMA 窗口期内 AR 和 CAR 计算结果

交易日	AR	CAR	交易日	AR	CAR
−20	0.002 1	0.002 1	−7	0.028 5	−0.019 5
−19	−0.006 8	−0.004 7	−6	0.021 2	0.001 7
−18	0.015 7	0.011 1	−5	0.004 3	0.005 9
−17	0.021 5	0.032 6	−4	0.036 2	0.042 1
−16	−0.009 6	0.023 0	−3	0.044 2	0.086 3
−15	0.006 4	0.029 4	−2	−0.011 0	0.075 3
−14	−0.004 0	0.025 4	−1	0.018 2	0.093 5
−13	0.005 9	0.031 3	0	0.031 4	0.124 9
−12	−0.043 5	−0.012 2	1	0.042 4	0.167 2
−11	−0.036 7	−0.048 9	2	−0.000 8	0.166 4
−10	0.014 0	−0.034 9	3	0.006 5	0.172 9
−9	0.001 2	−0.033 8	4	−0.029 0	0.143 9
−8	−0.014 3	−0.048 1	5	0.004 5	0.148 4

资料来源:根据巨潮资讯网计算得出。

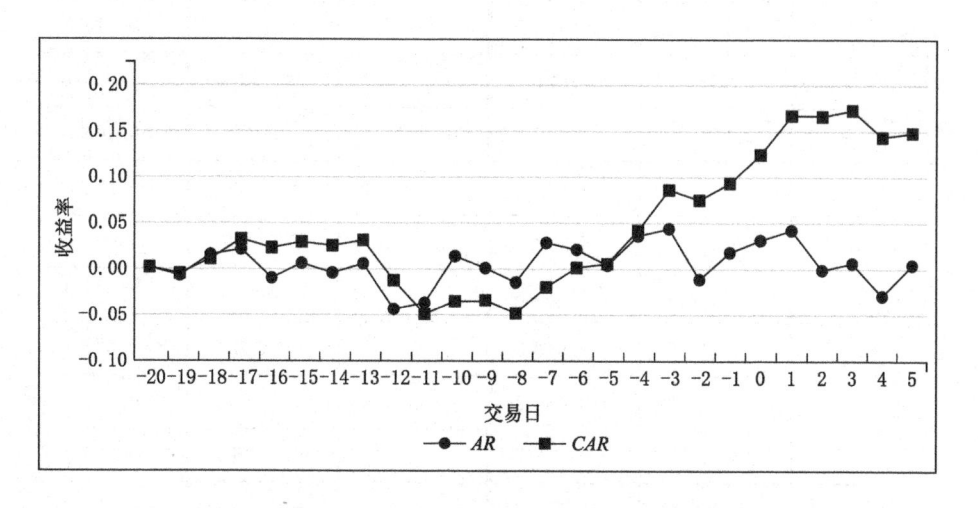

图 7-13 JS 电子并购德国 IMA 窗口期内 AR 和 CAR 变化趋势图

态度,能够为JS电子带来短期的正向财富效应。但是,在公告披露前8天内,累计超额收益率维持在一个稳步上升的水平,直到公告日后趋于平稳并略微下降;在公告的前8天,超额收益率基本上为正值,反而在公告日起后两日开始小于0,推测JS电子的并购消息可能提前泄露,应注意信息保密,加强信息管理,防止保密工作不到位带来的不良后果。

(3) 并购德国Quin市场效应分析

时隔半年,JS电子宣告并购德国Quin,于2014年12月15日发布公告。此次并购旨在剥离和淘汰自身低端产品,实现功能件业务高端化,由于在公告当天以及之前数天JS电子处于停牌期,将事件日确定为2014年12月16日,事件窗口期确定为2014年10月17日至2014年12月23日。JS电子并购德国Quin窗口期内超额收益率和累计超额收益率计算结果见表7-21,相应的变化趋势见图7-14。

表7-21　JS电子并购德国Quin窗口期内 AR 和 CAR 计算结果

交易日	AR	CAR	交易日	AR	CAR
−20	−0.030 7	−0.030 7	−7	−0.013 8	−0.054 7
−19	0.012 4	−0.018 3	−6	−0.017 4	−0.072 1
−18	−0.003 3	−0.021 6	−5	0.007 5	−0.064 6
−17	−0.018 1	−0.039 7	−4	−0.014 1	−0.078 7
−16	0.018 0	−0.021 7	−3	−0.020 4	−0.099 1
−15	0.014 2	−0.007 6	−2	−0.045 9	−0.145 0
−14	0.014 7	0.007 2	−1	−0.023 5	−0.168 5
−13	−0.011 0	−0.003 8	0	0.077 1	−0.091 4
−12	−0.006 0	−0.009 8	1	0.027 1	−0.064 3
−11	−0.009 7	−0.019 5	2	−0.023 5	−0.087 8
−10	−0.011 7	−0.031 2	3	−0.043 2	−0.131 1
−9	−0.027 5	−0.058 7	4	−0.106 2	−0.237 3
−8	0.017 8	−0.040 9	5	−0.034 9	−0.272 2

资料来源:根据巨潮资讯网计算得出。

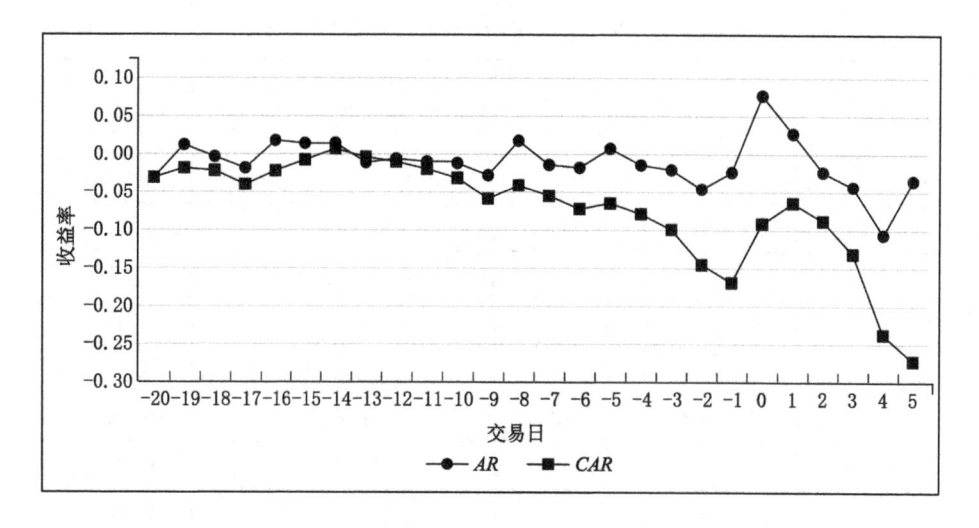

图 7-14　JS 电子并购德国 Quin 窗口期内 AR 和 CAR 变化趋势图

从表 7-21 和图 7-14 可知,在事件日前,超额收益率围绕 0 上下浮动,幅度较小;在事件日当天,超额收益率上升并达到峰值,后期呈下降趋势,说明 JS 电子事前不存在消息泄露。在窗口期内,累计超额收益率持续下降且出现负值,虽然在并购事件日当天有所上升,然而始终都小于 0,在事件日后下降幅度增大,市场反应趋于平淡。由此可见,市场投资者对 JS 电子并购德国 Quin 持消极态度,一方面是因为并购频繁,JS 电子面对较大的资金压力,另一方面说明短期内市场投资者对标的企业德国 Quin 并不认可。

3. 跨国竞争战略阶段的并购市场效应分析

在跨国竞争战略阶段,JS 电子先后进行了 6 次跨国技术并购活动,标的企业分别为德国 TS 德累斯顿、美国 EVANA、美国 KSS、奥地利 M&R、挪威 Epower、日本高田。由于 JS 电子对奥地利 M&R、挪威 Epower 的并购金额未披露,所以进行样本剔除,另外对美国 KSS、德国 TS 德累斯顿的并购公告日在同一天,所以综合看作一次并购。

(1) 并购美国 KSS、德国 TS 德累斯顿市场效应分析

2016 年 3 月 10 日,JS 电子首次披露并购美国 KSS 和德国 TS 德累斯顿。扣除停牌期和节假日,确定事件窗口期为 2015 年 9 月 30 日至 2016 年 3 月 17 日。JS 电子并购美国 KSS、德国 TS 德累斯顿窗口期内超额收益率和累计超额收益率计算结果见表 7-22,相应的变化趋势见图 7-15。

表 7-22　JS 电子并购美国 KSS、德国 TS 德累斯顿窗口期内 AR 和 CAR 计算结果

交易日	AR	CAR	交易日	AR	CAR
−20	0.027 0	0.027 0	−7	0.019 8	0.180 0
−19	0.029 4	0.056 4	−6	0.038 4	0.218 3
−18	0.016 8	0.073 2	−5	0.052 0	0.270 4
−17	0.052 7	0.125 8	−4	0.003 6	0.274 0
−16	−0.011 5	0.114 3	−3	−0.012 6	0.261 4
−15	−0.017 3	0.097 0	−2	−0.057 7	0.203 7
−14	0.076 8	0.173 8	−1	0.023 8	0.227 4
−13	−0.026 2	0.147 6	0	−0.079 6	0.147 8
−12	0.013 4	0.161 0	1	−0.005 9	0.141 9
−11	0.042 6	0.203 6	2	0.015 3	0.157 2
−10	−0.069 4	0.134 2	3	−0.043 9	0.113 4
−9	0.008 6	0.142 8	4	−0.060 9	0.052 4
−8	0.017 4	0.160 2	5	0.066 6	0.119 0

资料来源：根据巨潮资讯网计算得出。

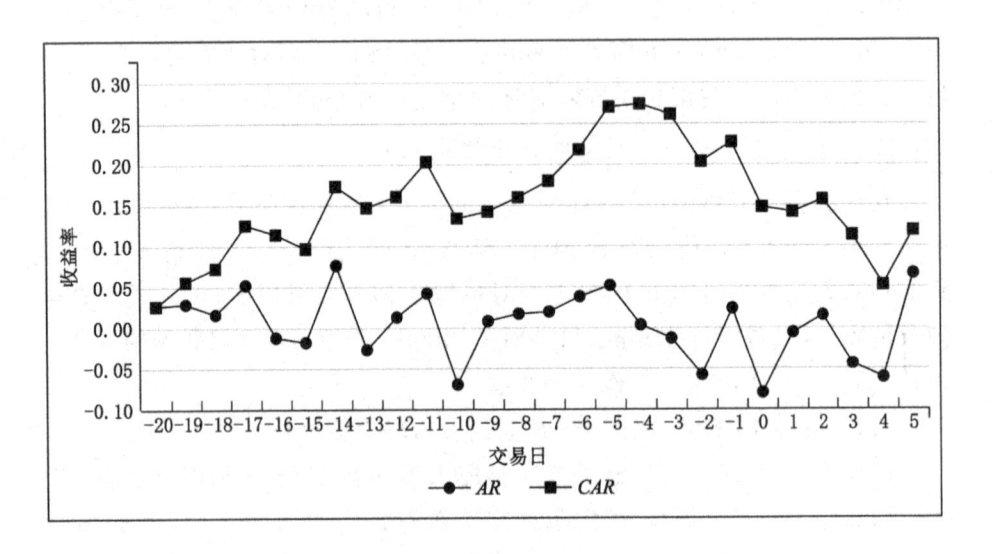

图 7-15　JS 电子并购美国 KSS、德国 TS 德累斯顿窗口期内 AR 和 CAR 变化趋势图

由表 7-22 和图 7-15 可知,在窗口期内,超额收益率的波动整体维持在 −0.08~0.08,在公告日小于 0,无明显上升,而累计超额收益率整体上呈先上升后下降的趋势,并且整个窗口期内的累计超额收益率都为正值。值得注意的是,在公告日前 9 天至前 5 天,超额收益率和累计超额收益率都呈上升趋势,在事件日前后却有所下滑,推测 JS 电子并购美国 KSS 和德国 TS 德累斯顿这一消息可能提前泄露。总体来看,市场投资者对此次并购是认可的,但是其产生的短期市场效应持续时间较短,未能给投资者带来财富积累。

(2) 并购美国 EVANA 市场效应分析

JS 电子并购美国 EVANA 是继并购德国 IMA 后对创新自动化业务的进一步深耕。2016 年 8 月 16 日,JS 电子公告了此次并购。事件窗口期确定为 2016 年 7 月 19 日至 2016 年 8 月 23 日。JS 电子并购美国 EVANA 窗口期内超额收益率和累计超额收益率计算结果见表 7-23,相应的变化趋势见图 7-16。

表 7-23　JS 电子并购美国 EVANA 窗口期内 AR 和 CAR 计算结果

交易日	AR	CAR	交易日	AR	CAR
−20	0.019 6	0.019 6	−7	−0.018 4	−0.076 8
−19	−0.002 2	0.017 4	−6	0.003 0	−0.073 7
−18	−0.013 6	0.003 9	−5	0.000 0	−0.073 7
−17	0.015 4	0.019 2	−4	0.005 2	−0.068 5
−16	0.003 8	0.023 1	−3	−0.022 3	−0.090 8
−15	0.016 7	0.039 7	−2	0.002 4	−0.088 3
−14	−0.049 5	−0.009 8	−1	0.007 6	−0.080 7
−13	−0.027 8	−0.037 6	0	0.010 6	−0.070 1
−12	0.004 1	−0.033 5	1	0.008 7	−0.078 8
−11	−0.030 3	−0.063 8	2	−0.002 9	−0.081 7
−10	−0.001 3	−0.065 1	3	−0.000 4	−0.082 1
−9	−0.005 1	−0.070 2	4	−0.016 5	−0.098 6
−8	0.011 8	−0.058 4	5	−0.000 4	−0.099 0

资料来源:根据巨潮资讯网计算得出。

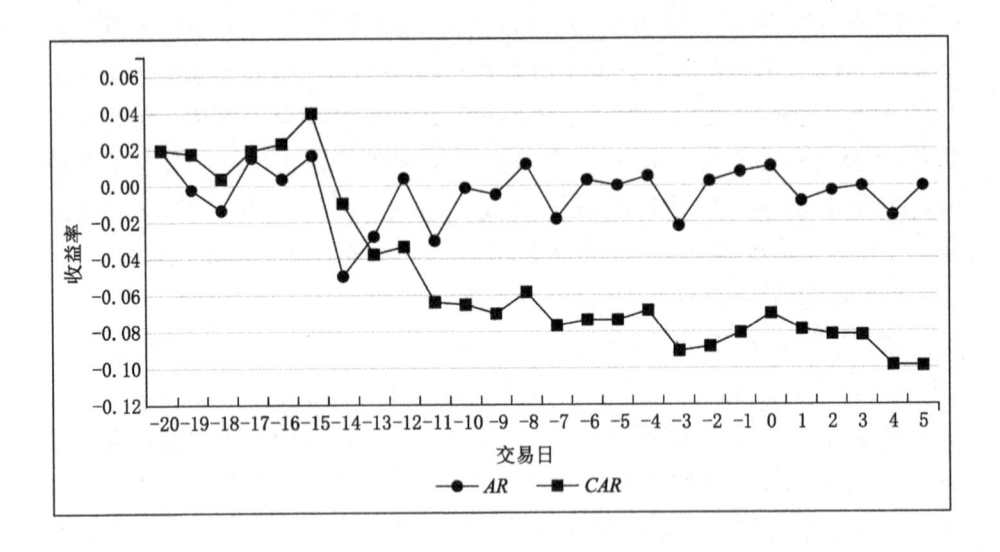

图 7-16　JS 电子并购美国 EVANA 窗口期内 AR 和 CAR 变化趋势图

由表 7-23 和图 7-16 可知,累计超额收益率呈下降趋势,并且在公告日前后为负值,说明市场投资者对 JS 电子并购美国 EVANA 反应比较消极。美国 EVANA 在工业机器人和自动化细分领域拥有先进技术,在中国却并不为投资者所熟知,尽管此次并购帮助 JS 电子的工业机器人和自动化业务打通了美国市场,但市场投资者对 JS 电子业务版图的进一步扩展信心不足。

（3）并购日本高田市场效应分析

JS 电子于 2017 年 11 月 11 日宣告并购日本高田资产,由于该日非交易日,所以确定事件日为 2017 年 11 月 13 日,确定事件窗口期为 2017 年 10 月 16 日至 2017 年 11 月 20 日。JS 电子并购日本高田窗口期内超额收益率和累计超额收益率计算结果见表 7-24,相应的变化趋势见图 7-17。

由表 7-24 和图 7-17 可知,事件窗口期内,超额收益率波动较为剧烈,但在多数交易日内,超额收益率仍为正数。而累计超额收益率整体呈上升趋势,尤其自事件日前 13 个交易日起,累计超额收益率一直波动上升,虽然在事件日后第 4 日有所下降,但是最后累计超额收益率维持在 0.060 1,没有出现负值。这说明市场对 JS 电子并购日本高田资产反应良好,股东对此次并购充满信心。此次并购是推进 JS 电子在汽车主被动安全领域发展的重

表 7-24 JS电子并购日本高田窗口期内 AR 和 CAR 计算结果

交易日	AR	CAR	交易日	AR	CAR
−20	−0.016 7	−0.016 7	−7	−0.002 7	0.054 4
−19	0.017 1	0.000 4	−6	0.003 9	0.058 3
−18	−0.031 4	−0.031 1	−5	0.046 6	0.104 9
−17	0.006 2	−0.024 8	−4	−0.012 4	0.092 5
−16	0.041 8	0.017 0	−3	−0.018 8	0.073 8
−15	−0.004 3	0.012 7	−2	0.041 0	0.114 8
−14	−0.024 0	−0.011 3	−1	0.001 5	0.116 2
−13	0.053 6	0.042 3	0	0.011 9	0.128 1
−12	0.005 9	0.048 3	1	−0.015 4	0.112 7
−11	0.018 1	0.066 4	2	0.005 7	0.118 4
−10	−0.010 1	0.056 3	3	0.004 1	0.122 5
−9	0.019 6	0.075 9	4	−0.036 0	0.086 5
−8	−0.018 9	0.057 1	5	−0.026 3	0.060 1

资料来源：根据巨潮资讯网计算得出。

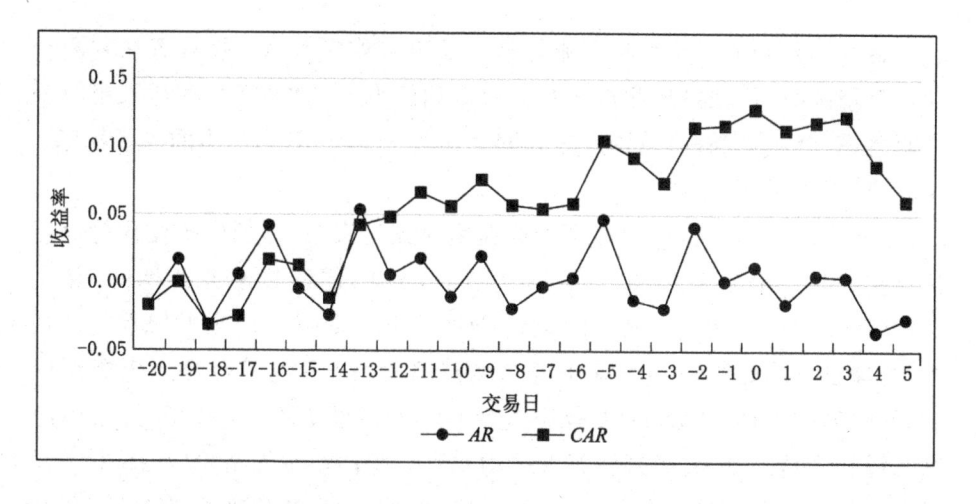

图 7-17 JS电子并购日本高田窗口期内 AR 和 CAR 变化趋势图

要一步,加之以往多次并购整合效果显著,投资者对JS电子的未来发展持正向态度。此次并购为JS电子创造了价值,推动了JS电子的高质量发展。

三、主成分分析法下不同并购阶段的长期绩效分析

针对JS电子的长期财务绩效进行分析时使用了主成分分析法,在选取相关财务指标时,主要从盈利能力、发展能力、偿债能力、营运能力等4个方面对JS电子跨国连续技术并购的绩效进行横向和纵向的对比分析;接着在财务指标分析的基础上,选取包括JS电子在内的26家汽车零部件行业上市公司,利用主成分分析法对JS电子跨国连续技术并购的长期绩效进行综合分析,进而综合评价JS电子跨国连续技术并购的高质量发展绩效。

(一)财务指标对比分析

考虑到JS电子2011年借壳上市,为避免其他因素影响,选取并购德国普瑞当年至并购日本高田后面3年的财务数据,即2012—2021年JS电子的财务数据作为研究对象,主要从盈利能力、发展能力、偿债能力、营运能力等4个方面对JS电子跨国连续技术并购前后的纵向变化进行分析,并结合行业平均水平进行横向对比分析,从而综合衡量JS电子长期财务绩效的变化。本章研究数据来源于企业年报以及CSMAR数据库。

1. 盈利能力分析

良好的盈利能力是维持企业经营和发展的重要保障。投资者在判断企业经营情况时,往往更加侧重于对企业盈利能力的评价,因此本章采用净资产收益率、营业毛利率、总资产净利润率作为JS电子盈利能力的衡量指标。

(1)净资产收益率

JS电子2012—2021年净资产收益率对比见表7-25,相应的变化趋势对比见图7-18。由表7-25和图7-18可知,在跨国连续技术并购期间,除了2016年和2017年外,JS电子的净资产收益率一直高于行业平均水平。其中,全球出口战略阶段和全球细分市场战略阶段,JS电子合理运用资源编排,并购德国普瑞、德国IMA等企业使得其产品线升级、业务拓展,从而净利润增加,净资产收益率超过行业平均水平。跨国竞争战略阶段,JS电子通过纵向相似性资源建构获得了美国KSS和德国TS德累斯顿的资源,通过横向相似性资源建构获取了日本高田的资产,产生了巨额管理费用、财务费

用,加上美国政府税改、整合墨西哥工厂等因素,导致净利润下降,同时企业又非公开发行股票,使得净资产大幅增加,从而导致其净资产收益率大幅下跌。但随着开拓式重组进行以及平台撬动资源的利用,JS电子自身业务不断发展,日本高田、JS安全的整合工作持续推进,使得其业绩提升,净利润大幅增加,2018—2019年的净资产收益率远高于行业平均水平。在连续技术并购后,受新冠疫情、大宗商品和全球运费价格的持续飙涨以及全球经济的滞涨等影响,JS电子对其商誉计提了巨额减值,导致净利润大幅下滑,净资产收益率下跌。从整体上看,JS电子在跨国连续技术并购期间的净资产收益率超过行业水准,运营效率较高,利用股东资本盈利的能力较强;在连续技术并购后的净资产收益率表现不佳。

表 7-25 JS电子 2012—2021 年净资产收益率对比表

年份	2012	2013	2014	2015	2016	2017	2018	2019	2020	2021
JS电子净资产收益率	12.98%	14.75%	14.54%	12.94%	7.58%	5.39%	13.34%	8.23%	1.11%	-24.97%
行业平均水平	7.93%	6.85%	7.43%	7.73%	8.72%	6.24%	4.45%	3.08%	3.87%	3.02%

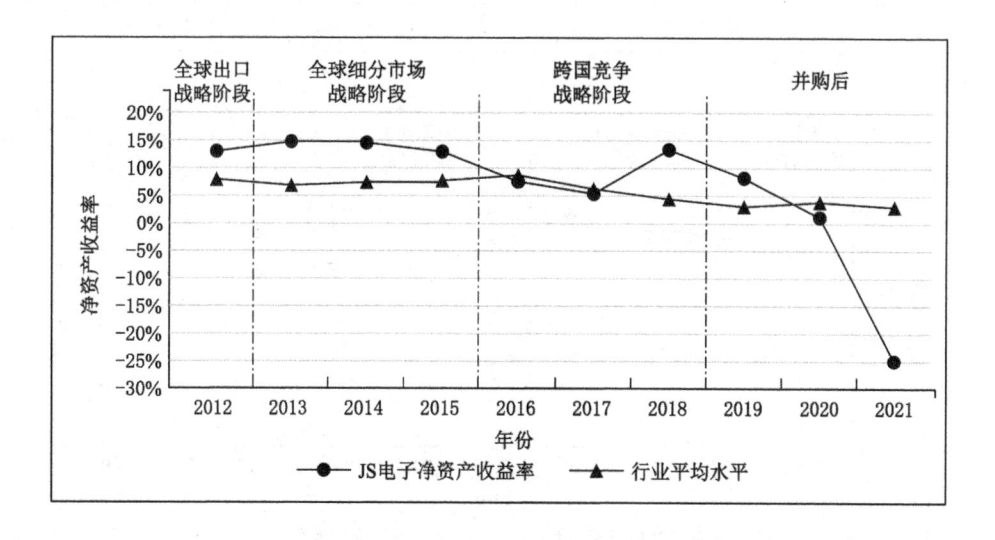

图 7-18 JS电子 2012—2021 年净资产收益率变化趋势对比图

(2) 营业毛利率

JS 电子 2012—2021 年营业毛利率对比见表 7-26,相应的变化趋势对比见图 7-19。由表 7-26 和图 7-19 可知,2012—2021 年 JS 电子整体营业毛利率的变化呈先上升后下降的趋势。全球出口战略阶段以及全球细分市场战略阶段,JS 电子的营业毛利率平稳上涨,至 2015 年达到最大,略超行业平均水平。跨国竞争战略阶段,毛利率水平下滑,这是因为 JS 电子对美国 KSS 实施资源编排的过程中,PCC 公司的业务并表使得原材料成本增加,美国 KSS 安全业务中新项目的量产爬坡导致毛利率水平降低,而随着日本高田资产的开拓式整合利用,JS 电子营业毛利率在 2018—2019 年也有所回升。在连续技术并购后,JS 电子由于实施新收入准则导致营业成本大幅增加,加上全球汽车供应链体系震荡导致上游原材料价格与运输费用上升,使得其毛利率依然低于行业平均毛利水平。这说明 JS 电子获取毛利的水平有待进一步提升。

表 7-26 JS 电子 2012—2021 年营业毛利率对比表

年份	2012	2013	2014	2015	2016	2017	2018	2019	2020	2021
JS 电子营业毛利率	17.68%	19.09%	19.57%	21.65%	18.85%	16.39%	17.00%	16.00%	13.31%	11.63%
行业平均水平	18.37%	19.57%	20.52%	20.63%	21.72%	20.59%	20.31%	19.74%	18.81%	17.77%

图 7-19 JS 电子 2012—2021 年营业毛利率变化趋势对比图

(3) 总资产净利润率

JS电子2012—2021年总资产净利润率对比见表7-27,相应的变化趋势对比见图7-20。由表7-27和图7-20可知,全球出口战略阶段以及全球细分市场战略阶段,JS电子的总资产净利润率均高于行业平均水平,在2014年度达到了5.82%,得益于资源合理编排,其净利润平稳增长。跨国竞争战略阶段,2016—2017年JS电子的总资产净利润率呈下降趋势。这是因为JS电子在此期间并购活动较为频繁,资源编排过程中不断推进新项目使得销售净利率水平降低,从而影响了总资产净利润率水平。随着开拓式重组不断深化,日本高田资源的整合利用程度加深,JS电子的总资产净利润率在2018年有明显回升。在连续技术并购后,国内汽车市场低迷、全球汽车产业链下行,加上2020—2021年的新冠疫情、芯片短缺以及计提巨额商誉减值等影响,JS电子总资产净利润率下跌幅度较大。从整体来看,在跨国连续技术并购期间,JS电子的总资产净利润率在行业平均水平附近波动,其中,2020—2021年与行业平均水平差距较大。

表7-27 JS电子2012—2021年总资产净利润率对比表

年份	2012	2013	2014	2015	2016	2017	2018	2019	2020	2021
JS电子总资产净利润率	5.14%	5.50%	5.82%	4.72%	2.78%	2.05%	4.49%	2.50%	0.36%	−8.43%
行业平均水平	4.02%	4.37%	4.12%	4.13%	4.92%	4.10%	2.67%	1.56%	3.05%	2.62%

图7-20 JS电子2012—2021年总资产净利润率变化趋势对比图

综上所述,在全球出口战略阶段后期(2012年),JS电子的净资产收益率水平较高,营业毛利率与行业平均水准持平,总资产净利润率略高于行业平均水平;在全球细分市场战略阶段(2013—2015年),以上3个盈利能力指标各自表现与全球出口战略阶段的趋势一致;在跨国竞争战略阶段(2016—2018年),这3个盈利能力指标波动较大,前期出现低于行业平均水平的情况,后期有所回升;在连续技术并购后(2019—2021年),这3个盈利指标均呈下降趋势,与行业平均水平差距较大。总体来说,在跨国连续技术并购期间JS电子盈利能力略优于行业平均水平,连续技术并购后的盈利能力出现"反转",表现不佳。

2. 发展能力分析

发展能力是企业扩大自身实力的潜在能力。管理者不仅要关注企业的生产经营情况,更要关注企业的发展能力。因此,本章选取营业收入增长率和总资产增长率作为JS电子发展能力的衡量指标。

(1)营业收入增长率

JS电子2012—2021年营业收入增长率对比见表7-28,相应的变化趋势对比见图7-21。由表7-28和图7-21可知,全球出口战略阶段,JS电子的营业收入增长率达到了266.47%。这是因为德国普瑞的财务报表并入JS电子,使得其业绩有了较大提升。全球细分市场战略阶段,JS电子营业收入增长率变动幅度较小,并且基本与行业平均水平一致。跨国竞争战略阶段,JS电子的营业收入增长率变动幅度较大,其中,2016年纵向相似性资源建构获得的美国KSS与PCC并表使得整体营业收入增长了129.54%;2018年因对日本高田资产的开拓式整合后产能得到释放使得营业收入增长较大,达到了111.16%。在连续技术并购后,JS电子的营业收入增长率回落至行业平均水平附近。从整体来看,JS电子的营业收入增长率除2018年以外,其余年份基本与行业平均水平一致或者略低于行业平均水平,说明JS电子的业务规模不断扩张,经营状况良好,市场占有能力较强。

表7-28 JS电子2012—2021年营业收入增长率对比表

年份	2012	2013	2014	2015	2016	2017	2018	2019	2020	2021
JS电子营业收入增长率	266.47%	13.91%	15.95%	14.21%	129.54%	43.41%	111.16%	9.82%	−22.38%	−4.64%
行业平均水平	64.98%	13.65%	11.50%	16.27%	22.07%	47.92%	400.97%	8.53%	10.01%	21.52%

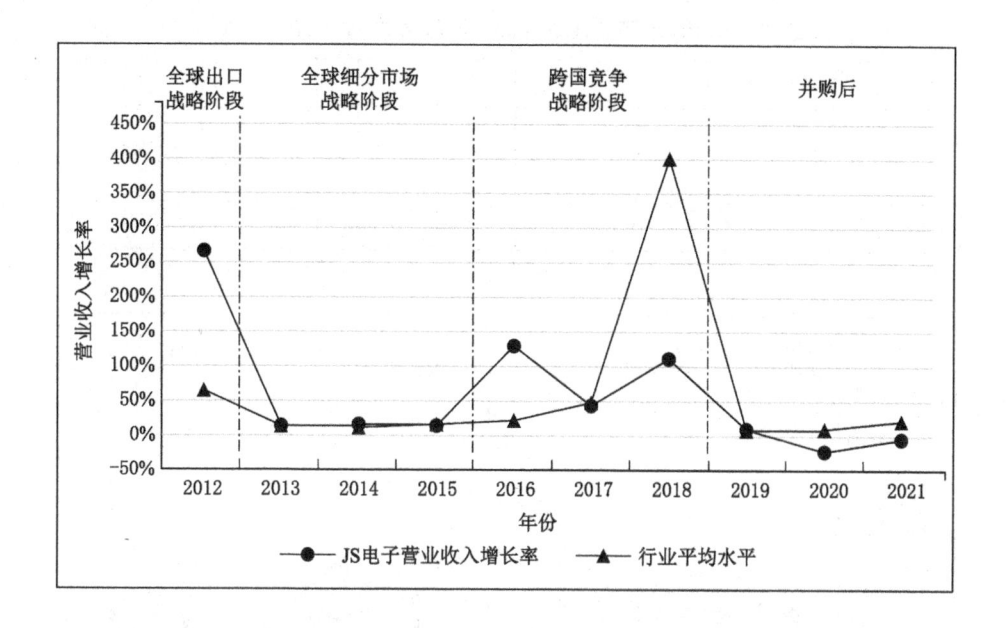

图 7-21　JS 电子 2012—2021 年营业收入增长率变化趋势对比图

(2) 总资产增长率

JS 电子 2012—2021 年总资产增长率对比见表 7-29，相应的变化趋势对比见图 7-22。由表 7-29 和图 7-22 可知，总资产增长率的行业平均水平趋势平稳，而 JS 电子的总资产增长率整体呈现三角形趋势。全球出口战略阶段，JS 电子的总资产增长率基本与行业平均水平持平。全球细分市场战略阶段，JS 电子通过跨部性资源建构获得了德国 Quin 等企业的资源，丰富化重组下其功能件产品逐渐高端化，总资产增长率提升明显。跨国竞争战略阶段，2016 年 JS 电子通过纵向相似性资源建构获得了美国 KSS 和德国 TS 德累斯顿的资源，因此总资产增长率大幅提升，达到 226.33%，远超行业平均水平；2017 年度因归还借款使得总资产增长率下降；2018 年度通过横向相似性资源建构日本高田的优质资产并进行整合，其总资产增长率达到 67.78%，是行业平均水平的 10.41 倍。在连续技术并购后，JS 电子因并购整合逐渐剥离了非核心业务，加强了营运管理，优化了资本结构，导致总资产增长率下降，略低于行业平均水平。总体来说，除 2016 年以外，JS 电子总资产增长率水平与行业相差较小，有一定的发展潜力。

表 7-29　JS 电子 2012—2021 年总资产增长率对比表

年份	2012	2013	2014	2015	2016	2017	2018	2019	2020	2021
JS电子总资产增长率	14.37%	11.08%	8.93%	82.28%	226.33%	−5.04%	67.78%	−4.04%	−1.16%	−8.78%
行业平均水平	11.07%	16.46%	24.84%	27.94%	21.44%	34.50%	6.51%	4.76%	6.63%	10.73%

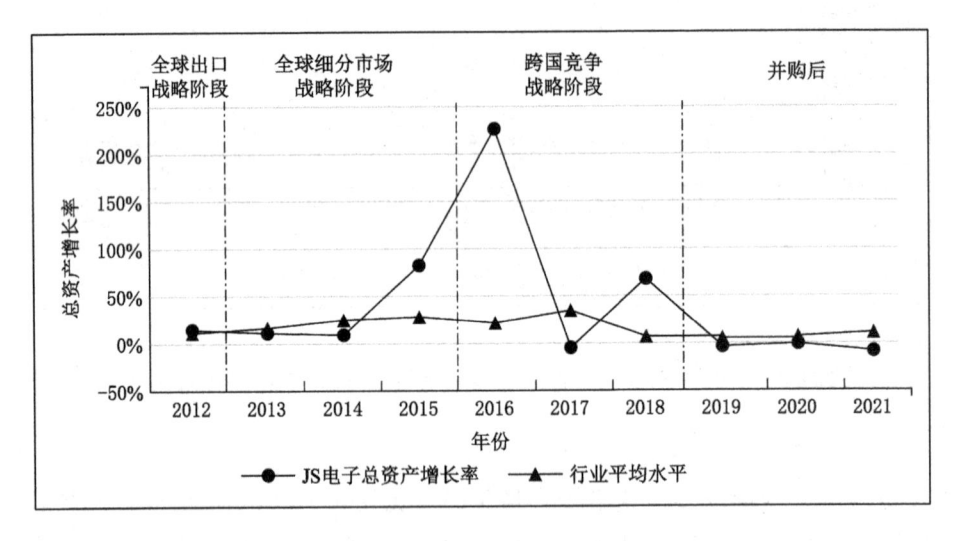

图 7-22　JS 电子 2012—2021 年总资产增长率变化趋势对比图

综上所述,在全球出口战略阶段后期(2012 年),JS 电子营业收入增长率远超行业平均水平,总资产增长率水平与行业平均水平持平;在全球细分市场战略阶段(2013—2015 年),JS 电子的营业收入增长率和总资产增长率在行业平均水平上下轻微波动;在跨国竞争战略阶段(2016—2018 年),前期以上这两个指标波动幅度较大,后期波动幅度降低,回落到行业平均水平附近;在连续技术并购后(2019—2021 年),这两个指标均略低于行业平均水平。总体来说,以上两个指标表现与行业平均水平差距较小,JS 电子的一系列跨国并购活动和整合措施有显著成效,业务规模增长迅速,资本利用效率较高,发展能力得到提升。

3. 偿债能力分析

偿债能力主要分为短期偿债能力和长期偿债能力。投资者可以通过偿债能力来判断企业财务状况与经营能力。因此,选取流动比率和资产负债率作为 JS 电子偿债能力的衡量指标。

(1) 流动比率

JS 电子 2012—2021 年流动比率对比见表 7-30,相应的变化趋势对比见图 7-23。由表 7-30 和图 7-23 可知,全球出口战略阶段以及全球细分市场战略阶段,JS 电子不断构建资源并合理编排,业务规模不断扩大,应收账款等流动资产随之增加,因此流动比率呈上升趋势。跨国竞争战略阶段,前期 JS 电子偿还了部分有息债务使得账面货币资金大幅减少,但后期由于对日本高田资产的编排整合,JS 电子流动比率先下降后又略微回升。在连续技术并购后,JS 电子加强了有息负债的全球筹划以及营运资金管理,优化了债务结构,改善了经营现金流,因此其流动比率有所上升。但是,由于行业平均水平的流动比率在 1.8 左右,而 JS 电子的流动比率水平始终处于行业平均水平以下,因此 JS 电子对短期债务的偿还存在一定压力,财务风险有待降低。

表 7-30　JS 电子 2012—2021 年流动比率对比表

年份	2012	2013	2014	2015	2016	2017	2018	2019	2020	2021
JS 电子流动比率	0.85	1.04	1.06	1.25	1.57	1.16	1.28	1.17	1.28	1.41
行业平均水平	1.87	1.80	1.61	1.77	1.75	1.88	2.09	2.15	2.01	1.89

图 7-23　JS 电子 2012—2021 年流动比率变化趋势对比图

(2) 资产负债率

JS电子2012—2021年资产负债率对比见表7-31,相应的变化趋势对比见图7-24。由表7-31和图7-24可知,在3个并购阶段内以及连续技术并购后,JS电子的资产负债率变动趋势较为平稳,除2018—2019年因并购日本高田产生较多借款而达到了69%以上,其余年份都维持在62%上下,说明JS电子的经营状况稳定,并购活动未显著影响其长期偿债能力以及资本结构。行业平均资产负债率水平的变动趋势也较为平稳,都维持在45%以上,最高达到49.42%。JS电子的资产负债率水平始终高出行业平均水平15%,其中,2018年度高出行业平均水平23.88%。这表明JS电子偿还长期债务的压力较大,财务风险较高,应继续优化债务结构,加强资金管理。

表7-31 JS电子2012—2021年资产负债率对比表

年份	2012	2013	2014	2015	2016	2017	2018	2019	2020	2021
JS电子资产负债率	65.14%	59.29%	60.54%	65.15%	62.82%	61.24%	69.35%	69.95%	65.40%	67.16%
行业平均水平	48.96%	48.23%	49.42%	46.35%	46.44%	47.03%	45.47%	47.81%	45.79%	47.17%

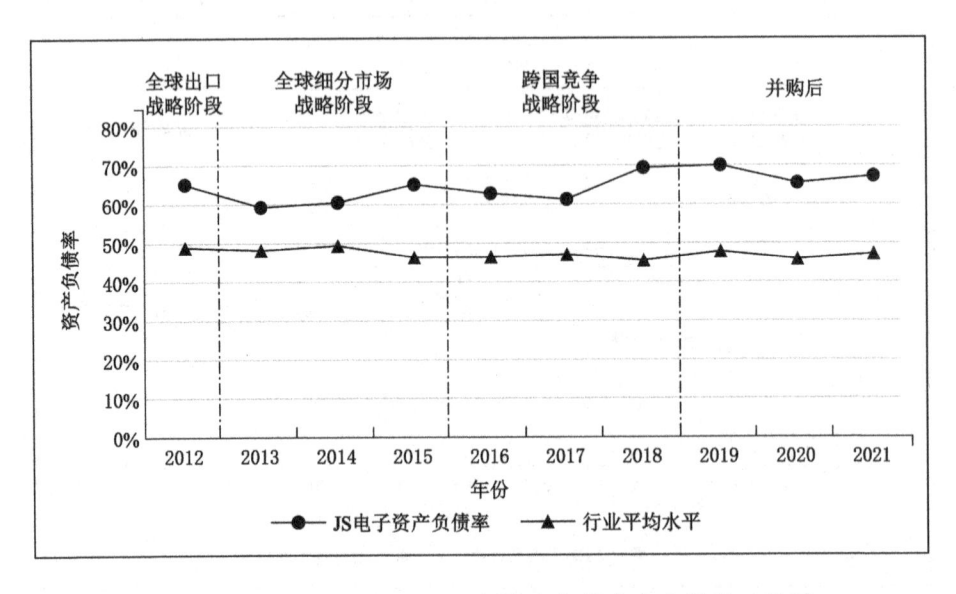

图7-24 JS电子2012—2021年资产负债率变化趋势对比图

综上所述,在3个并购阶段以及连续技术并购后,JS电子的流动比率和资产负债率均与行业平均水平有较大差距,其不能偿还到期债务的风险较大,因此需进一步加强有息负债的管理并采取降低库存水平等方式改善经营现金流,从而提高偿债能力。

4. 营运能力分析

营运能力也称经营能力,主要体现在与企业有关的固定资产及总资产周转的过程中。因此,本章选取存货周转率、固定资产周转率、总资产周转率作为JS电子营运能力的衡量指标。

(1) 存货周转率

JS电子2012—2021年存货周转率对比见表7-32,相应的变化趋势对比见图7-25。由表7-32和图7-25可知,JS电子的存货周转率在跨国连续技术并购期间呈波动上升趋势,在连续技术并购后呈下降趋势,但始终高于行业平均水平。其中,JS电子的存货周转率有两次较为明显的增长,均发生在跨国竞争战略阶段,分别是在2016年和2018年,最高达到了8.21,约为行业平均水平的1.4倍。在连续技术并购后,JS电子受全球汽车产业链下行、新冠疫情等因素影响导致存货周转率下降,但因其持续改进库存管理,仍然高于行业平均水平。由此来看,JS电子在连续技术并购的资源编排过程中,存货管理效率提高,流动性较好,领先行业平均水平。

表7-32 JS电子2012—2021年存货周转率对比表

年份	2012	2013	2014	2015	2016	2017	2018	2019	2020	2021
JS电子存货周转率	6.72	6.46	6.61	6.19	7.22	6.55	8.21	6.98	6.10	6.04
行业平均水平	5.68	6.07	6.33	6.32	6.47	6.60	5.88	5.49	5.27	5.53

(2) 固定资产周转率

JS电子2012—2021年固定资产周转率对比见表7-33和图7-26。由表7-33和图7-26可知,3个并购阶段内以及连续技术并购后,行业平均的固定资产周转率水平波动幅度较小,JS电子的固定资产周转率整体呈上升趋势,并于2016年度首次超越行业平均水平。其中,跨国竞争战略阶段,JS电子固定资产周转率增长较大,这是因为横向构建日本高田资产以及开拓式的整合推进

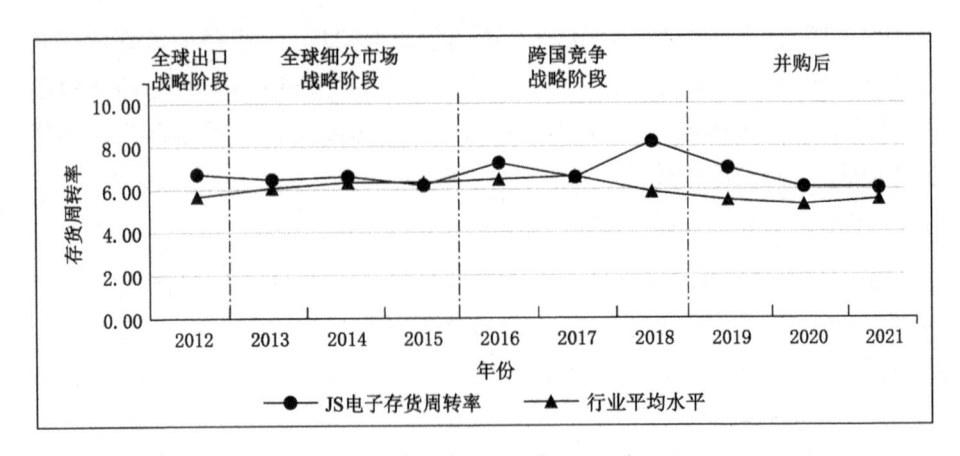

图 7-25　JS 电子 2012—2021 年存货周转率变化趋势对比图

使得对应产能释放从而营业收入增长较大。在连续技术并购后，JS 电子的营业收入整体下滑导致固定资产周转率下降，但仍与行业平均水平持平。总体来看，随着 JS 电子跨国连续技术并购固定资产的不断增加，其收入增长与固定资产的增长相匹配，并购后的资源编排整合能力较强，资源利用效率较高。

表 7-33　JS 电子 2012—2021 年固定资产周转率对比表

年份	2012	2013	2014	2015	2016	2017	2018	2019	2020	2021
JS 电子固定资产周转率	2.77	3.03	3.41	3.53	4.62	4.49	5.88	4.79	3.92	4.08
行业平均水平	4.88	4.49	4.89	3.91	3.99	4.24	3.90	3.84	4.03	4.05

（3）总资产周转率

JS 电子 2012—2021 年总资产周转率对比见表 7-34，相应的变化趋势对比见图 7-27。由表 7-34 和图 7-27 可知，全球出口战略阶段以及全球细分市场战略阶段，JS 电子的总资产周转率维持在 1.1~1.2，超过行业平均水平。跨国竞争战略阶段，JS 电子的总资产周转率呈先下降后上升趋势，至 2018 年其总资产周转率达到了 1.19，远高于行业平均水平。在连续技术并购后，JS 电子的总资产周转率分别为 1.06、0.85、0.85，依然高于行业平均水平。总体来说，JS 电子的总资产周转率领先行业平均水平，说明 JS 电子对并购获得的资源能够有效编排和利用，资金的周转速度较快，投资效益较高。

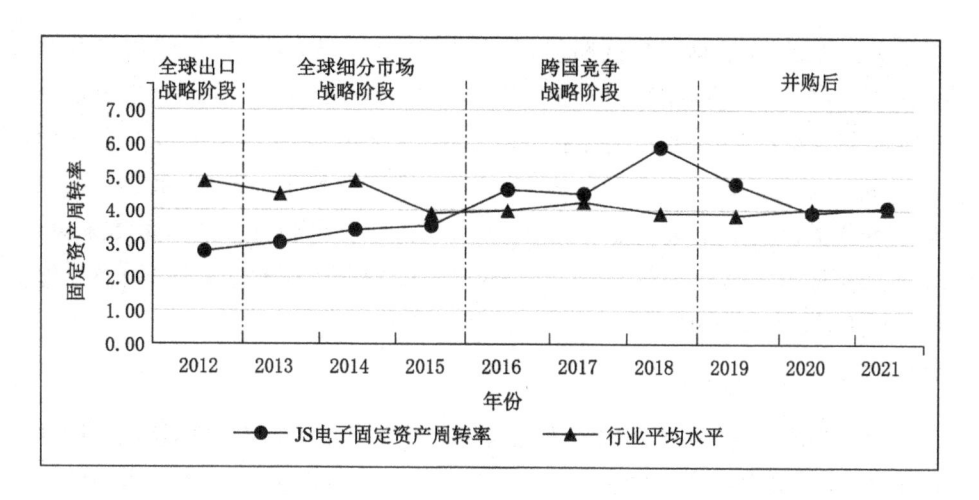

图 7-26　JS 电子 2012—2021 年固定资产周转率变化趋势对比图

表 7-34　JS 电子 2012—2021 年总资产周转率对比表

年份	2012	2013	2014	2015	2016	2017	2018	2019	2020	2021
JS电子总资产周转率	1.11	1.12	1.18	0.91	0.76	0.73	1.19	1.06	0.85	0.85
行业平均水平	0.83	0.81	0.77	0.70	0.71	0.71	0.66	0.65	0.66	0.69

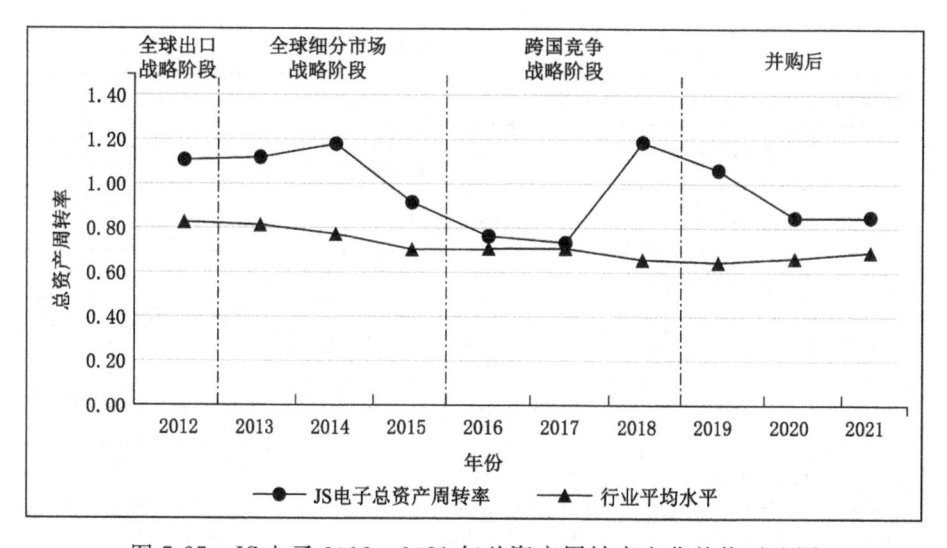

图 7-27　JS 电子 2012—2021 年总资产周转率变化趋势对比图

综上所述,在全球出口战略阶段后期(2012年)以及全球细分市场战略阶段(2013—2015年),JS电子的存货周转率略高于行业平均水平,固定资产周转率不断上升并且接近行业平均水平,总资产周转率高于行业平均水平;在跨国竞争战略阶段(2016—2018年)以及连续技术并购后(2019—2021年),JS电子以上三个营运能力指标表现均优于行业平均水平。总体来说,JS电子在跨国连续技术并购中,相关资产的配置和使用效率较高,资源能够充分利用,资产有较好的流动性,营运能力较强。

(二) 主成分综合分析

基于上述分析,本章选取了包括JS电子在内的26家汽车零部件行业上市公司,利用主成分分析法对JS电子2012—2021年跨国连续技术并购的长期绩效进行综合分析。本章数据来源于CSMAR数据库,使用的统计分析软件为SPSS 26.0和EXCEL。

1. 选取财务指标构建评价体系

借鉴先前学者们对构建财务指标评价体系的研究经验,结合JS电子所在的行业特征以及并购特点,分别从盈利能力、发展能力、偿债能力、营运能力等4个方面选取了10项财务指标,构建了JS电子跨国连续技术并购长期绩效的财务指标评价体系(见表7-35)。

表7-35 JS电子财务指标评价体系

指标类型	指标名称	变量名称	计算公式
盈利能力	净资产收益率	X_1	$\dfrac{净利润}{所有者权益合计平均余额}$
	营业毛利率	X_2	$\dfrac{营业毛利}{营业收入}$
	总资产净利润率	X_3	$\dfrac{净利润}{资产总计平均余额}$
发展能力	营业收入增长率	X_4	$\dfrac{营业收入增长额}{上年营业收入总额}$
	总资产增长率	X_5	$\dfrac{资产总计本期期末值-资产总计本期期初值}{资产总计本期期初值}$
偿债能力	流动比率	X_6	$\dfrac{流动资产}{流动负债}$
	资产负债率	X_7	$\dfrac{负债总额}{资产总额}$

表 7-35(续)

指标类型	指标名称	变量名称	计算公式
营运能力	存货周转率	X_8	$\dfrac{营业成本}{存货净额平均余额}$
	固定资产周转率	X_9	$\dfrac{营业收入}{固定资产净额平均余额}$
	总资产周转率	X_{10}	$\dfrac{营业收入}{资产总计平均余额}$

2. 主成分分析过程

(1) 样本选择

参照《申万行业分类标准 2021 版》,明确 JS 电子属于汽车零部件行业,剔除掉 ST 和*ST 以及财务数据披露不完整的企业,最终选取的同行业上市公司样本共 26 家。将样本数据与上述财务指标评价体系相结合,构成主成分分析依据。样本企业明细见表 7-36。

表 7-36 样本企业明细表

股票代码	企业简称	股票代码	企业简称	股票代码	企业简称
000338	潍柴动力	002363	隆基机械	300304	云意电气
000559	万向钱潮	002406	远东传动	600081	东风科技
000581	威孚高科	002434	万里扬	600148	长春一东
000700	模塑科技	002448	中原内配	600523	贵航股份
002048	宁波华翔	002454	松芝股份	600699	JS 电子
002085	万丰奥威	002510	天汽模	600741	华域汽车
002126	银轮股份	002662	京威股份	600742	一汽富维
002283	天润曲轴	002703	浙江世宝	601799	星宇股份
002284	亚太股份	300258	精锻科技		

资料来源:CSMAR 数据库。

(2) 原始数据的适用性检验

主成分分析法的适用性检验方法是 KMO 和 Bartlett 球形检验。通过利用 SPSS 26.0 软件,对标准化后的原始数据进行 KMO 和 Bartlett 球形检验,具体结果见表 7-37。

表 7-37 KMO 和 Bartlett 球形检验结果

KMO 取样适切性量数		0.708
Bartlett 球形检验	近似卡方	1 572.367
	自由度	45
	显著性	0.000

根据表 7-37,KMO 值为 0.708,大于 0.6,说明满足主成分分析条件,另外,Bartlett 球形检验的结果显示显著性为 0,小于 0.05,说明原始变量之间的相关系数矩阵并非单位矩阵。因此,选取的数据适用主成分分析。

(3) 主成分的提取

在遵循特征值大于 1 或累计方差贡献率达到 80% 原则的基础上,对选取的汽车零部件企业 10 项财务指标进行主成分的提取,具体结果见表 7-38。

表 7-38 总方差解释表

成分	初始特征值			提取载荷平方和		
	总计	方差百分比	累积	总计	方差百分比	累积
1	3.408	34.080%	33.080%	3.408	34.080%	33.080%
2	2.551	25.511%	59.591%	2.551	25.511%	59.591%
3	1.215	12.153%	71.745%	1.215	12.153%	71.745%
4	1.022	10.224%	81.969%	1.022	10.224%	81.969%
5	0.576	5.765%	87.734%	—	—	—
6	0.368	3.681%	91.415%	—	—	—
7	0.345	3.453%	94.868%	—	—	—
8	0.289	2.894%	97.762%	—	—	—
9	0.170	1.701%	99.464%	—	—	—
10	0.054	0.536%	100.000%	—	—	—

根据表 7-38 可知，特征值大于 1 的主成分共有 4 项，分别为 3.408、2.551、1.215、1.022，解释了 81.969% 的原始数据，基本涵盖了汽车零部件企业 10 项财务指标的信息，说明这 4 个主成分可以代表原始数据进行财务绩效分析。

（4）主成分经济解释

进一步通过成分矩阵确定上述 4 项主成分在各项财务指标上的载荷系数，进而对主成分进行经济解释。主成分矩阵见表 7-39。

表 7-39　主成分矩阵

指标	主成分 1	主成分 2	主成分 3	主成分 4
净资产收益率（X_1）	0.629	0.629	0.045	0.395
营业毛利率（X_2）	−0.550	0.649	0.110	0.286
总资产净利润率（X_3）	0.426	0.793	−0.029	0.376
营业收入增长率（X_4）	0.255	0.333	0.660	−0.382
总资产增长率（X_5）	0.209	0.532	0.411	−0.458
流动比率（X_6）	0.279	−0.583	0.506	0.406
资产负债率（X_7）	0.412	−0.591	0.440	0.263
存货周转率（X_8）	0.785	−0.090	−0.293	−0.207
固定资产周转率（X_9）	0.858	0.011	−0.206	−0.027
总资产周转率（X_{10}）	0.907	−0.117	−0.138	−0.103

根据表 7-39 可知，在主成分 1 上，存货周转率、固定资产周转率、总资产周转率的载荷系数绝对值较大，故主成分 1 主要反映营运能力；在主成分 2 上，净资产收益率、营业毛利率、总资产净利润率的载荷系数绝对值较大，故主成分 2 主要反映盈利能力；在主成分 3 上，营业收入增长率的载荷系数绝对值较大，故主成分 3 主要反映发展能力；在主成分 4 上，总资产增长率、流动比率的载荷系数绝对值较大，故主成分 4 主要反映发展能力、偿债能力。

（5）主成分得分的计算

主成分得分系数矩阵见表 7-40。

表 7-40 主成分得分系数矩阵

指标	主成分 1	主成分 2	主成分 3	主成分 4
净资产收益率(X_1)	0.185	0.247	0.037	0.386
营业毛利率(X_2)	−0.161	0.254	0.090	0.280
总资产净利润率(X_3)	0.125	0.311	−0.024	0.368
营业收入增长率(X_4)	0.075	0.131	0.543	−0.373
总资产增长率(X_5)	0.061	0.209	0.338	−0.448
流动比率(X_6)	0.082	−0.228	0.416	0.397
资产负债率(X_7)	0.121	−0.232	0.362	0.257
存货周转率(X_8)	0.230	−0.035	−0.241	−0.203
固定资产周转率(X_9)	0.252	0.004	−0.170	−0.027
总资产周转率(X_{10})	0.266	−0.046	−0.114	−0.101

根据表 7-40,得到各主成分(F)的计算公式:

$$F_1 = 0.185 \times X_1 - 0.161 \times X_2 + 0.125 \times X_3 + 0.075 \times X_4 + 0.061 \times X_5 + 0.082 \times X_6 + 0.121 \times X_7 + 0.230 \times X_8 + 0.252 \times X_9 + 0.266 \times X_{10}$$

$$F_2 = 0.247 \times X_1 + 0.254 \times X_2 + 0.311 \times X_3 + 0.131 \times X_4 + 0.209 \times X_5 - 0.228 \times X_6 - 0.232 \times X_7 - 0.035 \times X_8 + 0.004 \times X_9 - 0.046 \times X_{10}$$

$$F_3 = 0.037 \times X_1 + 0.090 \times X_2 - 0.024 \times X_3 + 0.543 \times X_4 + 0.338 \times X_5 + 0.416 \times X_6 + 0.362 \times X_7 - 0.241 \times X_8 - 0.170 \times X_9 - 0.114 \times X_{10}$$

$$F_4 = 0.386 \times X_1 + 0.280 \times X_2 + 0.368 \times X_3 - 0.373 \times X_4 - 0.448 \times X_5 + 0.397 \times X_6 + 0.257 \times X_7 - 0.203 \times X_8 - 0.027 \times X_9 - 0.101 \times X_{10}$$

根据各主成分在方差解释表中的方差贡献率,进一步得到财务绩效的综合计算公式:

$$F = 0.415\,77 \times F_1 + 0.311\,23 \times F_2 + 0.148\,26 \times F_3 + 0.124\,73 \times F_4$$

将经过标准化处理后的原始数据代入各个主成分得分公式，计算26家汽车零部件上市公司2012—2021年的各主成分得分和综合得分。

3. JS电子财务绩效综合分析

对计算出来的样本企业各年主成分得分结果进行整理，提取出综合得分排名中的行业中值和JS电子得分进行比较研究，进而对JS电子跨国连续技术并购案件进行财务绩效综合分析。

（1）主成分F_1得分分析

主成分F_1主要反映营运能力。JS电子2012—2021年F_1得分对比见表7-41，相应的变化趋势对比见图7-28。由表7-41和图7-28知，在全球出口战略阶段后期(2012年)，JS电子F_1得分处于较高水平，得分为1.234 63，而此时行业中值得分仅为0.366 03。在全球细分市场战略阶段（2013—2015年），JS电子F_1得分变动较小，这是因为在此阶段JS电子主要通过业务撬动资源利用，着力于调整和升级产品业务线，开拓市场，营业收入稳步增长，营运能力较为稳定。在跨国竞争战略阶段（2016—2018年），JS电子F_1得分波动幅度较大，2016年达到了1.164 82，2017年跌落到0.212 93，2018年上升至1.411 97，再次达到新高。其中，2016年JS电子在汽车安全系统业务上进行了大规模的整合与投入，并且在汽车功能件业务上剥离了上海华德的低端业务，资产得以有效利用，因此营运能力得到提升；2017年因汽车安全系统业务新项目量产爬坡以及业务受主要客户增速放缓影响，业务量受阻，资产利用效率降低，营运能力下降；2018年JS电子顺利整合日本高田优质资产，产能释放，资产利用率高，营运能力得到提升。在连续技术并购后（2019—2021年），JS电子F_1得分呈下降趋势。JS电子2019年受国内外汽车市场下行影响，加上2020—2021年受全球新冠疫情等影响，营运能力降低。总体来看，JS电子的营运能力得分虽有起伏，但大多年度表现高于行业中值得分，因此JS电子的营运能力较为出色。

表7-41 JS电子2012—2021年F_1得分对比表

年份	2012	2013	2014	2015	2016	2017	2018	2019	2020	2021
JS电子	1.234 63	0.601 91	0.689 44	0.473 88	1.164 82	0.212 93	1.411 97	0.448 75	-0.089 53	-0.878 16
行业中值	0.366 03	-0.097 07	0.369 52	-0.141 31	-0.027 12	0.469 06	-0.213 95	-0.196 23	-0.110 59	-0.035 77

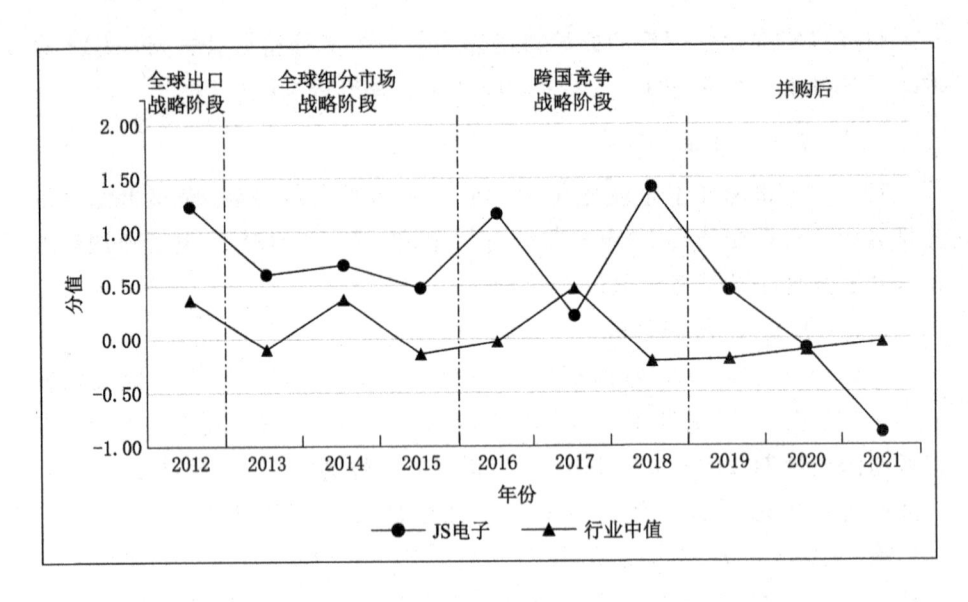

图 7-28　JS 电子 2012—2021 年 F_1 得分变化趋势对比图

(2) 主成分 F_2 得分分析

主成分 F_2 主要反映盈利能力。JS 电子 2012—2021 年 F_2 得分对比见表 7-42，相应的变化趋势对比见图 7-29。由表 7-42 和图 7-29 可知，在全球出口战略阶段后期（2012 年），JS 电子 F_2 得分为 1.214 97，高于行业中值得分。在全球细分市场战略阶段（2013—2015 年），JS 电子 F_2 盈利能力得分处于逐步上升趋势。这是因为 JS 电子的技术储备充足，有效控制产品成本，加上对德国 IMA 等企业的并购在相关领域提前布局，使得毛利率提升，盈利能力逐步增强。在跨国竞争战略阶段（2016—2018 年），JS 电子 F_2 得分波动幅度较大。其中，2016 年，JS 电子各项主营业务都保持着较高增速，同时对美国 KSS、PCC 的整合也使得盈利能力进一步提升；2017 年因主要客户增速放缓，毛利率水平波动，盈利能力降低；2018 年整合效果初显，汽车安全系统类产品销量提升，毛利率有所改善，整体盈利能力提升。在连续技术并购后（2019—2021 年），JS 电子的 F_2 得分呈下降趋势，其中 2019 年，JS 电子各业务积极扩张，投入较大，加之相关产品原材料价格上涨以及部分新项目处于爬坡阶段，影响了毛利率水平，盈利能力有所下降；2020 年和 2021 年，受新冠疫情、芯片短缺等影响，原材料成本上涨，JS 电子收入下降，并且 2021 年度计提了巨额商誉减值，进一步影响了盈利能力。整体来看，JS 电

子 F_2 得分与行业中值得分相比多处于劣势,应当进一步加强产品成本管理,盈利能力有待提升。

表 7-42 JS 电子 2012—2021 年 F_2 得分对比表

年份	2012	2013	2014	2015	2016	2017	2018	2019	2020	2021
JS 电子	1.214 97	−0.168 64	−0.128 92	0.559 42	1.921 57	−0.707 71	0.810 93	−0.623 29	−1.318 86	−2.783 83
行业中值	−0.781 30	0.358 23	−0.119 54	0.201 60	0.335 09	0.204 90	0.109 44	0.572 30	−0.587 80	−0.587 50

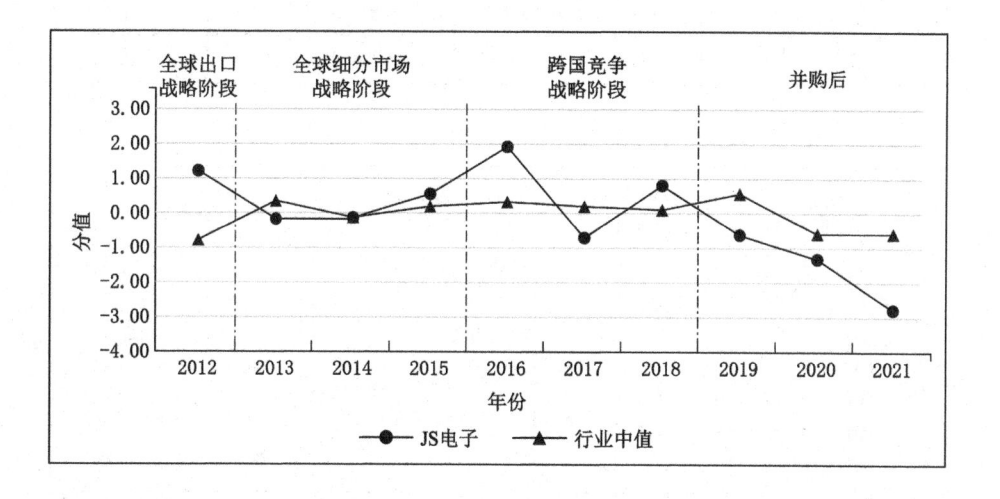

图 7-29 JS 电子 2012—2021 年 F_2 得分变化趋势对比图

(3) 主成分 F_3 得分分析

主成分 F_3 主要反映发展能力。JS 电子 2012—2021 年 F_3 得分对比见表 7-43,相应的变化趋势对比见图 7-30。由表 7-43 和图 7-30 可知,在全球出口战略阶段后期(2012 年),JS 电子 F_3 得分为 5.194 12,远高于行业中值得分,这主要得益于并购德国普瑞使其账面营业收入和资产大幅增加。在全球细分市场战略阶段(2013—2015 年),JS 电子 F_3 得分呈平稳上升趋势,这是因为此阶段 JS 电子抓住了行业发展趋势,满足市场需求,收入稳步增长。在跨国竞争战略阶段(2016—2018 年),JS 电子 F_3 得分变动幅度依然较大。其中,在 2016 年 F_3 得分达到了最大,为 5.502 38,主要是因为并购整合活动不断推进,各项业务高速增长,使得营业收入和总资产迅速增加;在

2017年因归还借款,使得总资产减少,发展能力降低;2018年克服外部不利因素,整合日本高田释放产能,营业收入快速增加,发展能力回升。在连续技术并购后(2019—2021年),JS电子因并购整合剥离了非核心业务,并且资本结构进一步优化,加上后期受全球新冠疫情、芯片短缺等影响,其营业收入和总资产增长放缓,发展能力降低。

表 7-43　JS电子 2012—2021 年 F_3 得分对比表

年份	2012	2013	2014	2015	2016	2017	2018	2019	2020	2021
JS电子	5.194 12	−0.032 05	−0.112 21	0.923 14	5.502 38	0.316 87	2.214 10	−0.867 32	−1.181 44	−1.027 59
行业中值	0.006 74	0.100 72	0.139 91	0.349 01	−0.139 01	0.442 98	0.111 02	−1.048 40	0.345 25	0.413 70

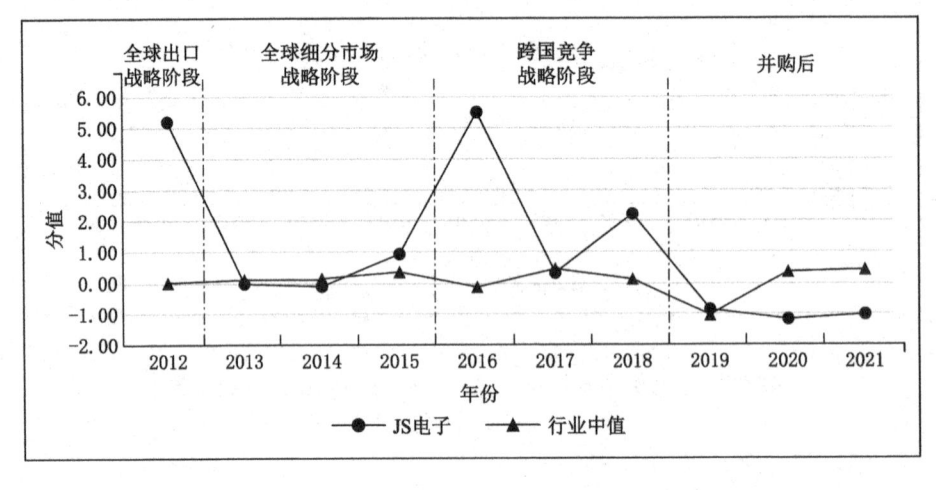

图 7-30　JS电子 2012—2021 年 F_3 得分变化趋势对比图

(4) 主成分 F_4 得分分析

主成分 F_4 主要反映偿债能力、发展能力。JS电子 2012—2021 年 F_4 得分对比见表 7-44,相应的变化趋势对比见图 7-31。由表 7-44 和图 7-31 可知,在全球出口战略阶段后期(2012年),JS电子 F_4 得分为 −4.062 16,落后于行业中值得分。在全球细分市场战略阶段(2013—2015年),JS电子 F_4 得分呈逐步下降趋势,这是因为随着并购次数增加以及整合活动推进,其营业收入增长的同时,资金需求越来越大,负债规模不断增加。在跨国竞争战略阶段(2016—2018年),JS电子F_4得分在2016年达到了最低点,仅为－6.065 45,后续有所回升。这是因为2016年度JS电子因业务需求,大幅增加了长短期贷款,而后随着JS电子不断加强有息负债的全球筹划以及营运资金管理,其债务结构得到优化,偿债能力有所改善。在连续技术并购后(2019—2021年),JS电子F_4得分呈下降趋势,但较2018年有所提升,这得益于其对负债结构的不断优化。整体来看,JS电子F_4得分始终低于行业中值得分水平,发展势头较好,但其偿债能力有待进一步提升。

表7-44 JS电子2012—2021年F_4得分对比表

年份	2012	2013	2014	2015	2016	2017	2018	2019	2020	2021
JS电子	－4.062 16	0.133 95	0.124 95	－1.265 50	－6.065 45	－0.759 55	－2.928 00	－0.467 56	－0.403 03	－2.614 25
行业中值	0.511 10	0.703 60	0.894 63	0.459 38	0.615 2 7	－0.567 20	1.101 29	－0.834 16	0.097 30	－0.352 89

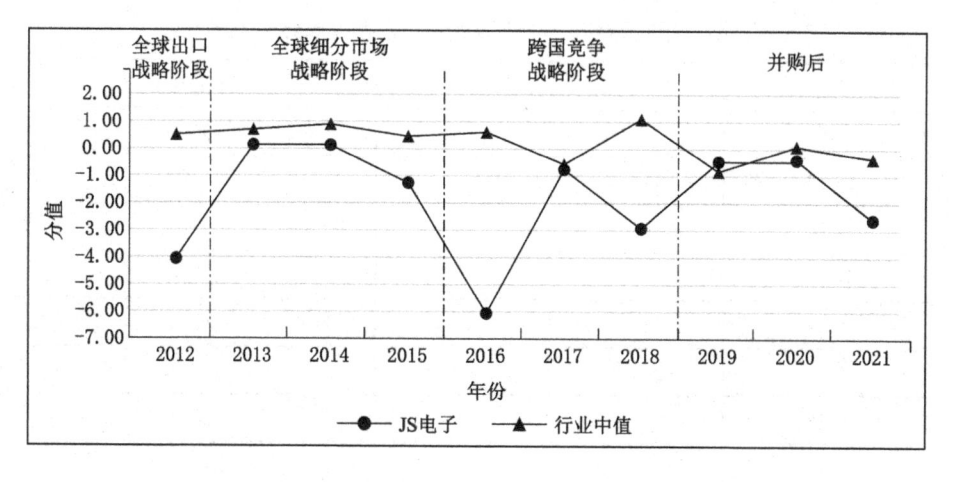

图7-31 JS电子2012—2021年F_4得分变化趋势对比图

(5) 综合得分分析

2012—2021年JS电子综合得分排名见表7-45。JS电子2012—2021年F得分对比见表7-46,相应的变化趋势对比见图7-32。根据表7-45、表7-46和图7-32可知,在全球出口战略阶段后期(2012年),JS电子并购德国普瑞以后,综合得分排名处于行业第1。在全球细分市场战略阶段(2013—2015年),JS电子相继并购了德国Innoventis、德国IMA和德国Quin,综合得分在2013—2014年与行业中值得分的差距较小,2015年与行业中值得分拉开差距,排名行业第5;在跨国竞争战略阶段(2016—2018年),JS电子综合得分波动较大,在2016年,JS电子并购了美国KSS、德国TS德累斯顿、美国EVANA,一系列并购以及后续整合活动使得其综合绩效大幅提升。2017年,JS电子并购了挪威Epower、奥地利M&R,并进一步整合美国KSS安全业务,大量新项目处于试生产阶段,综合绩效下滑,排名暂时落后。2018年,JS电子并购了日本高田并积极整合,发挥规模经济效益,综合得分大幅提升,远超行业中值得分,综合绩效处于行业前列。在连续技术并购后(2019—2021年),JS电子进一步推进整合工作,同时受到国内外汽车市场下行、新冠疫情等外部影响,综合得分有所下降。总体来说,JS电子的综合绩效随着整合活动的进展情况有所波动,在跨国连续技术并购期间综合绩效表现较好,但是在连续技术并购之后综合绩效表现下滑。

表 7-45 2012—2021 年 JS 电子综合得分排名

年份	JS 电子排名	百分比排名
2012	1	3.85%
2013	10	38.46%
2014	14	53.85%
2015	5	19.23%
2016	1	3.85%
2017	20	76.92%
2018	1	3.85%
2019	14	53.85%
2020	23	88.46%
2021	26	100.00%

表 7-46 JS 电子 2012—2021 年 F 得分对比表

年份	2012	2013	2014	2015	2016	2017	2018	2019	2020	2021
JS电子	1.154 86	0.209 73	0.245 47	0.350 15	1.141 59	-0.179 49	0.802 50	-0.194 32	-0.673 12	-1.709 95
行业中值	-0.026 23	0.173 82	0.248 76	0.113 03	0.149 15	0.253 72	0.098 93	-0.162 95	-0.165 60	-0.180 40

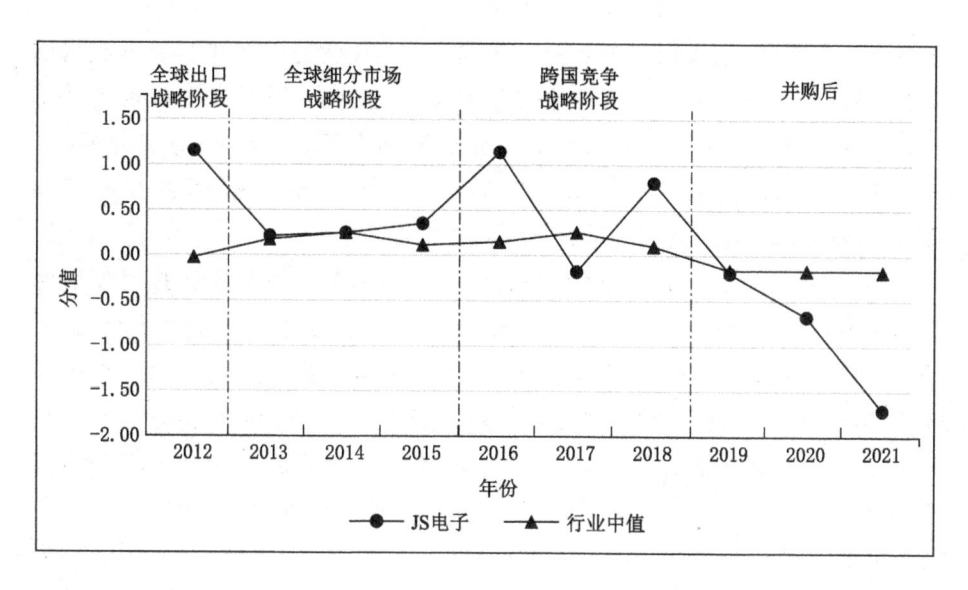

图 7-32　JS 电子 2012—2021 年 F 得分变化趋势对比图

四、JS 电子多模式跨国连续技术并购的绩效对比分析

通过定性与定量方法分析 JS 电子跨国连续技术并购中高质量发展成效,以考察 JS 电子在海外持续技术并购过程中创造出哪些价值,有没有增强投资的效果。以下分别从三个角度分析证明了 JS 电子在跨国连续技术并购之后整体价值确有增加,同时迈进高质量发展新阶段。

第一,从资源观角度,跨国连续技术并购使 JS 电子整体价值迅速提升,由于 JS 电子战略布局得当,又有被并方企业先进技术的助力,使连续技术并购取得的原有业务、客户市场等资源得以最大化利用,投资效果得到极大改善。布局优势业务加上先进技术做后盾,JS 电子业务规模不断扩大,市场占有率和企业研发创新能力持续加强。JS 电子不可忽视的雄厚实力,已被业界广泛接受,种种荣誉成就扑面而来,良好的声誉带来了企业高质量发展绩效的提升。

第二,从事件研究法下的市场效应角度,短期来说,总体上得到正向的高质量发展绩效。在全球出口战略阶段,JS 电子并购德国普瑞宣布当口,CAR 值有增加的趋势,表明资本市场在短期内对并购行为持较为乐观的态度。在全球细分市场战略阶段,各次并购表现不尽相同,并购德国

Innoventis、德国 IMA 时短期市场表现是正向的,但是存在并购消息泄露的问题,并购德国 Quin 时累计超额收益率呈下降趋势,说明市场投资者并不看好。在跨国竞争战略阶段,JS 电子并购美国 KSS、德国 TS 德累斯顿、日本高田时市场反应较为良好,但依然存在消息泄露问题,而在并购美国 EVANA 时市场上反应较为消极,投资者信息不足。

第三,从主成分分析法下的长期绩效角度,总体上有一定的提升发展绩效和企业价值成效。无论是财务指标上还是后续通过主成分的分析,分析结果大体是一致的。在全球出口战略阶段,跨国并购以及资源的合理编排使 JS 电子的营运能力、发展能力增长较为显著,盈利能力变化不大,并购也给企业带来了现金流不足,偿债能力下降等一系列难题。在全球细分市场战略阶段,随着并购次数的增加以及资源编排整合过程的持续推进,JS 电子的盈利能力增长缓慢,营业收入逐步增加,一定程度上缓解了偿债压力,但与行业竞争者相比,偿债能力、盈利能力仍然较弱,而其营运能力、发展能力变化较小。在跨国竞争战略阶段,JS 电子营运能力、盈利能力、偿债能力、发展能力等 4 个方面的能力变化都较为剧烈,总体上都有所提升,但是并购带来的资金压力依然较大,偿债能力较弱,同时受原材料成本上涨等因素影响,盈利能力并不突出;而在连续技术并购后的 3 年内,JS 电子的营运能力、盈利能力、偿债能力、发展能力均有不同程度的下降,一方面是受外部因素影响,另一方面则是长期累计的超额商誉对其经营绩效产生的"长期收益弱势",这也是企业合并中普遍存在的问题。

综上所述,JS 电子确实通过连续技术并购对资源的合理编排创造了较高的价值。连续技术并购以及资源的编排利用给 JS 电子带来的价值效应在市场、研发创新能力、行业地位等方面的反应更快更明显,市场效应短期内较为良好;长期绩效上在连续技术并购期间绩效表现良好,但在连续技术并购后表现不佳。

第八章 研究结论与政策建议

中国本土企业主导的跨国技术并购并未取得理想的绩效,一是由于企业对市场时机的敏感度和对外部环境变化的应对能力不强,二是在风险和挑战倍增之际,企业未能有效通过不同类型的技术链整合,实现高质量发展目标。为了提高中国本土企业跨国并购的成功率,需要充分发挥目标选择、计划制订和并购整合的协同作用,全力保障中国本土企业跨国并购提质增效。

第八章 研究结论与政策建议

第一节 研究结论

一、跨国择时并购通过发挥协同效应实现中国本土企业高质量发展

中国锂业公司在行业周期波动中表现出明显的择时并购行为。锂行业作为一个资源型行业,具有典型的周期波动性,这些波动主要由产业链上游原材料价格、下游产品需求、相关政策变动及资本市场表现所驱动。为了应对行业的周期波动,越来越多的锂业公司选择跨国并购扩大企业规模,稳定企业发展。锂业公司会把行业上行周期当作企业发展的好时机,进行更多的并购活动。反之,在行业下行周期会把更多的精力放在维持企业现有经营上,减少并购活动。这种择时并购行为显示了企业对市场时机的敏感度和对外部环境变化的应对能力。企业不仅要关注当前的市场状况,还需要对未来市场趋势进行预测和适应,这是实现高质量发展的关键之一。

两次跨国并购显著影响了天齐锂业的生产制造、管理和研发决策,展现了并购的协同效应。由于融资方式和市场时机的差异,这两次对产业链上游原材料供应商的并购在市场和财务绩效方面的表现大相径庭。在并购泰利森时,锂行业正处于行业上行周期起点,产品价格、下游需求紧接着开始大幅增长,泰利森拥有的优质矿产和先进生产技术,正巧帮助天齐锂业乘行业"春风"迅速发展,通过择时并购发挥了协同效应,助推本土企业高质量发展。而并购 SQM 时,锂行业正处于行业周期波动的最高点,SQM 的价值也是最高的,此时选择大笔举债并购就是"豪赌"一场,随即产品价格、下游需求开始大幅降低,SQM 拥有的庞大资产不仅没有给天齐锂业带来像并购泰利森那样预想的效益,反而成为沉重负担,危害了天齐锂业的正常经营。两次并购的对比发现,择时并购不仅能为企业带来协同效应,还能促进更先进和更优化的生产制造、管理和研发决策。然而,这种并购行为在市场绩效和财务绩效上的表现并非一成不变。不同的并购时机和融资方式对并购的成效有着显著影响。企业在作出跨国择时并购决策时,不仅要考虑当前的市场状况,还要考虑并购后的长期影响,这对于确保并购行为能够有效促进企业高质量发展至关重要。

二、跨国技术相似性并购筑牢中国本土企业竞争优势

中联重科通过技术相似性并购不断扩大企业规模,开拓国外市场,实现全球范围内的资源优化配置,在行业领先地位的竞争中获得了跨越式增长,成为中国工程机械国际化的先行者和领导者。同时,并购使得CIFA企业业绩同比增长近40%,在金融危机中实现了扭亏为盈,领先于欧美同行,走出了生产和盈利的困境。

中联重科在不同阶段采取不同的战略举措,获得了相应的实施成果。在嵌入性学习阶段实现了双方生产资源的"互联",将自身"嵌入"全球价值链高端环节;在平衡性杠杆阶段实现了合作意愿、资源整合、管理方式以及利益分配的平衡性和并购协同效应;在内生性学习阶段实现了生产制造能力、技术创新能力和品牌价值的稳步提升。这凸显了中联重科的品牌效应,为其持续进军海外市场提供了强有力保障。尽管中联重科的纵向整合绩效在不同阶段呈现出不同变化趋势,但在3L-3E分析框架下分阶段来看,企业的财务绩效整体呈现出持续增长趋势,市场绩效在回升中有所波动。

此外,中联重科在并购CIFA企业初期,就与其共同讨论企业的战略目标。虽然未能完全预料到后来的宏观经济下行和整合执行过程中的挑战,但双方协作制定的技术融合战略给企业整合提供了明确的方向,避免了后期可能更为高昂的业务冲突内耗,这为中联重科未来并购和整合提供了明确的方向。因此,国内类似的企业应该明确自己的价值链地位,判断并购对象的战略资源与自身是否匹配,调查对方的技术资源能否在国内转移和复制,调整全球化战略以适应新的商业环境。这有助于中国本土企业在全球市场上迈进中高端,有利于民族品牌"走出去、走进去、走上去"。

三、跨国技术互补性并购推动中国本土企业高质量发展

海信视像与东芝TVS有技术资源互补优势,技术资源的整合将弥补海信视像的技术缺陷,并完善了海信视像的全球化研究开发系统,使海信视像的研发水平得到了进一步的提升,并在技术领域保持领先地位。通过组织人才的整合,海信视像在企业内部建立了高效的团队协作和知识共享机制,加速了创新流程,提高了项目执行效率,同时促使员工积极参与创新活动。良好的人才整合策略使得企业能够灵活应对市场挑战,从而推动了整体研

发能力的提升。同时,市场资源的整合使得海信视像的产品在全球的影响力有了很大的提升,实现了与东芝TVS的品牌协同。并购后双方的客户资源得到整合,对市场的了解也更加全面,使得海信视像的研发更加有的放矢,市场导向更明确,产品的研发更符合消费者喜好。海信视像通过整合市场资源一方面实现了更广泛的市场渗透和产品推广,深入了解市场趋势和消费者需求,更准确地定位产品,并制定符合市场预期的销售战略。另一方面,根据用户需求,海信视像针对产品品质的特性进行优化,从而在产品开发和改进方面取得了显著进展,迅速适应不断演变的市场需求。此外,双方的品牌协同,还扩大了海信视像在世界范围内的影响力,让更多群体知晓海信视像的优秀,从而吸引更多消费者购买。

因此,跨国技术互补性并购可对并购双方的技术资源、人才资源和市场资源进行巧妙整合,成功推进企业的研发投资,为企业的创新力和竞争力注入新活力。这不仅提升了企业的研发能力和创新水平,而且市场资源的整合有助于提高产品的市场份额和知名度,从而为企业的财务绩效创造了有力支撑,使得企业在竞争激烈的市场中取得了更为可观的财务绩效,展现出了积极的战略决策和执行能力。这种综合性的并购结果为企业在不断变化的商业环境中保持竞争优势和高质量发展奠定了坚实的基础。

四、业绩承诺有效规避技术跨部性并购的潜在商誉减值风险

技术跨部性并购易导致高溢价并购交易,往往会导致被并购方产生巨额商誉,而商誉的减值可能会对本土企业的财务状况产生负面影响。此外,商誉减值还可能对企业的融资能力和信誉产生负面影响,从而制约企业未来投资和扩张计划的实施,限制企业高质量发展的空间。美的集团技术跨部性并购德国库卡旨在加强企业在全球市场的地位,并提升其在自动化领域的技术实力。此次并购,受商誉减值的影响,对企业的长期高质量发展产生了不利影响。但在复杂多变的并购环境中,合理的业绩承诺条款会为企业提供稳定的风险防范机制,从而保障交易的顺利进行。即使未能完成承诺,这些条款也会提供全面的补偿措施,以弥补潜在的商誉减值损失,从而保护并购方的利益。

业绩承诺不仅降低了技术跨部性并购商誉减值的潜在风险,还有助于减少信息不对称的风险,提高了交易的透明度和可预测性。在浙江富润的

借鉴案例中,业绩承诺的签订引发了市场积极反应,提升了企业的股价,为股价管理提供有力支持。这进一步证明了业绩承诺作为积极信号,对企业的短期股价和市场反应具有正向影响。这不仅有助于提高企业的市值,更为企业创造了更好的经营环境,有利于高质量发展的实现。

因此,设计合理的业绩承诺条款在技术跨部性并购交易中扮演着至关重要的角色。一是有助于降低商誉减值的潜在风险,保护主并方企业的利益;二是提高了交易的透明度和可预测性,使双方更能够合理估计并购的成本和风险,有利于双方作出明智的决策。此外,业绩承诺条款还可以作为积极信号,提升市场对企业的信心,进而推动股价上涨,为作为主并方的中国本土企业创造更有利的市场环境。在竞争激烈且充满风险的市场背景下,合理的业绩承诺将成为本土企业通过跨国并购实现高质量发展不可或缺的支持和保障。

五、多模式跨国连续技术并购通过资源编排助力高质量发展

本书并没有局限于连续技术并购行为本身,而是分别从编排过程与价值创造效果两个层面出发,对多模式连续技术并购进行资源编排流程分析,评析连续技术并购之后所产生的高质量发展效果。同时,本书以资源作为切入点,将资源置于企业可持续发展战略之中进行考量,并与并购活动相结合,试图对中国本土企业在连续技术并购活动中的投资策略进行评价,验证了"从资源编排视角,本土企业通过连续技术并购来实现高质量发展"的结论。

第一,衡量企业是否在并购过程中实现高质量发展不应仅仅聚焦于每次并购创造的价值之和,而应从整体的角度系统评估企业的连续技术并购表现。在周期性战略目标下,从资源编排过程与价值创造效果两个层面出发,企业通过连续技术并购产生价值投资效果,发挥不同类型并购所产生的资源间协同效应,从而在总体上实现高质量发展。由于中国本土的新兴企业普遍存在后发劣势,因此采取连续技术并购的方式就必然要经历一个"资源建构—资源重组—资源撬动"的过程。JS电子在全球出口战略阶段、全球细分市场战略阶段、跨国竞争战略阶段的技术并购整合活动,均符合资源编排演化的内在逻辑。

第二,企业连续技术并购的资源编排方式需要根据企业实际情况及外部市场环境不断更新与调整。随着环境的变化,企业的实力不断增长,例如JS电子整合策略经历了从稳定式重组、丰富化重组到开拓式重组的发展历程。资源编排的最后一环,即"资源撬动",是助推企业高质量发展和实现价值创造的关键,往往采用环境撬动、业务撬动和平台撬动这三种方式。JS电子在全球出口战略阶段,为尽快完成国内外战略布局,加快产业升级,并购获取与本企业以及地区不同的资源,受限于自身的技术与管理能力,资源整合策略倾向于保持并购资源的独立性、自主性,通过环境撬动资源利用,企业市值显著上升,利润水平上涨,创造了巨大价值;在全球细分市场战略阶段,JS电子在已经开拓的领域中并购获取不同行业的资源,资源整合策略具有补充性、协调性,通过业务撬动资源利用,产品盈利水平得到提高,股价也大幅上涨,从而实现价值创造;在跨国竞争战略阶段,JS电子采取横向资源建构和纵向资源建构相结合的方式获取资源,资源整合策略具有创新性,以往多次并购和内生发展搭建起系统性的平台,以统一的平台进行协同经营,实现高质量发展。

第三,JS电子跨国连续技术并购的高质量发展绩效研究结果证明了连续技术并购的确能带来价值的总体创造和高质量发展绩效的稳固提升。其中,连续技术并购带来的大量资源扩张了企业经营规模、增强了企业研发创新能力,改善了企业业务结构,使得高质量发展绩效的提升在这些非财务方面表现尤为明显。在并购市场效应方面,由于市场对新兴企业的连续技术并购过程更多持观望态度,连续技术并购产生的高质量发展绩效在市场效应方面表现并不突出。在并购的财务表现方面,企业的营运情况、发展能力明显向好,盈利能力并无显著提升。然而,企业在不断并购的同时,也在不断投入资金,企业的偿债能力面临巨大挑战,这是新兴企业在连续技术并购过程中遇到的一个常见的棘手问题。在连续技术并购后,JS电子的绩效表现下滑,一方面是受外部不利因素影响,另一方面则是由超额商誉引起的长期收益弱势效应。

第二节 政策建议

为了提高中国本土企业跨国并购的成功率,本章结合前文案例的研究结论,基于新时代中国本土企业迈向高质量发展的视角,提出"专注一个核心、瞄准两个方向、踏实三个步骤"的政策建议,以充分发挥目标选择、计划制订和并购整合在跨国并购中的协同作用,从而促进企业优质并购和实现高质量发展的目标。

一、专注一个核心:实现高质量跨国并购

为了寻找自身新的利润增长点,近年来国内企业的并购活动空前繁荣,跨国并购活动更是屡见不鲜。但是跨国并购不同于其他普通的规模扩张型并购,其专业性、系统性和复杂性带来了更为严峻的风险挑战。因此,本土企业跨国并购是一个以市场为背景、以多方企业为主体,涵盖多领域、多环节的复杂治理体系,必须以系统思维来构建和完善本土企业跨国并购流程,切实发挥跨国并购在提升企业高质量发展方面的关键作用。本土企业实施跨国并购可以扩大企业规模,弥补技术短板,提升整体绩效,掌握市场话语权,以最终实现企业的高质量发展。因此,要发挥本土企业跨国并购的积极作用,必须专注于实现高质量跨国并购这一核心,才能完成企业提质增效和高质量发展的战略目标。

二、瞄准两个方向:并购时机选择和技术链整合

(一)灵活设计并购时机选择机制

1. 及时观测经济状况和行业趋向

全球经济的整体表现和目标国家的内部经济环境均为影响跨国并购时机选择的关键因素,经济环境良好通常伴随着市场机会的扩大,企业能看到更多强劲的发展潜力。在这种情况下,它们可能会更有动力和信心进行跨国并购,以在新兴市场或增长行业中获取份额。考虑到宏观经济环境态势,在相对稳定和上行的经济区间,企业更有可能主动寻找跨国并购机会,以求在全球范围内拓展业务、增加市场份额,或者对接世界范围内的技术和资源。

特定行业的发展趋势会影响跨国并购活动的时机选择,当目标行业正经历良好发展势头时,企业可能更倾向于进行并购活动。尤其在竞争激烈、市场集中度高的行业,企业更可能通过并购来提高市场份额,巩固竞争地位,或者融入并结合为更大规模的实体以抗衡竞争对手。对于资源型企业

来说,由于自然资源天然具有稀缺性,企业的核心竞争力之一在于是否能够拥有和控制市场核心资源,而对自然资源的掌控通常伴随着激烈的竞争和"一家独大"现象,因此,竞争窗口期短暂的特点迫使资源型企业选择以并购形式进行规模扩张。

2. 建立定期的监管环境测评体系

法律和监管变化对跨国并购时机有着重要的影响,这些变化使得它们可以成为创造或阻碍企业选择并购时机的不确定性因素。面对新的法律合规要求,可能需要调整交易结构或战略计划。企业需要评估这些变化对并购活动的影响,以确保遵守当地法规。同时,目标国家或地区是否存在特殊的知识产权法规也常常获得技术密集型行业并购的高度关注。因此,企业应建立定期的监管环境测评体系,在进行跨国并购时密切关注目标国家或地区的监管和法规环境,定期进行尽职调查;与专业法务和合规专家合作,以确保对法律和监管风险的全面了解,把握住合规风口并及时进行相应调整,不应为了加快交易执行而牺牲稳妥的并购时机。

3. 强化并购流程的风险管控能力

在发起跨国并购之前,必须清楚了解并购的战略目标和目的,以增强规避并购流程中潜在风险的能力,洞察合情合理的并购时机。企业的专职并购团队应充分了解并购对象的战略、目标和优劣势,并购伊始双方就可以培养信任并建立伙伴关系。例如,若企业希望通过并购扩充其市场份额或获得特定技术支持,该项并购就需要考虑到国内外监管机构层层审批所需的时间,并在某些交易步骤采用与潜在竞争对手提前进行的方式。被并方企业的组织、文化、人事与激励机制等"软性"要素同样值得高度关注,明确阐明双方需要弥合的重要差异,也有助于为成功整合做好准备。主并方企业应确保并购与自身整体业务战略保持一致,并制订一个包括评估被并方企业的产品、服务和运营将如何适应现有业务结构的明确整合计划。

同时,主并方企业还应评估自身整合准备情况,评估内容包括组织能力、财务状况、内外部资源以及管理集成新业务复杂性的能力,用准备充分的整合计划来安排并购时机,有助于平稳过渡到并购整合阶段。主并方企业的财务健康状况会影响交易时机,拥有强劲的财务表现和稳定的现金流量会增强企业进行并购的信心。

（二）着重聚焦技术优势资源整合

1. 力争技术资源价值创造可量化

尽管面临着各式各样的市场风险和不确定性因素，企业在考虑并购时仍需努力将目标企业的技术资源价值创造转化为可量化的成果，随后将其转化成一系列具体目标和措施，成为并购整合过程中的指导方针。这将作为企业技术资源考察的重要指引，帮助企业在波动的市场环境中更有针对性地寻找适配的技术整合资源。

企业可以通过衡量目标企业研发投资与创新产出之间的关系，通过推算新产品、新技术或新流程的推出对企业产生的经济效益来量化技术资源在创新方面的效果；通过评估拥有的专利数量和质量来量化技术资源在知识产权方面的价值，高质量的专利组合通常预示着行业中的技术领先地位；通过分析技术产品的寿命周期来量化技术资源对产品可持续性的影响；通过评估企业与目标企业之间技术基础设施和系统的兼容性，有助于资源的集成并降低运营中断的风险；通过评估目标企业的研发能力及创新纪录，考虑这些能力如何与企业的创新战略保持一致；通过评估目标企业技术基础设施的可扩展性，考虑技术系统是否能够适应未来业务规模和需求的变化等。通过实现技术资源价值创造可量化，企业可以充分调查目标企业的技术格局，更清晰地了解目标企业技术资源对并购整体价值创造的贡献，从而更有效地进行目标筛选和战略规划。

2. 兼顾价值创造逻辑与文化整合可行性

估算与整合技术资源相关的成本，相应地制订成本预算计划，以实现潜在并购成本节约和协同效应是十分关键的。但对中国本土企业的跨国并购而言，同样关键的是在尽职调查过程中全面了解目标企业的技术文化，并评估双方核心领导团队是否具备信任和共识，能否在并购整合中产生良好的"化学反应"。鉴于目标企业的高层和技术核心团队不太可能在短期内进行全面"换血"，即使在全资并购的情况下，中国本土企业在评估并购计划时也应采取"合伙人心态"，为在未来一段时间内与目标企业共进退做好准备。

在确定目标企业拥有的关键技术团队和人员时，重点不应仅仅聚焦在识别技术能力上，还应着重了解其在企业文化、团队合作和项目管理等方面的价值。通过与关键技术人才保持沟通，了解他们的需求和关切以及在并购过程中的角色与期望,有助于建立团队的互信共鸣。这种全方位的评估不仅有助于确保技术能力的保留,还有助于增强技术人员对新生组织的投入感,促成并购整合后团队的和谐运作。采用这些综合性的并购战略,可以最大限度地避免因关键人员离职而造成的技术流失,确保目标企业的关键技术优势在整合后能够得以传承和更迭。

三、踏实三个步骤:选择目标、制订计划、技术整合

(一)明晰自身价值链格局,选择契合战略的并购目标

跨国并购之前,企业应清楚自身发展的需要,有的放矢,找到适合自己并购的对象,保证它满足自身发展的需求,以有效地减少后续融合的困难,从而增加跨国并购成功率。从目前来看,许多企业都存在着一定程度上的盲目性,这使得并购过程中很容易出现各种问题和风险,甚至是引发一系列财务危机。如果没有清楚认识自身发展的需要,会造成并购目标选择时过度盲目,轻则导致资金损失,重则影响企业的正常经营。企业在研究任何潜在并购机会时,都应确保交易逻辑与企业战略高度契合,并在企业内部充分沟通,同时也要充分考虑交易逻辑如何打动市场和股东——该笔交易会产生哪些话题点,市场会做何反应,股东和潜在股东会产生怎样的质疑。一个能够获得企业内外部青睐的交易故事,是并购成功与否的终极试金石。

同时,企业实施跨国技术并购之前,要对行业现状有全面的认识,掌握行业发展未来走向,并通过对行业的优势和劣势进行剖析,明确企业在全球价值链的地位,判断并购对象的战略资源与自身是否匹配,调查并购对象的技术资源能否在国内转移和复制,从而选择优势互补企业。如果对于企业自身的发展缺乏足够的认识,并购动机不够清晰,致使并购目标的选择仅仅着眼于短期利益而忽视了并购在促进企业长远发展中的作用,则可能使企业遭受巨大损失。中国本土企业选择跨国并购须从战略需求出发,有针对性地帮助企业摆脱困境,并为企业带来价值,增加跨国并购的成功率。因此,企业需要结合自身发展情况和行业发展趋势来确定适合自身发展的跨国并购战略,避免盲目扩张。

(二)把握市场周期波动时机,系统制订并购计划

1. 综合分析行业环境,制订完善并购计划

行业的发展具有周期波动性,因此和资本市场一样存在市场时机。行业的市场时机可以是相关政策等宏观环境变动造成的,也可以是上游原材料价格和下游需求变动造成的,或者也可以是股票市场表现变动造成的。对于企业来说,对于市场时机的选择不是一种机会主义行为,更不能无所谓地将其视为一种"赌博"。因此,企业在作出具体的行为决策之前,一定要对行业大环境和企业本身情况进行综合分析,参考以往行业波动的规律,尽可能准确地预测未来发展趋势以便判断当前是否存在适合并购的市场时机。如果当前的市场时机适合企业进行并购,企业首先要明确自身的目的,到底是为了整合产业链而需要进行纵向并购,还是为了减少同业竞争而需要进行横向并购;其次应根据不同的市场时机,合理选择融资方式,制定全面的并购流程。

初步设定目标后,需要设计一个周密的并购计划,提升并购谈判全过程的效率。在具体并购过程中应该根据企业自身情况以及行业特点合理地确定并购方式,同时还要考虑到企业的发展战略和战略目标。细致的并购实施计划(包括并购前期研究、选择好并购时机、支付方法等)能够有效地推动并购交易。相比于国内并购,跨国并购通常是更加困难的、复杂的,还需要面对文化的差异,汇率的波动。因此,对并购进行前期的研究与评价显得尤为重要。在跨国并购中,并购方需要充分了解目标企业的情况及经营特点,并根据目标企业的实际情况选择合适的并购方式,以实现预期目的,从而产生更高的并购效益,提高企业绩效,助力企业发展。

2. 选择合适并购时机,发挥优质绩效结果

择时并购可以为企业带来协同效应,但在市场绩效和财务绩效的表现上会有所不同。不管是产品的生产制造,还是日常的管理和研发,跨国并购都会推动企业采取更先进、更优化的行为决策,这是并购协同效应带来的积极影响。但在市场绩效和财务绩效这些量化指标方面,不同情况下跨国并购的效果会大不相同。若跨国并购时,行业正好处于上行周期的起点,产品价格、下游需求紧接着开始大幅增长,被并方企业拥有的优质资源和先进生产技术,则正好帮助企业乘着行业的这股"春风"迅速发展;如果行业正好处于本轮周期的最高点,被并方企业的价值也是最高的,此时大笔举债进行并

购就是一场"豪赌",紧接着可能出现产品价格、下游需求开始大幅降低的现象,那么即便被并方企业拥有庞大资产,也无法给企业带来预想的效益,反而会成为负担,严重危害企业的正常经营。

(三)加强整合力度,提高总体整合绩效

并购的顺利完成仅仅是并购活动的开始,后续持续整合是并购整体成败的关键点。跨国技术并购是一种高风险、高回报的投资行为,在进行并购之前必须做好充分的准备工作才能保证并购成功。同时由于其所涉数额巨大,困难重重,为防止先期投入的人力、物力、财力流失,避免并购失败,企业在并购之后,更要重视对并购的整合。

被并方企业优质的物质资源、完备的生产设施、先进的开采技术、完善的管理模式及优秀的研发人才等都是企业今后发展亟须的重要"资产"。主并方企业应该从资源、技术、人才和管理模式等方面全方位对被并方企业进行整合协同,给被并方企业带来效益最大化。反观大部分失败的并购行为,最后没有取得预期效果的原因很大程度上源于忽视了并购后的整合协同,只是完成了形式上的并购,这并不能给企业带来实质性效益。因此,中国本土企业进行跨国并购时一定要加强并购整合力度,提高整合绩效。

1. 文化整合是并购整合的重头戏

文化整合最重要。企业文化的差异会影响到企业战略、组织结构和人力资源等方面,进而造成跨国技术并购的绩效低下甚至无法实现预期目标。研究发现文化差异在每一次跨国并购过程中均客观存在,而多数并购失败源于文化整合失败。所以当技术并购结束之后,要不断完善管理体制,增进沟通交流,提升目标企业员工的归属感与认同感,建立激励机制,提升员工幸福感,提高员工忠诚度。

2. 技术整合是并购整合的关键点

积极开展技术整合。行业通过自身技术创新实现产业升级,而这种创新有时需要依靠外部技术来完成。与自己从头开始相比,吸纳外部技术,并以此为基础开展研究开发工作,将提升研发效率,减少产品上新的时间,从而快速占领市场。通过整合双方的技术资源,形成"1+1>2"效应。同时,不断增加并购后研发投入有助于整合双方技术资源,加速企业向目标方获取技术知识,从而把目标方先进的知识纳入自身研发体系,提高企业创新能

力,不断推陈出新。

3. 品牌整合是并购整合的新渠道

选择合适自己的品牌整合模式。中国本土企业的跨国并购行为,倾向于选用国外知名品牌。那么,在跨国并购过程中应该如何进行品牌整合?通过对海信视像并购的经验进行总结,能为该问题的解决提供一种思路。海信视像选择了在品牌管理中的"接触模式"下,实施"双品牌"战略:保留东芝品牌,以海信品牌行销日本。这一方面有效地避免了日本民众对于海信品牌的抵触情绪;另一方面是对东芝品牌高端定位的维护,通过对东芝品牌的经营,把海信品牌和高端品牌联系在一起,由点及面,做到品牌整合,提升了品牌影响力。

第三节　研究不足与未来展望

一、研究不足

首先,市场时机理论与企业具体行为研究的结合有待完善。本书首次将传统的市场时机理论用于研究企业的具体行为,缺乏可参考的研究经验,所以在研究方法的选择和研究内容的撰写方面都有待改善。

其次,研究范围有待进一步扩大。本书选取的案例虽然具有一定的行业代表性,但因为企业实力、企业规模、主营业务等因素的不同,所以针对书中企业的研究结论不一定适用于所有行业企业的跨国并购。同时书中使用到的大量数据来源于上市公司年报和数据库,数据来源较为单一,有些数据经过了简化计算,这也限制了研究深度。此外,技术并购之后,企业的长期绩效不仅受行业变化、市场需求变化和其他多种非并购因素的影响,还受主并方企业和标的企业在并购之后经营阶段自身因素的影响,因此,不能非常精确地通过个别案例来剖析技术并购中的整合效果。由于中国技术并购起步较晚,相关文献相对较少,针对中国上市公司实施并购整合前后的绩效差异的实证研究也较少。

最后,连续技术并购实现高质量发展的研究具有一定的局限性。一方面,所选取案例的分析对象仅仅停留在上市公司层面,还存在大量急需转型但并未挂牌上市的新兴经济体,这类企业在资源编排上的具体策略还需要根据自身发展情况进行单独研究。另一方面,当前JS电子所处汽车零部件行业正在经历一个快速发展时期,在资源编排过程中,可能会出现产业特殊性。

二、未来展望

在未来的研究中可以进一步完善和丰富市场时机理论与企业行为研究的结合,不仅可为相关领域的研究提供理论参考,也可为企业的行为决策提供实践经验。

另外,随着相关的信息披露日趋完善,未来学者可以选取更丰富的案例、更精确的数据。除了使用公开信息外,学者可以深入企业内部调研,获得更加真实和详细的信息资料,从而更加客观详细地研究技术并购整合路径的演进模式,对国内企业跨国并购的实践情况进行研究,使研究更加深入,提供更加准确全面的理论与实践指导。

参考文献 / References

白俊,周全,韩贺洋,2022.技术并购、并购依赖与创新绩效[J].科学管理研究,40(5):108-117.

蔡俊亚,党兴华,2015.创业导向与创新绩效:高管团队特征和市场动态性的影响[J].管理科学,28(5):42-53.

曹兴,王燕红,2022.跨界技术并购对企业财务绩效影响实证研究[J].系统工程,40(2):38-48.

陈菲琼,陈珧,李飞,2015.技术获取型海外并购中的资源相似性、互补性与创新表现:整合程度及目标方自主性的中介作用[J].国际贸易问题(7):137-147.

程金凤,2019.不同融资方式下海外并购管理绩效分析[J].财会通讯(23):42-45.

程新生,王向前,2023.技术并购与再创新:来自中国上市公司的证据[J].中国工业经济(4):156-173.

池昭梅,乔桐,2019.中国制造业海外并购绩效研究:以旗滨集团并购马来西亚旗滨公司为例[J].会计之友(20):67-72.

崔永梅,赵妍,于丽娜,2018.中国企业海外并购技术整合路径研究:中国一拖并购 McCormick 案例分析[J].科技进步与对策,35(7):97-105.

邓路,廖明情,2013.上市公司定向增发方式选择:基于投资者异质信念视角[J].会计研究(7):56-62,97.

董保宝,2012.基于动态能力视角的知识管理价值创造模式研究[J].图书情报工作,56(10):95-100.

杜群阳,朱勤,2004.中国企业技术获取型海外直接投资理论与实践[J].国际贸易问题(11):66-69.

杜兴强,聂志萍,2007.中国上市公司并购的短期财富效应实证研究[J].证券市场导报(1):29-38.

付晶华,2007.中国上市公司并购支付方式效果的实证研究[D].北京:北京化工大学.

龚品砚,2019.技术获取型海外并购的整合战略及其对并购绩效的影响[D].杭州:浙江财经大学.

顾勇,吴冲锋,2002.上市公司并购动机及股价反应的实证检验[J].系统工程理论与实践(2):84-89.

郭凌威,闫实强,李思静,2018.中国企业海外并购逆向技术溢出效应研究[J].国际贸易(5):31-36.

韩贺洋,2019.技术并购整合目标、管理模式和创新绩效理论研究[J].科学管理研究,37(6):119-123.

韩贺洋,周全,2018.科技企业并购方式、创新路径与并购后整合研究[J].科学管理研究,36(1):65-68.

韩俊华,王宏昌,刘博,2018.技术并购、整合与创新研究[J].科学管理研究,36(1):57-60.

韩蕾,2019.基于价值链嵌入视角的企业并购整合路径研究:以创维数字并购欧洲 Strong 为例[J].财会通讯(10):40-44.

何春丽,2018.全过程视角下的企业技术并购与整合控制研究[J].科学管理研究,36(5):82-85.

何伟军,彭青玲,袁亮,2022.中国企业海外并购动因、风险及绩效研究:基于韦尔股份收购豪威科技的案例[J].财会通讯(2):93-100.

侯汉坡,殷晓倩,刘春成,2009.基于技术并购的企业持续技术创新体系及实施方式研究[J].中国科技论坛(6):51-54.

胡海青,吴田,张琅,等,2016.基于协同效应的海外并购绩效研究:以吉利汽车并购沃尔沃为例[J].管理案例研究与评论,9(6):531-549.

胡珺,黄楠,沈洪涛,2020.市场激励型环境规制可以推动企业技术创新吗?:基于中国碳排放权交易机制的自然实验[J].金融研究(1):171-189.

黄璐,王康睿,于会珠,2017.并购资源对技术并购创新绩效的影响[J].科研管理,38(S1):301-308.

黄嫚丽,张明,皮圣雷,等,2019.中国企业逆向跨国并购整合组态与并购整合绩效关系研究[J].管理学报,16(5):656-664.

黄苹,蔡火娣,2020.跨国并购对企业技术创新质变的影响研究:基于技术互补性调节分析[J].科研管理,41(6):80-89.

季华,刘海波,2019.跨国并购溢价度、公司国际化程度与并购绩效[J].宏观经济研究(6):58-72.

江子萱,鲍新中,王丽,2023.技术并购专利组合特征对企业竞争力的影响:基于PSM方法的实证检验[J].科技管理研究(17):157-164.

蒋冠宏,2020.跨国并购和国内并购对企业市场价值的影响及差异:来自中国企业的证据[J].世界经济研究(1):82-95,136-137.

蒋天旭,2019.企业社会责任与绩效关系的实证检验[J].统计与决策,35(19):167-171.

蒋瑜洁,2017.中国企业跨国并购后的整合模式:以吉利集团并购沃尔沃汽车为例[J].经济与管理研究,38(7):126-132.

揭晓蒙,汪永生,王文涛,2020.基于三阶段DEA模型的中国涉海企业科技创新效率评价[J].中国海洋大学学报(社会科学版)(2):80-90.

蓝发钦,赵建武,王凡平,等,2017.私募股权投资、标的公司与并购绩效:来自中国创业板市场的证据[J].上海金融(6):49-57.

黎平海,李瑶,闻拓莉,2009.我国企业海外并购的特点、动因及影响因素分析[J].经济问题探索(2):74-79.

李梅,卢程,2019.研发国际化与企业创新绩效:基于制度距离的调节作用[J].经济管理,41(1):39-55.

李培馨,谢伟,2011.影响技术并购效果的关键因素[J].科学学与科学技术管理,32(5):5-10.

李小平,岳亮,万迪昉,2007.中国上市公司融资选择的市场时机效应:基于股票换手率和股票收益的实证检验[J].证券市场导报(12):36-43.

连敏超,陈海声,2016.以整合为重心的四维框架对技术并购绩效影响实证研究[J].财会通讯(3):107-110.

林发勤,吕雨桐,2022.跨国并购能否驱动企业创新?:基于技术和资源互补性的理论和实证研究[J].世界经济研究(10):102-117,137.

刘端,陈健,陈收,2005.市场时机对融资工具选择的影响[J].系统工程,23(8):62-67.

刘斐然,胡立君,范小群,2023.产学研合作如何影响企业的市场绩效?[J].科研管理,44(1):155-163.

刘刚,殷建瓴,耿天成,2020.产业间距离、技术异质性与企业并购绩效:基于A股上市企业的实证研究[J].中国软科学(12):104-116.

刘开勇,2004.企业技术并购战略与管理[M].北京:中国金融出版社.

刘澜飚,李贡敏,2005.市场择时理论的中国适用性:基于1998～2003年上市公司的实证分析[J].财经研究,31(11):17-28.

刘雯,徐嘉祺,2018.战略新兴产业绿色技术创新的影响因素分析[J].生态经济,34(11):116-119.

刘小刚,2023.跨界并购业绩承诺、减值损失的选择性规避与中小投资者保护:基于退市游久的案例研究[J].财会通讯(12):100-106.

刘星,郝颖,林朝南,2007.再融资政策、市场时机与上市公司资本结构:兼析股权融资偏好的市场条件[J].科研管理,28(4):115-125.

刘燕武,胡艳,2002.企业并购协同效应的新思路[J].武汉理工大学学报(信息与管理工程版),24(6):33-36.

刘志杰,2015.我国上市公司海外横向并购经营绩效的实证分析[J].辽宁大学学报(哲学社会科学版),43(3):88-98.

陆正飞,2008.我国企业资本结构与融资行为:回顾、评述与展望:纪念我国会计与改革开放30周年[J].财会通讯(综合版)(10):6-10.

马忠民,2017.并购重组事件是否提升上市公司科技创新？[J].中国注册会计师(1):52-55,4.

茅迪,施建军,陈效林,2019.知识相关性对创新绩效影响的实证研究:企业技术并购视角[J].科技进步与对策,36(15):129-136.

孟凡臣,谷洲洋,2021.并购整合、社会资本与知识转移:基于吉利并购沃尔沃的案例研究[J].管理学刊,34(5):24-40.

孟凡臣,韩志龙,白明琦,2007.基于核心竞争力的中国企业跨国并购问题分析[J].北京理工大学学报(社会科学版),9(2):40-45.

宁烨,鞠阳,王姗姗,2020.技术相关性对海外并购创新绩效的影响:基于技术获取型海外并购的实证研究[J].东北大学学报(社会科学版),22(6):42-49.

彭文凯,2018.海外并购整合与产业技术创新案例研究:以机器人行业为例[D].杭州:浙江大学.

屈晶,2019.企业技术并购与创新绩效的关系研究:基于战略匹配与技术差距的调节作用分析[J].科学管理研究,37(2):122-126.

任云龙,2018.海外并购整合财务风险防范与控制的几点建议[J].财务与会计(8):56.

邵新建,巫和懋,肖立晟,等,2012.中国企业跨国并购的战略目标与经营绩效:基于A股市场的评价[J].世界经济(5):81-105.

时代,李金生,2023.企业跨界行为如何提升新产品开发绩效？[J/OL].科学学研究:1-17[2023-11-27].https://doi.org/10.16192/j.cnki.1003-2053.20230615.002.

束景虹,2010.机会窗口、逆向选择成本与股权融资偏好[J].金融研究(4):72-84.

宋林,彬彬,2016.我国上市公司跨国并购动因及影响因素研究:基于多项Logit模型的实证分析[J].北京工商大学学报(社会科学版),31(5):98-106.

苏屹,郭稳,孙笑明,2023.技术距离对跨国并购双元创新绩效的影响及机制研究:文化相似性的调节作用[J].系统工程理论与实践,43(6):

1668-1685.

汤胜,陈伟烽,2012.融资时机选择与资本结构变动:基于中国上市公司的研究[J].南京审计学院学报,9(1):12-18.

唐蓓,潘爱玲,2011.市场时机对中国上市公司并购融资行为的影响[J].山东大学学报(哲学社会科学版)(4):93-99.

唐书林,肖振红,苑婧婷,2016.上市公司自主创新的国家激励扭曲之困:是政府补贴还是税收递延?[J].科学学研究,34(5):744-756.

唐晓华,高鹏,2019.全球价值链视角下中国制造业企业海外并购的动因与趋势分析[J].经济问题探索(3):92-98.

王海花,王莹,李雅洁,等,2022.长三角区域高技术产业科技创新效率评价研究:基于共享投入的三阶段网络DEA模型[J].华东经济管理,36(8):26-33.

王宏利,周县华,2003.企业并购中的经营协同效应与其价值的评估[J].当代经济研究(7):48-51.

王疆,黄嘉怡,2019.跨国并购动因、吸收能力与企业创新绩效[J].北京邮电大学学报(社会科学版),21(2):84-91.

王宛秋,2011.基于SD的技术并购协同形成过程研究[J].科学学与科学技术管理,32(5):11-18.

王宛秋,马红君,2016.技术并购主体特征、研发投入与并购创新绩效[J].科学学研究,34(8):1203-1210.

王宛秋,马红君,2020.技术邻近性、研发投入与技术并购创新绩效:基于企业生命周期的视角[J].管理评论,32(6):104-113.

王宛秋,王淼,2009.基于动态能力观的技术并购整合研究[J].经济问题探索(3):123-129.

王宛秋,王雪晴,刘晓燕,等,2022.基于TOE框架的企业跨界技术并购绩效的提升策略研究:一项模糊集的定性比较分析[J].南开管理评论,25(2):136-146.

王宛秋,张潇天,2019.谁更易在跨界技术并购中获益?[J].科学学研究,37(5):898-908.

王维,李宏扬,2019.新一代信息技术企业技术资源、研发投入与并购创新绩效[J].管理学报,16(3):389-396.

王维,李璐璐,李宏扬,2021.新一代信息技术企业文化强度、吸收能力与并购创新绩效的关系研究[J].软科学,35(4):49-54.

王晓燕,金禹航,张璐,等,2023.跨界流动:高管多变职业路径对企业创新投入的影响研究[J].管理评论,35(10):146-162.

王衍行,吴明阳,2012.论市场时机理论对资本结构影响的持续性[J].学术交流(4):107-111.

王义新,孔锐,2019.价值链视角下规模以上工业企业科技创新效率及关键影响因素研究:基于DEA-Tobit两阶段模型[J].科技管理研究,39(3):136-142.

王玉,翟青,王丽霞,等,2007.自主创新路径及技术并购后价值链整合:上海电气集团收购日本秋山印刷机械公司案例分析[J].管理现代化(3):38-41.

王正位,朱武祥,赵冬青,2007.发行管制条件下的股权再融资市场时机行为及其对资本结构的影响[J].南开管理评论,10(6):40-46.

韦影,2006.企业社会资本对技术创新绩效的影响:基于吸收能力的视角[D].杭州:浙江大学.

魏涛,2016.中国企业海外并购的动因、机理与策略:基于无形资源跨国整合视角[J].求索(11):109-115.

温成玉,刘志新,2011.技术并购对高技术上市公司创新绩效的影响[J].科研管理,32(5):1-7,28.

吴先明,苏志文,2014.将跨国并购作为技术追赶的杠杆:动态能力视角[J].管理世界(4):146-164.

谢学军,2010.企业并购中的知识转移与知识整合研究[D].天津:南开大学.

胥朝阳,李倩,2011.技术并购模式重构及绩效分析[J].改革与战略,27(2):54-57.

许长新,陈灿君,2019.技术并购对企业创新绩效的影响:基于技术知识视角的一种分析[J].科技管理研究,39(14):158-164.

严焰,池仁勇,2020.技术相似性与并购后创新绩效关系的再探讨:基于企业技术吸收能力的调节作用[J].科研管理,41(9):33-41.

杨博旭,王玉荣,李兴光,2019."厚此薄彼"还是"雨露均沾":组织如何有效利用网络嵌入资源提高创新绩效[J].南开管理评论,22(3):201-213.

杨青,周绍妮,2019.技术并购能够带来技术创新效应吗:收购公司成长潜力视角[J].科技进步与对策,36(24):100-108.

杨宗翰,雷良海,岳桂宁,等,2019.农业科技研发支出与科技创新对农业生产的促进作用[J].南方农业学报,50(12):2855-2864.

姚颐,徐亚飞,凌玥,2022.技术并购、市场反应与创新产出[J].南开管理评论,25(3):4-16.

叶璋礼,2013.中国上市公司并购绩效的实证研究[J].统计与决策(7):165-168.

应瑛,刘洋,魏江,2018.开放式创新网络中的价值独占机制:打开"开放性"和"与狼共舞"悖论[J].管理世界,34(2):144-160,188.

于成永,施建军,2012.技术并购、创新与企业绩效:机制和路径[J].经济问题探索(6):103-109.

于培友,奚俊芳,2006.企业技术并购后整合中的知识转移研究[J].科研管理,27(5):39-44.

张弛,余鹏翼,2017.并购类型会影响中国企业技术并购绩效吗:对横向、纵向和混合并购的比较研究[J].科技进步与对策,34(7):76-81.

张光宇,宋泽明,戴海闻,2023.跨界技术并购如何促进后发企业颠覆性创新?[J].科学学研究,41(9):1716-1728.

张乃平,万君康,2005.企业跨国并购与核心竞争力构建[J].统计与决策(15):142-143.

张文菲,金祥义,张诚,2020.跨国并购、市场化进程与企业创新:来自上市企业的经验证据[J].南开经济研究(2):203-225.

张文佳,2015.我国企业跨国并购的动因分析[J].金融发展研究(3):3-9.

张新民,卿琛,杨道广,2018.内部控制与商誉泡沫的抑制:来自我国上市公司的经验证据[J].厦门大学学报(哲学社会科学版)(3):55-65.

张永冀,何宇,张能鲲,等,2020.中国医药上市公司技术并购与绩效研究[J].管理评论,32(8):131-142.

张于,2023.流通企业数智化发展、供应链配置与市场绩效[J].商业经济研究(20):151-154.

张玉缺,2019.一带一路背景下企业海外并购财务协同效应定量分析[J].现代管理科学(7):90-93.

赵黎明,陈妍庆,2019.创新存量、技术互补性与跨国并购技术创新绩效[J].科学学与科学技术管理,40(2):68-83.

赵旭,2003.关于中国保险公司市场行为与市场绩效的实证分析[J].经济评论(4):118-121,128.

朱华桂,庄晨,2016.基于协同效应的企业技术并购绩效研究:以上市公司为例[J].软科学,30(7):58-61,69.

ABDEL-KHALIK A R,2010. Discussion of "financial ratios and corporate endurance: a case of the oil and gas industry" [J]. Contemporary accounting research,9(2):695-705.

AHAMMAD M F,TARBA S Y,LIU Y P,et al. ,2016. Knowledge transfer and cross-border acquisition performance: the impact of cultural distance and employee retention[J]. International business review,25(1):66-75.

AHUJA G, LAMPERT C M, 2001. Entrepreneurship in the large corporation: a longitudinal study of how established firms create breakthrough inventions[J]. Strategic management journal, 22 (6/7): 521-543.

ALIMOV A,OFFICER M S,2017. Intellectual property rights and cross-border mergers and acquisitions[J]. Journal of corporate finance,45:360-377.

ALTI A,2006. How persistent is the impact of market timing on capital structure? [J]. The journal of finance,61(4):1681-1710.

ANSOFF H I,1965. Corporate strategy: an analytic approach to business policy for growth and expansion[M]. New York:McGraw-Hill.

BAKER M,WURGLER J,2000. The equity share in new issues and

aggregate stock returns[J]. The journal of finance,55(5):2219-2257.

BARNEY J,1991. Firm resources and sustained competitive advantage[J]. Journal of management,17(1):99-120.

BASUIL D A, DATTA D K, 2017. Value creation in cross-border acquisitions:the role of outside directors' human and social capital[J]. Journal of business research,80:35-44.

BAUER F,MATZLER K,2014. Antecedents of M&A success:the role of strategic complementarity,cultural fit,and degree and speed of integration[J]. Strategic management journal,35(2):269-291.

BAUER F,MATZLER K,WOLF S,2016. M&A and innovation:the role of integration and cultural differences:a central European targets perspective[J]. International business review,25(1):76-86.

BENA J, LI K, 2014. Corporate innovations and mergers and acquisitions[J]. The journal of finance,69(5):1923-1960.

BIRKINSHAW J,1999. The determinants and consequences of subsidiary initiative in multinational corporations[J]. Entrepreneurship theory and practice,24(1):9-36.

BOATENG A, DU M, BI X G, et al., 2019. Cultural distance and value creation of cross-border M&A: the moderating role of acquirer characteristics[J]. International review of financial analysis,63:285-295.

CASSIMAN B,COLOMBO M G,GARRONE P,et al.,2005. The impact of M&A on the R&D process:an empirical analysis of the role of technological-and market-relatedness [J]. Research policy, 34 (2): 195-220.

CEFIS E, MARSILI O, 2015. Crossing the innovation threshold through mergers and acquisitions[J]. Research policy,44(3):698-710.

CHENG C, YANG M, 2017. Enhancing performance of cross-border mergers and acquisitions in developed markets:the role of business ties and technological innovation capability[J]. Journal of business research,

81:107-117.

CLARKSON P M,GRAY S F,RAGUNATHAN V,2018. Market timing as an explanation for the short-lived premium on cross-listing [J]. Accounting & finance,58(S1):131-157.

CLOODT M, HAGEDOORN J, VAN KRANENBURG H, 2006. Mergers and acquisitions:their effect on the innovative performance of companies in high-tech industries[J]. Research policy,35(5):642-654.

COLOMBO M G, RABBIOSI L, 2014. Technological similarity, post-acquisition R&D reorganization,and innovation performance in horizontal acquisitions[J]. Research policy,43(6):1039-1054.

DENICOLÒ V, POLO M, 2018. Duplicative research, mergers and innovation[J]. Economics letters,166:56-59.

DESYLLAS P, HUGHES A, 2010. Do high technology acquirers become more innovative? [J]. Research policy,39(8):1105-1121.

DIKOVA D,RAO SAHIB P,2013. Is cultural distance a bane or a boon for cross-border acquisition performance? [J]. Journal of world business,48(1):77-86.

ENTEZARKHEIR M,MOSHIRI S,2018. Mergers and innovation:evidence from a panel of US firms [J]. Economics of innovation and new technology,27(2):132-153.

FEDERICO G, LANGUS G, VALLETTI T, 2017. A simple model of mergers and innovation[J]. Economics letters,157:136-140.

GRANSTRAND O, SJÖLANDER S, 1990. Managing innovation in multi-technology corporations[J]. Research policy,19(1):35-60.

HARRIGAN K R, DI GUARDO M C, COWGILL B, 2017. Multiplicative-innovation synergies:tests in technological acquisitions[J]. The journal of technology transfer,42(5):1212-1233.

HOMBURG C,BUCERIUS M,2006. Is speed of integration really a success factor of mergers and acquisitions? An analysis of the role of internal and external relatedness[J]. Strategic management journal,27(4):347-367.

HOVAKIMIAN A,2004. The role of target leverage in security issues and repurchases[J]. The journal of business,77(4):1041-1072.

HUANG R B,RITTER J R,2009. Testing theories of capital structure and estimating the speed of adjustment [J]. Journal of financial and quantitative analysis,44(2):237-271.

KALE P, SINGH H, 2017. Management of overseas acquisitions by developing country multinationals and its performance implications: the Indian example[J]. Thunderbird international business review, 59(2): 153-172.

KING D R,DALTON D R,DAILY CM,et al. ,2004. Meta-analyses of post-acquisition performance: indications of unidentified moderators [J]. Strategic management journal,25(2):187-200.

KUEMMERLE W, 1999. The drivers of foreign direct investment into research and development: an empirical investigation [J]. Journal of international business studies,30(1):1-24.

LANE P J, LUBATKIN M, 1998. Relative absorptive capacity and interorganizational learning[J]. Strategic management journal,19(5):461-477.

LEE D, 2017. Cross-border mergers and acquisitions with heterogeneous firms:technology vs. market motives[J]. The north American journal of economics and finance,42:20-37.

LOUGHRAN T,RITTER J,2004. Why has IPO underpricing changed over time? [J]. Financial management,33(3):5-37.

LUO Y D,TUNG R L,2018. A general theory of springboard MNEs[J]. Journal of international business studies,49(2):129-152.

MAKRI M, HITT M A, LANE P J, 2010. Complementary technologies, knowledge relatedness, and invention outcomes in high technology mergers and acquisitions [J]. Strategic management journal, 31 (6): 602-628.

MARCH J G,1991. Exploration and exploitation in organizational learning [J]. Organization science,2(1):71-87.

MIOZZO M,DIVITO L,DESYLLAS P,2016. When do acquirers invest in the R&D assets of acquired science-based firms in cross-border acquisitions? The role of technology and capabilities similarity and complementarity[J]. Long range planning,49(2):221-240.

PARK K M, MEGLIO O, BAUERF, et al., 2018. Managing patterns of internationalization, integration, and identity transformation: the post-acquisition metamorphosis of an Arabian Gulf EMNC[J]. Journal of business research,93:122-138.

RABIER M R,2017. Acquisition motives and the distribution of acquisition performance[J]. Strategic management journal,38(13):2666-2681.

RHODES-KROPF M,ROBINSON D T,2008. The market for mergers and the boundaries of the firm[J]. The journal of finance,63(3):1169-1211.

RITTER J R, WELCH I, 2002. A review of IPO activity, pricing, and allocations[J]. The journal of finance,57(4):1795-1828.

SETH A,SONG K P,PETTIT R,2000. Synergy,managerialism or hubris? An empirical examination of motives for foreign acquisitions of U. S. firms [J]. Journal of international business studies,31(3):387-405.

SLANGEN A H L, 2006. National cultural distance and initial foreign acquisition performance: the moderating effect of integration[J]. Journal of world business,41(2):161-170.

STAHL G K, ANGWIN D N, VERY P, et al., 2013. Sociocultural integration in mergers and acquisitions: unresolved paradoxes and directions for future research [J]. Thunderbird international business review,55(4):333-356.

STEIN J C,1996. Rational capital budgeting in an irrational world[J]. The journal of business,69(4):429-455.

STEWART M,2009. The management myth:why the experts keep getting it wrong [M]. New York: W. W. Norton & Co..

TAGGART R A Jr,1977. A model of corporate financing decisions[J]. The journal of finance,32(5):1467-1484.

VERMEULEN F,BARKEMA H,2001. Learning through acquisitions[J]. Academy of management journal,44(3):457-476.

WAGNER M, 2011. Acquisition as a means for external technology sourcing: complementary, substitutive or both? [J]. Journal of engineering and technology management,28(4):283-299.

WHITE W L,1974. Debt management and the form of business financing [J]. The journal of finance,29(2):565-577.

WILLIAMSON O E,1975. Markets and hierarchies: analysis and antitrust implications:a study in the economics of internal organization [M]. New York:The Free Press.